KB140503

창조와 광기의 역사

플라톤에서 들뢰즈까지

창조와 광기의 역사

플라톤에서 들뢰즈까지

지은이 / 마쓰모토 다쿠야
옮긴이 / 임창석 · 헤르메스
펴낸이 / 강동권
펴낸곳 / (주)이학사

1판 1쇄 발행 / 2022년 7월 15일

등록 / 1996년 2월 2일 (신고번호 제1996-000015호)
주소 / 서울시 종로구 율곡로13가길 19-5(연건동 304) 우 03081
전화 / 02-720-4572 · 팩스 / 02-720-4573
홈페이지 / ehaksa.kr
이메일 / ehaksa1996@gmail.com
페이스북 / facebook.com/ehaksa · 트위터 / twitter.com/ehaksa

한국어판 ⓒ (주)이학사, 2022, Printed in Seoul, Korea.
ISBN 978-89-6147-412-2 03100

《SOUZOU TO KYOUKI NO REKISHI》
ⓒ Takuya Matsumoto 2019
All rights reserved.
Original Japanese edition published by KODANSHA LTD.
Korean translation rights arranged with KODANSHA LTD.
through Shinwon Agency Co.

Korean translation copyright ⓒ 2022 EHAKSA Inc.
All rights reserved.

이 책의 한국어판 저작권은 신원에이전시를 통해 KODANSHA LTD.와 독점 계약한
(주)이학사에 있습니다. 저작권법에 의해 한국 내에서 보호를 받는 저작물이므로
무단 전재와 무단 복제를 금합니다.

* 책값은 뒤표지에 표시되어 있습니다.

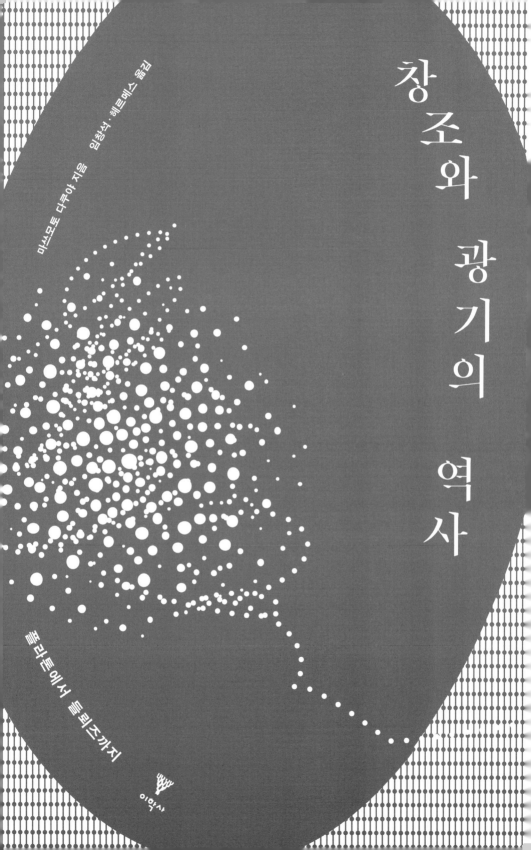

일러두기

1. 이 책은 松本卓也, 『創造と狂氣の歴史 : プラトンからドゥルーズまで』(講談社, 2019)를 우리말로 옮긴 것이다.
2. 숫자로 표기한 각주는 원주이고 별표(*)로 표기한 각주는 역주이다.
3. 원서의 굵은 서체는 굵은 고딕체로, 방점은 고딕체로 표기하였다.
4. 괄호 안의 병기는 지은이가 한 것이고, 괄호 없는 병기는 옮긴이가 한 것이다.
5. 인용문 중 한국어판이 있는 경우는 한국어판을 일부 참조하였으나 가능한 한 지은이의 인용 취지를 살리는 쪽으로 옮겼다.
6. 부호의 쓰임은 다음과 같다.
   『 』: 책 제목
   「 」: 논문이나 글, 시 제목
   〈 〉: 그림, 전시회 제목
   ( ): 지은이의 부연 설명, 병기
   [ ]: 인용문(' ' 포함)에서 지은이의 부연 설명. 본문에서 옮긴이의 부연 설명. 음이 다른 한자 병기. 본문 출전(내주)과 참고 문헌에서 일본어로 된 인명의 우리말 발음 표기
   [*]: 인용문에서 옮긴이의 부연 설명

한국어판 서문

이 책은 플라톤에서 들뢰즈에 이르는 서양 사상의 역사를 개설하는 책이면서 인간에게 있어서 '광기'와 '창조성'의 관계를 더듬어보는 책이기도 합니다. 왜 이러한 책을 썼는지를 말한다면, 이제까지 철학사에서 '광기'와 '창조성'을 둘러싼 논의는 대부분 고대에서 중세에 이르는 '멜랑콜리'와 그 주변 개념에 대해서 논하는 것에 그치고 그 이후의 논의와의 연결점을 찾아내지 못하는 것처럼 보였기 때문입니다. 그래서 저는 데카르트나 칸트나 헤겔과 같은 근대의 철학, 그리고 하이데거나 라캉, 푸코, 데리다, 들뢰즈와 같은 현대사상으로까지 시야를 넓혀 '광기'와 '창조성'의 관계에 대한 커다란 조감도를 만들려고 생각한 것입니다. 일본에서는 이 책에 대한 수많은 긍정적인 서평이 나왔고, 저는 이 책으로 일본병적학회상日本病跡學會賞을 수상했기 때문에 이 시도는 대체로 성공이었다고 말할 수 있을 것 같습니다.

저는 이 책에서 다룬 '병적학'이라는 학문 — 즉 천재나 예술가 같은 사람들에게서 볼 수 있는 광기(정신 질환)와 창조성의 관계를 논하는 학문 — 이 한국에도 존재하는지 어떤지는 모르겠습니다. 병적학(Pathographie)은 독일에서 탄생하여 일본에 전파되고, 프랑스에서는 '정신적 전기(psychobiographie)'라는 이름으로 근근이 이어지고 있습니다. 영어권에서도 비슷한 연구가 존재하고 있는 것 같습니다만 거기에는 제가 참조할 만한 것은 거의 없었습니다.

병적학의 재미있는 점은 유명인을 진단하는 데 있는 것이 아닙니다. 최근에는 도널드 트럼프가 '미친' 게 아닐까 하는 논의가 미국에서 일어났습니다만 실제로는 흥미롭지 않은 논의였다고 생각합니다. 왜냐하면 그러한 논의는 '광기'에 대해 새로운 것을 전혀 가르쳐주지 않기 때문입니다. 병적학은 누구나 알고 있는 유명인을 정신분석이나 정신의학의 지식을 사용하여 이해하려는 학문이라기보다는 오히려 '광기'와 '창조성'에 관한 어떠한 본질을 유명인으로부터 끌어내려는 학문입니다. 다시 말하면 '정신분석이 문학을 진단하는 것이 아니라, 오히려 정신분석이 문학에서 배운다'라는 라캉의 말이야말로 유명인과 병적학 사이의 관계에 대한 적절한 표현일 것입니다.

들뢰즈와 과타리의 『안티 오이디푸스』를 볼 필요도 없이 '광기'는 사회로부터의 일탈로 파악될 뿐만 아니라, 고정된 사회를 변혁으로 향하게 하는 중요한 계기로 간주되어왔습니다. 즉 '광기'는 숨을 쉬기도 힘들 정도로 폐색된 시대에 생각지도 못한 방식으로 바람구멍을 뚫을 수 있게 하는 것이기도 합니다. 물론 모든 것이 자본주의나 신자유주의의 논리로 덮여 시스템화되어버리는 것이 일상이 된 현대에는 고전적인 '광기'와 같은 방식으로 사회의 '외부'로 탈출하는 길은 끝나가고 있는지도 모릅니다. 그러나 그래도 역시 이 세계에는 다른 방식으로 '광기'의 싹이 태동하고 있다고 생각합니다. 이와 같은 시대에 '광기'와 '창조성'의 관계를 논해온 서양철학의 전통을 되짚어보는 것은 우리가 사는 사회의 미래를 바라보는 것과 같다고 말할 수 있을 것입니다.

2021년 11월

마쓰모토 다쿠야 松本卓也

처음에 —
창조와 광기는 종이 한 장 차이?

일찍이 미국 애플사 최고 경영자였던 스티브 잡스Steve Jobs(1955-
2011)가 '스승'으로서 존경한 기업가 놀런 부쉬넬Nolan Bushnell
(1943-)은 비즈니스 세계에서 새로운 창조를 가능하게 하기 위해서
는 '크레이지crazy'한 인물을 고용해야 한다고 주장하였습니다. 먼저
그의 말을 들어봅시다.

창조성과 광기는 종이 한 장 차이다. 광기라고 해서 병적인 것은 아
니다 — 그쪽의 광기에는 좋은 것이 아무것도 없다. 세상에는
또 하나 직업적인 광기가 있다. 크리에이티브creative한 사무실
이라면 떠돌아다녀도 좋을 광기, 색다른 아이디어와 기발한 콘
셉트, 파격적인 의견을 늘 내놓는 사원들이 빚어내는 광기다.
대부분의 회사는 크리에이티브한 사람들의 착상이 크레이지할
수록 그 착상을 채택할 가능성이 낮아진다. 하지만 세계를 놀라
게 했던 착상 중에는 처음에는 주위에서 '그런 건 있을 수 없어'

라고 반응한 것들이 적지 않다(ブッシュネル, ストーン, 2014: 64).

　'크레이지'한, 즉 어떤 의미에서 '미친' 사람들은 기존의 상식이나 선입견에 매몰되지 않고, 파격적인 아이디어를 생각하고 비즈니스 세계에 새로운 바람을 불러일으킬 수 있다고 말합니다. 정말로 상식에 사로잡혀 있다면 확실히 새로운 발상을 할 수 없을 것입니다. 새로운 발상을 하는 사람들은 어딘지 모르게 비상식적이고 때로는 '크레이지'하다고 말해지는 인물인지도 모릅니다. 실제로 우리는 이런 생각을 비즈니스 세계에서 자주 들을 수 있습니다.

　그렇다면 이러한 생각은 현대에 특유한 것일까요? 그렇지는 않습니다. 사실 서양 사상사를 더듬어보면 창조(creation)나 창조성(creativity)을 광기(madness)와 연결하는 사고방식은 플라톤Platon이나 아리스토텔레스Aristotels 같은 철학자들이 활약한 시대부터 이미 존재하고 있었던 것을 알 수 있습니다.

　세네카Seneca(기원전 4?-기원후 65)는 기원전 철학자들의 논의를 요약하여 다음과 같이 말합니다.

> 정말로 그리스 시인을 믿으면 '때로 미쳐보는 것도 즐거운' 일이고, 플라톤을 믿으면 '정상적인 인간은 시작詩作의 문을 두드려도 소용없는' 일이고, 아리스토텔레스를 믿으면 '광기가 섞이지 않은 천재는 일찍이 존재하지 않았던' 것이다(セネカ, 2010: 129).

　기원전에 이미 광기는 당시의 대표적인 예술인 시를 짓는 능력과 관련이 있다고, 게다가 '천재' 일반과도 관련이 있다고 생각되었던 것입니다. 창조와 광기를 연결하는 이러한 사고방식은 나중에 데카르트Descartes, 칸트Kant나 헤겔Hegel과 같은 근대의 철학자, 게다가 하이데거Heidegger, 라캉Lacan, 들뢰즈Deleuze 등의 현대의 철학자나 사상가에까지 영향을 주었습니다.

이 책은 이 '창조와 광기'라는 문제가 서양 사상사 속에서 어떤 방식으로 다루어졌는지를 앞에서 언급한 다양한 철학자나 사상가의 논의를 바탕으로 쫓아갑니다. 그렇게 함으로써 지금까지의 세계에서 '크리에이티브'하다고 여겨졌던 사람들이 어떤 사람들인지를 이해할 수 있게 될 것입니다. 게다가 현대에 '크리에이티브'해지기 위한 조건이 어떠한 것이어야 하는지를 이해할 수 있게 될지도 모릅니다. 이 책이 창조적이려고 하는 독자 여러분에게 어떤 힌트가 되기를 바랍니다.

그러면 이제부터 '창조와 광기'를 둘러싼 사상사의 여행을 시작합시다.

차례

제1장

'창조와 광기'의
관계를 묻는다

야스퍼스

광기가 가져다주는 긍정적인 혜택(1) — 에메 사례

「처음에」에서 다룬 부쉬넬의 책에서는 크리에이티브한 발상을 낳는 '크레이지'한 광기란 병적이지 않은 광기 — '임상적 광기(clinical madness)'가 아닌 광기 — 라고 했습니다. 즉 '크레이지'한 사람이 창조적이라고 해도 그는 어떤 정신장애를 앓고 있는 사람이 아니라, 기성관념에 사로잡히지 않는 건강한 괴짜geek(탁월한 지식을 가지고 있는 컴퓨터 엔지니어)라는 것입니다.

하지만 사상사를 읽어보면 그러한 생각 — 병적이지 않은 정도로 '크레이지'한 사람만이 창조성을 갖는다는 생각 — 은 사물의 한쪽 면만 파악하고 있다는 것을 알 수 있습니다. 왜냐하면 단지 '크레이지'한 사람들만이 아니라, 실제로 정신장애를 앓고 있던 사람들에게서도 탁월한 창조성을 볼 수 있다고 알려져 있기 때문입니다. 오히려 부쉬넬이 말하는 것과는 반대로 근대(이 책에서는 대략 프랑스혁명 이후, 즉 18세기 말 이후의 세계를 '근대'라고 부르기로 합니다) 이후의 세계에서는 일종의 정신장애가 있는 사람들에게서 볼 수 있는 창조성이 중요시되고 활발하게 연구되어온 것입니다.

그러한 예를 몇 가지 살펴봅시다.

프랑스 정신분석가로 자크 라캉Jacques Lacan이라는 사람이 있습니다. 정신분석이란 19세기 말 빈에서 지그문트 프로이트Sigmund Freud(1856-1939)가 발명한 정신장애에 대한 치료법으로 사람들이 평상시에는 의식하지 못하는 '무의식'이라는 마음의 움직임을 해명함으로써 정신장애를 치료하려는 것을 말합니다. 라캉은 그러한 프로이트의 이론을 재해석하여 아주 세련된 (단 난해한) 이론을 만들어 정신분석의 실천을 독자적인 높은 수준으로 끌어올린 인물이었습니다. 그는 오늘날에도 본국인 프랑스나 벨기에와 같은 프랑스어권은 물론이고, 영국이나 미국 같은 영어권, 아르헨티나 같은 스페인어권, 그리고 일본에서도 카리스마적 존재로 인기를 누리고 있습니다.

라캉은 학위논문인 『인격과의 관계에서 본 편집증성 정신병』(1932)에서 '에메Aimée'라고 불리는 사례(본명은 마르그리트 앙지외Marguerite Anzieu입니다)를 다룹니다. 라캉은 에메를 '자책 편집증(paranoïa d'autopunition)'이라고 진단하고 체계적인 박해 망상에 빠진 환자라고 규정합니다.

에메는 자식을 낳고 30세가 되었을 때 '자신과 아이가 주변 사람으로부터 위협을 받고 있다'는 박해 망상을 품게 되었습니다. 어느 날 그녀는 직장에서 '왜 내 아이가 목표가 된 것일까?'라고 생각하던 중 우연히 직장 동료들이 여배우인 유겐트 뒤프로에 대하여 이야기하는 것을 듣고 자신을 노리는 사람이 뒤프로라고 확신합니다. 에메는 동료들이 뒤프로에 대하여 말하는 것을 들은 전혀 우연적인 사건을 통해서 자신과 아이를 박해하는 '흑막'이 누구였는지를 '번뜩이는' 섬광처럼 이해한 것입니다. 이러한 기묘한 확신을 프랑스 정신의학에서는 '망상 해석(interprétation délirante)'이라고 부르는데, 에메의 망상은 그후에도 이러한 망상 해석을 통해 장기간에 걸쳐 발전해갑니다. 그리하여 38세가 되었을 때 에메의 망상은 그 여배우가 자신의 아들을 위협하며 그 여배우와 친교가 있는 작가가 자신에 대하여 말을 퍼뜨리고 있다는 상당히 체계적인 수준으로까지 발전하기에 이르렀습니다. 그리하여 에메는 어느 날 저녁에 그 여배우가 극장에 오는 것을 기다려 그녀를 칼로 찔러버렸습니다. 이 상해 사건으로 에메는 생탄Sainte-Anne병원에 수용되어 라캉의 진찰을 받게 되었습니다.

라캉이 에메에 주목하여 그녀를 자신의 학위논문에서 중심적인 사례로 삼은 것은 두 가지 이유에서였습니다. 하나는 그녀가 체포된 후 불과 20일 뒤에 완전히 치료되었고 망상도 소멸해버렸다는 점입니다. 또 다른 하나는 상해 사건이 있기 이전 시기, 즉 망상이 상당히 활발하게 이루어질 때 그녀가 괜찮은 소설을 쓰고 있었다는 점입니다.

여기에서는 후자에, 즉 에메가 망상을 가지고 있었을 때 괜찮은 소설을 썼다는 점에 주목해봅시다. 그녀는 자신이 쓴 소설을 출판사에 가져가기도 하고 영국 왕실에 보내기도 하였습니다. 요컨대 그녀는 자신의 작품이 중요한 사람으로부터 인정을 받을 만한 가치가 있다고 생각한 것입니다. 상식적으로 보면 망상이 활발한 시기에 쓴 작품은 지리멸렬한 데가 있기 마련이고 작품으로서 정합성이 떨어질 것이라고 생각됩니다. 하지만 라캉은 그녀의 소설에는 (적어도 최초의 작품에는) 문장의 흐트러짐이 전혀 보이지 않고, 오히려 '진정한 시적 가치를 갖는 이미지'(ラカン, 1987a: 180)가 표현되어 있다고 평합니다. 그후 라캉은 그녀의 작품을 '폴 엘뤼아르Paul Éluard의 「무의식의 시(poésie involontaire)」라는 (외경해야 할) 항목에도 수록될 만한 가치가 충분하다'(Lacan, 1966: 66)라고 쓰고 있기에 그녀의 작품이 분명 우수한 가치를 가진다고 인정했다고 볼 수 있습니다.

에메에 관하여 또 한 가지 지적해두어야 할 것이 있습니다. 그것은 그녀가 본래 가지고 있던 능력에서 추측되는 것보다 훨씬 높은 수준의 작품을 썼다는 것입니다. 즉 그녀는 병이 나기 전에는 도저히 쓸 수 없을 것 같은 소설을 병에 걸려 망상이 활발해진 동안에 쓴 것입니다. 이에 관하여 라캉은 다음과 같이 평가합니다.

> 에메의 문학작품은 분명 적극적인 창조를 보여주는 잠재 능력을 드러내고 있다. 하지만 그 능력은 정신병이 직접적으로 생산한 것이며, 단지 [병으로 인하여 파괴되지 않고] 남겨진 것이 아니다 (ラカン, 1987a: 305. 강조는 인용자).

정신병은 어떤 능력을 파괴하는 것이 아니라 오히려 창조를 위한 능력을 생산한다고 [라캉은] 말하고 있습니다.

이는 일반적인 상식과는 정반대의 사고방식이 아닐까요. 일반적으로 병이란 인간의 정상적인 기능을 파괴하는 것으로 보통의 경우라면 가능해야 할 것들이 이루어지지 않는 것이라고 생각할 수 있습니다. 예를 들어 평소에는 어떤 장애도 없이 숨을 쉬지만 천식과 같은 호흡기 질환에 걸리면 숨 쉬는 것조차 어렵습니다. 이와 같은 식으로 보면 정신장애를 앓는다는 것은 정신을 사용하여 수행하는 창조성이 훼손되는 것이라고 일반적으로 생각할 수 있겠지요. 병이 들면 자신의 정신을 사용하여 시나 그림과 같은 예술 작품을 창조하는 것은 불가능해진다는 것입니다. 그래서 만약 정신장애가 있는 사람이 창조성을 가지고 있다면, 그 창조성이 병으로 파괴되지 않고 그대로 남아 있기에 창조성을 유지할 수 있었다고 생각하거나 혹은 정신이 가지고 있는 원시적인 기능을 상위 중추가 억제하지 않아서 창조성이 나타나게 되었다고 생각할 수밖에 없습니다(후자를 잭슨주의Jacksonism라고 부릅니다).

하지만 이런 상식적인 생각과 라캉의 견해는 완전히 다릅니다. 라캉의 관찰에 따르면 에메 사례에서 창조성은 원래 그녀가 가지고 있었던 능력을 넘어선 '긍정적인' 부분이 나타난 것이라고 볼 수 있고, 이 점에서 '정신병을 [어떤 정신 기능의] 결손으로 파악하는 학설은 근거가 없다'(ラカン, 1987a: 307)고 합니다. 일반적으로 병은 인간에게 어떤 식으로든지 '부정적인 것'을 초래한다고 생각하지만, 라캉에 따르면 정신병은 인간에게 '긍정적인 혜택(bénéfice positif)'을 가져다주는 경우가 있다는 것입니다(ラカン, 1987a: 305). 과거에 칼 야스퍼스Karl Jaspers(1883-1969)는 창조와 광기의 관계에 대하여 '창조력이 병에도 불구하고 나타났는가, 그렇지 않으면 병 때문에 나타났는가'라는 근본적인 의문을 제기했는데, 잭슨주의는 전자의 입장을, 라캉은 후자의 입장을 대표하는 논의라고 할 수 있습니다.

정신병에 의한 '긍정적인 혜택'은 소설이나 그림 같은 예술적인 창조의 영역에서만 나타나는 것이 아닙니다. 나가이 히사오中井久夫 (1934-)라는 유명한 일본 정신과 의사는 이런 일화를 소개합니다.

> 실제 분열증[=조현병調絃病]의 발병 전에 정신의 능력이 비정상적으로 상승하는 사례가 있습니다. 당사자만이 그렇게 느끼는 것이 아닙니다. 실제로 중간 수준 사립 고등학교의 중간 정도의 학생이 대학 모의고사 테스트에서 전국 1등을 한 사례까지 있습니다. 이 학생은 시험을 보고 나서 일주일 뒤에 발병하였습니다(中井久夫, 1998: 47).

이 고등학생은 조현병(Schizophrénie)의 발병 직전이라는 상당히 불안정한 시기에 분명히 이상할 정도로 고양된 상태에 있었습니다. 이러한 일화에서도 정신병은 부정적인 것이 아니라 '긍정적인 혜택'을 당사자에게 가져다준다는 점을 알 수 있습니다(단 이 고등학생은 그러한 고양 상태에서 이루어진 위대한 달성을 대가로 환각 망상에 빠져버리고 말았습니다…).

광기가 가져다는 긍정적인 혜택(2) — 구사마 야요이

광기가 창조를 가능하게 한 또 다른 사람의 사례를 살펴봅시다.

구사마 야요이草間彌生(1929-)는 창조와 광기의 관계를 아주 명료하게 보여주는 화가 중의 한 사람입니다. 독특한 물방울 모양이나 반복적인 얼룩이 아로새겨진 늙은 호박 같은 그녀의 작품을 누구든지 한 번쯤 본 적이 있을 것이라고 생각합니다.

젊은 시절 구사마의 주치의는 정신과 의사 니시마루 시호우西丸西方(1910-2002)였습니다. 니시마루는 작가 시마자키 도손島崎藤村 가계家系의 사람으로 일본 병리학이라는 학문의 기초를 다진 이른바 제1세대에 속합니다. 니시마루는 구사마를 '정신분열증', 즉 오늘날로 말하면 조현병이라고 진단합니다. 그리고 그는 그녀의 창조와 광기의 관계에 대하여 다음과 같이 말합니다.

약으로 진정되면 아이디어나 작품도 생산하지 못한다. 자신도 이것이 싫어서 약을 받으려 하지 않는다. 약은 천재를 죽이고 보잘것없는 보통 사람으로 만들어버리는 것이다. [*구사마는] 죽을 것 같은 고통과 불안에 초조해하면서 천재적인 작품을 만들어 그것에서 겨우 구원을 찾고 있다. 불안이 엄습할 때는 [작품인] 버섯으로 만든 숲속에서 뒹굴고 있으면 신기하게 차분해진다고 한다. 구원을 위해서 예술품을 발명하는 셈이다. 이 점이 천재가 천재적인 이유이다(西丸西方, 2016: 12).

구사마는 조현병의 증상이 있을 때는 그림을 그릴 수 있었지만, 약물요법으로 그 증상이 사라지면 그림을 그리지 못하고 마는 것이었습니다. 왜냐하면 그녀의 예술 표현은 집요하게 덮쳐오는 정신병적인 불안한 이미지에서 벗어나려는 것이었기 때문입니다. 그녀는 그러한 점을 자서전에서 이렇게 회고합니다.

[…] 종종 이렇게 정체를 알 수 없고, 영혼의 배후에서 아른거리는 꺼림칙한 것들이 원한과 유사한 집요함을 가지고 나를 강박적으로 쫓아다니며 오랫동안 나를 반半광란의 상태로 몰아갔다.

이것에서 벗어나는 유일한 방법은 그런 몽롱한 것들, 즉 빛나기도 하고 어두운 심해에 가라앉아버리기도 하고, 나의 피를 소란스럽게 만들기도 하고 또 분노의 파괴로 나를 몰아가는 거지 같은 것들, 그것들이 도대체 무엇인지 종이 위에 연필이나 그림물감으로 시각적으로 재현하거나, 또는 마음에 떠오르는 대로 그림으로 그리면서 컨트롤하는 것이었다(草間彌生, 2012: 68-69).

구사마의 예술 표현은 조현병 증상에 대한 일종의 '복사copying'였다고 말할 수 있습니다. 복사란 곤란한 일을 잘 처리하기 위한 대처 방법을 가리킵니다. 그녀의 경우에는 불안한 이미지에 엄습당한 채로 있는 상태가 아니라, 오히려 그것을 적극적으로 묘사함으로써 자신을 지킬 수 있었습니다. 이것이 그녀의 창조의 기본적인 특징인 것입니다. 구사마의 초기 작품에는 팔루스상, 즉 남성 성기가 많이 등장하는데, 이것은 그녀 자신이 섹스에 대하여 공포감을 느끼고 있었기 때문입니다. 섹스에 관하여 생각을 하는 것만으로도 공포감을 느끼기에 오히려 그것을 반복하여 조형화함으로써 자신을 보호했다고 할 수 있습니다. 그녀는 창조 행위를 통해서 조현병에 대한 자기 치유를 이끌어냈다는 것을 알 수 있습니다.

구사마 야요이처럼 유명한 예술가 이외에도 조현병과 창조 행위가 관련되어 있는 경우가 있습니다. 한스 프린츠호른Hans Prinzhorn (1886-1933)이라는 독일 정신과 의사는 정신장애인(대부분 병원에 입원해 있던 환자)이 그린 예술 작품을 모은 컬렉션을 남겼습니다. 미술에 관한 정규교육을 받지 않은 정신장애인이 창작한 예술을 가리키는 '아르 브뤼art brut'라는 단어는 이 컬렉션에서 영향을 받은 프랑스 화가 장 뒤뷔페Jean Dubuffet(1901-1985)가 만들어낸 말입니다.

병적학이란 무엇인가

그런데 앞 절에서 소개한 사례에서 보았듯이 '크레이지'한 괴짜만이 아니라 임상적인 광기 역시 창조와 이어지고 있다는 것을 이해할 수 있습니다. 실제로 그러한 임상적 광기와 창조성의 관계에 관한 연구는 정신의학에서 100년 이상의 역사를 가지고 있으며, 그 연구는 '병적학病跡學(pathography)'이라고 불립니다. 어떤 작가나 화가의 전기(biogarohy)가 그 인물의 생활(비오스bios)과 창조의 관계를 추적한 것이라면, 병적학은 그 인물의 병(파토스pathos)과 창조의 관계를 추적한 것이라고 할 수 있습니다.

여기서는 야스퍼스가 내린 병적학의 정의를 확인해둡시다.

> 병적학이란 정신병리학자에게 흥미를 자아낼 수 있는 정신생활의 측면을 말해주는 것으로 어떤 인간의 창조의 원인에 대하여 그 정신생활이 보여주는 모든 현상과 과정이 어떠한 의의를 가지고 있는가를 밝혀보려는 목표를 추구하는 생활 기록이다 (ヤスパース, 1953-1956: 下257).

병적학의 대상은 주로 작가나 화가 같은 예술가나, 천재적인 과학자 같은 유명인이며, 특히 어떤 정신장애를 앓고 있는 것이 아닐까 생각되는 인물입니다. 이런 인물에 관하여 쓴 전기나, 그 자신이 쓴 일기나 편지를 참조하여 병의 경과를 세밀하게 추적해보면 그 인물이 만든 개별적인 작품과 병의 경과가 밀접하게 관련되어 있다는 것을 알게 됩니다. 예를 들어 발병 직전에서 발병 직후의 짧은 시간에 걸치는 단기간 사이에 우수한 작품이 집중적으로 만들어지는 경우가 있습니다. 이를 검토해보면 그러한 유명인의 창조에 병이 어느 정도 영향을 주었는지를 추측할 수 있습니다. 에메 사례처럼 병으로 유발된 창조나, 구사마 야요이처럼 병에 대한 복사를 통해서 나타난 창조처럼 병과 창조는 다양한 방식으로 관계하고 있는 것입니다. 이처럼 유명인의 다양한 작품에서 병으로 인한 영향의 흔적을 알아내어 그러한 정신의 흐름을 확인하여 드러내는 것, 그것이 병적학의 목표입니다.

독일 철학자인 프리드리히 니체Friedrich Nietzsche는 청년기에 매독에 감염되었고 말년(1880년대)에는 진행마비進行痲痹(매독에 의한 뇌의 기질적인 파괴)에 의한 환각 망상 상태를 경험했습니다. 이런 정신 장애가 그의 사상 형성에 어떤 영향을 주었는지를 생각해보는 것도 병적학 연구의 하나의 주제가 됩니다. 또한 같은 독일 시인인 프리드리히 횔덜린Friedrich Hölderlin은 조현병자라고 알려져 있는데, 그의 시에서 [조현]병의 영향을 분명하게 알 수 있습니다. 외국의 사례만 있는 것이 아닙니다. 나쓰메 소세키夏目漱石(1867-1918)[일본의 소설가]는 영국 유학 시절에 피해망상에 빠진 적이 있는데, 그의 병적학적 진단에는 여러 가지 설이 분분합니다. 조현병이었다고 하는 설도 있고, 망상 반응이었다고 하는 설도 있고, 우울증이었다고 하는 설도 있습니다. 어떤 자료에 의거하는가, 그 사람의 인생을 어떻게 이해하는가에 따라서 병적학적 진단이 달라지기도 하는 것입니다.

그리고 병적학에서 중요한 것은 병적학이 단지 정신의학적인 진단을 유명인에게만 내리는 것이 아니라는 점입니다. 나아가 위인의 업적을 그가 정신장애인이었다는 사실로 폄하하려는 것도 아니라는 점입니다. 오히려 병적학은 병을 일종의 개성으로 파악하여 긍정적으로 볼 수 있도록 해줍니다. 또한 야스퍼스도 말했듯이 병적학의 대상이 된 유명인 중에는 표현력이 풍부한 인물이 많았는데,

그의 연구에서 얻을 수 있는 지견知見은 병 자체에 대한 이해를 새롭게 해줄 가능성이 있는 것입니다(ヤスパース, 1953-1956: 下258). '정신병리학에서 병적학은 자주 발상發想의 효모가 된다'(内海健, 2001: 100)고 지적하는 것을 보면, 유명인의 개별적인 사례를 탐구하는 것이 병에 대한 보편적인 이해를 비약적으로 높이기도 합니다. 나아가 구사마 야요이의 예가 보여주듯이 병적학이 병에 대한 치료 기법을 가르쳐주는 경우도 있을 것입니다. 또한 병적학의 연구는 예술 치료 같은 치료 기법에도 적지 않은 영향을 주고 있습니다.

병적학의 역사

그러면 병적학이라는 학문이 어떻게 탄생하여 어떻게 전개되어 왔는지를 봅시다.

병적학이라는 용어를 최초로 사용한 사람은 파울 율리우스 뫼비우스Paul Julius Möbius(1853-1907)라는 독일의 신경과·정신과 의사였습니다. 그는 19세기 말에서 20세기 초에 괴테, 니체, 슈만과 같은 유명인의 병적을 썼으며, 1907년에는 '작품을 기준으로 작가에 대한 감별 진단鑑別診斷을 할 수 있을까요?'라는 질문을 던지며 '병적학'이라는 용어를 최초로 도입하였습니다(Möbius, 1907). 즉 그는 작품의 내용과 형식에서 그것을 만들거나 쓴 작가의 병이 무엇이었는지를 추측할 수 있다고 생각한 것입니다.

병적학에 대한 또 다른 원류源流로는 천재 연구가 있습니다. 1888년에 이탈리아의 체사레 롬브로소Cesare Lombroso(1835-1909)라는 정신과 의사가 『천재론』을 썼으며, 그 이후에 천재라는 존재에 관한 정신의학적·심리학적 연구가 유행하였습니다. '천재와 광기는 종이 한 장 차이다'라는 말이 있듯이 천재에게는 범죄자나 정신병 환자에게서 볼 수 있는 병적인 성격의 징후가 있다고 주장한 롬브로소는 병적학의 선구자인 것입니다. 그는 말더듬이, 왼손잡이, 무자식[자식을 원하지 않는 것], 방랑벽, 감각 예민이나 무감각과 같은 외면적 특징이 천재와 범죄자나 정신병 환자에게 공통적으로 보인다고 주장했습니다. 반면에 그는 천재를 인간의 내면이나 심리를 통해서 이해하려고는 하지 않았습니다.

20세기에 이르러 정신의학은 보다 현대적인 모습으로 변모하게 됩니다. 그리하여 정신의학이 천재 연구와 합류한 결과로 태어난 병적학적 연구의 대표작이 1928년에 나온 빌헬름 랑게-아이히바움Wilhelm Lange-Eichbaum(1875-1949)의 『천재, 광기, 명성』과 그 이듬해에 나온 에른스트 크레치머Ernst Kretschmer(1888-1964)의 『천재의 심리학』입니다. 특히 후자는 천재에게는 단지 재능만이 아니라 인간을 압도하는 비합리적인 요소(초월적 체험, 종교적 체험, 불안한 체험 등)가 필요하다고 주장합니다.

이러한 연구와 비슷한 시기인 1922년에 야스퍼스는 『스트린드베리와 반고흐』라는 책을 씁니다. 야스퍼스는 일반적으로 철학자로 알려져 있지만, 실은 의대 출신으로 1920년대 중반까지 정신과 의사로 활동했습니다. 다만 그는 지병(기관지확장증)으로 체력을 필요로 하는 병동 근무를 하지 않고 외래나 감정鑑定과 같은 업무를 담당한 것 같습니다. 하지만 정신과 의사로서 성취한 업적은 대단히 탁월하며, 1913년에 출간한 『정신병리학 총론』은 그 이후 세대의 정신병리학 전체의 방향을 결정해주었다고 말할 수 있는 책입니다. 정신과 의사로서 그의 또 하나의 대표적인 작업은『스트린드베리와 반고흐』입니다. 이 책의 내용은 뒤에서 다시 소개하겠지만, 이 책은 병적학에 대한 하나의 완성이라고 할 수 있습니다. 지금으로부터 100년 전에 나온 책이지만 이를 넘어서는 임팩트를 주는 연구는 그렇게 많이 나오지 않았습니다.

그후에 다양한 작가, 화가, 천재에 대한 개별적인 병적학적 연구가 축적되었습니다. 일본에도 일본병적학회라는 전문 학회가 있고 이를 중심으로 다양한 병적학 연구가 진행되고 있습니다.

조현병 중심주의와 비극주의적 패러다임

그러면 병적학의 담론에는 어떠한 특징이 있을까요? 먼저 병적학의 담론은 '조현병 중심주의'라고 할 수 있습니다.

조현병이란 과거에는 '정신분열증'이나 '분열증'이라고 불렸던 장신장애로 어떤 사람이 평생 동안 이 병에 걸릴 확률은 대략 0.7%(100명에 한 명 정도)라고 합니다. 조현병은 주로 청년기에서부터 30대까지 발병하고, 환각이나 망상을 중심으로 하는 양성증상(발병 전에 없던 것이 추가되어 나타나는 증상)과 감정이 단조로워지고 의욕이 저하되는 음성증상(발병 전에 있던 것이 사라지지는 않고 저하되어 나타나는 증상)이 관찰되며, 특히 예후가 불량한 경우에는 지능·감정·의지라는 정신 기능의 전반적인 해체에까지 이르는 정신장애입니다.

20세기 초 오이겐 블로일러Eugen Bleuler라는 [스위스의] 정신과 의사가 '조현병'이라는 말을 고안할 때까지 이 병은 '조발성치매(dementia praecox)'라고 불렸는데, 이는 이 병의 환자가 비교적 이른 시기에 '치매' 상태 — 인간의 이성이 해체되어버린 상태 — 에 빠진다고 생각되었기 때문입니다.

물론 현재는 조현병이라는 병 자체가 경증화되는 경향이 뚜렷하며, 유력한 치료법도 확립되어 있기에 '조발성치매'라고 부르는 것은 적절하지 않습니다. 현재의 조현병은 조기 예방이나 조기 치료가 이루어지면 '치매'라고 불리는 상태에 이르는 일은 결코 없습니다. 물론 학업이나 노동도 가능하며 보통 사람과 차이 없이 사회생활을 영위할 수 있습니다. 다만 과거에는 이 병의 예후에 관하여 비관적인 견해가 강했다는 점을 기억해두십시오.

그런데 병적학에서 조현병 중심주의란 어떤 것일까요? 이는 조현병을 앓고 있다고 생각되는 유명인만을 주목하고, 반대로 우울증이나 조울증(양극성기분장애)과 같은 병을 앓고 있는 유명인의 창조성에는 그다지 주목하지 않으며, 오히려 이러한 병이나 창조성을 조현병과 비교하여 '이류의 병', '이류의 창조성'으로 다루는 것을 말합니다. 실제로 병적학은 조현병에 걸린 유명인에 대한 연구만을 수행해왔습니다.

게다가 병적학에서 조현병 중심주의는 조현병자를 '이상화理想化'합니다. 다시 말해 '조현병자는 조현병자가 아닌 사람은 도달할 수 없는 진리를 가지고 있다'라는 말이 유행했던 것입니다.

이러한 조현병 중심주의와 앞서 확인한 이 병에 대한 비관적 견해가 합류하는 곳에서 20세기 병적학적 사고의 양식이 만들어집니다. 이는 '조현병자는 이성의 해체에까지 이르는 심각한 병에 걸리는 것과 맞바꾸어 인간의 본질과 관련된 심원한 진리를 획득하기에 이른 인물이다'라는 생각입니다. 즉 '조현병'은 이성의 해체와 맞바꾸어 진리에 대한 접촉을 가능하게 하는 특권적인 광기라고 여기게 되었던 것입니다.

병적학의 담론에서 구체적으로 이러한 경향을 보여주는 논의를 살펴봅시다. 먼저 야스퍼스의 『스트린드베리와 반고흐』부터 인용합니다.

> 이런 종류의 병자[＝조현병자]에게는 일시적이기는 하지만 형이상학적 심연이 계시되는 것처럼 생각되는 경우가 있다. […] 마치 그들의 생애에서 단 한 번만 전율과 지복에 가득 찬 무엇인가가 계시되고, 이윽고 그 몇몇 기억만을 남기고 회복 불능의 치매에 빠지는 것과 같다(ヤスパース, 1959: 143-144).

당시의 조발성치매(조현병)는 갑자기 발병하여 환각과 망상이라는 이른바 '광기'의 증상을 활발하게 보이자마자 곧바로 치매 상태(정신의 황폐 상태)에 빠지는 병이었습니다. 그리고 특히 발병 전구기前驅期*나 발병 직후에 일과성으로 창조성을 고양하는 때가 있었습니다. 야스퍼스는 그러한 시기에 나타나는 '형이상학적 심연의 계시'를 간파하고 있었습니다. 병적학자는 이 조현병이라는 병에서

＊ 전구 증상이 나타나는 시기로 흔히 1-3일이다. 전구 증상은 어떤 병의 발병을 시사하는 증상이나 어떤 병이 발병하기 전에 나타나는 증상을 말한다.

비극과 맞바꾸어 진리를 획득하는 영웅적인 모습을 중시하고 있었
는지도 모릅니다. 이것을 조현병에 대한 비극주의적 패러다임이라
고 부릅시다.[1]

야스퍼스의 논의를 계속 봅시다.

> 고흐는 단지 그의 전체적인 세계관의 실현으로서의 그의 존재
> 만이 아니라, 그의 정신분열증[=조현병] 시기에 출현한 새로운
> 세계를 가지고 우리를 매혹시켰다. […] 이는 마치 존재의 최
> 후의 원천이 가시적이 되고, 현존재의 숨겨진 지반이 우리에게
> 직접 작용하는 것과 같다. […] 이러한 충격은 […] 우리에게 친
> 근한 형체를 또 다른 세계로 전치시키는 것이다. 이러한 세계
> 는 […] 자기의 고유한 존재로 향하도록 요청하는 것이고, 그
> 렇게 함으로써 변동·혁명을 우리에게 가져다준다(ヤスパース,
> 1959: 223-224).

---

1 사이먼 크리칠리(1960-)는 칸트 이후의 철학, 특히『오이디푸스 왕』이나『안
티고네』에서 모범을 취하는 철학적 사고가 판에 박은 것처럼 '비극적-영웅적
인 패러다임(tragic-heroic paradigme)'을 취하고 있음을 비판합니다(Critchley, 2009:
217-238). 그가 비판의 대상으로 삼는 것은『존재와 시간』이 보여주는, 스스로
의 죽음을 선구적으로 각성함으로써 본래성을 획득하기에 이른다는 사고방식
이나, 라캉의 '욕망에 대해서는 양보해서는 안 된다(ne pas céder sur son désir)'라
는 논리지만, 여기에서 우리가 검토하고 있는 병적학적 사고방식도 '비극적-
영웅적인 패러다임'의 범위에 포함된다고 말할 수 있습니다. 크리칠리는 이러
한 패러다임에 대하여 '코믹'한 것이나 '유머'를 대치시키고 있지만, 그 방향성
은 이 책의 마지막 장에서 검토하는 들뢰즈의 논의와 친화적이라고 생각할 수
있습니다.

야스퍼스는 화가 빈센트 반고흐Vincent van Gogh(1853-1890)를 조현병으로 진단하고, 고흐가 조현병이 발병한 시기에 새로운 세계를 드러냈고 기존의 평범한 세계관을 전복시켰다고 말합니다. 그리고 그는 결론 삼아서 이렇게 진술합니다.

> 이러한 고급 지적 문화의 시대에 우리의 고유한 명석함에 대한 의지, 성실에 대한 의무, 이에 상응하는 현실주의의 풍조 속에서 이러한 해체적인 심연과 신적인 의식의 진실성을 믿을 수 있는 것은 이와 같은 병자[*조현병자]에 대해서만이 아닐까? […] 이와 같은 시대에 정신분열증[= 조현병]은 이전에는 정신분열증자가 아니더라도 진실하게 체험하고 표현할 수 있었던 영역에서 진실일 수 있는 유일한 조건이 아닐까? 우리는 […] 단지 정신분열증에서만 깊고 진실하게 가시적이 되는 무엇인가를 둘러싼 춤을 보고 있는 것은 아닐까(ヤスパース, 1959: 224-225)?

인간의 진리나 존재의 심연을 느끼고 그것을 표현하는 것은 예전에는 유명인이 행했던 일이었지만, 현대사회에서 그것을 행할 수 있는 것은 조현병이라는 병에 걸린 사람들만이 아닐까 하고 야스퍼스는 묻고 있습니다. 이 『스트린드베리와 반고흐』는 탁월한 저작이지만, 역시 조현병이라는 병에 걸린 사람들이 병과 맞바꾸어 인간 존재의 진리를 분명하게 보여준다라는 비극주의적 패러다임을 기본적인 관점으로 채용하고 있다는 것을 알 수 있습니다.

야스퍼스와 같은 병적학자만이 아니라 정신분석가인 라캉도 이와 같은 사실을 진술합니다.

> 인간존재란 광기 없이는 이해될 수 없을 뿐만 아니라, 인간이
> 만약 스스로의 자유의 한계로서의 광기를 자신 안에 떠맡지 않
> 으면 인간존재가 아니게 되어버린다(Lacan, 1966: 176).

대개 인간은 이성(raison)을 갖고 있는 존재라고 생각하며 이성
을 상실한 상태(déraison)를 광기라고 생각합니다. 하지만 라캉은 원
래 인간은 광기의 가능성을 내포하고 있는 것으로밖에 이해할 수
없다고 주장합니다. 예를 들어 분명히 장폴 사르트르Jean-Paul Sartre
(1905-1980)의 『구토』로 대표되는 많은 근현대 문학작품이 '미칠' 수
있는 가능성 상태에 놓인 '인간'을 묘사하고 있습니다. 이렇게 생각
한다면 '미칠' 가능성이 전혀 없는 인간이란 역으로 무섭고 비인간
적인 존재라고 생각할 수 있는 것입니다.

라캉은 광기의 가능성을 완전히 배제하려 한다면 그것은 더 이상
인간이 아니게 될 것이라고 말합니다. 당연히 그의 시대에는 인간
존재에게서 광기를 완전히 배제하는 것은 공상에 지나지 않는 일이
었습니다. 그렇지만 요즈음은 인간을 광기와 관계없는 것으로 만들
기 위한 다양한 테크놀로지가 개발되어 있습니다. 실제로 뇌의 내
부에 직접적으로 전기나 자기의 자극을 주어 치료하는 뇌심부자극
요법은 파킨슨병 등에 이미 실용화되었고, 우울증이나 강박성 장애
등에 적용하는 것이 검토되고 있습니다. 이런 기술을 머리 등의 신
체에 부착하여 이용하는 웨어러블 디바이스와 조합한다면 어떻게
될까요? 장래에는 인간의 중추신경계를 24시간 모니터링하면서 불

쾌를 느낄 때마다 바로 그것을 최소화시키는 대처가 이루어지는 것도 가능하게 될 것입니다. 궁극적으로 인간에게 생기는 광기의 '싹'을 즉시 제거하는 것이 가능하게 될지도 모릅니다. 그렇게 된다면 인류는 광기를 완전히 극복할 수 있게 될지도 모릅니다. 광기의 완전 극복이라는 공상은 근대 의학의 여명기부터 있었지만, 현대에는 공상적이지 않은 방식으로 그것의 실현 가능성을 생각할 수 있는 것입니다. 현대의 우리는 광기의 가능성을 내포하는 것으로 라캉이 정의했던 '인간'과는 다르며, 새로운 '인간'이 되는 중간 단계에 있는지도 모릅니다. 어쩌면 장래에 나타나게 될 새로운 '인간'은 라캉이 말한 것과 같은 광기를 내포하는 '인간'과 똑같은 모습일지라도 그 내실은 전혀 다른 '인간(포스트휴먼)'이 되는, 즉 '인간'이라는 개념 자체가 완전히 갱신되어버리는 일도 있을 수 있지 않을까 생각합니다.

라캉은 다른 곳에서 이렇게도 말합니다.

스피노자를 보세요. […] 중요한 것은 이해하는 것이 아니고 진실에 도달하는 것입니다. […] 즉 이것은 우리 모두가 망상자와 공통적인 것을 다소나마 가시고 있다는 것입니다(ラカン, 1987b: 上78).

고쿠분 고이치로國分功一郎(1974-)가 『스피노자의 방법』에서 강조하고 있는 것이지만 스피노자의 철학이라고 하는 것은 논리를 세워서 무엇인가를 아는 것보다는 진리에 도달하는 것을 근본으로 삼는 특이한 철학입니다. 라캉은 망상자와 일반인은 진리가 문제가 될 때 공통된 태도를 보인다고 말하려는 것입니다. 인간과 광기는 분리시킬 수 없으며, 광기와 망상은 진리를 개시할 수 있는 조건이 된다는 이러한 생각은 20세기 후반의 서양 사상에서 빈번하게 나타나는 지적 패러다임인 것입니다.

일본의 '창조와 광기'론

이러한 생각은 서양의 사상가에게서만 나타나는 것이 아닙니다. 일본의 정신병리학자·병적학자인 미야모토 다다오宮本忠雄(1930-1999)의 다음의 말을 살펴봅시다.

더 이상 말할 필요 없이 모든 창조 — 특히 예술에서 창조 — 는 새로운 세계의 창조를 의미하는데, 이 행위는 당연히 일상적 현실 세계의 외부에 있으며, 어떤 의미에서는 그 세계를 넘어서서, 이른바 초월적인 세계를 목표로 하는 계기를 필수적인 전제로 삼는다. 이는 미적 엑스터시스(ekstasis)라고도 말할 수 있는 계기이고, 본래부터 더없이 주관적인 태도이다. 여기서 말하는 그리스어 엑스터시스는 본래 '(마음을) 치환하여' '(누군가의 의식의) 외부에 있는 것'을 의미하기에 '광기' 그 자체를 가리키는 말이지만, 동시에 이는 앞서 말한 '초월'이나 '탈자(자신이 지금 있는 곳에서 벗어나는 것)'의 태도를 여실히 시사하고도 있다. 그렇지만 우리는 이러한 엑스터시스를 어떤 광기 형태에서 발견하는 것일까? 조울증에서 현실 세계와 갖는 감정적 공감이나, 뇌전증腦電症[*간질]에서 나타나는 현실 세계를 향한 점착적 태도 […] 등에서는 당연히 엑스터시스의 계기가 나타나지 않는다. 하지만 분열증[＝조현병]에서는 […] 이러한 엑스터시스와 동질적인 구조가 특유한 상모적相貌的 세계로 출현함으로써 수동적으로 드러나게 된다(宮本忠雄, 1973: 441).

미야모토는 지금 자신이 살고 있는 현실 세계의 '외부'로 나가는 것이 우수한 창조의 전제라고 주장하고 있습니다. 그래서 이러한 창조, 그가 말하는 '미적 엑스터시스'를 가능하게 해주는 광기가 조현병이며, 반대로 조울증은 이러한 미적 엑스터시스라는 계기와 관계가 없다고 말하고 있습니다. 조현병자가 현실 세계 너머의 '외부'를 지향하고 진리를 드러내는 것이 가능함에 비하여, 조울증 환자는 기본적으로 세계와 잘 어울리고 공명하는 모습을 취하는 경우가 많아 진리와 관계하기 힘들다고 생각하고 있는 것입니다. 이런 의미에서 조울증이나 뇌전증과 같은 정신장애는 우수한 예술 작품의 조건인 미적 엑스터시스를 만들 수 없다는 것이고, 창조성의 측면에서 말하면 '이류의 광기'가 되는 셈입니다. 여기서도 역시 조현병 중심주의를 확인할 수 있습니다.

다음으로 미야모토와 동시대의 정신병리학자인 기무라 빈木村敏 (1931-)의 예술관을 살펴봅시다.

예술 작품에 완전히 몰입하여 스스로를 비우고 체득하는 미의 체험은 나중에 반성적으로 생각해보면 무서운 것의 일단과 접촉했다고 말할 수밖에 없다. 깊은 미의 체험은 나의 존재 그 자체와 관련되는 것이다. 예로부터 예술과 광기가 근접해 있다고 생각되었는데, 일종의 창조적 분열증자[＝조현병자]가 때로는 심오한 예술 작품을 만들어낸다는 사실은 분열증[＝조현병] 체험과 예술 체험 사이에 일종의 구조적 유사성이 있음을 말한다고 생각한다(木村敏, 2012: 214).

우수한 예술 작품을 만들어내는 미적 체험은 그것을 체험할 때는 무서운 것으로 나타나는데, 조현병에서 생기는 체험이 이와 닮았다고 말하고 있습니다. 여기서도 예술의 창조에 있어서 조현병을 특권화하는 경향을 지적할 수 있습니다.

마지막으로 미야모토나 기무라보다 아래 세대의 정신병리학자·병적학자의 대표라 할 수 있는 우쓰미 다케시內海健(1955-)의 종합적인 기술을 참조해봅시다.

병적학은 분열증[＝조현병]에 특권적인 지위를 부여해왔다. 이 질환의 병리病理가 보여주는 현실 초월성이나 의표를 찌르는 횡단성 속에서 사람은 '인류의 첨병尖兵'이라고 할 만한 모습을 보고 천재의 창조 행위와 중첩해왔을 것이다(內海健, 2003: 194).

'첨병'이란 군대의 맨 앞 제일 위험한 위치에 서서 다른 대원이 전진하도록 길을 개척하는 사람입니다. 역시 병적학은 조현병을 위험과 맞바꾸어 인간의 진리를 현현시키는 존재로 간주한다는 것을 알 수 있을 것입니다.

이처럼 병적학, 정신병리학, 정신분석의 대표적인 인물 모두가 판에 박은 듯이 같은 것을 ─ 즉 조현병이라는 광기에서 인간의 진리가 현현하고 그것은 조현병이 만들어내는 우수한 창조와 연결된다는 것을 — 이야기하고 있습니다. 하지만 왜 조현병만이 그렇게 특권화되어 있는 것일까요?

실제로 정량적인 연구(이른바 '증거 지상주의evidence best'적인 연구)에 의하면 조현병과 창조를 관련시키는 병적학적 가설을 뒤집는 결과가 많이 도출되었다는 것도 사실입니다. 이 분야의 제일인자인 미국 정신과 의사 낸시 안드리아센Nancy Andreasen(1938-)에 따르면 의외로 대부분의 작가가 양극성기분장애(조울증)나 우울증이라는 기분장애를 가지고 있다고 말합니다(アンドリアセン, 2007: 139). 최근 들어 같은 미국 정신과 의사인 나시르 가미nassir ghaemi(1966-)의 『일류 광기 — 마음의 병이 리더를 강하게 만든다』[한국어판 제목: 『광기의 리더십』]라는 저작이 화제를 모은 적이 있습니다. 그에 따르면 위기의 시대에 최선의 리더는 정신적으로 병이 있든가 이상異常인 인물로 처칠, 링컨, 루스벨트, 케네디, 히틀러 등이 '이상'한 리더의 대표적인 예이며, 그들은 모두가 기분장애권氣分障礙圈에 있었다고 말하고 있습니다(ガミ, 2016). 이처럼 정량적으로 보았을 때 조현병보다는 우울증이나 조울증 같은 기분장애 쪽이 창조와 관련되어 있다는 데이터가 있는 것입니다.[2] 특히 가미의 저작은 '이상'한 리

---

2 이것은 조현병과 창조성의 관계가 부정된다는 의미가 아닙니다. 조현병(과 그 스펙트럼)에서는 '인지적 탈억제(cognitive disinhibition)'라고 불리는 메커니즘이 작동하고 있으며, 그 결과 보통은 억압되어야 하는 정보가 과잉으로 의식되어, 그것이 창조성에 연결되는 것으로 생각됩니다(Carson, 2011). 창조성의 배후에서 사고思考에서의 노이즈나 자동증自動症을 상정하는 그러한 생각은 제10장에서 거론할 쇼펜하우어나 초기 라캉의 이론과 다소 닮은 형식을 가지고 있습니다.

더라는 일종의 '괴짜'의 가치를 두둔한다는 점에서 분명히 이 책의 첫머리에서 소개한 'Think different[*다르게 생각하는] 괴짜'가 위기의 시대를 구한다는 비즈니스 세계의 논의와 공명하고 있습니다. 이것들은 예전의 병적학 고전이 갖는 중압에서 해방된 '현대'적인 논의라고 말할 수 있을 것입니다.

근대의 병으로서 조현병

다음으로 왜 그런 식으로 조현병이 특권화되고 창조와 연결되게 되었는가를 생각해봅시다.

우선 조현병이라는 병이 인류의 역사에서 언제 등장했는지를 생각하지 않으면 안 됩니다.

티모시 J. 크로Timothy J. Crow[= Tim Crow](1937-)라는 유명한 정신과 의사는 「호모사피엔스의 언어 획득에 대한 보상으로서의 조현병」이라는 논문을 썼습니다. 그는 유인원과 호모사피엔스의 결정적인 차이는 Xq21.3/Yp11.2 염색체의 전좌轉座*에 있고, 이 유전자가 호모사피엔스에게 언어능력을 부여함과 동시에 조현병이 발병할 수 있는 리스크를 부여했다고 주장하고 있습니다(Crow, 2000).

또한 미국의 심리학자 줄리언 제인스Julian Jaynes(1920-1997)는 기원전 9000년부터 기원전 2000년 사이에 인간은 끊임없이 신의 목소

---

*　전좌(translocation)는 염색체의 일부가 끊어져서 염색체 절편이 다른 염색체에 가서 붙는 현상으로 돌연변이의 원인이 된다.

리를 들었고 신의 명령에 순종했다고 주장합니다. 또한 그 시대의 인간은, 의회에 비유하여 말하자면 [일본 의회가] 중의원과 참의원으로 나누어져 있듯이, 오른쪽에 신이 있고 왼쪽에 인간이 있는 '이원제 정신'을 가지고 있었습니다. 그리고 기원전 1230년경에 이러한 이원제 정신이 붕괴하고 주관적인 의식이 완성됩니다. 하지만 이원제 정신은 완전히 사라지지 않고 그 흔적으로서 신의 음성을 들을 수 있는 기능이 남아 있었는데, 이것이 조현병으로 나타났다고 말하는 것입니다.

크로와 제인스의 논의는 조현병의 기원을 대단히 오래된 것으로 추측하는 학설이라고 할 수 있을 것입니다. 하지만 그들이 말하는 '조현병'은 그저 환각이나 기이한 관념(망상)을 이야기하는 것으로 정의됩니다. 하지만 조현병은 단지 환각이나 망상만 나타나는 병이 아닙니다. 사춘기에서 청년기 사이에 급격하게 발병하고, 그 가운데 환각이나 망상이 나타나며, 차츰 이성의 해체에 이르는 경과를 보이는 것을 조현병이라고 생각하고, 분명하게 조현병이라고 확인할 수 있는 것은 19세기 이후에 나타난다는 입장도 있습니다(이 책에서는 일관되게 이 입장을 취하겠습니다).

자료가 충분히 남은 조현병자에 대한 최초의 기록은 1809년에 나타납니다. 하나는 런던의 왕립 베슬렘병원Bethlem Royal Hospital 원장이었던 존 하슬람John Haslam(1764-1844)이 쓴 『광기와 멜랑콜리 연구』에, 또 다른 하나는 프랑스의 필리프 피넬Philippe Pinel(1754-1826)이 쓴 『정신 질환 혹은 마니에 관한 의학·철학적 개론』의 제2판에 현대에는 조현병이라고 진단할 수 있는 사례가 같은 1809년에 기재되어 있습니다. 조현병은 근대에 태어난 병이라고 해도 과

언이 아닌 것입니다(ゴッテスマン, 1992). 덧붙여 말하면 앞서 예를 든 횔덜린은 분명 그 시대에 조현병 증상이 나타난 사람입니다. 단 횔덜린의 병은 카르테Karte[진료 기록부]의 기록이 충분히 남아 있지 않아 정확한 진단을 내리기가 쉽지 않지만, 그가 쓴 편지나 다양한 기록을 참조하면 횔덜린을 인류 최초의, 적어도 초창기의 조현병자로 간주할 수도 있는 것입니다.

그렇다면 인류사에서 조현병의 출현과 예술을 낳는 창조를 어떤 식으로 관련지을 수 있을까요? 이를 논하고 있는 것이 미셸 푸코Michel Foucault(1926-1984)의 『광기의 역사』(1961)라는 책입니다. 푸코에 따르면 광기라는 현상은 옛날부터 있었지만 17세기 중반까지 서구 사회는 광기에 대하여 놀랄 만큼 관용적이었다고 합니다. 다시 말하면 당시의 광인은 사회의 주변으로 밀려나 있었지만 사회의 기능 안에 포함되어 있었던 것입니다. 하지만 그후에 광인들은 시설(오늘날의 정신병원의 기원입니다)에 감금되게 됩니다. 그러자 광기는 사회에서 배제되고 가시화되지 않고 침묵하게 됩니다. 하지만 광기가 계속 침묵하고 있었던 것은 아닙니다. 푸코에 따르면 감금되고 배제되었던 광기는 19세기에 문학 세계 속으로 회귀합니다. 다시 말하면 근대 이후 배제되었던 광기 그 자체가 언어활동을 시작으로 작품화되기 시작하는 시대가 도래하는 것입니다. 그때까지 침묵하고 있던 광기가 둑이 터진 것처럼 자기 자신의 말을 하기 시작하면서 이때부터 현대문학이 탄생했다는 것입니다. 푸코는 『광기의 역사』를 해설하면서 이렇게 말합니다.

역사의 자료를 찾아보면 17세기 중반까지 서구는 광인에 대하여 또한 광기라는 것에 대하여 정말로 주목할 만큼 관용적이었습니다. 광기라는 현상은 얼마간의 배제와 거절의 시스템으로 명시되어 있긴 했지만, 그럼에도 불구하고 이른바 사회나 사고의 연결망 속에 수용되어 있었습니다. […] 그런데 17세기 이후에는 큰 단절이 생기고 일련의 방식을 통해서 주변적 존재로서의 광인을 완전히 배제된 존재로 바꾸어버렸습니다. […] 그때 서양 세계는 가장 중요한 원리적 선택의 하나를 행했다고 나는 생각합니다.

[…] 그러한 광인이나 광기라는 현상을 배제하기에 이르는 이 원리적 선택이라는 것이 19세기 이후 문학에서 문제가 되기 때문입니다. […]

[…] 가장 위대한 독일 시인 횔덜린은 광인이었습니다. 횔덜린의 만년의 시야말로 진정 우리에게는 현대 시의 본질 그 자체에 가장 가까운 것입니다. 횔덜린에 대해서, 사드Sade나 말라르메Mallarmé에 대해서, 혹은 레이몽 루셀Raymond Roussel에 대해서, 아르토Artaud에 대해서 내가 관심을 갖는 것은 분명 17세기 이후 멀어진 광기의 세계, 축제와 같은 광기의 세계가 문학 안에 돌연 침입했다는 사실 때문입니다(フーコー, 清水徹, 渡辺守章, 2006: 369-371).

『광기의 역사』에서 푸코가 강조하는 또 다른 점은 근대 이후에 사람들이 광기 속에서 진리를 보게 되었다는 것입니다. 무슨 말일까요?

17세기 이후의 사회는 우선 광기를, 광인을 소외시킵니다. 이 경우 '소외시킨다'는 것은 광인들을 사회 속에서 같이 살아갈 수 없는 사람들로 판단하고, 시설이나 정신병원에 감금하는 것을 가리킵니다. 그리고 이렇게 소외시킨 후에는 이들의 광기 안에 사실은 '진리'가 감추어져 있다고 생각하고, 그 진리를 '인간의 진리'로서 건강한 사람들 쪽에서 받아들이려는 작업을 했다는 것입니다. 푸코는 이러한 태도를 취하는 인간을 '변증법적 인간(homo dialectics)'이라고 부릅니다. 무슨 말인가 하면 이러한 태도는 자신에 대한 부정성(＝이성을 갖지 않은 인간)으로서 광기를 일단 소외시켰지만, 이 부정성 안에 있는 긍정적인 것(＝진리)을 보고 이를 정상이라는 측면에서 다시 받아들여 인간의 새로운 진리로서 자리매김한 것입니다. 즉 자기(이성을 가진 인간)로서의 타자(비이성＝광기) 속에서 자기(인간)의 진리를 본다는 점에서 이러한 태도는 '변증법적'이라고 평가받는 것입니다.

예를 들면 [이것은] 인간학적 정신병리학이라고 불리는 입장의 논의에서 현저한 것인데, 어떤 조현병자의 체험은 그것이 정신이상이라는 점에서 부정적인 것이지만 그 환자의 체험이 우리 건강한 사람들 쪽을 포함한 인간의 본연의 상태를 밝혀준다… 등과 같은 논의가 전형적입니다. 한 조현병자에게서 볼 수 있는 이상異常은 거꾸로 우리가 어떻게 '정상'으로 살 수 있게 되는지를 가르쳐준다는 것입니다.

이런 '변증법적 인간', 즉 광기 속에서 인간의 깊은 진리를 발견하려는 태도는 앞서 지적한 병적학에서의 조현병 중심주의와 밀접하게 관련되어 있습니다. 그리고 인류사에서 조현병의 출현과 변증법적 인간의 등장은 근대 이후의 일이고, 그 결과 광기와 연결된 창조를 낳는 기반이 이루어졌으며, 나아가 병적학이라는 학문도 탄생했다고 생각할 수 있을 것입니다. 이러한 일련의 흐름을 가능하게 한 것 자체가 근대라는 시대였던 것입니다.

그런데 현재는 근대로부터, 곧 최초로 조현병이 기재된 때로부터 200년이라는 세월이 흘렀습니다. 오늘날에는 조현병이라는 병 자체가 경증화하고 있다고 말합니다. 그리고 창조성에 관해서도 조현병 이외의 병리, 예를 들면 경계성borderline*이나 조울증, 최근 들어서는 자폐증 스펙트럼[13장 참조] 등의 병리가 주목받기 시작했습니다. 앞서 언급한 우쓰미 다케시가『'분열증'의 소멸』(2003)이라는 책을 썼지만, '분열증(조현병)'이 근대라는 시대가 만든 병이라고 한다면 '포스트모던'이라고 불리는 근대 이후(현대)의 세계에서는 과거의 조현병 중심주의는 그 패권을 잃어버리게 될지도 모릅니다. 적어도 조현병이라는 광기 속에서 인간의 진리를 발견하려고 했던 견해는 점점 소멸해가는 것이 아닐까요.

현대, 즉 스티브 잡스의 시대란 분명 조현병 중심주의 이후의 시대입니다. 푸코는『말과 사물』(1966)이라는 책의 마지막을 '[근대가 가능하게 해준 개념으로서의] 인간'은 '파도가 밀어닥치는 곳의 모래처

---

* 정신의학의 용어로서 다양한 의미가 있지만 '경계성 인격장애'를 의미한다. 1928년 리크만J. Rickmann이 정신병 증상에서 나타나는 신경증이라는 의미로 경계성borderline이라는 용어를 쓴 이후로 1960년에는 오토 케른버그Otto Friedmann Kernberg 등이 신경증도 정신병도 아닌 퍼스낼리티의 병리를 '경계성 퍼스낼리티 구조'라고 명명했으며, DSM-III(정신장애의 진단과 통계를 위한 매뉴얼로 미국정신의학회가 1980년에 작성)에서는 조현병과 친연성이 있는 '조현병 인격장애'와 대인 관계의 불안정이나 상처받기 쉬운 점에 초점을 맞춘 '경계성 인격장애'로 구분하고 있다.

럼 소멸할 것이다'라고 맺고 있습니다(ㄱㅡㄱㅡ, 1974: 409). 또한 그는 광기 속에서 인간의 진리를 발견한 '인간'은 머지않아 절멸해버릴 것이라고 예측하고 있습니다(ㄱㅡㄱㅡ, 2006b: 280-281). 그렇다면 현대는 조현병 중심주의에 의하여 지지되었던 광기를 내포하는 것으로서의 '인간'의 개념이 이와는 다른 새로운 '인간'으로 변화하고 있는 중인지도 모릅니다.

병적학에 대한 사상사적 검토의 필요성

정리해봅시다. 광기 — 임상적 광기 — 는 창조를 낳습니다. 그리고 창조와 광기의 관계를 묻는 병적학이라는 학문은 특히 조현병이라는 병 속에서 우수한 창조를 발견하였습니다. 푸코에 따르면 이러한 견해는 근대 이후에 조현병이 등장하고, 거의 같은 시기에 그때까지 배제되어 있던 광기가 문학 속으로 회귀하는 것을 가능하게 해주었습니다.

그런데 도대체 어떤 식으로 '창조와 광기'라는 문제가 조현병이라는 병을 연결 고리로 이어질 수 있었을까요. 실제로 광기가 창조성을 낳는다는 사고방식은 근대 이전으로, 적어도 플라톤이나 아리스토텔레스 시대까지 거슬러 올라갈 수 있습니다. 하지만 그때 — 즉 조현병이 등장하기 이전에 — 얘기되던 '광기'란 도대체 어떠한 '광기'였을까요. 그리고 현대에는 어떠한 '광기'가 창조와 관련을 맺고 있는 것일까요.

다음 장부터 창조와 광기를 둘러싼 사상사를 — 플라톤, 아리스토텔레스 시대로부터 근대 철학을 거쳐 들뢰즈의 예술론에 이르기까지 — 더듬어봄으로써 병적학을 가능하게 한 사상사의 조건을 밝히고자 합니다. 그 과정에서 조현병 중심주의가 어떤 식으로 나타났고, 그후에 어떤 식으로 끝맺게 될 것인가가 밝혀질 것입니다.

제2장

플라톤

신적 광기와 창조

플라톤

고대의 광기

앞 장에서 우리는 우수한 예술이나 시대의 획을 그었던 창조가 광기 ― 그것도 크리에이티브한 괴짜가 아니라 임상적 광기 ― 에 의해 이루어진 경우가 있다는 점, 그리고 '창조와 광기'의 관계를 연구하는 학문인 '병적학'에서 조현병 중심주의라고 불러야 할 경향이 존재했다는 점을 확인했습니다.

그러면 서양 사상사에서 광기와 창조라는 문제는 언제부터 다루어진 것일까요.

'서양철학의 전통은 플라톤에 대한 방대한 주석으로 구성되어 있다'라는 유명한 언명이 있습니다. 모든 철학은 고대 그리스철학자 플라톤(기원전 427-347)이 저술한 것으로부터 가능하게 되었다는 의미입니다. '창조와 광기'라는 철학상의 문제도 이런 예를 벗어나지 않고 분명 플라톤으로부터 시작됩니다. 플라톤 이전에는 데모크리토스Democritos(기원전 460-370)가 '광기가 없었던 대시인은 없다'라고 말했다고 하지만, 창조와 광기의 관계에 대해 충분히 기술하는 것은 역시 플라톤부터입니다.

그러면 플라톤의 창조와 광기의 관계를 살펴보기 전에 고대 그리스에서 어떠한 것을 '광기'라고 보았는지를 확인해봅시다.

고대 그리스에서는 개인을 넘어선 초자연적인 존재(신들)의 압도적인 힘에 인간이 짓눌려 있거나, 신에 홀려 있는 상태를 광기라고 생각했습니다. 예를 들어 '뇌전증'이라는 병 ― 갑자기 경련이 일어나고 의식 소실을 동반하는 병 ― 을 그러한 광기('신성한 병')로 여긴 시기도 있었습니다(ヒポクラテス, 1963). 왜냐하면 갑작스런 경련

이나 의식 소실은 당시의 지식으로는 그 원인을 알 수 없었고, 당시의 사람들은 '신들의 의지'와 같은 초자연적인 것이 작용하여 인간을 그러한 상태로 만든다고 생각했기 때문입니다. 지금도 [일본에는] 대지진이나 화재가 발생할 때 '이것이 천벌이 아닌가'라고 생각하는 사고방식이 조금이나마 남아 있습니다만, 고대 그리스인들은 분명 이러한 재난을 광기에 의한 것[신에 의한 것]으로 여기고 있었습니다.

또한 광기를 두 가지로 나누어 파악했다는 점도 알려져 있습니다. 첫 번째는 '신적 광기'로서 이는 초자연적인 것(신들)에 의하여 생기는 광기를 말합니다. 두 번째는 이러한 초자연적인 것과 관계없이 자연의 법칙에 따라서 생기는 광기입니다. 예를 들면 각 개인의 뇌에 어떤 이상이 생겨서 생기는 광기로서 이는 인간이 만드는 '보통 광기'라고 말할 수 있습니다. 이처럼 고대 그리스에서 광기는 신들에게서 유래하는 초자연적인 광기와 신들과는 무관하게 생기는 자연적인(인간적인) 광기로 나누어져 있었습니다. 이러한 이분법에 따라 앞서 말한 뇌전증이나 '주광酒狂(알코올에 의존하는 것입니다)'은 후자인 보통 광기로 간주했고, 전자의 신적 광기에 비해서 가치가 낮은 것으로 생각했습니다.

고전학자인 에릭 로버트슨 도즈Eric Robertson Dodds(1853-1979)가 자신의 명저 『그리스인과 비이성』에서 이것을 서술하고 있는 구절을 확인해봅시다.

[…] '신적' 광기와 병에 의해서 야기되는 보통 광기 사이에서 플라톤이 인용한 일반적인 구별 […] 은 당연히 플라톤 이전의

것이다. 헤로도토스Herodotos가 전하는 클레오메네스Cleomenes의 광기[=가족, 친족을 죽이는 광기]를 […] 그의 동향인들은 그의 심한 주벽의 결과로 보고 있다. 또한 헤로도토스 자신은 […] 캄비세스Cambyses의 광기를 타고난 뇌전증으로 설명하려고 했으며, 또한 특히 신체가 현저하게 훼손될 경우에 정신 역시 영향을 받는 것은 놀라운 일이 아니라고 아주 분별 있는 의견까지 추가하고 있다. 따라서 헤로도토스는 적어도 두 가지 형태의 광기를 인정하는 셈이다. 하나는 (혜택이라고 말할 수 없지만) 그 기원에 있어서 초자연적인 광기이며, 다른 하나는 자연적인 원인에서 유래하는 광기이다(ドッズ, 1972: 80-81).

플라톤의 대화편에서 볼 수 있는 '창조와 광기'를 둘러싼 대화는 이처럼 고대 그리스의 이분법을 전제하고 있습니다. 간단히 말하면 시인이 탁월한 시를 짓는 사이에 작동하는 창조성은 신적 광기에 의한 것이며, 보통 광기(뇌전증이나 알코올 의존)는 창조성과는 어떤 관계도 없다는 것이 플라톤의 기본적인 입장입니다.

그렇다면 플라톤의 『이온Ion』과 『파이드로스Phaidros』 두 대화편을 실제로 읽어봅시다.

시인 광인설(1) ―『이온』

『이온』은 플라톤의 '대화편'이라고 불리는 저작군 중에서 초기에 속합니다. 줄거리는 다음과 같습니다. 등장인물은 음유시인 이온과 소크라테스Socrates 두 사람. 소크라테스는 당시의 대시인인 호메로스Homeros를 특별히 칭찬하는 이온에게 호메로스 이외의 시인을 어떻게 평가하는지를 묻습니다. 그러자 이온은 자신이 기술이나 지식을 이용하여 이야기할 수 있는 것은 어찌된 일인지 호메로스의 훌륭함에 대해서만이며, 다른 시인들에 대해서는 전혀 이야기할 수 없다고 자백합니다. 하지만 호메로스 이외의 시인도 마찬가지로 '시'라는 장르의 작품을 쓰고 있기에 만약 이온이 호메로스에 대하여 이야기할 수 있는 기술이나 지식을 가지고 있다면 그 기술이나 지식을 사용하여 호메로스 이외의 시인에 대해서도 이야기할 수 있을 것입니다. 그 때문에 소크라테스는 이온이 어떤 기술이나 지식을 가지고 호메로스에 대하여 이야기하는 것이 아니라 실제로는 신적인 인스퍼레이션(영감)으로 이야기하고 있다고 결론짓습니다.

이온은 처음에는 자신이 호메로스에 대하여 이야기하는 것을 가능하게 해주는 기술이나 지식을 가지고 있다고 생각하지만, 소크라테스와의 대화를 통해서 실제로는 그렇지 않다는 것을 알게 됩니다. 이러한 논의의 진행 방식이 잘 알려진 소크라테스의 '아이러니'라는 대화법의 전형인데, 이 책에서는 소크라테스가 이야기하는 시인의 창조성에 관한 설명을 중심으로 살펴보겠습니다.

> [⋯] 서사시의 작가들로 훌륭한 사람들은 모두 기술이 아니라 신기神氣가 불어넣어지고, 영감을 받아 그 아름다운 시를 읊는다네. [⋯] 오히려 그들이 조화나 운율 속으로 들어갈 때 그들은 광란의 상태에 있다네(プラトン, 1975a: 128 = 533E-534A).

이온이 어떤 기술이나 지식이 아니라 신들로부터 받은 인스퍼레이션으로 호메로스에 대하여 이야기하는 것과 마찬가지로 시인들 자신도 신들로부터 말이 불어넣어짐으로써 시라는 예술 작품을 만든다고 말하고 있습니다. '불어넣어진다'라는 말은 '인스퍼레이션'을 가리키는 것입니다. 오늘날에도 갑자기 어떤 생각이 퍼뜩 머릿속으로 떠오르는 것을 '인스퍼레이션을 받았다', '계시를 받았다'라고 표현하는데, 고대 그리스에서 '인스퍼레이션'이란 분명 신들로부터 불어넣어진 영감을 의미한다고 볼 수 있습니다. 따라서 소크라테스에 따르면 탁월한 시란 신들로부터 인스퍼레이션을 받은 시인이 광란의 상태에 빠지면서 만들어내는 것입니다.

그렇다면 시인이 이야기하는 말은 시인이 만든 말이라기보다는 신의 말이 되는 셈입니다.

> [⋯] 그들[시인]은 마치 꿀벌처럼 스스로 날아다니면서 뮤즈의 여신들의 정원이나 계곡에 있는 꿀의 샘에서 그 시가詩歌를 따서 우리에게 전달하는 것이오. [그런 까닭에] 그들의 말은 진실이기도 하오. 왜냐하면 시인이란 [⋯] 신기神氣가 불어넣어져 자신을 망각한 상태가 되고 더 이상 그 자신 안에 지성이 존재하지 않게 될 때 비로소 시를 짓는 것이 가능해지며, 그 이전에는 [시를 짓는 일이] 불가능하기 때문이오(プラトン, 1975a: 128-129 = 534B).

시인의 말은 신들(특히 뮤즈의 여신들)로부터 가져온, 즉 불어넣어진 말이고, 그러한 정통적인 곳을 출처로서 가지고 있기에 '진실'한

것입니다. 즉 진리라고 할 수 있습니다. 그래서 시인은 자기 자신이 시를 짓는 기술을 가지고 있는 것이 아니라, 오히려 '신들의 [말의] 중개인 이외의 다른 어떤 것도 아니'(プラトン, 1975a: 131 = 534E)라고 여겨지는 것입니다. 오늘날의 예술은 예술가 각자의 개성에 의하여 만들어진다고 생각되는 경우가 많지만 그것과는 완전히 다른 사고 방식입니다.

그래서 시인은 그러한 진리의 말을 이야기하기 위해서는 신들로 부터 인스퍼레이션을 받아 자신을 망각한 상태에서 비이성적인 광 기의 상태가 될 필요가 있는 것입니다. 이 대화편에서 '광기'라고 부르는 것이 어떤 상태인지 말한다면, 이야기를 듣고서 눈물이 앞 을 가린다거나, 공포로 머리칼이 곤두선다거나, 심장박동이 빨라지 는 것으로, 특히 '몸짓'에 나타나는 이상異常함이며, 그러한 '몸짓'의 이상함은 '결코 제정신은' 아니(プラトン, 1975a: 134 = 535C-D)라고 평 가합니다.[1]

정리하자면『이온』에서 시인은 신들로부터 인스퍼레이션(영감)을 받아 스스로를 망각한 상태에서 신들로부터 전해온 말을 운반하는 것처럼 시작을 한다고 합니다. 이러한 생각을 '시인 광인설'이라 말 합니다.

---

1 서양 사상 속에서 광기가 인간에게 영향을 주는 작용점이 '몸짓'으로부터 '내 면'으로 이행하는 것은 — 즉 광기가 자세나 행동의 이상이 아니라, 자아와 타 자를 구별하는 '자아의식' 또는 '인격'의 붕괴로 정의되는 것은 — 데카르트 이 후의 일이라고 생각됩니다. 이 점에 관해서는 제5장에서 다룰 것입니다.

시인 광인설(2) — 『파이드로스』

『이온』에 등장하는 '광기'는 눈물을 흘림[落淚], 노하여 곤두선 머리털[怒髮], 심장의 두근거림[動悸]과 같은 '몸짓'의 이상異常이 대표적인데, 인간이 보여주는 일종의 비지성적(비이성적) 상태입니다. 확실히 그러한 감정적인 상태에서는 지성을 사용하여 무엇인가를 행하기는 어려울 것입니다. 그러한 상태에 있을 때 신들이 인간에게 말을 불어넣는다고 생각한 것입니다. 이것이 이른바 '인스퍼레이션'이며 그것이 시인에게 우수한 시를 쓰게 하는 것입니다. 즉『이온』에서 광기는 지상의 평면에 살고 있는 우리 인간이 신이라는 높은 곳에 있는 초월적인 존재로부터 일종의 메시지를 받는 '신적 광기'라고 할 수 있습니다.

중기의 대화편인『파이드로스』에서는 광기 속에서 두 가지가 구별됩니다. 앞서 소개한 도즈가 지적한 것처럼 광기 속에서 가치가 높은 '신적 광기'와 가치가 낮은 '보통 광기'가 구별되는 것입니다.

그러면『파이드로스』의 내용을 살펴봅시다. 이 대화편에서 소크라테스는 강가에서 우연히 파이드로스를 만나 그와 함께 변론술의 전문가인 리시아스Lysias에 대한 이야기를 하는 것으로 시작하고 있습니다. 그들의 대화 속에서 창조와 광기를 둘러싼 논의가 진행됩니다. 그 부분을 집중적으로 읽어봅시다.

[…] 실제로 우리 몸속에서 일어나는 여러 가지 이로운 것 중에서 가장 위대한 것은 광기를 통해서 생기는 것이지. 물론 그 광기란 신으로부터 부여받은 광기여야 하지만(プラトン, 1967: 52 = 244A),

빅토르 쿠쟁Victor Cousin(1792-1867)이 번역한 프랑스어판은 여기 인용문의 '광기mania'를 '델리르(délire)'라고 번역합니다. 이는 영어 'delusion', 독일어 'Wahn'에 해당하는 말로서 모두 '광기' 또는 '망상'을 가리키는 말입니다. 그리하여 그는 [여기 인용문의] '신으로부터 부여받은 광기'를 '신으로부터 인스퍼레이션을 받은 광기(un dé-lire inspiré des dieux)'라고 번역합니다. 여기서도 역시 시와 같이 선한 것(선한 것 중에서 가장 위대한 것)은 신으로부터 인스퍼레이션을 받음으로써 생긴다는 것을 알 수 있습니다.

여기까지는 『이온』의 시인 광인설과 똑같습니다. 하지만 『파이드로스』는 이에 머물지 않고 광기에는 두 종류가 있다는 논의를 합니다.

> […] 광기에는 두 가지 종류가 있고, 그 하나는 인간적인 병으로 생기는 것이고, 다른 하나는 신에 홀려 규칙에 빠진 관습적인 것들을 완전히 바꿔버림으로써 생기는 것일세. […]
> […] 이 두 가지 이야기는 […] 마음의 착란이라는 것도 또한 우리 안에 있는 본래 하나의 종류로 생각한 다음, 한쪽 이야기는 광기의 왼쪽 부분을 자르고 […] 이에 대해서 매우 정당한 비난을 했네. 한편 또 다른 이야기는 광기의 오른쪽 부분으로 우리를 이끌고 […] 뭔가 신과 연관된 사랑을 발견하고, 그것을 우리에게 보낸 후 우리에게 가장 선한 것을 가져다주는 것으로서 이 사랑을 찬양했던 것이네(プラトン, 1967: 108-111 = 265A-266B).

여기에서는 두 가지 종류의 광기가 구별됩니다.

첫 번째 광기는 앞서 살펴본 '신으로부터 인스퍼레이션을 받은 광기(신적 광기)'이고, 이는 우리에게 '선한 것'을 가져오는 우수한 광기라고 여겨집니다. 그리하여 이러한 우수한 광기는 '규칙에 빠진 관습적인 것들을 완전히 바꿔버린다'고 말합니다. 즉 일상적이고 평범한 것을 생각하는 방식으로는 결코 생각할 수 없는, 색다른 발상을 만드는 광기가 '신으로부터 인스퍼레이션을 받은 광기'인 셈입니다. 이러한 광기는 일종의 '혁명'적인 성격을 띤다고 말할 수 있습니다. [그래서] 사전에 이미 결정된 것이나 결과를 예상할 수 있는 것만 발생하는 일상적인 세계를 전복시켜 전혀 새로운 지평을 우리에게 보여주는 것이 이러한 신적 광기에 의해서 태어나는 시작詩作이라고 말하게 됩니다.

두 번째 광기는 인간적인 병에 의하여 만들어지며, 신으로부터의 인스퍼레이션 같은 초월적인 것과는 관계하지 않는 병이라고 말하고 있습니다. 분명 뇌전증이나 주광 같은 것이 이에 해당한다고 볼 수 있습니다. 이러한 병은 신적 광기와 다르고, '혁명'적이지도 않고, 시작을 가능하게 할 리도 없을 것입니다. 그런 까닭에 인간적인 병이 만드는 광기는 비난받아 마땅한 것이고, 즉 가치가 낮은 것으로 간주될 수밖에 없는 것입니다.

플라톤은 이런 식으로 신과 관계된 신적 광기와 신이 관계하지 않는 인간적 광기를 대립시키며, 전자만이 가치가 아주 높다고 간주합니다. 그리고 이러한 이항 대립에서 연역하여, 신과 관련되는 연애만이 우수하다는 결론을 끌어내는 것이 『파이드로스』의 주요한 줄거리라고 할 수 있습니다.

나아가 플라톤은 이러한 두 가지 광기의 우열을 가족의 은유를

사용해 기술하기 시작합니다. 그가 소크라테스를 통해서 말하는 것에 따르면 전자의 시작을 가능케 하는 광기, 즉 신으로부터 인스퍼레이션을 받은 광기는 신으로부터 인간을 향해 말이 불어넣어지는 것인데, 이렇게 신에게서 유래하는 말은 '아버지의 적통 자식이다'라는 말(プラトン, 1967: 137 = 276A)이라는 것입니다.

'아버지의 적통 자식'이란 요즘 식으로 말하면 법적인 혼인 관계에서 태어난 자식이라고 할 수 있을 것입니다. 즉 자식의 부모가 누구이고, 그 아버지의 아버지(조부)가 누구이며, 나아가 그 아버지의 아버지(증조부)가 누구인지가 명확한 아이를 말하는 것입니다. 다시 말하면 '적통'이란 가계에서 수직적인 계보가 확실하다는 것을 말합니다. 플라톤은 여기서 신으로부터 인스퍼레이션에 의해서 전달된 말(시인의 말)이 갖는 정당성을 부성 계보 속에서 전달되는 적통성에 비유하고 있습니다. 이와 반대로 예를 들어 아버지가 불륜을 저질러 혼인 관계의 외부에서 자식을 얻은 경우 이 자식은 '비적출적非嫡出的'인 아이, 즉 정통적이지 않은 계보 속에서 생긴 아이로서 적통의 아이보다 못한 취급(혼외자 차별)을 받습니다. 이와 마찬가지로 『파이드로스』에서 신과 관계를 갖지 않는 인간적 광기는 틀림없이 '비적출적'인 광기로서 가치가 낮은 것으로 취급된다고 할 수 있습니다.

적출적인 것만을 정통적이거나 가치가 있는 것으로 간주하고, 비적출적인 것은 가치가 낮은 것으로 간주하는 이러한 사고방식은 가부장제적이고 차별적 편견에 기반하는 것입니다. 하지만 플라톤만이 아니라 유감스럽게도 현대의 우리도 이러한 편견을 가지고 있으며, 편견에 근거한 작품을 그런 줄 모르고 즐기는 경우가 자주 있습니다.

예를 들어 만화 『소년 탐정 김전일』[원제는 '긴다이치 소년의 사건부 金田一少年の事件簿']에는 살인 사건이 일어난 현장이 혼란스러울 때 주인공 긴다이치 소년이 '할아버지의 이름을 걸고서'라는 대사로 사건 해결을 약속하는 장면이 반드시 나옵니다. 이 말은 자신의 조부인 명탐정 긴다이치 고우스게金田一耕助의 이름을 걸고서 사건 해결을 하겠다고 선언하는 것으로, 실제로 이 선언 후에 사건이 예정 조화적으로 바로 해결됩니다. 이렇듯 '할아버지의 이름을 걸고서'라는 말은 분명 조부에서 손자로 이어지는 적통적인 관계가 손자인 자신에게 추리 능력을 담보해준다는 확신에 기반하고 있습니다. 이외에도 이른바 '배틀battle 모노バトルもの'라는 만화 시리즈에는 처음에는 허약한 주인공이 수련을 한 후에 강해지는 스토리가 주류를 이루는데, 이야기의 종반에 이르면 실제로 주인공이 격투에 능한 특별한 핏줄에서 태어났다는 점이 분명해집니다.

신이나 아버지로부터 이어지는 적통적인 계보만이 우수한 것이라는 사고 패턴은 어떤 특정한 광기(신적 광기)만을 특권화하고, 그 이외의 광기(인간적 광기인 뇌전증이나 주광)를 평범하고 가치가 낮은 것으로 간주하는 사고방식과 연결되어 있습니다. 이러한 사고방식을 '플라톤주의(platonism)'라고 부를 수 있는데, 여기서는 앞 장에서 지적한 '조현병 중심주의'의 원형을 고대 그리스에서 찾아볼 수 있다고 생각합니다.

그렇다면 현대의 창조와 광기를 둘러싼 논의는 플라톤의 사고방식에 저항하는 것이 될 것입니다. 조현병이라는 광기를 특권화하고, 그러한 특권화된 광기 속에서 인간의 진리와 우수한 창조를 발견하

는 20세기의 사고법과는 다른 방식으로 창조와 광기를 생각하는 것
은 반플라톤주의적인 입장에 서는 것이라고 할 수 있을 것입니다.
이어서 이러한 '플라톤주의의 전복'을 수행했던 현대의 철학자인
자크 데리다Jacques Derrida와 질 들뢰즈의 사상을 개관해보도록 합
시다.

플라톤의 파르마케이아

이 장에서 다룰 데리다나 들뢰즈, 혹은 앞 장에서 다룬 라캉이나
푸코라는 인물은 모두 미국에서는 '프렌치 시어리French Theory', 일
본에서는 '프랑스 현대사상'이라고 불리는 조류에 속하고, 1970년
이후에 상당한 열기를 가지고 적극적으로 수용된 사상가들입니다.

우선 자크 데리다(1930-2004)는 프랑스 식민지였던 알제리 태생
의 프랑스 철학자입니다. 그의 초기 작업은 '탈구축(déconstruction)'
이라고 불리는 텍스트 해석 방법을 적용하여 서양의 형이상학이 중
심이 되어 유지시키고 있었던 경향을 비판하는 것이었습니다. 비판
의 대상이 된 것은 글말(에크리튀르écriture[문자언어])보다는 입말(파
롤parole[음성언어])을 본질적으로 여기는 사고방식(음성 중심주의)이
나 만사를 아버지나 팔루스에 귀착시켜 생각하는 사고방식(팔루스-
로고스 중심주의)으로, 이러한 비판 속에서 때로는 플라톤이나 라캉
이 거론되기도 하고 때로는 간접적으로 도마에 오르기도 합니다.
그리고 데리다는 종횡무진하는 독해를 통하여 그들의 텍스트가 스
스로 무너지는 점을 드러냅니다.

데리다가 1972년에 출간한 책 중의 하나에는 『산종』이라는 제목이 붙어 있습니다. '산종(dissémination)'이라는 제목 자체가 이미 재미있다고 생각하지 않습니까? 산종이란 '종種(semence = 정액)을 퍼뜨린다'는 의미로 이는 비적출적인 아이를 만든다는 것을 함의하고 있습니다. 플라톤주의의 사고방식에서는 신으로부터 인스퍼레이션을 받아서 전달된 정통 말만이 가치를 가지며 적통적인 계보에 근거한 가족 관계만이 선하다고 간주되었지만, 데리다가 사용한 '산종'이라는 은유는 분명히 플라톤주의에서 가치가 낮다고 평가받은 것을 주제화하고 있습니다.

또한 '산종'이라는 말은 라캉에 대한 비판의 의미도 담고 있습니다. 정신분석가 라캉은 '세미네르séminaire(독일어로 말하면 제미나르Seminar입니다)'라고 불리는 강의에서 자신의 가르침을 학생들에게 구두로 전합니다. 그 강의에서 청강생들은 라캉의 발언을 한 글자도 놓치지 않고 정확히 노트에 적었으며, 후에는 이들의 노트를 기반으로 많은 강의록이 출판되기도 하였습니다. 이러한 전수 방식에서는 스승인 라캉의 말을 얼마만큼 정확하게 전사할 수 있는가가 중요하며, 그 전달은 수직적인 것이 되기 쉽습니다. 극단적으로 말하면 라캉의 교육은 모든 사항에 대해서 라캉의 가르침을 '재현'하려는 제자를 키우고, 새로운 것이 태어날 가능성을 애초부터 잘라버릴 위험성조차 내포하고 있다고 데리다는 생각한 것입니다. 실제로 『산종』은 '세미네르에서 법을 준수하는' 것이 '종자의 힘을 부자 관계 없는 향락으로 돌릴 수 없다'(デリダ, 2013a: 245)고 말하고 있는데, 이는 오이디푸스콤플렉스와 같은 부자 관계를 중시하고 있던 라캉과 그의 세미네르에 대한 암묵적인 비판인 셈입니다. 데리다의

'산종'은 이른바 세미네르에 대한 '디스(디스리스펙트)'였습니다.

데리다의 '산종'은 신으로부터의 인스퍼레이션이나 라캉의 '세미네르'와는 반대로 오히려 자신의 사상의 씨앗을 여러 곳에 뿌리는 것이라고 할 수 있을 것입니다. 좀 더 정확하게 말하면 자신의 사상이 잘못 전달되는 것이나 오독되는 것의 가치를 인정하고, 이러한 배달의 실패(잘못된 배달)를 통해서 새로운 것이 태어나게 된다고 생각하고, [오히려] 이러한 잘못된 배달의 가능성이 일어나기를 기대하는 것입니다. 자기 사상의 적통적인 자식(자신의 사상이 정확하게 전달된 제자)을 만드는 것이 아니라, 자기 사상의 비적출자를 만들려는 것입니다. 이 점이 '산종'이라는 은유가 함축한 것입니다. 이처럼 『산종』이라는 제목 자체에 플라톤주의의 시인 광인설이나 라캉 이론에 대한 엄격한 비판이 포함되어 있는 것입니다. 그렇다면 데리다의 사상은 플라톤주의에서 낮은 가치밖에 부여받지 못했던 인간적 광기나, 병적학에서 특권적인 가치를 부여받았던 조현병 이외의 광기에서 창조성을 생각할 수 있는 유효한 힌트를 준다고 할 수 있을 것입니다.

그런데 데리다의 『산종』에 수록된 논문 중에서 병적학적 관점에서 가장 중요한 것은 그가 1966년에 집필한 「플라톤의 파르마케이아pharmakeia」입니다. 이 논문은 『파이드로스』를 중심으로 플라톤의 대화를 분석하고, 그 결과 플라톤으로부터 (그리고 플라톤 이후의 서양 형이상학도 공유하는) 다음과 같은 두 가지 특징을 도출합니다.

첫 번째는 글말(에크리튀르)보다 입말(파롤)이 중시되는 것(음성 중심주의)입니다. 왜 입말이 중시되는가 하면, 입말은 그 말을 하는 인물(발화자)이 그 안에 있고, 말에 대한 책임을 질 수 있습니다. 입말

은 발화자가 그 말을 할지 말지를 자신의 의지로 선택할 수 있기에 들으려고 하는 사람만이 이야기를 들을 수 있게 됩니다. 또한 만약 듣는 사람이 오해를 한다 할지라도 발화자가 더욱더 설명을 해줌으로써 그 오해를 해소시킬 수 있습니다. 반대로 글말 ― 책이나 논문, 혹은 편지나 일기를 상상해보기 바랍니다 ― 은 읽고 싶어 하지 않는 사람도 읽게 될 가능성이 있습니다. 더불어 만약 오해가 생긴다 할지라도 그 오해를 교정해줄 수 있는 인물이 그 안에 없습니다. 소크라테스가 『파이드로스』에서 말하는 것처럼 글말은 '자신만의 힘으로는 자신을 지킬 수도 자신을 도울 수'도 없으며, '언제나 아버지의 도움이 필요'(プラトン, 1967: 137 = 275E)하다는 것입니다. 이러한 점에서 글말은 입말보다 열등하고, 입말을 이용할 수 없을 때에만 어쩔 수 없이 사용하는 것이라고 생각할 수 있습니다.

글말은 입말보다 가치가 낮다. 이것이 플라톤주의의 기본적인 사고방식입니다. 이러한 사고방식은 단지 비유적인 이야기가 아니라, 『파이드로스』에서 철학자라는 사람의 본연의 모습 그 자체와 연결되는 중요한 논의입니다. 『파이드로스』에서 말을 둘러싼 논의의 '결론'에 해당하는 한 구절을 읽어봅시다.

글말에는 […] 대단히 진지한 열의에 합당한 이야기가 쓰여 있다고는 결코 말할 수 없다 […] 고 생각하는 사람, […] 그리고 다른 한편에서는 올바른 것, 아름다운 것, 선한 것을 알려주는 말, 배움을 이야기하는 말, 영혼 안에 진정한 의미로 써넣어진 말, 단지 그러한 말[= 입말]에만 명료하고, 안전하며, 신중한 열의라는 가치가 있다고 생각하는 사람, ― 그래서 그러한 말이

먼저 첫 번째로 자기 자신 속에서 발견되어 내재한 경우, 이어서 자식이나 형제와 같은 것으로 말할 수 있는 말이 그 혈통을 배신하지 않는 형태로 다른 사람의 영혼에 나타나는 경우 이러한 말이야말로 자신이 낳은 적통의 아이라고 불러야 한다고 생각하며 그 이외의 말에게는 작별을 고해야 하네 — 이러한 사람이야말로 아마 파이드로스여, 분명히 자네나 나도 함께 그렇게 되기를 빌어야 하는 사람[= 철학자]일 것이네(プラトン, 1967: 142-143 = 277E-278B).

확실하게 플라톤은 글말에는 가치가 없고, 입말이야말로 가치가 있다고 소크라테스를 통해서 말하고 있으며, 나아가 입말에 관계하는 사람이야말로 이상적인 철학자라고도 말하고 있습니다. 그리하여 그는 여기서 '혈통', 즉 가계의 은유에 호소하며, 신 = 아버지로부터의 수직적인 계보에서 유래하는 적통적인 것만이 가치가 있다는 생각을 보충하여 강조하기도 합니다.

하지만 독자 여러분도 눈치를 챘을 것입니다. 앞의 인용에서 입말의 탁월함에 관하여 웅변하는 소크라테스는 입말이라는 것을 '영혼 안에 진정한 의미로 써넣어진 말'이라고 말하고 있습니다. 입말은 써넣어진 말이라는 것입니다. 그는 다른 곳에서도 입말을 '그것을 배우는 사람의 영혼 안에 지식과 함께 써넣어진 말'(プラトン, 1967: 137 = 276A)이라고 말하고 있기에 이는 단순히 우연한 말실수나 말의 기교가 아닙니다. 오히려 『파이드로스』는 글말을 비하하면서도 그렇게 글말이야말로 입말을 받쳐주고 있다는 점을 은연중에 암시한다고 볼 수 있을 것입니다. 플라톤의 텍스트를 읽는 데리다의 전

략은 플라톤의 텍스트 안에 있는 그러한 모순을 밝혀서, 플라톤이 주장하는 글말과 입말의 대립이 플라톤의 텍스트 속에서조차 유지되지 못하고 있다는 점을 지적하는 것입니다. 텍스트에 대하여 '가부장제'나 '혼외자 차별'이라는 외적인 기준을 사용하여 비판하는 것이 아니라, 텍스트 속에서 텍스트 자체가 스스로 무너져버리는 점을 노정露呈하는 것 ― 이것이 데리다의 탈구축의 방법인 것입니다.

플라톤으로부터 끌어낼 수 있는 두 번째 특징을 살펴보겠습니다. 이러한 측면은 병적학에서 아주 중요합니다. 사실 『파이드로스』는 글말을 단순히 깎아내릴 뿐만 아니라, 우수한 글말도 존재할 수 있다는 주장을 제기하고 있습니다.

> […] 쓴다는 것에 관하여 그것이 타당한가, 타당하지 않은가의 문제, 즉 쓴다는 것이 어떤 조건에서 적절한 것이라고 할 수 있는가, 또 어떤 조건에서 적절하지 않은 것이 되는가 하는 문제가 남아 있는 것일세(プラトン, 1967: 132-133 = 274B).

여기서 소크라테스는 분명하게 글말은 입말보다 열등하다고 말하고 있음에도 불구하고 글말 중에서도 좋은 것과 나쁜 것이 있다고 주장하고 있습니다. 그래서 글말 중에도 입말에 더 가깝고, 우수한 것이 있다고 생각하게 됩니다. 데리다는 이러한 플라톤의 기술을 통해서 다음과 같은 결론을 도출하게 됩니다.

즉 『파이드로스』의 결론은 현전적인 파롤[= 입말]의 이름으로

에크리튀르[=글말]를 단죄한다기보다는 어떤 에크리튀르를 다른 에크리튀르보다 편애하는 것, 풍성한 흔적을 불모의 흔적보다 편애하는 것, 내부에 위탁되어 있기에 생식력이 있는 종자를 외부에서 순전히 상실하며 낭비하는 ― 즉 **산종**의 위험이 있는 ― 종자보다 편애하는 것, 바로 그것이다(デリダ, 2013a: 240). 플라톤이 생생하게 살아 있는 파롤을 영혼을 향한 일종의 써넣기로 간주하고 에크리튀르를 들고 나오는 것을 볼 때, 그는 그 운동을 **진리**의 문제권 내부에서 작용하는 것으로 보고 있는 것이다. en tè psuchè[영혼 안에 있는] 에크리튀르는 길을 내는 에크리튀르가 아니라 오직 가르침[敎授]의, 전달의, 증명의 에크리튀르이며, 최선의 경우에도 제막除幕의 에크리튀르, 알레테이아aletheia[*진리]의 에크리튀르이다(デリダ, 2013a: 248).

데리다에 따르면 플라톤은 우선 글말이 입말보다 열등하다고 단정하고 있습니다. 이어서 글말에도 두 가지 종류, 즉 좋은 글말과 나쁜 글말이 있다고 규정하고, 전자는 '진리'를 정통적이며 적통적으로 전달하는 글말이고 후자는 '진리'와는 무관한 '산종'을 수행하는 글말이라고 말하는 것입니다.

좋은 글말과 나쁜 글말 사이에 만들어진 이러한 이항 대립은 앞 절에서 본 신적 광기와 인간적 광기라는 이항 대립과 똑같은 논리에 의해서 성립합니다. 즉 플라톤은 '신들로부터 부여받은 광기'를 편애하고, 신과는 관계가 없는 인간적 광기는 가치가 없다고 생각한 것입니다. 그리하여 그는 '진리'와 관계하는 좋은 글말만 가치가 있다고 말하는 것입니다. 그러한 플라톤주의의 생각은 제1장에서 확인한 조현병 중심주의의 프로토타입prototype[원형]이 됩니다. 조현병이라는 특별한 광기만이 '진리'와 관계를 맺고, 이러한 '진리'가 병자가 만드는 우수한 창조와 연결된다는 생각은 분명 플라톤이 좋은 글말에 대하여 부여한 규정을 이어받고 있는 것입니다.

그렇다면 플라톤주의를 전복시키려는 데리다의 모티프는 병적학에서도 아주 중요한 가치를 가질 것입니다. 즉 '진리'와 관계없는 광기가 만드는 예술의 가치를 생각하는 것은 그의 '산종'이라는 개념을 통해서 비로소 가능해지는 것입니다.

플라톤주의의 전복

질 들뢰즈(1925-1995)는 데리다와 거의 같은 시대에 활약한 프랑스 태생의 철학자입니다. 그에 관해서는 마지막 장에서 집중적으로 다루기에 여기서는 앞 절에서 살펴본 데리다의 논의와 관련된 논점만을 소개하도록 하겠습니다.

들뢰즈가 1969년 출간한 『의미의 논리』의 부록으로 수록된 「플라톤과 시뮐라크르」라는 논문이 있습니다. 이 논문도 『파이드로스』에 나타난 광기의 엘리트주의, 즉 신들의 말을 적통적으로 전달하는 광기만이 광기의 엘리트이고, 그렇지 않은 '산종'적 광기는 열등한 것에 지나지 않는다는 사고방식을 비판하고 있습니다. 그는 다음과 같이 말하고 있습니다.

『파이드로스』는 광기를 정의하는 것을 요체로 삼고 있다. 더

정확하게 말하면 좋은 기초를 갖는 광기(un délire bien fondé) 또는 진정한 사랑을 식별하는 점이 요체가 되고 있다(ドゥルーズ, 2007a: (下)134).

앞서 데리다가 「플라톤과 파르마케이아」에서 결론으로서 진술한 것과 거의 같다고 할 수 있습니다. 즉 『파이드로스』에서는 신들이나 아버지로부터 적통적인 계보에 의하여 전달된 것, 그러한 '좋은 기초를 갖는' 광기, 다시 말해 '잘 기초 지어진 광기'만이 가치 있는 것으로 여겨지고, 신들이나 아버지에 반대하는 광기(인간적 광기)는 잘라버립니다. 이것이 『파이드로스』에서의 광기의 엘리트주의이고, 우리가 앞 장에서 확인한 조현병 중심주의의 프로토타입입니다.

　나아가 들뢰즈는 '잘 기초 지어진 광기'가 아닌 것을 주제화하려고 다음과 같이 주장합니다.

　　시뮐라크르simulacre가 대상·자료 등을 청구할 때 시뮐라크르는 아래로부터의 침입·잠입·전복에 의해, '아버지에 반대하여', 이데아를 경유하지 않고 청구한다(ドゥルーズ, 2007a: (下)140).

『파이드로스』에서의 '잘 기초 지어진 광기'에 대한 중시는 여기서 플라톤의 이데아론과 연결되며, 이데아와는 무관하게 (아버지[= 신들]에 반대하여) 존재하는 것 같은 것을 '시뮐라크르'라고 부릅니다. '시뮐라크르'에 대해서 여기서 간단히 해설해둡시다.

　플라톤 철학에서는 우리의 영혼은 과거에 천상의 세계에서 참으로 실재하는 '이데아'만을 보며 살았지만, 육체를 가지고 지상에서 살게 되면서부터는 이데아라는 것을 잊어버렸다고 합니다. 하지만 지상의 세계에서 이데아와 닮은 것을 봄으로써 과거에 알고 있었을 것이 분명한 이데아를 상기할 수 있게 됩니다. 예를 들어 우리가 현실에서 그린 삼각형은 분명히 선이 반듯하지 않거나 확대해보면 삐뚤삐뚤할 것이고, 완전한 삼각형이 아닙니다. 이는 완전한 '삼각형'에 못 미치는 '카피copy[*사본]'에 지나지 않습니다. 하지만 우리는 이런 불완전한 삼각형을 보고 완전한 '삼각형'이라는 것이 존재한다고 생각합니다. 플라톤은 이때 우리는 카피를 보고서 이데아를 떠올린다고(상기한다고) 생각하는 것입니다.

하지만 세상에는 이데아와 카피 이외에도 '시뮬라크르'라는 것이 존재합니다. 자주 거론되는 예지만 우리가 현실에서 실제로 '게[蟹]'를 먹고서 '이것이야말로 진짜 게'라고 느낄 수 있는 것은 '카피 게(실제 게)'를 먹음으로써 '게의 이데아'를 상기하기 때문입니다. 하지만 현실 세계에는 이데아와 카피만이 아니라, 예를 들어 '게맛살 カニカマ[인조 게]'과 같은 '카피의 카피'가 존재합니다. '게맛살'이란 오리지널한 '게의 이데아'를 카피한 실제 게를 다시 카피(모방)한 것입니다. 즉 '게맛살'이란 오리지널(이데아)과 관계가 희박한 '카피의 카피'인 셈입니다. 이런 '카피의 카피'로서의 게맛살이 들뢰즈가 말하는 '시뮬라크르'에 해당하는 것입니다.

그렇다면 이데아(게의 이데아)와 카피(실제 게)와 시뮬라크르(게맛살), 이 셋 중에서 어떤 것이 가장 높은 가치를 가지고 있을까요? 플라톤이라면 말할 것도 없이 이데아가 가장 높은 가치를 가지고 있다고 대답할 것입니다. 그래서 카피는 이데아를 손에 넣을 수 없을 때 어쩔 수 없이 사용하게 되는 것이라고 말할 것입니다. 그렇다면 시뮬라크르는 어떨까요? 많은 사람은 '게맛살'보다 '실제 게'가 더 좋다고 생각합니다. 하지만 그중에는 실제 게가 갖는 비릿함을 싫어하여 게맛살이 좋다고 하는 사람도 있을 것입니다. 게다가 게맛살은 '게의 이데아'와 관계없이 독자적인 진화를 이룬 다양한 변형variation이 있을 수 있습니다.

그렇다면 시뮬라크르는 '이데아와 그 카피'라는 대립 구조와는 독립된 별도의 질서를 가지고 있다고 생각할 수 있지 않을까요? '게의 이데아'에 집착하는 한 '게맛살'은 '가짜'이고, '실제 게'의 대용품에 불과하며, 값이 아주 저렴합니다.[2] 하지만 다시 한번 '게맛살'을 '게의 이데아'에서 분리시켜본다면, '게맛살'이라는 시뮬라크르는 이데아와 무관한 독립된 질서를 가지고 있다고 생각할 수 있게 되며, 시뮬라크르 그 자체로서 평가할 수 있게 됩니다. 이러한 가치의 전환을 광기에 대해서도 수행할 수 있다고 말하는 것이 들뢰즈의 제안인 것입니다.

나중에 들뢰즈는 『비평과 임상』(1993)에서 신들 = 아버지의 말을 긍정적으로 전달하는(전달한다고 자칭하는) 플라톤주의적인 신적 광기와 조현병 중심주의는 전자는 인종주의적·파시즘적이라는 점 때문에, 후자는 그것이 갖는 비극적 성질(병을 대가로 창조성이 획득된다는 생각) 때문에 부정해야 한다고 주장합니다. 그래서 그는 신들 = 아버지와 관련되지 않는 문학, 미쳐 있더라도 어떤 의미에서는 '건강'한 문학에만 높은 가치를 부여하려고 합니다. 그러한 문학은 더 이

---

2 실제로 플라톤은 이러한 관점으로부터 시뮬라크르한 예술 작품은 미의 이데아로부터 추론해보면 세 번째의 것이라고 생각했다고 합니다. 그의 유명한 '시인 추방론'은 이러한 생각에 기인한 것입니다(プラトン, 1976: 701 = 598E-599A).

상 적통적인 신들 = 아버지의 말과 관련되는 것이 아닙니다. 이것은 신들 = 아버지의 말에 관하여 기억상실에 빠진 사생아적 = 잡종적 문학이며, '다양한 지배를 받으며 끊임없이 움직이는' 문학이라고 그는 말합니다. '사생아적'이란 것은 들뢰즈가 사용하는 말인데, 적통적인 수직의 계보를 벗어났다는 말입니다. '할아버지의 이름을 걸고서'라고 선언하듯이 자신의 계보와 출신에 의거하는 것이 아니라, 그러한 계보와 무관하게 모든 방향으로 계속해서 움직여 나아가는 광기 자체가 건강과 연결된 창조를 가능하게 한다고 들뢰즈는 주장합니다. 그리하여 그러한 '건강으로서의 광기' 자체가 현대의 문학적 창조를 가능하게 한다고 들뢰즈는 선언하고 있는 것입니다(그것이 어떤 문학이어야 하는가라는 것은 마지막 장에서 자세히 검토합니다).

이번 장에서 본 것처럼 '창조와 광기'를 둘러싼 생각에 대한 서양 사상사의 원류를 플라톤에서 찾을 수 있었습니다. 그리하여 플라톤주의가 가지고 있는 어떤 편견이 20세기 병적학에서 조현병 중심주의와 비극주의적 패러다임을 준비했다고 생각할 수 있습니다. 그렇다면 데리다나 들뢰즈 같은 '프랑스 현대사상'의 사상가들의 생각은 그 이외의 방식으로 병적학을 재고再考하기 위한 힌트가 될 것으로 보입니다. 현대에 창조와 연결되는 광기가 어떠한 것인지를 알기 위해서 플라톤에서 출발할 필요가 있었던 것은 바로 이러한 이유에서였습니다.

제3장

아리스토텔레스

멜랑콜리와 창조

아리스토텔레스

신적 광기인가, 멜랑콜리인가

앞 장에서 플라톤이 '창조와 광기'의 관계를 어떤 식으로 생각했는지를 살펴보았습니다. 플라톤은 초기 대화편 『이온』에서 시인은 신으로부터 인스퍼레이션을 받고 신의 말을 이어받아서 아름다운 시작을 한다고 여겼고, 그러한 시작을 하면서 시인은 광기의 상태에 빠진다고 생각하였습니다. 중기의 대화편인 『파이드로스』에서도 시나 사랑이 위대한 경우는 '신으로부터 인스퍼레이션을 받은 광기'를 통해서 태어나는 것으로 한정합니다.

그리고 이러한 플라톤의 생각을 비판했던 20세기 철학자로 자크 데리다와 질 들뢰즈를 소개하였습니다. 두 사람은 신에게서 유래하는 광기에만 혁명적·전복적인 가치를 부여했던 플라톤을 비판합니다. 데리다는 플라톤에게서는 신＝아버지의 기원이나 로고스의 힘을 할당하는 팔루스-로고스 중심주의가 보이는 점을 지적하고, 이에 대하여 '사생아'를 낳을 수 있는 '산종'을 대치對置시켰습니다. 또한 들뢰즈는 플라톤주의적인 '좋은 기초를 갖는' 광기에 대한 칭찬을 반전시켜서 '아버지'와 무관한 광기에 의한 문학적 창조의 가능성을 논했습니다.

하지만 플라톤은 조현병과 같은 임상적인 광기를 창조와 연관짓는 것은 아닙니다. 그가 주목한 것은 어디까지나 신적 광기였고, 고통을 유발시킨다고도 할 수 있는 정신장애는 신의 것이 아니라 인간의 것에 지나지 않는다고 생각했습니다. 하기야 제1장에서 소개했듯이 조현병은 근대 이후에 처음으로 출현한 광기이기 때문에 플라톤 시대에는 당연히 조현병이 존재하지 않았습니다. 더욱이 이 조현병에서 창조를 본격적으로 주목하게 되는 것은 20세기 이후의 일입니다.

하지만 고대에 임상적 광기가 창조와 전혀 관련이 없었다고는 말할 수 없을 것입니다. 실제로 플라톤 이후 근대에 이르기까지 긴 세월 동안 서양에서 창조와 관련된 광기는 멜랑콜리melancholy(우울증)였습니다.

이번 장에서는 플라톤과 아리스토텔레스가 멜랑콜리를 어떻게 보았는지를 검토해보겠습니다.

윤리적 이상으로서 멜랑콜리

조현병이 최초로 나타나는 것이 근대 이후인 데 비해 멜랑콜리(우울증)는 플라톤 시대에도 이미 존재하고 있었다는 점은 잘 알려져 있습니다. 실제로 고대 그리스 의사인 히포크라테스Hippocrates(기원전 460-375)의 기록에 등장하는 여성 환자는 '식욕이 없고, 기력이 딸리며, 잠을 못 이루고, 초조해하고, 인내력이 부족하며, 정신 상태는 우울하였다'라고 기재되어 있습니다(ヒポクラテス, 1963: 169). 현대의 우울증 증상과 많이 비슷하네요.

히포크라테스는 『인간의 자연[본성]에 대하여』라는 저서에서 '사체액설四體液說'이라는 학설을 개진합니다. 사체액설에서는 인간은 혈액·점액·황담즙·흑담즙이라는 네 가지 체액으로 구성되어 있으며, 각각의 체액의 균형이 잡혀 있는 것이 건강한 상태라고 봅니다. 반대로 이 네 가지 체액의 균형이 깨지면 병이 났다고 말하게 됩니

다(ヒポクラテス, 1963: 102). 그중에서 흑담즙이 증가하고 다른 세 가지 체액과의 균형이 깨진 상태가 앞서 말한 여성 환자가 잃고 있는 멜랑콜리입니다. 즉 멜랑콜리란 '흑담즙병'인 것입니다.

이 멜랑콜리라는 광기는 나중에 아리스토텔레스에 의하여 창조와 큰 연관을 갖게 되지만, 히포크라테스나 플라톤은 멜랑콜리를 그와 같은 것으로는 생각하지 않았습니다. 특히 히포크라테스는 현대에서 말하는 '과학적 정신'을 가지고 있던 의사였기에 당시 주류였던 멜랑콜리가 '신성한 병'이라는 사고방식을 비판하기도 합니다.

그렇다면 플라톤은 멜랑콜리를 어떠한 광기라고 생각한 것일까요? 에르빈 파노프스키Erwin Panofsky(1892-1968) 등이 쓴 — 아비 바르부르크Aby Moritz Warburg(1866-1929)가 설립한 이른바 '바르부르크학파'의 연구자와 공동으로 집필했습니다 —『토성과 멜랑콜리』(1964)라는 유명한 미술사 책이 있습니다. 이 저작은 멜랑콜리라는 광기와 창조성(예술)이 연결되어온 과정을 방대한 자료를 이용하여 규명하고 있습니다. 먼저 이 저작에서 플라톤과 멜랑콜리의 관계를 요약 기술하는 부분을 살펴보도록 합시다.

하지만 처음에 플라톤은 멜랑콜리라는 개념이 철학자나 연인, 시인 모두가 생각한 초자연적인 순수관념의 파악에 이르기까지 고양되는 엑스터시ecstasy[망아/탈자脫自]라는 개념과 연결된다고는 전혀 생각하지 않았다. 플라톤에게 멜랑콜리란 실제의 광기까지는 아니어도 적어도 우선적으로 윤리상의 이상異常이었다. 이것은 의지와 이성을 흐리고 약하게 만드는 것이었다. 그는 멜랑콜리를『파이드로스』에서 묘사했듯이 영혼 속에서

가장 좋지 않은 것 ─ 폭군이 갖는 영혼의 징후로 간주하였다. 『국가』에서 볼 수 있는 것처럼 '사람이 폭군이 되는 것은 천성이나 생활 방식에 의해, 혹은 양자가 중첩되어 술에 빠지거나, 색에 취하거나, 멜랑콜리의 해를 입을 때이다'(クリバンスキー, バノフスキー, ザクスル, 1991: 33).

여기서 말하는 '엑스터시'란 자신이 지금 있는 장소의 외부에 있는 것을 의미합니다. 이는 신으로부터 인스퍼레이션을 받아 신의 말을 받아들임으로써 '나를 잊는', 즉 자신이 자신을 떠나는 망아적 체험을 말하는데, 플라톤에 따르면 이러한 신적 광기와 멜랑콜리는 전혀 관계가 없는 것이었습니다.

반대로 플라톤에 따르면 멜랑콜리는 '폭군이 갖는 영혼의 징후', 즉 윤리적으로 상당히 나쁜 것이었습니다. 실제로 앞 장에서 소개한『파이드로스』에도 '멜랑콜리'라는 말이 등장하는데, '딱한 녀석이야, 실성한 거야melancholas'라는 대사에 나옵니다(プラトン, 1967: 117 = 268E). 창조와 광기의 관계를 다루는 이 대화편에서 '멜랑콜리'라는 말은 부정적 의미로 사용되고 있습니다.

이어서 플라톤의『국가』에서 '멜랑콜리'라는 말이 나타나는 부분을 살펴봅시다.

말의 엄밀한 의미에서 참주 독재적인 인간[= 폭군]이 되는 것은 인간의 타고난 소질에 의해, 혹은 생활 습관에 의해, 혹은 그 양자에 의해 술주정꾼의 특성(성질), 색정적인 특성, 멜랑콜리의 특성을 다 갖추었을 때이네(プラトン, 1976: 635 = 573C).

독재자는 『파이드로스』에서도 가장 낮은 영혼으로 여겨졌는데(プラトン, 1967: 65 = 248), 여기서는 그런 나쁜 인물은 '술주정꾼'이나 '호색한', 그리고 멜랑콜리의 특징을 다 가지고 있다고 합니다. 또한 플라톤은 멜랑콜리를 아주 저열한 것으로 간주합니다.

다만 플라톤이 멜랑콜리라는 말을 긍정적인 의미로 사용하는 곳이 딱 한 군데 있습니다. 그것은 이데아론과 우주론을 전개하는 『티마이오스』라는 후기 대화편에 나옵니다. 이 대화편에서는 인간의 신체를 곤충처럼 머리, 가슴, 배라는 세 가지로 나누고, 머리는 이성, 흉부는 정념, 복부는 동물성을 각각 관장하는 것으로 봅니다. 이 세 가지 분할은 현대의 우리도 비교적 이해하기 쉬운 것이지요. 예를 들어 우리가 자주 사용하는 '자기 머리로 생각하라', '가슴이 두근거린다', '속이 부글부글 끓는다'라는 관용구는 머리, 가슴, 배를 각각 이성, 정념, 동물성 — '속이 부글부글 끓는다'라는 표현은 감정이라기보다 더 동물적이고 본능적인 것입니다 — 에 할당하고 있다고 생각할 수 있습니다.

그런데 이 세 가지 분류에서 복부는 이성을 관장하는 두부의 반대편에 있는 장소로 여겨지고 있습니다. 나아가 그 복부 중에서도 최하층에 있는 것이 담즙을 만드는 장기인 '간장'이고, 그것은 '짐승의 처소'라고 합니다. 이것은 이성을 관장하는 두부와, 예측을 가능하게 하는 간장이 정반대라는 것을 의미합니다. 즉 간장은 가장 동물적인 장소인 것입니다. 그런데 플라톤은 이 '짐승의 처소'에 대해 '예측의 기관', 즉 미래를 예견할 수 있는 기관이라는 긍정적인 규정을 하기도 합니다(プラトン, 1975c: 130~133 = 71A-72C). 이와 같이 생각하면 플라톤에게 멜랑콜리는 기본적으로 창조와 관련되어 있지

않지만, 전혀 무관했다고는 말할 수 없을 것 같습니다(이 논점은 다음 장에 다시 거론하겠습니다).

멜랑콜리＝천재설

서양 사상에서 멜랑콜리(우울증)와 창조를 명확하게 연결한 논자로는 아리스토텔레스(기원전 384-322)가 가장 유명합니다. 그는 『문제집』 제30권 — 이것은 실제로 아리스토텔레스 자신이 쓴 것이 아니라는 설도 있지만, 여기서는 아리스토텔레스의 작품으로 다룹니다 — 에서 유명한 철학자나 정치가나 예술가(시인)는 모두가 멜랑콜리하다는 주장까지 하고 있습니다.

왜 철학이나 정치나 시작詩作이나 다양한 기술에 관하여 '심상치 않은' 인간이 된 사람은 모두 분명히 '흑담즙질의 사람'이고, 게다가 '흑담즙'에서 유래하는 병에 걸린 그런 사람도 있고, 예를 들어 다양한 영웅담 중에서도 헤라클레스에 관한 이야기가 그렇게 말해지고 있는 것일까. 다시 말해서 바로 저 헤라클레스는 그 자연 본성을 가지고 태어난 것 같고, 그러므로 간질증상이 있는 사람의 병을 옛날 사람들은 저 사람[*헤라클레스]의 이름을 따서 '신성한 병'이라고 불렀다. 그리고 자신의 아이와 관련된 탈아脫我 상태나, 오이테 산에서 세상을 떠나기 전에 종기에서 고름이 나온 것이 이상의 것을 밝히고 있다. 실제로 바로 그러한 것은 많은 경우에 흑담즙에서 생기기 때문이다. […]

병에 걸린 상태의 영웅이 많이 있는 것은 분명하다. 또한 좀 더 시대가 뒤인 사람들 중에는 엠페도클레스나 플라톤이나 소크라테스나 그 외의 많은 저명한 사람이 그렇다. 게다가 또한 시작에 종사하는 사람 대다수도 그러하다. [⋯] '흑담즙질의 사람'과 우리가 말하고 있는 것과 같은 성질의 사람에게 특히 많은 양의 포도주를 준비해주는 것 같고, 음주하는 사람은 매우 다양한 성격을 나타내는 것 같다(アリストテレス, 2014: 590-592).

아리스토텔레스는 플라톤과 아주 다른 것을 말하고 있습니다. 플라톤은 음주를 ─ 특히 주광(알코올 의존)에 이르는 경우에는 ─ 가치가 낮은 '인간적 광기'라고 간주했고, 나아가 '폭군'이라는 가장 가치가 낮은 인간과 연결시켰습니다. 그런데 아리스토텔레스는 음주를 좋은 것이라고 생각하고 있는 것입니다. 바꾸어 말하면 아리스토텔레스는 플라톤이 '인간적 광기'라고 부르며 창조와는 무관한 것으로 간주한 광기 속에서 예술을 만들어내는 힘을 본 것이며, 그 광기를 '멜랑콜리'와 관련짓고 있었던 것입니다.[1]

플라톤과 아리스토텔레스 사이에서 보이는 이와 같은 대립은 라파엘로의 〈아테네 학당〉에 묘사된 두 사람의 모습과 겹쳐놓을 수 있을지도 모릅니다. 그림의 중앙에 있는 두 사람 중에서 손으로 수직 방향(위)을 가리키고 있는 사람이 플라톤이고, 손을 수평 방향

---

1 고대 그리스에서 음주와 시작을 결합시키는 생각은 아리스토텔레스 이전에도 존재했습니다. 도즈는 이렇게 요약합니다. '최고의 시인은 음주 속에서 영감을 찾고 또한 발견해왔다는 전통적 견해에 따라 시에 대한 영감[= 인스퍼레이션]설은 디오니소스[= 주신]와 직접 연결된다.'(ドッズ, 1972: 124)

산초 라파엘로 〈아테네 학당〉

(앞)으로 펼치고 있는 사람이 아리스토텔레스인데, 플라톤은 높은 곳에 있는 신적 광기를, 아리스토텔레스는 지상에 있는 인간적 광기를 중시하고 있었던 것을 생각하면 우리의 흥미와 관심에서도 아주 재미있는 그림입니다.

하지만 아리스토텔레스 이후 시인과 같은 유명인과 멜랑콜리를 연결하는 사고방식은 점차 부정되어갑니다. 예를 들어 스토아학파에서는 사려 깊은 인간은 광기에 사로잡히지 않는다고 여겼지만, 현명한 이성을 가진 사람도 멜랑콜리에는 걸릴 수 있으며 그것이 현인의 인덕을 상실시킨다고 생각했습니다(クリバンスキー, パノフスキー, ザクスル, 1991: 53). 이처럼 아리스토텔레스 이후 멜랑콜리는 다

시 부정적인 것으로 여겨지게 되는 것입니다.

멜랑콜리가 창조성과 관련되어 있다는 생각은 그후 약 1500년이나 되는 긴 시간 동안 망각되게 됩니다. 왜냐하면 고대 뒤에 오는 중세는 개인의 가치를 그 인간의 훌륭한 능력이 아니라, 신이 그 인간에게 내린 은총이 가져다주는 덕으로 평가하는 시대였기 때문입니다(クリバンスキー, パノフスキー, ザクスル, 1991: 76). 나중에 15세기에 마르실리오 피치노Marsilio Ficino라는 철학자가 멜랑콜리와 창조의 관계를 재평가하게 됩니다. 그에 관해서는 다음 장에서 논하기로 하고, 여기서는 멜랑콜리(우울증)가 그후에 어떻게 다루어졌는지를 살펴봅시다.

유대·기독교의 탄생과 다이몬의 변모

아리스토텔레스에서 피치노에 이르는 아주 긴 세월 동안 서양 사상에서 멜랑콜리와 창조를 둘러싼 논의가 거의 없었던 시기에는 마치 '창조와 광기'라는 문제 계열이 소멸된 것처럼 보입니다. 그렇다면 왜 그렇게 된 것일까요? 그것은 '다이몬daimōn'의 위치가 변경된 것과 관계가 있다고 저는 생각합니다.

다이몬이란 무엇일까요? 그것은 '귀신'이라고 번역되기도 합니다. 신을 닮은 초자연적인 존재로 특히 유대·기독교에서는 '데몬de-mon', 즉 '악마'의 원류에 위치하는 존재입니다. 그렇게 말하니까 무서운 존재라고 생각되지만, 고대 그리스에서 이러한 다이몬은 인간을 올바른 길로 인도하는 수호자라고 생각되었으며 신앙의 대상이었습니다.

소크라테스도 다이몬의 목소리를 들었다고 주장하는 사람 중의 하나입니다. 실제로 플라톤은『소크라테스의 변명』이라는 대화편에서 소크라테스가 자신의 행위에 대한 정통성을 자신이 들었던 다이몬의 목소리에서 찾고 있다고 말합니다. 다음 구절을 봅시다.

> […] 나에게는 무엇인가 신의 알림이라든지 다이몬적인 것이라든지 하는 일들이 자주 일어납니다. […] 이것은 나의 어린 시절부터 시작된 일로서 일종의 목소리를 통해서 나타나는데, 그것이 나타날 때는 언제나 내가 무엇인가 하려는 것을 나에게 금지하므로 무엇인가를 하라고 권하는 일은 어떤 경우에도 없습니다(プラトン, 1975b: 88 = 31C-D).

> […] 만일 여러분이 나에게 사형을 선고한다면, 또 다른 이런 인간을 발견하는 것이 쉽지 않을 것입니다. 나는 아무것도 아니지만, 좀 우스꽝스런 표현으로 말한다면 신이 이 폴리스polis에 붙여놓은 것입니다(プラトン, 1975b, 86 = 30D-E).

이때 소크라테스는 '국가가 인정하는 신을 믿지 않고, 다른 기이한 다이모니온daimonion[= 다이몬과 같은 것]을 받들었다'는 죄로 재판에 넘겨져 있었습니다. 잘 알려져 있듯이『소크라스테스의 변명』은 그의 재판 상황을 묘사한 대화편입니다. 소크라테스는 자신은 다이몬의 목소리를 듣고 있기에 '국가가 인정하는 신을 믿지 않았다'라는 죄에는 해당되지 않는다고 주장합니다. 무엇보다 소크라테스가 듣고 있다는 다이몬의 목소리는 역시 좀 특수한 것 같습니다. 왜냐하면 그는 자신이 다이몬의 목소리를 들을 수 있는 드문 인간이므로 자신을 죽이면 나중에 곤란해질 거라고 말하고 있기 때문입니다.

어쨌든 고대 그리스에서 다이몬은 나쁜 것이 아니었다는 것을 알 수 있을 것입니다. 하지만 유대·기독교가 발전함에 따라서 다이몬은 차츰 악마화되었고, 현재 우리가 말하는 데몬, 즉 '악마'로 변모하게 됩니다.

유대교는 기원전 1200년경에 발명된 인류 역사 최초의 일신교라고 여겨지고 있습니다. 일신교란 신이 단 하나만 존재하는 종교이고, 그러한 하나의 신이 세상만사에 관계하여 안정화시키는 시스템을 갖는 종교인데, 유대교에서 신과 사람의 관계도 신이 모세에게 말을 거는, 즉 '사람이 신의 목소리를 듣는' 것으로 개시되었습니다. 모세는 본래 노예의 자식이었지만 신의 섭리로 이집트 공주의 양자가 되었습니다. 하지만 동포를 돕기 위해 이집트인을 살해하고 아라비아반도의 미디안Midian에 도착해 양치기가 되었습니다. 그리고 양에게 풀을 먹이려고 산으로 올라갈 때 잡목 사이의 타오르는 불길 속에서 주의 심부름꾼이 나타나고, 신으로부터 '모세야, 모세야'라고 부르는 소리를 듣기에 이릅니다(『旧約聖書 出エジプト記』).

신이 사람(모세)에게 말을 걸고 있는 것은 앞서 본 다이몬과 사람의 관계와 비슷하지 않을까요. 둘 다 초월적인 신이나 다이몬은 그 자체로 세계에 나타나지 않지만, 웬일인지 그 목소리만은 들려줍니다. 그리고 이러한 말이 (종교적) 진리로서 즉각 수용되어버립니다. 모세는 신의 말을 위임받은 '예언자'라고 하는데, 그 모습은 신의 말을 인스퍼레이션을 통해서 받아들이는 시인과 어딘가 비슷합니다.

　기독교에서도 이와 같은 '예언'의 구조가 반복됩니다. 「요한복음」의 다음 부분에는 예루살렘에서 설교할 때 예수가 다음과 같이 말했다는 것이 기록되어 있습니다.

> '나의 가르침은 내 것이 아니라 나를 보내신 분의 것이다. 누구나 그분의 뜻을 실천하려고만 하면, 나의 가르침이 하느님에게서 오는 것인지 내가 스스로 말하는 것인지 알게 될 것이다. 스스로 나서서 말하는 자는 자기의 영광을 찾는다. 하지만 자기를 보내신 분의 영광을 찾는 이는 참되고, 또 그 사람 안에는 불의가 없다. 모세가 너희에게 율법을 주지 않았느냐? 그런데도 너희 가운데 율법을 지키는 자가 하나도 없다. 도대체 너희는 왜 나를 죽이려고 하느냐?' 군중이 대답했다. '당신은 마귀가 들렸군. 누가 당신을 죽이려 한단 말이오?'(「ヨハネによる福音書」7: 16-20, 『新約聖書 新共同譯』)

　여기서 예수는 분명 자신은 신의 말을 받은 사람이고, 그래서 자신의 말은 진리라고 말하고 있습니다. 하지만 예수는 그러한 주장을 하면서 웬일인지 스스로가 죽음을 당하게 될 거라고 생각하고 있는 것입니다. '도대체 너희는 왜 나를 죽이려고 하느냐?'라는 예수의 질문에 군중은 놀라 그것은 망상이라고 반론하고 있습니다. 병적학적 입장에서 말하면 사고 주입thought insertion(머릿속에 생각이 직접 불어넣어짐[어떤 사람이 자신의 생각이 스스로 생각한 것이 아니라 누

군가가 자신의 마음속에 주입한 것이라고 믿는 망상])이며, 게다가 박해
망상이 나타나는 것이라고도 말할 수 있습니다. 실제로 이러한 특
징을 거론하여 예수를 정신병에 걸린 인물로 간주하는 연구가 유행
한 시기가 있었습니다.[2]

추방되는 다이몬

그러면 고대 그리스 사상과 유대·기독교의 그것에는 사람이 신
이나 다이몬의 목소리를 듣고 그 말을 진리로 간주한다는 유사성이
있습니다. 그런데 이 두 사상이 합류하면 다이몬은 바로 '악마'화되
어 완전히 부정적인 가치를 부여받게 되는 것입니다.

그 과정을 4단계로 나누어 살펴보도록 하겠습니다.

먼저 고대 그리스에서 다이몬이라는 말이 일반적으로 어떻게 다
루어졌는지에 대해 도즈의 『그리스인과 비이성』을 참조해봅시다.

『일리아스』의 […] 테우크로스Teukros의 모호함이 회의주의와
아무런 관계도 없다는 것은 명백하다. 그것은 단지 무지의 결

---

2 이와 같은 예수의 병적학에 대해서 알베르트 슈바이처(1875-1965)는 반박하고
있습니다. '이러한 발언은 나에게 아주 기묘하고 불가해한 것임에도 불구하고
예수가 품고 있던 후기 유대교적 지론에 대한 전제를 생각한다면 아주 잘 이해
할 수 있다. 비네-상글레Binet-Sanglé와 드 로스텐Georg Lomer de Loosten[= 병적
학자, 예수의 정신병설을 주창한 사람]은 이러한 점을 염두에 두지 않았기 때문에
있지도 않은 병적 징후를 여기저기서 발견하는 것이다.'(シュヴァイツァー, 2001:
42)

과일 뿐이다. 다이몬이라는 말을 사용하여 그가 표현하는 것은 '보다 높은 힘이 무엇인가를 생기게 했다'는 것이고, 이 사실이 그가 알고 있는 전부이다(ドッズ, 1972: 15).

호메로스에게서의 심리적 간섭의 가장 일반적인 유형[에서는] […] 일상적인 인간 행동에서 벗어나는 모든 일탈은 그 원인이 당사자의 의식에 의한 것이든 타인의 관찰에 의한 것이든 간에 직접 확인되지 않는 경우에는 초자연적인 작용에 의한 것으로 귀착된다(ドッズ, 1972: 16).

고대 그리스인은 '잘 모르는 것'에 대하여 다이몬이라는 말을 붙였습니다. 즉 인간세계에서 일어날 수 없는 초자연적인 일이 일어날 때, 그것은 다이몬의 작용에 의한 것이라고 생각한 것입니다. 엄청나게 커다란 재난이 일어날 때 '이것은 신의 분노다'라고 생각하는 것과 같은 사고는 현대에도 약간은 남아 있다고 생각하지만, 고대 그리스에서는 그러한 사고가 지극히 일반적이었고, 호메로스의 이야기 속에서도 똑같은 구조를 볼 수 있는 것입니다.

두 번째로 플라톤의 대화편 『향연』을 다루어보겠습니다. 이 대화편에서 플라톤은 다이몬이 신 그 자체가 아니라, 신과 인간의 중간에 있으며, 양자 사이를 매개하는 것이라고 씁니다. 도식화하면 신 ↔ 다이몬 ↔ 인간이라는 구조를 갖게 됩니다. 무엇보다 다이몬이 신과 인간의 중간에 있다고 하더라도 신 ↔ 다이몬 ↔ 인간이라는 수직적 구조는 무너지지 않고, 다이몬을 통해 신의 말을 이어받는다는 구조도 무너지지 않습니다. 여기서는 『향연』의 다음 구절을 확인하는 것으로 그칩시다.

> [에로스는] 죽어야 할 것과 불사하는 것 사이에 있습니다. [⋯]
> [그것은] 위대한 다이몬이지요, 소크라테스여. 그리고 다이몬
> 적인 것은 모든 신과 죽어야 할 것의 사이에 있기 때문입니다.
> [⋯] [다이몬은] 신들에게는 인간으로부터의 것을, 또한 인간에
> 게는 신들로부터의 것을, 즉 인간으로부터는 기원과 희생을,
> 신들로부터는 그들의 명령과 나아가 희생에 대한 답례를 전달
> 하고 보내줍니다. 그리고 이 양자의 한가운데에서 그들 사이를
> 메워주고, 세계의 만물이 하나의 결합체가 되도록 하는 자입니
> 다(プラトン, 1974: 78 = 202D-E).

'죽어야 할 것'이란 유한한 생명을 가진 인간이고, '불사할 것'이란
무한한 생명을 가진 신들을 가리킵니다. 그리고 그 둘의 사이에 있
는 것이 다이몬이고, 다이몬에게는 신들에게는 인간의 것을 보내고
인간에게는 신들의 것을 보낸다는 쌍방향성이 상정되어 있습니다.
　세 번째로 보는 것은 신약성서입니다. 「에페소서」에는 천상의 신
과 지상의 인간 사이의 '공중'에 있는 것은 '영靈pneumatos'이라고 하
며, 이 '영'은 인간을 음란한 육의 욕망으로 향하게 한다고 되어 있
습니다.

> 여러분도 전에는 잘못과 죄를 저질러 죽었던 사람입니다. 그
> 안에서 여러분은 한때 이 세상의 풍조에 따라 공중을 다스리
> 는 지배자, 곧 지금도 순종하지 않는 자들 안에서 작용하는 영

을 따라 살았습니다. 우리도 다 한때 그들 가운데에서 우리 육의 욕망에 이끌려 살면서 육과 감각이 원하는 것을 따랐습니다. 그리하여 우리도 본디 다른 사람들과 마찬가지로 하느님의 진노를 살 수밖에 없었습니다. 그러나 자비가 풍성하신 하느님께서는 우리를 사랑하신 그 큰 사랑으로 잘못을 저질러 죽었던 우리를 그리스도와 함께 살리시고 — 여러분은 이렇게 은총으로 구원을 받은 것입니다 — 하느님께서는 그리스도 예수님 안에서 우리를 그분과 함께 일으키시고 그분과 함께 하늘에 앉히셨습니다(「エフェソの信徒への手紙」2: 1-6, 『新約聖書 新共同譯』).

여기서 말하는 '공중'을 떠도는 '영'은 나쁜 영, 즉 '악령'이고, 지상에 있는 사람들을 유혹하여 폭음 폭식이나 연애에 몰두하게 하는 존재입니다. 그러한 육의 욕망에 따르는 것은 용서할 수 없는 일이지만, 신은 그 죄를 속죄시켜준다고 기록되어 있습니다.

여기서 주목해야 할 것은 플라톤의 『향연』에서 신들 ↔ 다이몬 ↔ 인간이라는 세 존재의 관계가 높음·공중·지상이라는 형태로 수직의 공간에 표상되는 것처럼 그리도교에서 신·악령·인간이라는 세 존재도 역시 높음·공중·지상이라는 형태로 표상되고 있다는 것입니다. 이러한 동형성을 근거로 플라톤 철학과 기독교를 연결한 사람이 네 번째로 소개하는 아우구스티누스Aurelius Augustinus(354-430)였습니다. 아우구스티누스는 『신국론』에서 플라톤의 다이몬론을 기독교 입장에서 해석하고, 그 위치를 대폭 변경시키고 있습니다. 그 구절을 봅시다.

다이몬은 […] 전령이나 통역으로서 신들과 인간 사이에 있으며, 지상으로부터는 우리의 청원을 전하고, 천상으로부터는 신들의 원조를 가져온다고 결코 믿어서는 안 될 것이다. 그런 것이 아니라 다이몬은 다른 것을 해치려는 욕망으로 가득 차 있으며, 정의와는 전혀 인연이 없고, 오만하기 그지없으며, 질투에 사로잡히고 교만한 기만으로 분명히 공중에 살고 — 왜냐하면 그들은 돌이킬 수 없는 범죄의 대가로 숭고한 하느님으로부터 추방당하여 이른바 그에게 딱 알맞은 감옥에 이미 떨어져 있기 때문이다 — 있지만, 그러나 공기가 땅과 물 위에 있다고 해서 다이몬의 가치가 인간보다 더 뛰어난 것은 아니다. 인간은 이 지상에 사는 신체를 갖지 않고도 특별히 진실의 신을 원조자로 선택할 수 있다는 경건한 정신에 의해 쉽게 다이몬을 능가하는 것이다(アウグスティヌス, 1982-1991: (2)206-207).

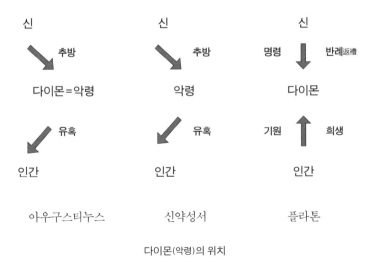

다이몬(악령)의 위치

플라톤의 『향연』에 의하면 다이몬은 신들과 인간 사이에 존재합니다. 그리고 인간은 신들에게 기도하고, 희생을 바치고, 그것을 받은 신들은 희생의 답례를 사람들에게 해주고, 나아가 사람들에게 명령을 내린다고 합니다. 하지만 플라톤 철학을 기독교에 도입한 아우구스티누스에 의하면 다이몬은 그런 것이 아니라고 합니다. 왜냐하면 기독교에서 악령＝다이몬은 돌이킬 수 없는 범죄를 저지르고 신으로부터 추방된 존재이기 때문입니다. 다이몬은 신과 인간 사이를 매개하기는커녕 인간을 악으로 유혹하는 존재로 여겨지며, 결국은 인간이 신으로 향하려는 수행을 방해하는 존재와 다름없는 것입니다.

그러므로 인간은 다이몬에게 유혹을 당할지라도 종교적 수행을 끊임없이 하지 않으면 안 됩니다. 그렇게 하면 다이몬을 이길 수 있습니다. 다음 장에서 상세히 다루겠지만 당시의 기독교는 교회에서 기도하는 것보다는 인가에서 멀리 떨어진 사막에서의 수행을 중시했습니다. 그런 수행 생활은 현대적인 감각으로는 상상을 초월하는 것으로 목욕을 못하는 것은 물론 음식이나 물도 최소한도밖에 없고 외부와의 교류도 거의 완전하게 차단되어 아주 혹독했던 것 같습니다. 그러한 수행을 하다 보면 '옛날의 즐거웠던 생활로 돌아가고 싶다', '수행 같은 건 그만두고 태어난 고향 마을로 빨리 돌아가고 싶다'고 생각하게 되고 의기소침해지는 것이 지극히 보통인데, 바로 그러한 '수행으로부터의 도피'로 수도사들을 유혹하는 존재가 다이몬이라고 생각하게 된 것입니다. 다시 말하면 다이몬은 종교적 선에 도달하려는 수도사들을 신 앞에서 뒷걸음질 치게 하는 존재라고 생각되었던 것입니다. 그러므로 이 다이몬은 '백주의 악마'라고도 불리게 되었습니다.

　이렇게 플라톤주의의 철학과 기독교의 가르침을 일체화시킨 아우구스투스에게서 다이몬의 위치 변화가 뚜렷해지면서 다이몬은 다시 '마음의 병'과 관련을 맺게 됩니다. 물론 그 병은 플라톤적인 신적 광기는 아닙니다. 오히려 '우울'이라는 말과 잘 어울릴지도 모릅니다. 실제로 혹독한 환경 속에서 수행을 하지 않고 지난날의 즐거운 생활을 떠올린다는 유형의 수도사의 '우울'의 모습은 과중 노동으로 일에 익숙해지지 않게 되었지만 취미 등은 즐길 수 있다는 현대의 모습과 많이 닮지 않았을까요? 현대에는 이러한 유형의 '우울'을 미디어를 중심으로 '신형 우울'이라고 부르지만, 당시에는 '나태懶怠acedia'라고 불렀습니다. 이것은 '우울'이라는 점에서 멜랑콜리와 동일하지만 아마 창조와 연결하기는 어려울 것입니다. 이리하여 아리스토텔레스의 '멜랑콜리 = 창조의 병'이라는 설은 이론적으로도 실천적으로도 일단 그 역할을 마치는 것입니다.

　다음 장에서는 이러한 '우울'이 어떻게 또다시 창조와 연결되는지를 살펴봅시다.

제4장

피치노와 뒤러

나태에서 멜랑콜리로

피치노

'우울'의 두 이미지

앞 장에서는 플라톤과 아리스토텔레스가 멜랑콜리(우울증)를 어떻게 보았는지를 확인하는 것으로 논의를 시작했습니다. 플라톤은 대화편에서 멜랑콜리를 거의 무가치한 것으로 보는데, 그는 멜랑콜리를 시와 같은 예술 창조를 가능하게 해주는 신적 광기와는 다른 '인간적 광기'라고 여겼습니다. 다른 한편 아리스토텔레스는 이 멜랑콜리를 예술이나 정치나 학문에서의 천재적인 창조와 연결시켰습니다. 이 책의 주제인 '창조와 광기'에 관하여 일반적으로 가장 잘 알려져 있는 것이 바로 이러한 아리스토텔레스의 '멜랑콜리 = 창조의 병'에 관한 설이라고 생각합니다. 하지만 아리스토텔레스 시대 이후로 멜랑콜리를 창조와 연결하는 담론은 시들해집니다. 논의를 미리 말하면 이 장에서 다루게 될 피치노와 뒤러Albrecht Dürer가 이러한 담론을 15-16세기에 부활시키는데, 그 이후에 근대의 도래와 궤를 맞추어 멜랑콜리가 아니라 오히려 조현병적인 것이 창조와 연결되게 됩니다.

그 사이에 일어난 일을 개략적으로나마 되돌아보겠습니다. 주목해야 할 점은 아우구스티누스의 플라톤 해석입니다. 그는 313년 로마제국이 기독교를 공인한 후에 태어나 392년 기독교가 국교화될 때 장년기를 맞이했습니다. 그는 플라톤이 대화편에서 말한 다이몬을 신들과 인간 사이를 매개하는 존재로서가 아니라, 오히려 인간을 육체의 욕망(불순한 욕망)에 따르게 하는 것으로 해석했습니다. 다이몬은 신들과 마찬가지로 인간에게 어떤 말을 가져다주는 선한 존재였지만, 기독교는 다이몬을 데몬 — 수도사를 당혹스럽게 하고,

'나태'라고 불리는 일종의 우울 상태에 빠져들게 하는 악령 — 으로 변모시켜버립니다.

이번 장에서는 '우울'의 두 이미지, 즉 초기 기독교에서 나태로서의 '우울'의 이미지에서 15-16세기에 다시 창조와 연결된 멜랑콜리의 이미지로의 변화에 대해 논의해보겠습니다.

앞 장의 마지막에 소개한 것처럼 3세기경의 초기 기독교 수도사들(종종 '사막의 교부'라고 불립니다)은 인가에서 멀리 떨어진, 외부 세계와 격리된 이집트의 사막에서 수행 생활을 하면서 그 사이에 신과의 영적 접촉을 기다렸습니다. 하지만 그들도 인간이기 때문에 수행으로 인한 신체적 피로와 영적 생활 그 자체에 따른 피로 때문에 종종 '이런 생활 따위 그만두고 싶다', '옛날에 살았던 화려한 마을로

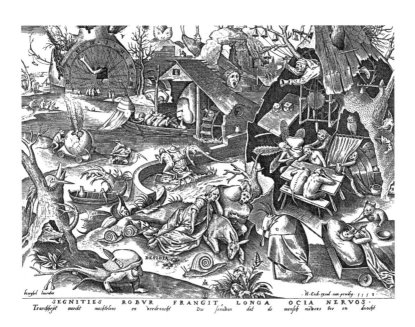

피터르 브뤼헐 〈나태〉

알프레히트 뒤러 〈멜랑콜리아 I〉

돌아가고 싶다'는 생각을 하며 일종의 우울 상태에 빠지는 일이 있었던 것 같습니다. 당시 이러한 상태는 '나태'라고 불리며, 이는 나중에 '7대 죄악'의 하나로 간주됩니다. 피터르 브뤼헐Pieter Brueghel(1525-1569)의 〈나태〉(1558)라는 판화는 분명히 이 '나태'로서의 '우울'의 이미지를 그린 것입니다.

이어서 알프레히트 뒤러(1471-1528)의 〈멜랑콜리아 I〉(1514)을 살펴봅시다. 〈나태〉와의 차이가 한 번 보고 대번에 알 수 있을 만큼 분명하고 뚜렷합니다. 둘 모두 '우울'과 관계있는 그림이지만, 전자는 아주 게으르고 느릿느릿한 이미지이기에 도저히 창조와 연결된다고 생각되지 않는 반면에 후자는 생각에 잠긴 인물의 이미지이고, 무엇인가 창조와 연결될 것 같은 분위기를 가지고 있습니다. 이 두 이미지를 잘 기억해두기 바랍니다. 이번 장에서 전자에서 후자로의 이행이 어떻게 가능하게 되었는지를 생각해보겠습니다.

수행 생활에서 '나태'

먼저 초기 기독교에서 수행 생활이 실제로 어땠는지를 살펴보겠습니다. 라틴어 성서의 결정판인 불가타Vulgata 성서를 완성한 성 히에로니무스Hieronymus(374?-420?)는 자신이 수행하고 있는 동안 악령에 의해 유혹받은 체험을 다음과 같이 묘사합니다.

> 오, 어쩌면 종종 나는 황야에 몸을 맡기면서, 그리고 작열하는 태양의 불꽃에 타면서, 수도사들에게 끔직한 거처[=사막]를 제공해준 저 광대한 고독의 장소에 있으면서 로마의 향락 한가운데에 자신이 있다고 생각한 것일까요. [⋯] 지옥의 두려움 때문에 이런 가혹한 감옥의 형벌을 나에게 부과한 것은 다름 아닌 나 자신이었습니다. 나는 오직 전갈과 야수만을 벗 삼으면서 종종 여인들의 윤무의[환각의] 한가운데 있었습니다. 내 안색은 단식 때문에 창백했지만 정신은, 몸은 차가운 채로 동경(desideria)에 의해 타오르고 있었습니다. 그 육체는 이미 한발 앞서 죽은 것과 다름없는 한 인간을 앞에 두고 단지 욕망(libidines)의 잔불만이 부지지 타오르고 있었습니다(ヒエロニュムス, 1999: 678-679).

히에로니무스는 작열하는 태양의 불꽃에 타면서 사막에서 생활을 하고 있을 때, 옛날 즐거웠던 로마에서의 생활의 환각을 여러 번 보았다는 것입니다. 중간에 생략한 구절에서는 현재 생활의 불평불만을 길게 늘어놓고 있습니다. '동경(desiderium)'이라는 라틴어는 '…을 상실한 것을 애석해한다'라는 의미인데, 여기서 그는 과거의 생활을 상실했다는 것을 한탄하고 있는 것입니다.

히에로니무스와 가까운 세대의 수도사인 에바그리우스 폰티쿠스Evagrius Pontikus(345-399)는 이러한 수행 생활에서의 체험을 '나태'라고 부르며 보다 주관적인 입장에서 기술하고 있습니다.

나태의 악마는 '백주의 악마'라고도 불리며 모든 악마 중에서 가장 무겁게 짓누른다. […] 그것은 먼저 수도자가 태양을 보고도 움직임이 둔하거나 움직이지 않는다고 느끼게 한다. 하루가 50시간이나 되는 것처럼 느끼게 하는 것이다. […] 그[= 악마]는 또한 수도자가 다른 장소를 바라게끔 한다. 그곳은 필요한 것을 쉽게 찾을 수 있고, 보다 쉽게 대가가 많은 작업에 종사할 수 있는 장소이다. […] 그[악마]는 이에 더하여 수도자에게 가족이나 이전의 생활을 떠올리게 한다. 또한 금욕 생활의 고단함을 수도자의 눈앞에 제시하고, 인생이 얼마나 긴 시간인지를 그려낸다. 그리고 그[악마]는 잘 알려진 대로 모든 속임수를 동원하여 수도자가 수도하는 움막을 버리고 수도의 장에서 도망치도록 하는 것이다(エウアグリオス・ポンティコス, 1994: 40-41).

혹독한 수도 생활 속에서 태양을 보아도 전혀 움직이지 않고 전혀 시간이 흐르지 않는 것 같은 느낌이 듭니다. 이것은 우울증의 주관적 체험과 아주 닮았습니다. 우울증에 걸리면 주변 사람들은 보통의 시간을 살고 있는 반면에 자신의 시간만 늦게 가는 것처럼 느껴지고 그렇기 때문에 자신만이 주변으로부터 소외되는 것처럼 느껴집니다. 다른 사람들이 수영복을 입고 수영할 때 자신만이 옷을 입고 수영하는 것과 같습니다. 이처럼 수도 생활에서의 나태는 확실히 우울증과 비슷한 측면을 가지고 있습니다. 다만 나태에는 식욕 항진亢進, 취미나 놀이에 대한 의욕 항진, 사랑의 갈망도 나타나는데, 이것은 우울증에서는 별로 볼 수 없는 특성입니다(우울증은 '고향 상실의 병'이라고 불리기도 하듯이 일찍이 있었던 이상적인 상태에서 완전히 분리되어 그곳으로 절대적으로 돌아갈 수 없게 되어버렸다는 의식을 포함한 것입니다).

이러한 나태는 평범하게 생각하면 수행 생활로부터의 도주이며, 그것은 곧 선善으로부터의 도주입니다. 그러나 현대 이탈리아 사상가인 조르조 아감벤Giorgio Agamben(1942-)에 따르면 나태는 그와 같이 단지 부정적인 것이라고 보는 것만으로는 불충분하며, 오히려 나태가 긍정적인 측면을 가지는 것, 즉 양의성을 가지는 것이 중요하다고 합니다. 실제로 아감벤의 기술을 읽어봅시다.

나태한 자를 고통스럽게 하는 것은 악의 의식이 아니라, 반대로 선 속에서 가장 위대한 것에 대한 배려이다. 나태란 바로 신 앞에서 인간이 멈추어 선다는 의무에 직면하여 눈이 부시고 겁에 질려서 '뒷걸음질 치는 것'이다(アガンベン, 2008: 30).

'그 대상이 없는 한 영혼은 절실하게 그것을 추구하고 한탄하면서 그것을 따라잡으려고 하지만 그것은 영혼으로부터 달아나버린다.' […]

나태가 갖는 양의적인 음극성陰極性은 이렇게 상실을 소유로 전환할 수 있는 가능성을 내포한 변증법적인 원동력이 되는 것이다. 그 욕망이 도달할 수 없는 것 속에 연결되는 이상 나태란 단지 '…로부터의 도주'가 아니라, '…로의 도주'이기도 한 것이다. 그것은 부정과 결여라는 방식으로 대상과 교류하는 것이다 (アガンベン, 2008: 34).

악마에 홀린 수도사가 나태에 빠져 신의 선善으로부터 도주하는 것은 수행 생활이 향해야 할 신의 선을 분명히 인식하고 있기 때문에 일어난다는 것입니다. 다시 말하면 신의 선을 분명하게 인식하지 못했다면, 수도사가 그것을 앞에 두고 기가 죽는 일은 없을 것이고, 그렇다면 나태에도 긍정적인 측면이 있지 않을까 하는 것입니다.

매우 역설적인 사고방식입니다. 아감벤은 이 역설을 '변증법적'이라고 평가하는데, 그것은 바로 나태에서의 상실이 전혀 돌이킬 수 없는 상실이 아니라, '무엇인가를 상실한다는 것은 그것을 되찾을 수 있다'는 형태로 대립물 속에서 본질을 제시하고 있기 때문입니다.

아감벤에 따르면 이러한 역설적인 사고방식은 바로 뒤에서 다룰 피치노와 뒤러에게서 침울한 멜랑콜리(우울증)라는 것이 창조를 가능하게 한다라는 역설을 준비하는 것입니다. 즉 이 역설에 앞서 살펴본 브뤼헐의 〈나태〉와 뒤러의 〈멜랑콜리아 I〉을 연결하는 열쇠가 있는 것입니다.

중세의 악마 홀림

피치노와 뒤러를 논하기 전에 이러한 나태가 중세에는 어떻게 취급되었는지를 살펴보겠습니다. 나태에 있어서는 인간이 가지고 있는 어떤 종류의 욕망은 본인에게서 유래한다기보다는 오히려 외부(공중)의 악마에 의해 부추겨진 것으로 생각되고 있습니다. 정신분석 용어를 사용하면 이러한 욕망은 외부에 있는 악마가 투영(projektion)된 것이라고 할 수 있습니다.

중세의 기독교 신학이 체계화된 13세기에는 토마스 아퀴나스 Thomas Aquinas(1225?-1274)에 의해서 악마(악령)와 이성이 명확하게 대치하게 됩니다. 다음에 보는 것은 그의 『신학대전』의 한 구절입니다.

> 사람은 죄를 짓는 것에 대해 이성에 의해서만 저항하지만, 악령(Diabolus)에 사로잡힌 자들에게서 분명하게 드러나듯이 이성의 행사는 상상력과 감각적 욕구 능력을 움직임으로써 전체적으로 방해받을 수 있다(アクィナス, 1998: 228).

사막의 수도사를 '백주의 악마'가 유혹하는 것과 마찬가지로 중세의 인간은 악령의 유혹을 받았습니다. 물론 인간은 이러한 유혹에 대하여 이성으로 저항을 하지만, 악령에 사로잡히면 이러한 이성의 기능도 무력하게 되고, 상상력(공상의 힘)과 감각적 욕구 능력이 과도하게 작동하게 됩니다. 이렇게 해서 사람들은 환각을 보게 됩니다. 마치 프란시스코 데 고야Francisco José de Goya y Lucientes(1746-1828)

프란시스코 데 고야 〈이성의 잠은 괴물을 낳는다〉

의 그림 제목처럼 〈이성의 잠은 괴물을 낳는다〉는 것입니다.

중세에는 실제로 이러한 악령에 씌어 생긴 것으로 간주되는 광기가 존재했습니다. 이른바 '악마 홀림'이라는 것입니다. 이 시대 문헌에는 종종 '트랜스[트랜스 상태], 추잡한 태도, 찡그린 얼굴 표정, 연극 조의 외침이나 조악한 행위, 히스테리 환자에게 고유한 암시성과 연기성' 등의 증상을 나타내는 빙의 현상이 기록되어 있습니다(ファリー, 2010: 53). 증상학적 견지에서 볼 때 20세기 정신의학이라면 이러한 환자를 '히스테리'로 진단했겠죠. 그러나 근대 정신의학이 탄생하기 이전 시대였기 때문에 이러한 광기는 역시 종교적인

죄에 그 원인이 있다고 생각되었습니다. 예를 들어 다음과 같은 사례가 기록되어 있습니다.

> 악령은 다시 찾아와 사랑의 말로 그녀를 유혹했다. 이것이 나쁜 영靈이라는 것을 알고 있었으므로 그녀가 거절하자 악령은 '선량한 알레이디스여, 그렇게 말하지 말고, 내 말을 들어라. 성실하고, 정직하고, 고귀하고, 부유한 남편을 너에게 주겠다. 왜 너는 이러한 비참한 곳에 머물러, 배고픔에 시달리고, 밤새워 일하거나 다른 불편을 참고 있는가? 속세로 돌아가 신이 사람을 위해 만들어준 기쁨을 즐기는 것이 좋다. 만약 네가 나를 따른다면 너는 무엇 하나 부자유한 것이 없을 것이다'라고 대답했다. [⋯] [악령은] 한편으로 수도원 생활에 결부된 부자유나 성적 갈등을 강조하고, 다른 한편으로 사치와 쾌락을 약속한다. [⋯] 순결이 칭찬받던 시대에 악령은 모든 형식의 음란함을 정확히 구현하였다. 그러므로 악마는 종종 다양한 성적 환상과 일체였고, 그렇지 않으면 죄 속에서 체험되었을 법한 상황을 책임질 수도 있었다(ファリー, 2010: 55-56).

수녀의 순결을 더럽히려는 악령이라는 도식입니다. 다만 이것은 당시의 해석이 그랬다는 것이고, 정신분석적인 관점에서는 수녀가 가지고 있던 욕망이 악령이라는 타자에게 투영되어 있는 것 같기도 합니다. 실제로 프로이트가 말하는 빙의 현상(악마 신경증)에 대한 이해는 이 수녀의 사례에 거의 그대로 들어맞습니다.

과거에 빙의라고 불렸던 현상은 현재의 신경증에 해당한다. […] 정신분석에서 악마는 나쁜 욕망 혹은 기각된 욕망, 즉 각하되어 억압된 욕동이 꿈틀거리는 싹[＝후계자] 그 자체다. 중세에 이르러 사람들은 이 마음속 깊은 것을 악마라는 외적 세계의 존재에 투사하고 있었다(フロイト, 2007: 191).

프로이트는 인간이 품고 있는 욕망은 그 사람이 '그런 욕망을 가져서는 안 된다'라고 생각할 때 의식으로부터 추방된다고 생각했습니다. 이렇게 추방된 것을 '억압(Verdrängung)'이라고 부르고, 추방된 욕망이 도착한 곳을 '무의식(das Unbewusste)'이라고 부릅니다. 물론 억압이 확실히 작동하고 있는 동안은 좋지만, 그 기능이 어떤 이유로 약해졌을 때, 예를 들어 수면 중 등에는 억압된 욕망이 분명히 나타나게 됩니다. 그렇게 나타나는 것이 꿈의 황당무계한 표상이거나, 환각 망상적인 빙의 현상이라고 프로이트는 생각하는 것입니다. 〈이성의 잠은 괴물을 낳는다〉(1799)라는 고야의 그림 제목의 정신분석적 대응물이 여기에 있습니다.

'우울'의 가치 전도

자, 이제 본론으로 돌아갑시다. 브뤼헐이 묘사한 〈나태〉의 부정적인 이미지에서 뒤러의 〈멜랑콜리아 I〉에서 간파할 수 있는 창조의 이미지로의 이행 또는 역전이 도대체 어떻게 생겨났는지를 우리는 문제 삼고 있었습니다.

이러한 역전의 열쇠를 쥐고 있는 것이 15세기의 이탈리아 르네상스와 같은 시기에 나타난 신플라톤주의입니다. 신플라톤주의란 플로티누스Plotinus(205?-270?)에서 비롯된, 플라톤 철학을 복권시키려는 사상운동이며, 15세기 이탈리아에서 그 중심인물은 마르실리오 피치노(1433-1499)라는 철학자·신학자였습니다. 그는 『삼중三重의 생에 대하여』(1489)에서 플라톤의 『티마이오스』의 기술 등을 근거로 그때까지 악마와 관련하여 나태라고 생각되었던 '우울'에 매우 높은 가치를 부여합니다.

앞 장에서 언급한 것처럼 플라톤의 『티마이오스』는 인간을 머리, 가슴, 배로 나누었고, 머리가 이성을, 가슴이 정념을, 그리고 배가 (비인간적인) 동물적인 부분을 관장한다고 했습니다. 그리고 이러한 동물적인 배 중에서도 가장 최하층에 있는 간장을 가장 동물적이고 가치가 낮은 것으로 여겼습니다. 한편으로 플라톤은 분명히 짐승 같은 것이긴 하지만 실은 그 간장이야말로 높은 가치를 부여해야 할 '예측의 기관'이라는 양의적 규정도 하고 있었습니다.

나아가 플라톤은 간장에 대하여 논한 후에 간장에서 만들어진 담즙과 같은 체액이 '온몸을 방황하다가 외부로 나가는 배수구를 찾지 못하고 내부에 갇혀서'(プラトン, 1975c: 166 = 86E-87A) 다양한 병의 원인이 된다고 논하고 있습니다. 그리고 그다음에 다시 다이몬을 선한 삶과 연결시키는 논의가 이루어집니다(プラトン, 1975c: 174-175 = 90B-90D).

피치노는 이러한 플라톤의 붓놀림 속에서 '간장에서 만들어지는 흑담즙은 확실히 부정적인(나쁜) 것이지만 오히려 그 흑담즙이 최고도로 농축되어 머물 수 있다면, 그것은 신으로부터 다이몬을 받는 것과 같으며 오히려 긍정적인(선한) 것이 될 수 있다'는 역설적인 메시지를 읽어낸 것 같습니다. 실제로『삼중의 생에 대하여』에는 다음과 같은 구절이 있습니다.

> 영혼이 외면적인 것에서 내면적인 것으로 몸을 끄는 것. 바로 주변에서 중심으로 향하도록 […]. 그런데 주변에서 중심으로 자기 집중을 하는 것과 그 속에서 머무는 것은 거의 모든 것이 흑담즙과 흡사한 의료상의 특징이다. 그러므로 흑담즙은 한 가지 일에 집중하고 거기에 머물며 도처에서 관조[= 숙고하는 것]하는 인간의 심정을 자극한다. 그리고 세계의 중심과 비슷하기 때문에 모든 사물의 중심을 탐구하도록 강요하는 경향이 있으며, 모든 지고至高의 것을 파악하기 위해 자신을 넘어서도록 이끄는 그와 같은 흑담즙이 다름 아닌 최고의 행성 중의 하나인 사투르누스Saturnus와 상호작용하는 것이다(Ficino, 2002: 113-115).

피치노가 말하기를 흑담즙은 중심에 모이는 성질을 가지고 있으며 중심에 머무는 것 같습니다. 이러한 흑담즙이 나쁜 것으로 알려진 것은 '고인 물은 썩는다'는 말처럼 고이는 것은 나쁜 것이라고 보았기 때문입니다(실제로 담즙이 머물러 있으면 다양한 병이 생기는 것으로 알려져 있습니다). 그런데 피치노는 여기에 한 가지를 덧붙이고 있습니다. 흑담즙이 한곳에 집중하여 머무는 것이 인간이 곰곰이 사물을 생각하는 것과 같은 것이 아닐까, 그렇다면 그것은 부정적인 것이 아니라 오히려 긍정적인 것이라고 생각해야 하지 않을까라고 그는 주장하

프란시스코 데 고야
〈자식을 잡아먹는 사투르누스〉

는 것입니다.

　게다가 피치노는 이러한 흑담즙의 성질을 토성과도 연결시키고 있습니다. 토성은 당시 천문학에서 가장 멀리 있는 행성이라고 생각했습니다. 가장 멀리 있는 행성이라는 것은 필연적으로 공전주기가 가장 길고, 말하자면 가장 움직임이 느리고 둔중한 행성이라는 것을 의미합니다. 그러므로 토성과 그 수호신인 사투르누스는 흑담즙이 머물러 있는 멜랑콜리의 이미지와 연결되어 있었습니다(나태와 우울증에서는 시간의 흐름이 매우 느리다는 사실을 여기에서 되풀이해도 될 것입니다). 이러한 토성 = 사투르누스의 부정적인 이미지는 고야의 〈자식을 잡아먹는 사투르누스〉(1820-1823)를 보면 일목요연합니다. 그런데 피치노는 뜻밖에도 그 토성의 가치를 역전시켜서 최고의 행성 중의 하나라고까지 말하고 있습니다.

바르부르크학파에 속하는 프랑스 미술사가인 앙드레 샤스텔André Chastel(1912-1990)은 피치노가 행한 그러한 역전을 다음과 같이 정리합니다.

> 중심에서 가장 멀고, 그 회전이 가장 느린 이 행성[= 토성]은 당연히 지상의 생과는 적대적이다. 이 별은 통상의 생활에 호의를 갖지 않고 평형을 흐트러뜨려 가장 영락零落한 것들이 사는 최하층으로 전락할지 관조라는 지고의 단계로 비상할지 어느 한쪽을 강요한다. 그렇게 말하는 것은 이 별이야말로 바로 점성술의 별, 즉 지혜의 별이기 때문이다. […]
>
> 피치노는 이러한 신화적 대립이라는 도식을 많이 이용하였다. 불온한 정신으로 신경질적이고 마음에 근심을 품기 쉬운 세대를 대표하는 문필가였던 그는 백과전서가 '나태(acedia)'라고 부르는 고뇌의 감정, 정신적 인간의 병, 우울증, 페트라르카Francesco Petrarca가 큰 주제로 삼은 몽상과 까닭 모를 고뇌를 향한 경향 등에 대하여 새로운 의의를 부여하였다(シャステル, 2002: 387-388).

나태 = 토성 = 멜랑콜리는 확실히 시간의 정체停滯와 관련되어 있으며 그 점에서 '우둔'한, 즉 부정적인 것입니다만, 발상을 전환하면 '곰곰이 사물을 생각한다'라는 긍정적인 것이 될 수도 있습니다. 이러한 양의성은 아감벤이 나태에서 발견한 '신성한 선 앞에서 (신성한 선을 인식할 수 있기에) 뒷걸음질 치기'라는 생각과도 많이 닮았습니다. 피치노의 결론은 다음과 같습니다.

> 사람들은 사투르누스의 불길한 힘을 목성인 제우스에게 호소할 뿐 아니라, 바로 사투르누스 자체인 신격의 관조를 전심전력을 다해서 행함으로써 자비로운 것으로 바꿀 수 있다. 칼데아인, 이집트인, 플라톤주의자들은 이리하여 운명의 악의를 벗어날 수 있다고 믿고 있다(Ficino, 2002: 367).

부정적인 토성의 힘을 최고도로까지 강화시킴으로써 긍정적인 힘으로 바꾼다라고 말하는 것입니다. 알기 쉽도록 다소 비근한 예를 든다면 라면집에서 볼 수 있는 팔짱 낀 포즈가 이것과 많이 비슷할지도 모릅니다. 최근에 라면집에는 검은 티셔츠를 입고 머리에는 머리띠를 두른 가게 주인이 팔짱을 끼고 있는 이미지가 자주 내걸려 있지요. 팔짱을 끼는 것은 다른 사람을 거절하는 포즈이며 결국은 부정적인 포즈입니다. 하지만 반대로 생각하면 팔짱을 끼고 다른 사람을 거절하고 있는 것은 '내 길을 간다'라는 것이기도 하고, 결국은 다른 가게가 따라올 수 없는 오리지널한 라면을 만들고 있다라는 이미지이기도 합니다. 이러한 부정적인 표상(이미지)에서 긍정적인 그것으로의 역전을 바로 피치노가 이룬 것입니다.

〈멜랑콜리아 I〉

다음으로는 알프레히트 뒤러의 〈멜랑콜리아 I〉에 대해서 생각해 봅시다.

뒤러에 관해서는 앞 장에서 몇 번 언급한 미술사가 아비 바르부르크의 작업이 많은 참고가 됩니다. 바르부르크는 함부르크의 부유한 유대인 은행가의 아들로 풍부한 자금을 바탕으로 세계의 모든 미술 자료를 모아 미술사에서 매우 중대한 일을 해냈습니다. 덧붙여 말하면 그는 조현병을 앓은 인물이기도 하며 유명한 정신병리학자 루트비히 빈스방거Ludwig Binswanger(1881-1966)의 치료를 받았던 적도 있습니다(진료 기록부도 발굴되어 2007년에 출간되었습니다).

그런데 바르부르크를 따라서 뒤러의 〈멜랑콜리아 I〉을 독해할 때 키워드가 되는 것은 '다이몬적 고대의 부활'이라는 말이 아닐까 생각합니다. 고대에 성행했던 다이몬의 개념이 기독교 세계에서도 실제로 계속 살아 있었고 그것이 대대적으로 부활하는 것이 15-16세기 르네상스기나 종교개혁의 시대라고 말하는 것입니다.

이미 앞 장에서 논했듯이 중세 기독교 세계에서 다이몬은 악령으로 간주되고 있었으며 그 긍정적인 ─ 즉 창조와 연결되는 것 같은 ─ 측면은 사라져버립니다. 그러나 교회나 봉건제도로부터 해방된 '개인'이 발견됨에 따라 '다이몬적 고대', 즉 플라톤적 다이몬이 업그레이드된 형태로 부활하는 것입니다. 그 단서가 앞서 서술한 피치노이며, 또한 그 부활이 뒤러의 〈멜랑콜리아 I〉과 크게 관계있다고 바르부르크는 생각하고 있습니다. 먼저 그의 기술을 봅시다.

피치노의 수단은 한편으로는 내적인 정신의 집중이었고, 이를 통해 우울증자는 그 불모의 우울 상태를 인간적인 천재로 변화시킬 수 있었던 것이다(ヴァールブルク, 2004: 174).

따라서 뒤러에게서 토성의 정령은 행성에 비추어진 피조물의 자립적인 사고 활동에 의하여 무해한 것으로 변한다. 이 행성의 자식은 스스로의 생각에 깊이 잠김으로써 '가장 천한 성격'이 되려고 위협하는 다이몬적인 이 행성의 저주에서 벗어나려고 시도한다. 멜랑콜리가 손에 들고 있는 것은 천재를 나타내는 나침판이지 천한 삽이 아니다. 마술로 호출당한 목성은 토성에 대한 온화하고 유화적인 작용으로 인간을 돕는다. 목성의 반사경에 의한 인간의 구제는 이 동판화에서 말하자면 이미 성취되었다(ヴァールブルク, 2004: 180).

피치노가 말했듯이 나태 = 토성 = 멜랑콜리는 인간을 우울 상태에 빠지게 하지만 그것을 철저히 함으로써 긍정적인 측면을 이끌어낼 수 있습니다. 〈멜랑콜리아 I〉에서 볼 수 있는 '관자놀이에 손을 댄' 인물상은 '사색'을 의미하는 전통적인 포즈입니다만, 분명 그러한 깊은 사색은 나태 = 토성 = 멜랑콜리에 의하여 가능해지는 것입니다. 또한 바르부르크는 (이것은 피치노도 말한 것입니다만) 이러한 역전이 일어날 때는 반드시 목성의 도움이 필요하다고 말합니다. 목성은 〈멜랑콜리아 I〉에서도 우측 상단에 걸린 마법진魔法陣으로 표현되어 있습니다. 이렇게 멜랑콜리는 또다시 창조와 연결될 수 있게 된 것입니다.

다이몬에 홀린 마음

바르부르크는 같은 책에서 독일 종교개혁의 중심인물이었던 마르틴 루터Martin Luther(1483-1546)의 생일을 둘러싼 분쟁도 고찰하고 있습니다.

루터의 생일은 1483년 11월 10일인데, 이 날짜는 점성술에서는 '토성 아래서 태어났다'는 것을 의미하고 있어 루터는 나태의 별의 자식이라고 간주되었습니다. 실제로 그 일을 걱정한 주변 사람들이 루터의 생일을 1484년 10월 22일 — 이날은 목성이 수호신인 생일입니다 — 로 바꾸려 했다고 합니다. 그렇게 변경함으로써 루터라는 인물이 무엇인가 큰 개혁을 이뤄낼 사람임을 강조하려고 한 것입니다. 그런데 루터는 그러한 변경에 이의를 제기합니다.

> '[…] 당신[= 루터]의 [변경된] 탄생 시의 호로스코프horoscope[*천궁도]에서 볼 수 있는 성위星位는 당신이 대변혁을 이뤄낼 것임을 알리고 있다고 합니다.' 이에 대해 루터는 그런 것을 일축해 버렸다. '[…] 이러한 현재의 상황과 내가 해야 할 의무가 당신들이 말하는 불확실한 술수에 좌우될 것이라고 생각하는가? 아니네, 그것은 전혀 다른 것이네. 이러한 일을 할 수 있는 것은 신뿐이네. 이에 관하여 누구도 내 생각을 바꿀 수는 없을 것이네.'(ヴァールブルク, 2004: 134-135)

루터는 점성술 등은 믿지 않고 생일 변경에 반대한 것입니다. 하지만 루터는 다른 곳에서 점성술을 믿는 모습을 보이기도 하며, 자신의 '토성의 자식'으로서의 운명을 탄식하기도 합니다.

> '나 마르티누스 루터는 가장 불길한 별, 아마도 토성 아래서 태
> 어났을 것이다. 내가 사람들이 해주었으면 하는 일은 도무지
> 진척되지 않는다. 옷 가게, 구두점, 제본점 그리고 내 아내는 내
> 앞에 전혀 모습을 드러낼 기미를 보이지 않는다.'(ヴァールブル
> ク, 2004: 142)

여기서 루터는 '자신은 토성의 별에서 태어났기 때문에 무엇을
해도 안 된다'고 말하고 있습니다. 이와 같은 그의 생일에 대한 양
의적인 태도에 대하여 바르부르크는 다음과 같이 결론짓습니다. 즉
루터는 실제로 자신이 토성이라는 별에서 태어난 것에 대해 신경
을 많이 쓰고 있었기 때문에 그것을 신경 쓰지 않는다고 강하게 주
장함으로써 자신이 토성 태생인 것을 떨쳐버리지 않으면 안 되었던
것이다라고. 루터는 토성 태생인 것을 신경 쓰고 있었기 때문에 자
신이 태어난 생일을 마음대로 고쳐 목성 태생인 것으로 하려는 사
람들에게 저항하지 않을 수 없었던 것입니다. 여기서도 이번 장에
서 확인한 아감벤적인 역설의 논리가 작동한다고 생각합니다.
　이렇게 바르부르크는 다음과 같이 루터가 뒤러와 같은 위치에 있
는 인물이라는 결론에 이릅니다.

> 루터와 뒤러는 [⋯] 이미 근대인의 지적, 종교적인 내적 해방을
> 둘러싼 투쟁의 한가운데 있었다. 그렇다고 해도 그것은 이제 막
> 시작된 것이다. 왜냐하면 루터가 여전히 천지의 괴물을 (게다가

또한 고대의 라미아Lamia들도) 두려워했듯이 '멜랑콜리'도 자신이 아직 고대의 다이몬에 대한 두려움에서 완전히 해방되지 않았다는 것을 알고 있기 때문이다(ヴァールブルク, 2004: 180-181).

여기에는 곧 탄생할 근대적 주체의 맹아와 같은 것이 보입니다. 루터의 경우에는 점성술이라는 오컬트적인 것으로부터 어떻게든 벗어남으로써 새로운 근대인으로서의 자아를 깨우려는 격투가 있었습니다. 그리고 뒤러의 경우에는 토성의 힘 그 자체를 철저히 하고 사고를 심화시킴으로써 자신의 이성을 사용하여 사고하는 근대적 주체를 세우려고 합니다.

그러나 그 시대의 유명인인 루터와 뒤러는 역시 고대적인 점성술이나 다이몬으로부터 자신들이 아직 벗어나지 못했다는 것을 충분히 깨닫고 있었습니다. 그것은 루터가 토성의 별에서 태어난 것에 대해 걱정하고, 뒤러가 목성을 이용한다는 점에도 나타나 있다고 생각할 수 있겠지요.

다음 장에서는 근대적 주체를 '코기토'로 추출抽出하게 되는 데카르트의 사고를 다루지만 그 데카르트에게서도 루터와 뒤러에게서 보았던 것과 같은 '다이몬에 대한 두려움'이 그대로 보존되어 있습니다. 그러나 일단 데카르트가 근대적 주체를 '코기토'라는 형태로 성립시키면, 그 성립에 필요했던 다이몬이나 악령의 존재는 잊혀지고 순수한 근대적 주체가 등장하게 됩니다. 그런데 그때 잊혀졌던 다이몬이, 이른바 배제된 것이 회귀하는 것으로 나타나게 됩니다. 그러한 나타남이 광기 속의 광기로서의 조현병인 것입니다. 다음 장 이후에서는 그 흐름을 순서대로 따라가봅시다.

제5장

데카르트

광기에 홀린 철학

데카르트

근대적 주체는 광기 속에서 태어났다

앞 장에서는 기독교 세계에서 '악령'화된 다이몬이 어떻게 창조와 다시 결합될 수 있었는지를 살펴보았습니다. 중요한 역할을 한 것은 이탈리아 르네상스의 신플라톤주의의 부흥에 있어서 중심적인 역할을 한 피치노와 동판화 〈멜랑콜리아 I〉로 알려진 뒤러였습니다.

멜랑콜리(우울증)는 한편으로는 '나태'로서 '7대 죄악'의 하나와 관련되어 있고, 다른 한편으로는 지구에서 가장 멀리 떨어진 불길한 행성인 토성과 관련되어 있기 때문에 매우 낮은 가치밖에 부여되지 않았지만, 피치노와 뒤러는 그러한 부정적인 성질을 철저히 함으로써 긍정적인 성질 ― 즉 창조성 ― 을 얻을 수 있다고 생각했던 것입니다. 그리고 이러한 문맥 속에서 어떻게 근대적 주체가 등장하는가를 앞 장의 끝에서는 루터를 예로 들어 확인했습니다.

근대적 주체란 여기서는 우선 '자신의 이성을 사용하여 사고하고, 행동하는 것이 가능한 주체'라고 해둡시다. 당연히 예술을 창조할 때나 탁월한 철학적 담론을 만들어낼 때도 근대적 주체라면 신이나 다이몬의 힘이 아니라 자신의 이성을 사용할 것입니다. 그런데 지금부터 여러 장에 걸쳐서 설명해나가듯이 데카르트와 칸트 이후에 인류사에서 불완전하게나마 근대적 주체가 등장했음에도 불구하고 그 뒤에는 항상 다이몬 또는 광기의 그림자가 드리워져 있었으며, 오히려 그러한 다이몬 또는 광기의 작용으로 예술의 창조가 가능해졌다고 생각할 수 있습니다.

그래서 우선 이번 장에서는 데카르트의 철학을 검토하면서 근대적 주체에서 떼어낼 수 없는 다이몬의 홀림에 대해 살펴보고자 합니다. 그 속에서 '멜랑콜리와 창조'라는 패러다임이 근대적 주체의 등장과 함께 '조현병과 창조'라는 패러다임으로 변모해가는 모습이 떠오를 것입니다.

데카르트와 피치노

르네 데카르트René Descartes(1559-1650)는 유명한 저작 『방법서설』(1637)에서 학문적(과학적) 추론을 하려면 어떤 방법이 필요한지를 논했습니다. 실제로 그는 '명증', '분석', '종합', '열거'라는 네 가지 원칙에 따라 문제를 풀어가는 것이 중요하다고 말합니다(デカルト, 2010: 37-38).

'명증'이라는 것은 '나의 정신에 명석하고 판명하게 나타나는 것 외에는 나의 판단 속으로 받아들이지 않는 것'을 가리킵니다. 즉 '누군가가 그렇게 말하니까'라는 이유로 무언가를 옳다고 생각하지 않도록 하고, 그리고 자신의 정신 속에서 확실하게 '이것이 분명히 옳다'는 생각에 이르게 하는 것이 아니라면 옳다고 인정해서는 안 된다는 것입니다.

'분석'이란 '음미하는 문제들 […] 을 […] 문제를 보다 잘 푸는 데 필요한 만큼 작은 부분으로 나누는 것'을 가리킵니다. 즉 막연한 커다란 질문을 던지는 것이 아니라 문제를 작게 나누어서 작은 문제부터 풀어나가는 것입니다. 그리고 그런 작은 문제를 풀어 얻은 답을 이번에는 '종합'합니다. 다시 말해 '가장 단순하고 가장 인식하기 쉬운 것으로부터 시작하여 […] 가장 복잡한 것에 대한 인식에 이르'도록 하는 것입니다. 작은 연구를 쌓아올림으로써 전체로서 큰 연구가 가능하다는 것은 분명히 근대 이후의 학문(과학)의 원칙 그 자체라고 할 수 있습니다.

그리고 '열거'란 '완전한 열거와 전반적인 재검토를 모든 경우에 하는 것'을 가리킵니다. 앞의 세 가지 원칙에 의해 얻은 답만으로 만족하지 않고 모든 경우를 생각하고 재검토해야 한다는 것입니다.

데카르트가 제시한 이 네 가지 원칙은 현대인에게는 매우 평범한 것처럼 들립니다. 물론 실제로는 사실은 반대이며, 오히려 데카르트야말로 근대로부터 현대에 이르는 과학의 기본 원칙을 규정한 인물입니다. 우리가 그의 주장을 '당연하다'고 생각하는 것은 그의 주장이 후대에 미친 영향의 크기를 나타낸다고 생각하는 편이 좋을 것입니다.

그런데 이렇게 데카르트를 요약할 경우 그는 근대의 과학주의자로 합리적인 것 이외에는 인정하지 않은 인물이었던 것처럼 보입니다. 유명한 '코기토' — '나는 생각한다 고로 나는 존재한다(cogito, ergo sum)' — 도 근대적 주체를 확고하게 기초 짓는 것이었다고 생각할 수 있습니다. 또한 그가 산 시대는 현대와 연결되는 과학이 서서히 태어나는 시대이기도 했습니다. 예를 들어 갈릴레오 갈릴레이Galileo Galilei(1564-1642), 요하네스 케플러Johannes Kepler(1571-1630) 등은 데카르트의 동시대인이며 과학적 인식을 넓힌 인물들입니다. 그렇다면 데카르트는 악령이나 다이몬의 존재 등을 믿지 않을 것 같은 인물이라고 생각할 수 있겠지만 실제의 데카르트는 그런 인물이 전혀 아니었습니다.

데카르트는 확실히 근대적 주체, 즉 '이성(raison)'을 만든 사람입니다. 그러나 그가 말하는 '이성'은 우리가 지금 사용하는 것과 같은 근대 이후의 이성이 아니라 오히려 플라톤이나 아리스토텔레스가 논했던 '이성적 영혼(âme raisonnable/anima rationalis)'이며, 그는 이러한 이성적 영혼이 불멸이라는 것(즉 육체는 죽어도 영혼이 계속 남아 있다는 것)을 증명하려고 했습니다. 다나카 히토히코田中仁彦(1930-)는 이러한 데카르트의 절차를 이성적 영혼으로부터 출발하여 영혼의 불멸을 설명한 피치노의 그것과 겹쳐서 이해하고 있습니다(田中仁彦, 2014). 즉 데카르트는 ─ 피치노의 열렬한 독자였는가 아닌가와는 별개로 ─ 근대 과학주의자 등은 전혀 아니었고 고대에서 근대에 이르는 지적 유산에 커다란 흔적을 남긴 인물이었던 것입니다.

이것은 데카르트에게서 이성과 광기의 위치를 결정하는 데 있어 매우 중요한 의미를 가집니다. 앞 장에서 다룬 피치노나 뒤러의 경우 창조와 같은 어떤 긍정적인 일이 가능해지는 것은 나태나 멜랑콜리와 같은 광기(다이몬)의 영향을 피하는 것이 아니라 오히려 철저히 하는 것이었습니다. 만약 데카르트가 그들과 마찬가지로 '다이몬적 고대의 부활'의 계보에 속해 있었다면, 필연적으로 데카르트에게서 '이성'은 광기(다이몬)를 철저히 함으로써 비로소 가능해지는 것이 아닐까 추측할 수 있게 됩니다. 그리고 데카르트의 텍스트를 자세히 읽어보면 실제로 그렇다는 것을 알 수 있습니다. 데카르트의 코기토는 스스로가 광기에 홀려 있다(있을지도 모른다)는 의심 속에서부터 '이성'을 꺼내는 역설적인 절차를 취하고 있습니다. 그것은 나중에 구체적으로 논증하겠지만, 여기서는 일단 그의 철학이 일종의 '광기에 홀린 철학'일 가능성을 염두에 두기로 합시다.

세 가지 꿈

데카르트에게서의 이성과 광기의 관계를 물을 때는 그의 인생을 병적학적인 관점에서 검토해두는 것이 큰 도움이 됩니다. 여기서는 정신과 의사인 우쓰미 다케시의 데카르트론을 참조하면서 데카르트의 병적을 간단히 그려둡시다.

그런데 우쓰미에 따르면 데카르트는 '스키조이드Schizoïde(분열 기질, 조현병 기질)'로 진단되는 인물입니다. 스키조이드란 스키조프레니아Schizophrenia(조현병)에 '…오이드oïde(…와 같은)'라는 접미사를 붙여 '조현병과 공통적인 특징을 갖지만, 조현병 자체와는 조금 다르다'라는 의미입니다. 특히 '조현병과 같은 성격적 특징을 가지고 있지만 명확한 발병은 없다'는 경우가 스키조이드라고 종종 지목됩니다.

스키조이드는 명확한 발병은 없지만 자세히 관찰하면 알 수 있는 생활상의 특징이 있습니다. 그것은 [스키조이드인 사람들은] 세계와 잘 조화를 이룰 수 없다는 것입니다. 보통 사람들은 자연스럽게 세상과 조화를 이루며 살아갑니다. 다시 말하면 자신이 지금 여기에 살고 있다는 것은 매우 자연스러운 일이고 자명한 일이기도 합니다. 즉 자신이 여기에 살고 있다는 것을 거의 의심하지 않고 살 수 있는 것이 건강한 사람들의 본연의 상태입니다. 그런데 스키조이드인 사람들에게는 그러한 자연스러운 거처가 세계 어디에도 없습니다. 그러므로 그들은 자신이 있는 현재의 세계에서 언제나 외부로 나가려고 합니다. 공동체에 잘 어울리지 못하고 거기서 끊임없이 이탈하려는 경향이 있습니다.

데카르트의 생활사에서도 이와 같은 스키조이드의 특징을 읽을 수 있습니다. 데카르트는 유아기에 어머니를 잃었습니다. 아버지도 부재하는 경우가 많았고 그를 거절하기도 했습니다. 그에게는 자신이 어울릴 수 있는 가족이 없었던 것입니다. 두 형이 있었는데 그들은 데카르트를 아버지의 장례식에도 부르지 않았던 것 같습니다. 게다가 데카르트는 나중에 방랑 생활을 하게 되는데 이러한 특징도 스키조이드의 그것과 일치합니다. 그는 가족 속에서도, 방랑처에서도 자신에게 딱 맞는 안주할 장소를 찾을 수 없었던 것입니다. 우쓰미는 데카르트가 '평생 정해진 귀속 집단이 없는, '아버지의 나라'에서 단절된 자식'이었다고 정리합니다(內海健, 1984: 121).

　또한 1628년 이후 네델란드에 칩거할 때 데카르트는 극히 일부 친구와의 편지 왕래 이외에는 일체 교류를 끊고, 심지어는 자신의 거처를 알리지 않기 위해 몇 번이나 이사를 반복했던 것 같습니다. 여기에는 자신의 거처가 타인에게 알려지면 무엇인가 곤란한 일이 생긴다고 하는 박해 망상의 싹과 같은 것이 느껴집니다. 데카르트에게서는 뚜렷한 환각이나 망상이 보이지 않지만, 아무래도 극히 미약한 이상 체험이 있었던 것은 아닐까 추측되는 것입니다.

　그러면 데카르트의 인생을 『방법서설』의 기술로부터 확인해봅시다.

　　나는 어릴 때부터 문자에 의한 학문으로 길러졌다. 그러한 방식을 통해서 인생에 유용한 모든 것에 대하여 명석하고 확실한 인식을 획득할 수 있다고 들었기 때문에 나는 그것을 꼭 습득하고 싶다는 강한 욕망을 가지고 있었다. 그런데 […] 많은 의

심과 오류로 나는 괴로움을 겪었다 […].

[…] 철학은 긴 세월 동안 가장 뛰어난 사람들에 의하여 연구되어왔음에도 불구하고 아직도 거기서 논쟁거리가 되지 않는, 따라서 의심스럽지 않은 것은 아무것도 없다 […]. […] 한 가지 일에 대한 진실한 의견은 하나밖에 있을 수 없는데, 학자들에 의해 얼마나 많은 다른 의견이 주장될 수 있는지를 생각하며 나는 진짜처럼 보이는 것에 불과한 거의 모든 것을 허위라고 간주하였다 […](デカルト, 2010: 21-26).

데카르트는 어린 시절부터 자주 책을 읽고 공부한 것 같은데, 여러 저자가 별개의 것을 쓰는 것을 보고 모든 것이 의심스럽다고 생각한 것 같습니다. 이와 같은 것은 자신이 태어나고 자란 공동체에도 해당될 것입니다. 예를 들어 가정에서는 '부모의 말이 맞다'라고 말하지만, 학교에서는 '책에 쓰여 있는 것이 맞다'라고 말합니다. 그러면 다른 공동체에 가게 되면 거기에는 다른 진리가 있게 되어 결과적으로 그 어느 것도 근거가 없게 됩니다. 그런 궁극적인 근거 없이 데카르트는 만족할 수 없었습니다. 그래서 그는 자신이 있는 공동체에서 끊임없이 이탈할 수밖에 없었습니다. 계속 보겠습니다.

[…] 나는 교사들의 손에서 벗어날 수 있는 나이[= 22세, 1618년]가 되자마자 책을 통한 학문을 완전히 그만두고 말았다. 그리고 이제부터는 나 자신에게서, 혹은 세상이라는 커다란 책에서 발견될 학문만을 찾기로 결심하고 내 청년 시대의 나머지를 여행하면서 보냈다. […]

내가 다른 사람의 삶의 방식을 단지 고찰하고 있는 동안 나를 확신시켜줄 만한 것은 별로 찾지 못했고, 거기에는 이전에 철학자들의 의견 사이에서 보았던 것과 거의 같은 다양성이 있다는 것을 깨달은 것은 사실이다. 따라서 [⋯] 많은 것이 우리에게는 터무니없고 어처구니없다고 생각되어도 다른 많은 사람에게는 일반적으로 수용되고 용인되고 있으므로 내가 선례와 관습을 통해서만 납득한 것을 너무 굳게 믿어서는 안 된다 [⋯] (デカルト, 2010: 27-28).

데카르트는 방랑을 한 후에도 확실한 근거에 의해 지탱되는 것을 하나도 발견하지 못했습니다. 하지만 다음 해(1619년) 11월 10일 그는 독일의 난로가 있는 방에서의 사색 속에서 이번 장의 서두에 소개한 '명증', '분석', '종합', '열거'라는 네 원칙을 발견합니다. 그때의 일을 데카르트는 다음과 같이 쓰고 있습니다.

나는 그 당시에 독일에 있었다. 아직 끝나지 않은 그 땅의 전쟁이 나를 불러들였던 것이다. 그리고 황제의 대관식을 보고 군대로 돌아갈 때부터 겨울이 시작되어 나는 어느 겨울 야영지에 붙박여 움직이지 않게 되었다. 그곳에서는 나를 어지럽힐 만한 사람과의 교제도 전혀 없었고, 다행스럽게 걱정거리나 정념으로 괴로워하는 일이 하나도 없었기 때문에 나는 온종일 홀로 난로가 있는 방에 틀어박혀 마음껏 사색에 빠졌다(デカルト, 2010: 29).

그런데 이렇게 여러 과학을 기초 짓는 네 가지 원칙에 도달하자마자 데카르트는 그날 밤 세 가지 꿈을 꾸게 됩니다. 그 꿈들은 바로 악령이 등장하는 꿈입니다. 그것은 그가 근대적인 이성을 기초 지으려고 할 때, 그 이성이 악령에 의해 뒷받침되지 않으면 안 된다는 것을 알리는 것처럼 나타난 것입니다. 여기서는 그 세 가지 꿈을 아드리앙 바이예Adrien Baillet(1649-1706)의 『데카르트전』을 따라서 살펴보겠습니다(덧붙여 말하면 일본어 번역은 개략판의 번역으로 꿈에 대한 자세한 내용은 실려 있지 않습니다). 그 꿈이 보여주는 상황은 다음과 같습니다.

> 영감(enthousiasme)으로 가득 차 이날 놀라운 학문의 기초를 발견했다는 생각에 온통 마음을 빼앗겨 잠자리에 든 후, 그는 하룻밤 사이에 차례로 세 가지 꿈을 꾸었다. 모두 천상에서 온 것이라고밖에는 생각할 수 없는 꿈이었다(Baillet, 1691: 81).

데카르트는 이 꿈이 인스퍼레이션(영감)에 의해 도래한 것이라고 알고 있는 것 같습니다.

첫 번째 꿈은 대략 다음과 같습니다 ─ 데카르트는 잠든 후에 망령(fantôme)과 같은 것의 위협을 받는다. 그가 길을 걷고 있을 때 몸의 오른쪽에 약한 감각이 있어 몸을 왼쪽으로 기울이지 않을 수 없게 된다. 한 발짝 앞으로 나아가면 쓰러질 것 같으면서도 걷다 보면 거리에 학원이 보인다. 그래서 그는 기도를 드리기 위해 학원 안에 있는 교회로 가려고 한다. 그런데 아는 사람이 나타나서 인사를 해야 하거나, 또 다른 남자가 나타나 N 씨를 만나면 줄 것이 있다고 해서 좀처럼 교회에 도달할 수가 없다. 게다가 자신은 바람 속에서 비틀거리고 있는데, 다른 사람들은 모두 단단히 자세를 유지하며 서 있었다(Baillet, 1691: 81-82).

이 꿈은 마치 카프카의 작품과 같은 세계관을 가지고 있습니다. 데카르트는 아무리 노력해도 목적지에 전혀 도달할 수 없는 것입니다. 또한 그 외의 보통 사람들은 망령의 영향을 받지 않는 것 같은데, 그만은 망령 때문에 제대로 걸을 수 없게 됩니다. 이 꿈을 꾸고 데카르트는 곧 깨어나 옆구리에 통증을 느낍니다. 그리고 이 꿈은 악령(mauvais génie)이 그를 유혹하려 했기 때문에 생긴 것이 아닌가 하고 생각하기에 이릅니다.

데카르트는 이 첫 번째 꿈을 꾸고 일어난 후, 두 시간 정도 선과 악에 대해 생각한 것 같습니다. 즉 이 꿈에 나오는 '오른쪽'과 '왼쪽'이라는 짝이 선과 악에 관계되어 있다는 것에 생각이 미친 것입니다. 무슨 말인가 하면 라틴어 문화권에서는 '오른쪽(dexter)'은 선한 것과, '왼쪽(sinister)'은 사악한 것과 관련되어 있는데, 그러한 점을 고려할 때 '몸을 왼쪽으로 기울이지 않을 수 없게 된다'는 것은 악령이 데카르트를 사악한 쪽으로 잡아당기고 있는 것이라고 생각할 수 있는 것입니다.[1]

두 번째 꿈은 다시 잠든 데카르트가 꾼 것입니다. 그것은 꿈속에서 벼락 치는 무시무시한 소리가 들리고, 그 때문에 벌떡 일어나자

---

1 데카르트의 꿈에 대한 이러한 해석을 프로이트도 하고 있습니다 — '우리는 데카르트가 자유롭게 움직이는 것을 방해하는 족쇄가 무엇이었는지를 정확히 알고 있습니다. 꿈이 하나의 내적 갈등을 표상하고 있다는 것입니다. 왼쪽은 악과 죄의 표상이고, 바람은 '악령(아니무스)'의 표상입니다.'(フロイト, 2011: 172)

방 안에 불꽃이 많이 튀어 오르는 것이 보이는 꿈이었습니다. 데카르트는 이 불꽃은 꿈속의 일에 지나지 않는다는 것을 확인하고 다시 잠이 듭니다.

세 번째 꿈은 지금까지의 두 가지 꿈에 비하면 악몽은 아닙니다. 하지만 이 세 번째 꿈이야말로 데카르트의 사고의 비밀이 숨겨져 있다고 생각되므로 좀 더 자세히 읽어봅시다.

이 마지막 꿈에서 그[= 데카르트]는 누가 두었는지는 모르지만 책상 위에 책이 있는 것을 발견한다. 그 책을 펼쳐보자 사전이라는 것을 알 수 있었다. […] 그때 그의 손은 또 다른 책을 만진다. 그것은 새 책은 아니었지만 어디서 왔는지 알 수 없는 것이었다. 그것은 또 다른 저자의 시집으로 『시전서詩全書』라는 제목이 붙은 책이었다. 흥미를 가지고 그 책을 펴자 책 첫머리에 있는 '나는 어떠한 인생의 길을 가게 될 것인가(Quod vitae sectabor iter?)'라는 시구가 눈에 들어왔다. 동시에 그는 거기에 낯선 한 남자가 있다는 것을 알게 되었는데, 그 남자는 '있다 그리고 있지 않다(Est et non)'로 시작하는 시구를 대며, 그것을 매우 좋은 시구라고 칭찬했다. 데카르트는 그것이 아우소니우스Decimus Magnus Ausonius의 전원시의 하나이며 큰 시집에 실려 있다는 것을 알고 있다고 대답한다. 그리고 그는 자신이 시집의 순서와 구조를 완전히 알고 있다고 자랑하면서 그 시구를 남자에게 보여주기 위해 조금 전의 책의 페이지를 넘기기 시작한다. 그가 책을 뒤적이며 시구를 찾고 있을 때 남자는 그 책을 어디서 구했느냐고 그에게 묻지만, 데카르트는 왜 이 책을 가

지고 있는지 알 수 없고, 또 얼마 전에는 다른 책[=사전]을 만
졌는데 그것이 사라져버렸고 그 책도 누가 가져왔고 누가 가져
갔는지 알 수 없다고 대답한다. 그가 시집을 다 조사하기도 전
에 그 책[=사전]이 책상 한쪽 끝에 나타난다. 하지만 이 사전이
처음 보았을 때와 같은 완전한 모습이 아니라는 것을 그는 알
아차린다. 그 사이에 그는 아우소니우스의 시를 맞닥뜨리지만,
[…] '있다 그리고 있지 않다'로 시작하는 시는 찾을 수 없으므
로 이 남자에게 같은 아우소니우스의 시에 '나는 어떠한 인생
의 길을 가게 될 것인가'로 시작하는 더 아름다운 시가 있다고
말한다. 남자가 그것을 보고 싶다고 하여 데카르트는 다시 찾
기 시작해야 하는데, 그때 다양한 동판 초상화가 나타나고 […]
자신이 알고 있는 것과 같은 인상의 것이 아니라는 느낌이 든
다. 여기에 이르러 책도 사람도 그의 상상력에서 사라지지만
그래도 그를 깨어나게 하지는 않았다(Baillet, 1691: 82-83).

매우 불가사의한 꿈이지만 데카르트는 이 꿈이 첫 번째 꿈과 두
번째 꿈이라는 두 가지 악몽을 해결하는 꿈이라고 지극히 긍정적
인 해석을 합니다. 즉 '사전'은 '통합된 학문'을 의미하고, 『시전서』
라는 제목의 시집은 철학과 지식을 연결하는 확실한 방법을 나타내
고, '나는 어떠한 인생의 길을 가게 될 것인가'라는 말은 '현인의 충
고 또는 도덕 신학'을 드러낸다고 생각한 것입니다. 이렇게 세 번째
꿈은 데카르트에게 수학을 보편적 원리로 삼는 것의 계시로 간주되
었습니다(Baillet, 1691: 83-84).

그러나 이 세 번째 꿈에 대한 데카르트 자신의 해석에는 아무래

도 납득하기 어려운 부분이 있습니다. 왜냐하면 이 꿈은 아무리 보아도 첫 번째 꿈처럼 아무리 노력해도 목적지에 도달할 수 없다는 카프카적 구조를 가지고 있기 때문입니다. 즉 이 세 번째 꿈은 '어떤 책(사전)을 보았지만 다음 순간에는 다른 책(시집)으로 변하고, 그 책(시집)에서 무엇인가를 찾으려 하지만 찾을 수 없고, 또 최초의 책(사전)이 나타나지만 그 사전도 어딘지 처음과는 다른 것 같고, 결국 두 번째 책(시집) 속에서 찾는 시는 찾을 수 없다'는 꿈이며, 찾아야 할 근거가 무한히 미뤄지는 꿈과 다름이 없는 것입니다.

'코기토'의 근거는 무한히 미뤄진다

데카르트는 자신이 『방법서설』에서 발견한 방법은 학문(과학)을 근거 짓기 위한 것이고, 그것은 자신의 꿈에서도 명백하다고 생각하고 있었습니다. 그러나 그 꿈을 자세히 살펴보면 아무래도 그가 생각하는 근거가 실제로는 무한히 미뤄져버린다는 것이 분명해집니다.

실은 이와 같은 구조는 『성찰』(1641)에서 전개되는 유명한 '코기토'의 근거 짓기에서도 발견할 수 있습니다. 다시 말하면 데카르트의 '코기토'는 그가 생각하는 것만큼 확실한 근거가 될 수 없는 것입니다. 그의 논증을 — 그가 스스로는 알지 못한 것에도 주목하면서 — 순서대로 따라갑시다.

예를 들어 지금 내가 여기에 있는 것, 난로 옆에 앉아 있는 것

[…]. 실제로 나를 누군가 미친(insanis) 사람들과 비교하지 않는 한 이 손 자체 그리고 이 신체 전체가 내 것이라는 것을 어떠한 이유로 부정할 수 있겠는가? 이 사람들의 뇌는 흑담즙(bile labefactat)에서 나오는 악성의 증기에 의하여 심하게 교란되어 있기 때문에 자신이 몹시 가난하지만 왕이라든지, 알몸인데도 승려 복을 입고 있다든지, 머리가 점토로 되어 있다든지, 전신이 물병이라든지, 유리로 되어 있다든지 하고 고집스럽게 주장하는 것이다(デカルト, 2006: 36).

여기서 데카르트가 서술한 내용이 제3장과 제4장에서 소개한 멜랑콜리와 크게 관련되어 있다는 것을 알아차렸는지요? 데카르트는 사람은 흑담즙이 과잉되면 환각을 보거나 망상을 품는 일이 있고, 그러면 자신이 보고 있는 것이나 느끼고 있는 것이 올바른 인식이라는 것은 전혀 근거가 없다고 말합니다. 또한 전신이 물병이나 유리로 되어 있다는 것은 그 시대의 멜랑콜리에서 자주 관찰된 '유리 망상'이라고 불리는 증상을 가리킵니다.

이어서 데카르트는 이번에는 멜랑콜리가 아니라 악령을 끌어들여 똑같은 의심을 합니다.

[…] 어떤 나쁜 영靈(genium aliquem malignum)이, 더구나 최고의 힘과 교지狡知를 가진 영이 모든 노력을 다하여 나를 속이려 한다고 상정해보자. 하늘, 공기, 땅, 색깔, 모양, 소리, 그 외의 외계의 모든 것은 꿈의 속임수나 다름없고, 그로 인해 이 영은 믿기 쉬운 내 마음에 덫을 놓고 있다고 생각하자 […].

[…] 뭔가 최고로 유능하고 교활한 속임수가 있고, 나를 언제나 속이려고 궁리를 하고 있다. [그렇다면 모든 지식은 불확실하지만] 그래도 그가 나를 속인다면, 의심할 바 없이 나도 또한 존재하는 것이다. 가능한 한 나를 속이는 것이 좋다. 하지만 내가 무엇이라고 생각하고 있는 동안은 그는 나를 아무것도 아니게 할 수는 없을 것이다. 그러므로 모든 것을 충분히 숙고한 끝에 마지막으로 이렇게 결론짓지 않으면 안 된다. '나는 있다, 나는 존재한다(Ego sum, ego existo)'라는 명제는 내가 그것을 말할 때마다 혹은 정신으로 파악할 때마다 필연적으로 참이다라고(デカルト, 2006: 41-45).

앞 장에서 다룬 초기 기독교의 수도사를 악령이 속인 것처럼 자신도 악령(나쁜 영)에 의해 환각을 보고 있을지도 모릅니다. 그렇다면 자신이 가지고 있다고 생각하는 지식은 모두 잘못된 것이 됩니다. 모든 지식은 완전히 근거가 결여되어 있다는 것입니다. 하지만 악령에 속고 있다는 것은 속이는 대상인 '내'가 존재하는 것만은 적어도 확실함을 의미한다고 데카르트는 말합니다. 이것이 그의 코기토라는 것은 말할 필요도 없습니다. 이렇게 그는 코기토를 모든 사물의 근거로 삼아 연역적으로 추론을 해나가면서 모든 학문의 인식을 체계화하는 것을 목표로 한 것입니다.

앞 장에서 피치노와 뒤러의 역설을 살펴본 우리는 여기서 데카르트가 사용하는 논리에도 같은 역설이 작용하고 있다는 것을 알 수 있습니다. 피치노와 뒤러가 토성이나 멜랑콜리의 부정적인 성질을 철저히 함으로써 긍정적인 성질을 얻을 수 있었던 것과 마찬가지로 데카르트는 자신이 멜랑콜리나 악령에 홀린 것인지도 모른다는 부정적인 사태를 확실히 인정하는 것으로부터 긍정적인 것으로서의 코기토를 세우고 있기 때문입니다.

그렇다면 이 코기토는 역시 앞 장에서 루터에게서 확인했던 것과 같은 극히 불안정한 요소를 포함하고 있는 셈입니다. 왜냐하면 데카르트가 말하는 "나는 있다, 나는 존재한다'라는 명제는 내가 그것을 말할 때마다 혹은 정신으로 파악할 때마다 필연적으로 참이다'라는 구절은 언뜻 보면 근대적 주체의 강력한 설립 선언처럼 들리기도 하지만, 그것을 거꾸로 읽는다면 거기에는 불길한 진실이 공개되어 있기 때문입니다. 즉 코기토는 내가 그것을 말할 때에만 진실일 수 있고, 나는 끊임없이 악령에 속을 수 있는 가능성을 가지고 있는 것입니다.

바꿔 말해봅시다. 데카르트의 코기토는 악령에 속고 있기 때문에 성립하는 것입니다. 그렇다면 코기토는 악령에 붙이는 '부적' 같은 것이라고 생각하는 편이 좋을 것입니다.[2] 주의하세요 — 부적을 붙였다고 해서 악령을 물리칠 수 있는 것은 아닙니다. 오히려 코기토란 악령에 붙인 부적 그 자체와 다름없는 것이고, 코기토는 악령을 물리치는 것을 원리적으로 할 수 없는 것입니다. 그리고 그러한 부적으로서의 코기토는 '나는 있다, 나는 존재한다'라는 제목을 외웠을 때만 성립하고, 그렇지 않을 때에는 악령은 계속 자신에게 홀린 채로 있습니다. 그렇다면 이러한 부적으로서의 코기토는 사실 나에게 어떤

---

2 우쓰미는 데카르트에게 있어서 코기토는 '악마를 쫓는 문구'였다고 말하고 있습니다(内海健, 1984: 140).

한 근거도 담보해주는 것이 아닙니다. 앞서 살펴본 세 번째 꿈처럼 근거는 어디까지나 미뤄져버리는 것입니다. 이를 우쓰미는 다음과 같이 요약합니다.

> 여기[『성찰』의 '나쁜 영'을 둘러싼 고찰 부분]서는 마치 사고思考가 악령을 극복하는 계기로 그려져 있는 것처럼 보인다. 하지만 [코기토에 의하여] 내가 성립하는 것은 내가 사고하고 있는 사이 이며, 사고의 단절을 극복할 수는 없다. 그뿐만이 아니라 예지 적인 것을 절단하는 악령의 부정성 아래서는 사고 자체가 성립 하지 않는다. […]
> 이렇게 방법적 회의의 과장적誇張的 극점에서 주체는 극복 불가 능한 부정성과 마주치게 된다. 만약 주체를 세계를 기초 짓는 것으로 생각한다면 이는 치명적이다. 하지만 코기토는 '확신의 주체'이지 '기초 짓는 주체'는 아니다. 그러므로 오히려 악령이 라는 터무니없는 것의 도래야말로 자기 확신의 원천이 된다(內 海健, 2003: 186-187).

코기토는 '자신이 악령에 속고 있을지 모른다'고 사고를 하는 그 순간에만 옳은 것은 아닙니다. 그것은 악령에 홀려 있는 인간이 악 령에 홀려 있다는 것 자체에서 끌어낼 수 있는 순간적인 확신에 지 나지 않습니다. 그렇다면 그러한 것은 세계를 기초 짓는 것으로서 는 도저히 도움이 되지 않습니다.

그렇지만 후세에 데카르트의 코기토는 근대적 주체를 기초 짓고, 세계의 인식을 안정시키는 원리로서 읽혀왔습니다. 그러한 사상은

'데카르트주의'라고 불리게 됩니다. 데카르트주의에서 이제 코기토는 악령과의 격투 끝에 획득되는 것이 아니라 주어진 것으로서 근대적 주체의 근거에 자리잡게 됩니다. 그리하여 서양 사상 속에서 악령(다이몬)이 배제되게 됩니다.

그러나 배제된 악령＝다이몬은 배제된 채로 있는 것은 아닙니다. 배제된 것은 반드시 회귀합니다. 우쓰미는 데카르트주의에서 악령의 배제는 인간의 내면을 침범하는 것으로서 — 즉 '내'가 마음속에서 생각하는 것이 '다른 사람'에게 그대로 흘러 나가, '나'의 생각이 '다른 사람'에게 읽히거나 '다른 사람'이 생각하는 것이 '나'에게 이식되어버리는 병인 조현병으로서 — 회귀해 오는 것으로 귀결했을 것이라고 쓰고 있습니다(內海健, 2003: 188). 조현병이 근대적 주체가 등장한 후에만 나타나는 것은 그 때문입니다.

이와 같은 우쓰미의 데카르트에 관한 통찰은 아감벤의 '몸짓'에 관한 통찰과도 조응하고 있습니다. 아감벤에 따르면 근대 이전에는 몸짓이 매우 중요한 것으로 취급되었고 병도 몸짓으로 나타났습니다. 예를 들어 아리스토텔레스가 경련을 주된 특징으로 하는 '뇌전증'을 창조와 연결시킨 것이나 뒤러의 〈멜랑콜리아 I〉에서의 사색의 포즈는 병이 몸짓에서 나타났다는 것을 보여주는 좋은 예입니다. 반대로 '근대인은 자신의 몸짓을 잃어버린 인간'이며, 더 말하자면 근대인이란 '내면의 희생자'와 다름없다는 것입니다(アガンベン, 2009: 302)

데카르트는 광기를 추방했는가?

이미 눈치챈 분도 있다고 생각합니다만, 지금까지 우쓰미 다케시의 논의를 참고하여 진행한 데카르트에게서의 이성과 광기의 위치에 대한 검토는 푸코와 데리다 사이의 논쟁을 그대로 따라 하는 것이기도 합니다.

푸코는 『광기의 역사』에서 광인이 어떻게 하여 시설(나중의 정신병원)에 격리되었는지를 논했습니다. 그에 따르면 예전에 광인은 사회에서 아주 평범하게 존재하고 '정상'이라고 불리는 사람들과 접촉하고 있었는데, 어느 시기에 '대대적인 감금'이 일어나 광인을 격리하게 되었다고 합니다. 푸코는 이 '대대적인 감금'을 규정한 사고를 앞서 본 데카르트의 『성찰』의 한 구절과 관련시키고 있습니다. 즉 푸코는 『성찰』을 광기를 가두고 이성으로서의 코기토를 순수한 것으로 확보하려는 책이었다고 생각하는 것입니다. 실제로 푸코의 문장을 읽어봅시다.

> 문예부흥으로 목소리가 해방되었지만, 곧 이미 폭력성이 억제되어버린 '광기', 고전주의 시대는 그것을 권력적 강제로 다스렸다.
>
> [⋯] 데카르트는 저 [코기토의] 확신[*회의] ─ 광기는 더 이상 자신과 관계를 갖지 않는다 ─ 을 이제 손에 넣고 그것을 확실히 유지하고 있다. [⋯] 이렇게 광기의 위험은 '이성'의 작용 그 자체로부터 사라져버린 것이다. [⋯] 데카르트의 회의는 [⋯] 광기를 추방하는 것이다.

[…] 인간은 여전히 광기에 빠지는 일이 있다 할지라도 진실한 것을 지각하려는 주체의 절대권 행사로서의 사고가 미친 것일 수는 없다(フーコー, 1975b: 65-67).

푸코는 데카르트가 더 이상 광기와 전혀 관계가 없는 코기토, 즉 순수한 이성을 손에 넣었다고 해석합니다. 지금까지 우리가 보아온 것과 같은 논점을 푸코는 완전히 무시하고 있는 것입니다.

다른 한편 푸코가 우리와 같은 해석을 하는 곳도 있습니다. 그는 17세기에 일어난 '대대적인 감금'이라는 광인에 대한 감시의 결과, 광기는 배제되고 그 배제된 광기는 — 우리는 그것이 조현병으로 회귀할 것이라고 논했는데 — 19세기 이후의 문학 세계 속으로 회귀한다고 말합니다(フーコー, 淸水徹, 渡辺守章, 2006). 그러한 문학으로서 푸코가 지목하는 것은 횔덜린이나 아르토와 같은 인물이며, 이들은 모두 조현병으로 의심받고 있는 인물입니다. 이러한 광기의 인물이 쓴 문학 속에서 광기의 세계가 나타난다는 것은 매우 중요한 지적입니다.

그러나 푸코의 데카르트 해석은 데카르트가 광기를 감금하고 이성을 순수한 것으로 끄집어냈다고 본 점에서 매우 단순하다고 하지 않을 수 없습니다. 이미 언급했듯이 코기토는 광기(악령)를 분리함으로써 성립하는 것이 아니라 오히려 광기(악령)와 관계를 계속 가짐으로써 비로소 성립하는 것입니다. 그러한 논점에서 푸코를 비판한 것이 데리다의 「코기토와 광기의 역사」(1963)라는 논문입니다. 데리다의 비판을 들어봅시다.

이제 데카르트는 광기를 근본적인 회의의 국면으로부터 쫓아내지 않을 뿐만 아니라, 광기의 위협을 초래할 가능성을 지성적인 것의 중핵에 자리매김하고, 어떠한 특정 인식에서도 권리적으로 광기의 가능성을 벗어나는 것을 금지하고 있는 것이다. 데카르트는 단지 최초의 단계의 첫 번째 국면에서, 즉 자연적 회의의 비과장적인 계기에서 광기를 배제하는 척하고 있을 뿐이다. […]

데카르트적 '코기토'의 과장적 대담함, 그 미친 대담함을 우리는 아마 더 이상 대담함으로서는 그다지 분명히 이해하지 못할 것이다. 왜냐하면 데카르트의 동시대인과는 다르게 우리는 아주 안심하고 있으며, '코기토'의 첨단적인 경험보다는 그 도식에 너무 익숙하기 때문이다. […]

[…] 이런 기획은 인간적인 사실성이라는 의미에서 인간적인 것은 아니고, 분명 형이상학적이고 신령적[= 다이몬적]이다. 그것은 먼저 신령[= 다이몬]과의, 무의미한 '나쁜 영'과의 전쟁 중에 자신을 인정하고, '나쁜 영'에게 어떻게든 맞설 수 있는 자가 되어 자신에게서 자연적인 인간을 축소시키며 '나쁜 영'에 저항하는 것이다. 이런 의미에서 그 고유한 창조적인 운동에서 '코기토'만큼 안정되지 않은 것은 아무것도 없다(デリダ, 2013b: 107-109).

데카르트는 코기토를 세우기 위해 악령에 대한 고찰을 했지만 그것은 단순한 사고실험이 아니며, 오히려 그 사고실험으로 수립된 코기토 자체도 그 영향을 받을 수밖에 없다고 데리다는 주장합니다. 데카르트에게서 코기토는 악령(다이몬)이라는 부정적인 것 속에서 처음으로 나타나는 것이며, 악령이라는 것을 생각할 때마다 악령에 그때그때 부적을 계속 붙임으로써 겨우 유지되는 것입니다. 그런 의미에서 일반적으로 생각하는 것과 반대로 코기토는 지극히 불안정한 것이라고 할 수 있는 것입니다.

마지막으로 라캉의 데카르트론도 언급해둡시다. 그가 푸코와 데리다 사이의 논쟁에 주목했는지는 확실하지 않습니다. 그러나 데카르트에 관한 그의 주요한 두 가지 언급은 바로 푸코와 데리다 각각의 데카르트론의 입장에 가깝다고 말할 수 있습니다.

라캉은 1949년 발표한 '거울 단계(stade du miroir)'에 대한 유명한 논문에서 이 거울 단계의 발견은 '코기토로부터 직접적으로 유래하는 모든 철학에 반대하는' 것을 가능하게 한다는 강력한 선언을 하고 있습니다(Lacan, 1966: 93). 무슨 말인가 하면 데카르트의 코기토가 의식의 주체(자신이 무엇을 생각하고, 무엇을 하는지를 의식하고 있는 주체)의 모델이라면, 무의식의 주체(자신이 알지 못하는 사이에 어떤 실책 행위를 해버리거나 증상을 만들어버리거나 하는 주체)를 중시하는 정신분석은 [데카르트의 코기토와는] 말하자면 물과 기름과 같은 관계에 있다고 생각할 수 있습니다.

그렇지만 지금까지 데카르트를 논해온 우리에게 있어서 분명히 이러한 데카르트의 해석은 불충분한 것이라고 말하지 않을 수 없습니다. 왜냐하면 코기토란 악령(다이몬)이라는 의식의 주체를 속이는 것에 의해서 비로소 가능해지는 것이었기 때문입니다. 아마 이러한 생각으로 라캉은 1964년도 강의록인『정신분석의 4대 기본 개념』에서 데카르트를 다시 다루면서 다음과 같이 말합니다.

어쨌든 내가 강조하려는 것은 데카르트와 프로이트라는 두 행보가 접근하고 겹치는 지점이 있다는 것입니다.
데카르트는 '나, 의심함으로써 생각하는 것을 확신한다'라고 말하고 있는 것입니다(ラカン, 2000: 45).

완전히 똑같은 방식으로 프로이트는 그가 의심을 품은 그때 ― 왜냐하면 결국 그것은 그 자신의 꿈이고 최초로 의심하는 것은 그이기 때문에 ― 어떤 무의식적인 사고가 거기에 있다는 것을 확신합니다. 그렇다고 하는 것은, 즉 무의식의 사고는 부재로 나타난다는 것입니다. […] 요컨대 프로이트는 이러한 [무의식의] 사고가 '나는 존재한다' 없이 단지 그것만으로 거기에 있다고 확신하는 것입니다. […] 말하자면 그 대신에 누군가가 생각하는 것입니다(ラカン, 2000: 46).

여기서 라캉은 분명히 데카르트에 대한 평가를 바꾸고 있으며, 코기토에 불가결한 의심 ― 자신이 악령에 홀린 것은 아닐까, 광기에 휩싸여 있는 것은 아닐까 하는 의심 ― 이야말로 무의식의 주체를 입증한다고 생각하게 됩니다. 무엇보다 데카르트에게서 광기나 악령을 통한 의심은 의식의 주체와 관련되어 있었지만, 라캉은 그것을 무의식의 주체와 관련짓습니다. 실제로 사람들이 정신분석가에게 가는 것은 자신의 인생에서 '무엇인가'가 잘되지 않고, 자신과 관련이 없는 '무엇인가'가 자신의 인생에 큰 영향을 미치고 있다는 의심을 품고, 그 대답을 분석가에게 요구하기 때문이 아닐까요? 거기에서야말로 무의식의 주체가 순간적으로 발견되는 것입니다.

이와 같은 논의를 개관함으로써 데카르트의 코기토에서 시작한 근대적 주체는 두 가지 방향에서 광기와 관련된 운명을 볼 수 있지 않을까요? 하나는 가까스로 만들어낸 자신의 코기토가 어떤 영향으로 인하여 무너지고 자신의 내면이 다른 사람의 내면과 직접적으로 연결되어버리는 것 ― 즉 조현병에서 말하는 자아장애입니다. 다른 하나는 자신의 내면 속에 다른 사람이 둥지를 틀고, 자신은 알 수 없는 마음의 움직임을 만들어내는 것 ― 즉 무의식입니다. 데카르트 이후 근대적 주체는 이 두 가지 광기를 마음속에 품게 되었습니다. 그리고 이것이야말로 현대에도 그 힘이 느껴지는 근대적 주체의 구조인 것입니다.

다음 장에서는 그러한 광기를 내포한 것으로서의 근대적 주체의 모습을 칸트의 철학 속에서 읽어보려고 합니다.

제6장

칸트

광기를 격리하는 철학

칸트

드디어 근대적 주체가 문제 되다

앞 장에서는 데카르트에 대해 생각해봤습니다. 푸코에 따르면 데카르트의 철학은 이성과 비이성을 분명히 구분하며, 이성에 의해 근대에서 현대까지 계속되는 합리적이고 과학적인 정신을 기초 지었다고 합니다. 그러나 우쓰미 다케시나 데리다의 독해를 참조하면서 확인했듯이 실제로 데카르트의 철학은 광기(악령)에 홀린 철학이라고 생각할 수 있습니다.

데카르트의 코기토는 '나는 존재한다(ergo sum)'라는 확신을 얻기 위해서 광기(멜랑콜리)에 의하여 환각을 보는 '나'나, 악령에 속고 있는 '나'를 전제해야 했습니다. 그의 코기토는 '주체로서 내가 존재한다'라고 주장하고 있는 것이 아니라 '광기나 악령에 홀린 내가 존재한다'라고 주장하고 있는 것입니다. 앞 장에서는 그것을 '코기토는 광기(악령)에 붙인 부적이다'라고 표현했습니다. 부적으로 광기(악령)를 쫓아버린 결과로서 확고한 코기토가 남는 것은 아닙니다. 그런 것이 아니라 광기(악령)에 붙인 부적 자체가 코기토인 것입니다. 반대로 말하면 광기(악령)가 없으면 코기토는 있을 수 없는 것입니다. 이처럼 코기토는 광기(악령)를 계속 끌어안고 있는 한에서만 존재할 수 있는 것이며, 근대 이후의 합리적이고 과학적인 정신을 기초 짓는 일 등은 도저히 할 수 없는 것입니다. 데카르트는 그것을 충분히 알아차리지 못했지만, 그의 꿈은 그것을 분명히 알리고 있습니다(그의 세 가지 꿈, 특히 마지막 꿈의 해석에서 본 대로입니다).

그러면 이번 장에서는 임마누엘 칸트Immanuel Kant(1724-1804)에 대해 생각해보겠습니다. 결론을 먼저 내린다면 칸트의 철학은 데카르트의 코기토에 아직도 홀려 있던 광기를 '나'의 외부로 격리하여 근대적 주체를 순수한 것으로 정립하려는 것이라고 생각됩니다. 물론 이러한 광기의 격리는 말하자면 그 '응보'로서 '나' 그 자체를 무너뜨리는 광기의 회귀를 일으키게 됩니다. 제1장에서 소개한 것처럼 조현병이라는 '나'의 성립 그 자체를 침범하는 병이 근대에 이르러서야 등장했다는 설도 있지만, 좀 더 정확히 말하면 조현병은 근대적 주체와 함께 등장했다고 추측할 수 있습니다.

서양 사상사에서 그 사이에 일어난 일을 되돌아봅시다. 이러한 일련의 변화는 광기의 위치 변화로 정리할 수 있습니다. 플라톤 시대에는 수직적인 높은 곳에 존재하는 신이나 다이몬이 사람들(시인)에게 말을 불어넣습니다. 그때 시인은 소름 끼치는 몸짓에서 광기를 체험하게 됩니다. 이어서 기독교 시대에는 다이몬이 악마로 간주되고 공중에 존재하며 사람들(수도사)을 속이게 됩니다. 그때 수도사는 '나태'라는 도덕상의 광기에 빠집니다. 마지막으로 데카르트 — 더 정확하게는 칸트 — 이후 광기는 근대적 주체의 외부로 격리되지만, 격리된 광기는 인간의 내면으로 회귀하여 내면을 침범하게 됩니다. 매우 대략적인 스케치이지만 이와 같은 광기의 공간적인 정위定位의 변화가 광기의 방향도 결정짓고 있다고 생각할 수 있습니다.

신으로부터 단절된 자식

그런데 칸트의 철학을 다룰 때에는 앞 장에서 데카르트를 다룬 것과 마찬가지로 그 자신이 어떤 사람이었는지를 병적학적인 관점에서 생각해보는 것이 도움이 됩니다. 앞 장과 마찬가지로 이번 장에서도 우쓰미 다케시의 칸트에 대한 논문을 참조합시다(內海健, 2004; 2007)

칸트는 다소 허약 체질이었던 것 같습니다만 중대한 정신장애의 존재를 엿볼 수 있는 파란은 거의 없었습니다. 예외는 그가 스스로를 '히포콘드리아시스hypochondriasis(건강염려증)'라고 평한 적이 있으며 나중에 수년간에 걸쳐서 기분 침체 상태가 있었던 것 정도입니다.

잘 알려진 이야기지만 칸트는 그의 생애의 거의 전부를 동프로이센의 수도 쾨니히스베르크에서 보내며 매우 규칙적인 생활을 했다고 합니다. 그가 매일 같은 시간에 같은 장소를 산책하기 때문에 마을 사람들이 칸트를 시계 대신으로 사용했다는 일화가 남아 있을 정도입니다. 그러한 특징을 일부러 강조하여 칸트가 아스페르거증후군[아스퍼거증후군](자폐증 스펙트럼)이었을지도 모른다고 하는 논자도 있지만, 그러한 논의에는 그의 문헌을 제대로 읽은 흔적조차 없으므로 검토할 가치가 없습니다. 원래 칸트는 매우 사교적인 인물로 쾨니히스베르크의 주요 가정으로부터 여러 차례 식사와 사교의 장에 초대를 받아 유력한 상인들 및 군인들과도 교류를 하고 있었습니다. 나중에 거론할 『인간학』이라는 저작이 살롱에서의 교류 속에서 논해달라고 부탁받은 문제를 검토한 책이었다라는 일화도 이를 보강해줄 것입니다.

놀랍게도 칸트는 처음부터 철학을 연구한 것이 아니라 당초에는 오늘날에 말하는 물리학을 공부했습니다. 학생 시절에는 아이작 뉴턴Isaac Newton(1642-1727)에게 크게 감화되어 뉴턴과의 만남을 '최대의 감격, 최대의 수확'이라고 적었을 정도입니다. 1746년 「활력의 진정한 측정에 대한 고찰」이라는 논문으로 쾨니히스베르크대학을 졸업하고 자연철학자로 일을 하게 됩니다. 자연철학자로서 칸트의 대표작은 1755년의 「천계天界의 일반 자연사와 이론」이라는 논문으로, 뒤에 칸트-라플라스 성운설이라 불리며 평가받게 되는 논의를 포함하고 있습니다.

자연철학자로서의 칸트는 형이상학적 세계관과 기계론적 자연론을 조정하는 데 흥미가 있었던 것 같습니다. 근대 이전에는 세계는 신에 의해 창조되고 세계에서 일어나는 일에는 신의 의지가 작용한다는 형이상학적인 세계관이 주류였습니다. 그러한 세계관은 세계에서 일어나는 일은 그 고유한 법칙을 갖는다는 뉴턴 물리학과는 대립됩니다. 하지만 이 두 가지를 양립하는 방법이 있습니다. 신이 세계를 창조했다면 신은 그때 세계에서 일어나는 일에 대한 법칙을 썼을 것이라고 생각하는 것입니다. 그러면 물리학(혹은 과학 일반)은 신이 쓴 법칙을 연구하는 것이라고 생각할 수 있게 됩니다. 그렇게 되면 형이상학적 세계관과 기계론적 자연론 사이에 모순이 없어집니다. 칸트는 '신 없는 기계론'으로서의 과학을 라이프니츠의 목적론적인 형이상학과 연결시켜 기계론을 철저히 하는 것이 우주의 목적론적인 질서로 통한다고 생각합니다. 즉 기계론은 신이 쓴 법칙 그 자체이기 때문에 기계론을 철저하게 하는 것이 신의 의지와 우주의 목적론적인 질서로 통한다는 것입니다. 이렇게 종교적 신앙과 과학의 세계를 양립시키는 것을 목표로 한 것이 칸트의 초기 작업이었습니다.

그런데 칸트의 의도와는 별개로 과학이 종교적 신앙에 근거하여 법칙을 해명하자마자 '그 법칙을 쓴 것은 신이다'라는 전제가 필요 없게 되어버립니다. 사다리를 오르기 위해서 신이라는 개념이 필요했다 하더라도 올라가버리면 그 사다리는 이제 치워도 되는 것입니다. 실제로 이후 칸트 철학의 어떤 측면은 신 없는 철학의 가능성을 생각해보는 것 같습니다. 그 실례는 칸트가 『순수이성비판』(1781)을 비롯하여 여러 곳에서 논하고 있는 감성, 지성, 이성이라는 세 쌍에서도 볼 수 있습니다. 여기서는 사카베 메구미坂部惠(1936-2009)의 논의를 참조합시다(坂部惠, 2012).

칸트 이전, 예를 들어 토마스 아퀴나스에게서 인식능력은 (저차원적인 것에서 고차원적인 것으로 나열하면) 감각(sensus)-이성(ratio)-지성(intellectus)이라는 서열을 형성했습니다. 여기서 말하는 지성이란 신의 지성(intellectus)으로 우주의 근원적인 진리를 파악하는 직관입니다. 그것이 가장 높은 위치에 있었고 인간의 이성과 감성이 그것에 뒤따르는 것으로서 자리매김하고 있었던 것입니다. 이러한 사고방식하에서는 지성이 인간에게 나타난다 하더라도 그것은 신의 힘을 빌려서 인간에게 나타난다고 생각할 수 있습니다. 하지만 칸트는 지성과 이성의 서열을 역전시켜 감성(Sinnlichkeit)-지성(Verstand)-이성(Vernunft)이라는 순서로 성렬합니다. 그때 그는 지성(Verstand)을 인간의 그것으로 축소하고, 신의 지성(intellectus)을 도외시한 셈입니다.

이러한 틀에서는 당연히 감성, 지성, 이성이 모두 인간의 그것이 됩니다. 칸트의 『순수이성비판』이 검토하는 이성이란 이러한 인간관에서의 인간의 이성과 다름이 없습니다. 신과 관계없이 인간이 가지고 있는 인식능력, 게다가 가장 서열이 높고 가장 높은 능력을 가진 인식능력을 칸트는 이성이라고 불렀습니다. 이러한 논의는 역시 신의 지성에서 가능했던 인식을 불가능하게 만들 것입니다. 그는 인간에게 아버지 같았던 신의 목을 베어버린 것입니다. 그것은 우리의 관심에서 말한다면 신이나 다이몬으로부터 말을 듣는 것이 금지되었다는 것과 다름이 없습니다.『순수이성비판』은 분명 인간의 이성에서 어떠한 인식이 불가능하게 되는지를 논하는 저작입니다. 그렇다면 "아버지의 나라'로부터 단절된 자식'인 데카르트에 빗대어 칸트는 "아버지인 신'으로부터 단절된 아이'라고 생각해도 좋을지 모릅니다.

광기와의 만남과 '이성의 불안'

1757년경 칸트는 데이비드 흄David Hume(1711-1776)의『인간본성론』— 1739년에 출간된 책이지만 칸트가 읽은 독일어 번역판은 1755년에 출간됩니다 — 을 읽고 큰 충격을 받습니다. 이른바 '흄 쇼크'라고 불리는 사건입니다. 그중에서도 인과관계(causality)는 필연적인 관계가 아니라 인상에서 생긴 관념이 주관적으로 연결된 것이라는 흄의 주장에 충격을 받은 것 같습니다. 보통 '사과나무 가지에 가위질하면 [*사과가] 나무에서 떨어진다'라는 것에는 자명한 인과관계가 있다고 생각하죠. '가위질하다'라는 사건 A를 원인으로 '사과가 나무에서 떨어진다'라는 사건 B가 결과로서 생기는 것입니다. 이 원인과 결과 사이의 인과관계는 필연적이고 자명하다고 생각됩니다. 그런데 흄은 사건 A와 사건 B 사이에는 인과관계가 없고,

인간이 같은 상황을 반복적으로 관찰함으로써 자신의 마음속에서 제멋대로 만들어낸 습관이 인과관계처럼 보이는 것에 불과하다고 생각한 것입니다.

칸트는 『순수이성비판』에 관한 자저自著 해설인 『프롤레고메나 Prolegomena』(1783)에서 다음과 같이 쓰고 있습니다.

> 나는 솔직하게 고백하지만, 데이비드 흄의 경고야말로 몇 년 전에 처음으로 나의 독단적 잠을 깨우고 사변적 철학의 영역에서 나의 여러 연구에 하나의 완전히 다른 방향을 부여한 바로 그 것이었다(カント, 2006: 194).

흄을 만난 이후인 1757년부터 1761년 사이에 칸트에게 수년간의 집필 활동 정체기가 찾아옵니다. 사카베 메구미는 『이성의 불안』에서 '칸트의 사고의 근저에는 오히려 근대적 '인간' 주체와, 또한 근대적이라고 할 것 없이 서양의 전통적 '이성' 일반의 존립을 위협하며 그 해체와 근본적인 편성을 바꾸는 무정형의 불안'이 있고, 그 '이성의 불안'이야말로 그의 사고의 원동력이 되고 있었던 것은 아닐까 하고 지적하고 있습니다. 그리고 이 집필 정체기를 전후한 시기에 흄과 루소 ― 후자는 조현병이나 편집증이라는 설이 있는 병적인 인물입니다 ― 와의 만남이 그 계기가 된 것이 아닐까 추측하고 있습니다(坂部惠, 1976: ii). 다시 말하면 칸트는 흄과 루소를 읽음으로써 근대 이전에 전제되어 있던 서양의 전통적인 이성이 무너져 버릴지도 모른다(광기에 빠져버릴지도 모른다)는 불안을 안게 되었다는 것입니다.

실제로 칸트는 이 무렵부터 광기에 관심을 갖게 되고 평생 동안 두 편의 광기론을 집필합니다. 첫 번째가 1764년에 발표한 『뇌병시론腦病試論』입니다. 19세기에 근대 정신의학이 탄생하기에 앞서 칸트는 이 논고에서 현대적 시점에서 보아도 실로 흥미로운 광기를 분류합니다. 이하에서 칸트의 광기의 분류를 실제로 확인해봅시다 (カント, 2000: 392-401).

칸트는 정신 질환을 '마음의 병(Krankheit des Herzens)'과 '머리의 병(Krankheit des Kopfes)' 두 가지로 대별합니다. 그의 관심은 후자인 '머리의 병' 쪽에 있는데, 그것은 전자인 '마음의 병'이 '의지의 파멸 (das Verderben des Willens)', 즉 인간의 의지에 어떤 문제가 있는 병인데 비해, '머리의 병'이야말로 칸트가 주목하는 감성-지성-이성이라는 인식능력을 침범하는 병이기 때문입니다.

그렇다면 '머리의 병'이란 어떤 것일까요? 칸트에 따르면 '머리의 병'은 '정신박약(Blödsinn)'과 '정신장애(gestörtes Gemüth)' 두 가지로 대별됩니다. 전자인 '정신박약'은 오늘날의 지적장애(정신지체)와 거의 같은 것이며, 인식능력이 잘 성립되지 않은 것을 가리키는 것 같습니다. 후자인 '정신장애'에 관하여 칸트는 다음 세 가지를 열거하고 각각을 앞서 언급한 감성, 지성, 이성의 능력의 장애로 간주합니다.

첫 번째 정신장애는 '광기(Verrückung)'입니다. 이것은 '경험개념 [= 감성]이 도착倒錯된' 것입니다. 즉 감각이 이상해져 있는 것 ─ 예를 들어 눈에 보이는 것, 귀에 들리는 것이 이상해진 것 ─ 이며 현대의 말로 하면 '환각'을 가리킵니다. '광기'는 '현실에 존재하지 않는 것의 다양한 이미지를 부지런히 그리거나, 혹은 현실에 존재하는 것을 표상하는 경우에도 창조적인 상상력을 발휘하여 감각 속에 여러 가지 환상적 특징을 함께 그려낸다'고 칸트는 설명합니다.

또한 칸트는 이 '광기'가 수면 중의 '환상적 이미지', 즉 꿈에 해당한다고 생각하고, '광기'의 인물은 '각성覺醒하고 있을 때 꿈을 꾸는 사람이다'라고 서술합니다. 게다가 이 '광기'의 예로서 바로 루소를 언급하며, '이 [몽상가의] 열광이 없었다면 이 세계에서 위대한 것은 무엇 하나 수행될 수 없었을 것이다'라고까지 단언합니다. 다시 말하면 칸트는 광기에서 얻을 수 있는 꿈과 환각을 창조의 원천이라고 생각했던 것입니다.

두 번째 정신장애는 '광질狂疾(Wahnsinn)'입니다. 이것은 '착란한 경험에서 판단력[= 지성]이 무질서에 빠진' 것, '올바른 경험[= 감각]으로부터 완전히 도착적인 판단을 내리는 것'을 가리킵니다. 다시 말하면 감각에 의해 얻을 수 있는 시각 정보나 청각 정보가 틀리지 않더라도 그것에 대해 주어진 판단이 틀리고 많은 경우 모든 정보를 '자기 자신에게 끌어당겨 해석하는' 것을 '광질'이라고 부르는 것입니다. 이러한 '광질'의 예로서 칸트는 '도시 전체가 그 사람에게 매달려 있다'라거나, '모든 사람이 공모하여 자신을 적대시한다'라는 생각을 들고 있습니다. 이것은 정신의학적으로 말하자면 '관계망상'과 다름이 없습니다.

세 번째 정신장애는 '착란(Wahnwitz)'입니다. 이것은 '보다 일반적인 판단에 대하여 이성이 도착倒錯한' 것이고, '무질서에 빠진 이성', '일반적인 개념에 대하여 상상에 근거하여 상당히 섬세한 판단을 내릴 때 이성이 어이없는 방식으로 오류에 빠지는 경우'가 그것에 해당한다고 합니다. 다시 말하면 조금 전의 '광질'이 중증화한, 이성의 완전한 무질서화가 '착란'이라고 생각해도 좋을 것입니다.

이러한 광기의 분류는 현대적인 관점에서 보아도 그다지 엉뚱한 것은 아닙니다. 더 중요한 것은 그후의 기술입니다. 칸트는 이러한 정신장애는 감성, 지성, 이성의 각각의 능력의 장애라고 생각하는데, 그 감성, 지성, 이성이 인간의 능력이기 때문에 광기와 인간 사이에는 떼려야 뗄 수 없는 관계가 있다고 주장하기에 이릅니다. 예를 들어 자연인(야생인)에게는 '착란'이 일어날 여지가 없다는 다음 구절을 봅시다.

> 자연인의 경우 욕구는 언제나 지금까지의 경험 범위 내에서 거의 충족되고, 게다가 매우 편안하게 상식을 발휘할 수 있기 때문에 스스로의 행위에 지성이 필요하다는 것을 거의 깨닫지 못하는 것이다. […] 어떤 광기가 야생인에게 일어난다는 것일까. 따라서 야생인에게는 정신착란이 일어날 소지가 전혀 없는 것이 분명하다. 야생인이 머리의 병에 걸린다면, 정신박약[＝지적 장애 또는 정신지체] […] 처럼 될 것이다(カント, 2000: 401-402).

야생인에게는 지성이 없기 때문에 무엇인가를 판단하는 일이 없고, 따라서 판단의 착오도 생길 수가 없다는 것입니다. 당연한 말을 하는 것처럼 보이지만 매우 무거운 말이 아닐까요. 이해하기가 어렵다면 '자연인이라면 광기에는 빠지지 않는다'라는 칸트의 주장의 대우對偶를 생각하면 좋을 것입니다. 그것은 물론 '광기에 빠질 가능성을 가진 것이 인간의 조건이다'라는 것을 의미합니다.

그렇다면 '이성의 불안'으로부터 광기의 분류로 나아간 칸트는

'광기에 빠질 수 있는 자로서의 인간'을 발견한 것이 됩니다. 광기에 빠질 수 있음으로써 비로소 인간이 될 수 있는 '인간', 즉 '광기를 내포할 수 있는 인간'의 발견. 이와 같은 존재로서의 '인간'에 주목하는 사상을 가토 사토시加藤敏(1945-)는 '광기 내포성 사상'이라고 부르는데, 그 역사 속에 칸트를 자리매김해도 좋을 것 같습니다(加藤敏, 2002).

『영혼을 본 자의 꿈』 ― 광기와 (다시) 만나는 철학

칸트의 '광기를 내포할 수 있는 인간'이라는 테마에 대해서는 또 다른 각도에서 빛을 비춰볼 수 있습니다. 칸트는 1762년경부터 신비 사상가 에마누엘 스베덴보리Emanuel Swedenborg(1688-1772)에게서 큰 영향을 받아, 1766년에 『형이상학의 꿈에 의해 해석된 영혼을 본 자의 꿈』(이하 『영혼을 본 자의 꿈』)이라는 기묘한 텍스트를 출간합니다.

스베덴보리는 스톡홀름에서 태어난 인물인데, 어릴 때부터 신비적 경향을 가지고 있었던 것 같습니다. 광산국 기사를 오래 지내고 귀족원 의원이 되었는데, 과학자나 발명가로서도 이름이 알려져 있습니다. 그런데 그는 만년에 변조變調를 일으켜 영계와의 교류에 관한 세밀한 기록을 공간公刊하기 시작합니다. 그의 저작에는 종교적 망상이 넘쳐나기에 나중에 그는 야스퍼스에 의해 조현병이라는 병적학적 진단을 받기도 합니다.

칸트는 이 광기의 인물 스베덴보리에게 흥미를 갖게 됩니다. 칸트는 인간의 이성에 주목하는 철학자였기 때문에 물론 스베덴보리의 말을 그대로 진실로 받아들이는 것은 아닙니다. 칸트는 샤를로테 폰 크노블로흐Charlotte von Knobloch 양에게 보낸 편지에서 다음과 같이 말합니다.

> 다만 확실한 것은 많이 있는 것으로 알려진 유령의 이야기나 영계의 여러 가지 움직임에도 불구하고 나로서는 언제나 건전한 이성의 규칙에 대하여 가장 적절한 태도를 취하려고 노력하고 있으며, 어느 쪽인가 하면 그러한 사실을 부정하는 쪽에 서려 하고 있다는 것입니다. […] 이것이 스베덴보리 씨의 정보에 친숙해질 때까지 오랫동안 제 심정에 자리 잡고 있던 입장이었습니다(カント, 2013: 135).

그런데 칸트는 스베덴보리의 '영혼을 본다'를 단지 불합리한 것으로 물리치는 것이 아니라, 다양한 경로를 통해 스베덴보리를 면밀히 조사한 후에 그것이 충분한 증명력이 있음을 보기도 합니다. 실제로 사카베 메구미가 요약하고 있듯이 『영혼을 본 자의 꿈』이라는 텍스트는 '형이상학적 설명과 생리학적 설명이라는, 영혼을 본 자에 대한 긍정과 부정이라는 정반대의 견해로 귀착하는 두 가지 설명 이론을 최종적으로 어느 쪽으로 결정하는 것 없이 병렬하여 제출'하고 있습니다. 즉 스베덴보리에 대한 태도를 애매하게 유지하고 있는 것입니다(坂部惠, 1976: 118).

상상컨대 칸트는 스베덴보리에게서 '광기를 내포할 수 있는 인간'을 본 것이 아닐까요. 다시 말하면 광기가 단지 배제되어야만 하는 것이 아니라 인간에게 있어서 어떠한 진리를 나타낼 수 있다는 생각에 이른 것은 아닐까요. 다음 구절은 그렇게 읽을 수 있습니다.

확실히 나는 지금까지 이러한 현상 속에 광기가 숨어 있다는 것에 이론異論을 제기한 적이 없다. […] 그러나 헤아릴 수 없을 만큼 깊은 세계의 예지와 일치하지 않는 그런 어리석음이 있을까? 따라서 나로서는 독자 여러분이 영혼을 본 자를 저세상에 반쯤 살고 있는 시민으로 보지 않고, 일도양단一刀兩斷으로 그를 병원에 보내고 이후에 이런 식의 탐구를 모두 멈춘다고 해도 결코 나쁘게 생각하지 않는다. 하지만 모든 것이 이런 식으로 진행된다고 해도 영계와 통하는 달인達人은 위에서 언급한 개념과 같은 인물과는 전혀 다른 방식으로 다루지 않으면 안 될 것이다(カント, 2013: 79. 강조는 인용자).

이미 칸트에게서 '광기를 내포할 수 있는 인간'이라는 테마를 읽어온 우리에게 있어서 스베덴보리의 광기 속에 '헤아릴 수 없을 만큼 깊은 세계의 예지'가 있을지도 모른다는 칸트의 말은 매우 중요하다고 생각합니다. 그의 이러한 생각은 푸코가 드니 디드로Denis Diderot(1713-1784)의 『라모의 조카』 ― 이것 역시 어릿광대 같은 비이성의 '그'에 의하여 이성을 대표하는 '내'가 불안정해지는 이야기입니다 ― 를 평하면서 말한 다음의 구절과 아주 닮았습니다.

비이성 [= 광기]은 이성의 바깥에 있는 것이 아니라 분명히 이성의 안에 존재하고, 이성에 의해 포위되고 소유되며, 게다가

물상화되어 있다. 게다가 그것은 이성에게 있어 가장 내면적이고, 게다가 가장 투명하고, 가장 자기 제시적이다(フーコー, 1975b: 369).

지금까지 살펴본 것처럼 '이성의 불안'의 영향을 직접 받은 칸트가 생각하는 인간의 이성에는 광기가 조용히 내포되어 있습니다. 그는 광기를 천상의 신이나 다이몬에게서 유래하거나 공중의 악마에게서 유래하는 것으로 자리매김하는 것이 아니라, 이성의 내부에 자리매김하려고 하는 것입니다. 이러한 이성과 광기의 관계는 나중에 헤겔에 의해 명확해집니다.

그런데 칸트는『순수이성비판』의 집필을 통해 이른바 광기를 이념적으로 '격리'하게 됩니다. 다음 절에서는 그것을『순수이성비판』의 검토를 통해 확인해갑시다.

『순수이성비판』 ― 통각과 제3안티노미에서의 광기

전前 비판기 ― 즉『순수이성비판』,『실천이성비판』,『판단력비판』이라는 이른바 '삼비판서'를 집필하기 이전 시기 ― 의 칸트는 사카베 메구미가 논했듯이 흄이나 루소, 혹은 스베덴보리에 의해 충격적으로 주어진 '이성의 불안'의 압도적인 영향 아래 있었고, 그 불안을 원동력으로 사색을 하고 있었습니다.

그런데 사카베에 따르면 칸트는『순수이성비판』을 효시로 하는 삼비판서를 집필함에 있어서 커다란 방향 전환을 했다고 합니다.

사카베의 논의를 봅시다.

> 일찍이 루소로부터 깊은 영향을 받아, 루소와는 정반대로『영
> 혼을 본 자의 꿈』에서의 자기의 표명과, 자아의 분열과 광기로
> 부터 가까스로 몸을 보전하는 고독한 자기 조소로부터 출발한
> 칸트는 비판철학의 체계 속에 스스로의 사상을 훌륭하게 정착
> 하고 사회화했지만, 반면에 스스로의 사고의 가장 깊은 부분을
> 어느 정도 압살, 석화하여, 아마도 '초월론적 주체'나 자율적인
> 실천의 주체라는 하나의 허구를 거기로 옮겨 통일적 주체와 다
> 원적 분산의 사고를 양극으로 분해해버리는 대가를 치른 후에
> 그것에 성공한 것이었다(坂部惠, 1976: 154).

우리의 문맥으로 바꾸어 말하면 칸트는 삼비판서에서 자신의 사
고의 뿌리에 있는 '광기를 내포할 수 있는 인간'이라는 주제를 억압
하고 광기를 '격리'하고, 그 위에서 '광기와는 다른 인간의 이성이란
어떤 것인가'를 물으려고 했다고 정리할 수 있을 것입니다. 실제로
사카베는 다른 곳에서 '삼비판서의 체계는 정신분석의 용어로 말하
면 스키조[= 광기]에 대한 방어기제 외에는 아무것도 아니다'라고
발언합니다(黑崎政男, 坂部惠, 淺田彰, 柄谷行人, 1998: 8).

이와 같은 광기에 대한 방어 또는 광기 격리의 실례는『순수이성
비판』에서 바로 찾을 수 있습니다.

칸트는 인간의 (감성에 의해서 얻어진) 경험은 뿔뿔이 흩어져 통합
되지 않고, 그러한 경험은 '나는 생각한다(Iche denke)', 즉 '내가 스
스로 생각한다'라는 '자기의식(Selbstbewußtsein)' — 데카르트의 코기

토를 어어받는 개념, 말하자면 '칸트판 코기토'입니다 ― 에 의하여 통일되어야 한다고 말합니다. 우리의 경험이나 사고의 일관성을 뒷받침하는 이러한 기능을 그는 '초월론적 통각'이라고 이름 붙였습니다. 그의 설명을 들어봅시다.

> '나는 생각한다(Ich denke)'가 나의 모든 표상에 수반되는 것이 가능해야 한다. 그렇지 않으면 전혀 사고할 수 없는 것이 나에게 표상되기 때문이다. […] 어떤 직관에서 주어지고 있는 다양한 표상은 그것이 대체로 하나의 자기의식에 속하는 것이 아니라면 총체로서 나의 표상이 되지 않을 것이기 때문이다. […] 그렇지 않으면 자신에게 의식되는 표상을 갖는 것과 마찬가지로 여러 가지 색깔을 띤, 서로 다른 자기를 나는 갖게 될 것이다 […] (カント, 2012: 144-148).

쉽게 풀어봅시다. 이 추론은 다음과 같은 순서로 되어 있습니다. 칸트는 인간의 '정상'적인 인식은 머리에서 떠오르는 모든 표상(말이나 이미지)에 '내 것'이라는 라벨이 부착됨으로써 성립된다고 말합니다. 예를 들면 '내'가 머릿속에서 생각한 말이나 '나'에게 생긴 감정이나 공상은 모두 '내'가 생각한 것(=나의 것)입니다. 그러면 만약 '나의 것'이라는 라벨이 부착되어 있지 않은 표상이 있다면 어떻게 될까요? 그때는 나의 머릿속에서 누군가 다른 인물이 생각하고, 이야기하고 ― 즉 환청이나 사고 주입 같은 자아장애가 생기고 ― 더 나아가 '나' 자체의 정신이 분열하게 되어버릴 것임에 틀림없습니다. 그리고 여기서부터가 중요한데, 칸트는 그렇다면 광기가 아닌 우리 인간의 '정상'적인 인식에는 광기를 억제하는 '통각'이라는 메커니즘이 아프리오리apriori하게 갖추어져 있을 것이다라고 논하고 있습니다. 다시 말하면 칸트는 사실상 일단 우리가 '정상'이라는 완전히 우연한 일을 '통각'이라는 매우 중요한 개념의 확고한 근거로 바꿔놓고 있는 것입니다. 이것은 바로 칸트에게 있어 광기에 대한 방어, 광기의 격리를 나타내는 기술記述과 다름이 없습니다.

이러한 추론은 광기를 배제시킬 뿐만이 아니라 어린아이도 배제하고 있습니다. 실제로 어느 시기까지 어린아이는 자신이 머릿속에서 생각한 것은 모두 부모에게 알려진다고 생각한다고 합니다(タウスク, 1992). 즉 아이는 자신의 머릿속에 있는 표상이 '나(만)의 것'이라고 생각하지 않고 '부모의 것'이기도 하다고 생각합니다. 자기와 타자 사이의 장벽barrier인 자아경계(Ichgrenze)가 완성되는 것은 좀 더 나중의 이야기입니다.

광기 ─ 특히 조현병 ─ 에서는 자신의 머릿속에서 생긴 표상이 본래 가지고 있어야 할 '자신이 생각하고 있다'라는 자기의식이 사라지고, 자신의 사고가 타자의 사고라고 인식되게 됩니다. 그러한 체험은 '타자의 사고가 자신에게 밀어닥쳤다'라는 체험, 즉 사고 주입이나, '자신의 사고가 도둑맞았다'라는 체험, 즉 사고 탈취thought withdrawal(소위 사토라레サトラレ [만화 주인공의 이름이자 병명으로 머리로 생각한 것이 제멋대로 주변으로 전달되는 괴상한 병을 말한다])가 될 것입니다. 이처럼 칸트적인 근대적 주체는 자기와 타자 사이의 명확한 경계(자아경계)로서의 자기의식을 아프리오리한 것으로 전제하지만, 실제로 그것은 무너질 수 있고, 애초에 어릴 적에는 그런 것은 존재하지 않았던 것입니다. 칸트의 체계는 그것을 무시해야 비로소 성립 가능한 것입니다.

그러나 관점을 바꾸면 이것은 『순수이성비판』에서 광기의 격리가 남긴 광기의 흔적이라고 할 수 있을지도 모릅니다. 실제로 앞서 언급한 곳은 나중에 수많은 정신병리학자에 의해 조현병 증상과의 친근성이 지적되었습니다.

또한 『순수이성비판』에는 광기의 흔적이라고 생각되는 부분이 한 군데 더 있습니다. 그것은 이른바 '제3안티노미antinomie'를 둘러싼 부분입니다. 『순수이성비판』은 인간의 이성이 어떠한 것인가를 음미함으로써 이성으로는 해결할 수 없는 문제가 있다는 것을 보여줍니다. 인간의 이성이 해결할 수 없는 문제를 억지로 해결하려고 하면, 두 개의 서로 모순되는 명제가 도출됩니다. 하나의 이성이 두 개의 모순되는 결론을 이끌어낸다는 것은 그 문제를 이성으로는 해결할 수 없다는 것입니다. 이러한 특수한 문제를 칸트는 안티노미(이율배반)라고 부르며 그 예를 네 가지 들고 있습니다만, 여기서 주목하고 싶은 것은 세 번째입니다.

제3안티노미로 도출되는 명제는 두 개이며, 각각을 정명제(테제)와 반대명제(안티테제)라고 합니다. 그리고 이 두 명제는 서로 모순되는 관계에 있습니다. 먼저 반대명제부터 살펴봅시다.

> 안티테제
> 자유는 존재하지 않으며, 세계의 모든 것은 오직 자연의 법칙에 따라서 생기한다(カント, 2012: 483).

이것은 기계론적 자연론의 세계관, 혹은 과학적인 세계관과도 통하는 사고방식입니다. 인간의 행동은 물리적 자연법칙에 의해 결정되며 거기에는 자연법칙 이외의 것이 영향을 줄 여지가 없습니다. 인간은 뇌로 사물을 생각하지만, 뇌 그 자체가 물리적 존재이며 특정한 자연법칙에 따르는 것이라면, 인간에게는 자유의지 같은 것이 있을 리가 없다는 것입니다. 다음으로 정명제를 살펴봅시다.

테제

자연법칙을 따르는 원인성은 세계의 현상이 그것으로부터 모조리 도출될 수 있는 유일한 원인성은 아니다. 세계의 현상을 설명하기 위해서는 더욱 자유에 기초하는 원인성을 상정하는 것이 필요하다(カント, 2012: 483).

이와 같이 (각각의 명제에 대한 증명은 생략합니다만) 자유의지는 존재하지 않고 모든 것은 자연법칙에 따라서 결정된다고 주장하는 반대명제와, 자유의지가 존재하는 것을 주장하는 정명제가 하나의 동일한 이성에서 도출되어 동시에 두 명제가 양립하는 것이 제3안티노미입니다.[1]

정신의학의 눈으로 보면 제3안티노미는 조현병에 있어서 긴장병성 혼미catatonia stupor가 일어나는 것을 묘사한 것 같습니다. 혼미라는 것은 말없이 가만히 움직이지 않는 상태이지만, 특히 조현병에서 긴장병성 혼미는 단지 움직이지 않고 가만히 있는 것이 아니라,

---

[1] 이 제3안티노미에서 초기 칸트에 의한 뉴턴과 라이프니츠의 중재, 혹은 『영혼을 본 자의 꿈』에서의 광기의 긍정과 부정이라는 양의적인 태도의 메아리를 들을 수도 있을 것입니다.

오히려 움직이려는 의지와 그것을 무효화하려는 의지가 엄청난 강도로 서로를 짓누르고 있어서 표면상으로 움직이지 않는 것처럼 보이는 경우입니다. 실제로 유명한 정신과 의사인 에밀 크레펠린Emil Kraepelin(1856-1926)은 긴장병성 혼미에서는 '모든 충동이 적어도 [그 충동과] 같은 정도로 강하고, 때로는 더 강력한 반대 충동을 직접 촉발한다 […]. 이렇게 모든 운동은 […] 발생 시에 억압되어버린다'(クレペリン, 1994: 164)라고 말합니다. 이것은 자유의지에 의해 어떤 동작이 가능해지는 순간에 자유의지가 존재하지 않기 때문에 그 동작이 불가능해진다는 제3안티노미의 임상적 표현과 다름이 없습니다.

또는 정신병리학자 나가이 히사오가 지적하는 '성숙'에 대한 다음과 같은 기술을 제3안티노미와 비교해보는 것도 재미있을지 모릅니다.

> 성숙이란 '자신이 많은 사람 중의 한 사람(one of them)이며, 동시에 무엇과도 바꿀 수 없는 유일한 자기(unique one)이다'라는 모순 위에서 그 이상 천착하지 않고 편승하는 것이다(中井久夫·山口直彦, 2004: 188-189).

인간은 대략 사춘기 무렵부터 이러한 이율배반에 찢겨 위기 바로 앞에까지 나아가는데, '성숙'해지는 가운데 — 즉 성인이 되는 과정에서 — 그 위기를 극복하는 것이 아니라 '그 이상 천착'하지 않음으로써 위기를 회피하는 것입니다. 이 이율배반은 칸트의 제3안티노미의 주제를 인과성으로부터 아이덴티티로 치환하는 것과 다름이 없습니다만, 칸트도 역시 '광기를 내포할 수 있는 인간'이라는 테마를 '더 이상 천착'하지 않음으로써 스스로의 위기를 회피할 수 있었을지도 모릅니다. 사카베 메구미가 말하는 칸트의 '스키조[=광기]에 대한 방어기제'란 그것과 다름이 없습니다.

『실용적 견지에서 본 인간학』 — 다시 광기를 분류한다

삼비판서를 상재한 후 만년에 이른 칸트는 1798년에 『실용적 견지에서 본 인간학』(이하 『인간학』)을 출간하고, 그 속에서 다시 광기를 분류합니다. 『뇌병시론』에서 감성, 지성, 이성 각각의 이상異常으로 분류되었던 광기는 『인간학』에서는 '구상력(Einbildungskraft)'에 근거해 분류됩니다. 구상력은 원래 『순수이성비판』 제1판에 이미 등장했던 개념이지만, 제2판에서 '통각'으로 바뀌고, 『인간학』에서 광기와 관련하여 재등장하는 개념입니다.

『인간학』에서 칸트는 우선 감염증과 같은 '열성熱性 질환'에서 생긴 것이 아닌 광기만을 다루겠다고 선언한 후 네 가지 광기를 분류합니다.

첫 번째 광기는 '아멘치아(amentia/Unsinnigkeit)'입니다. 이것은 구상력이 굉장히 많은 관념을 만들어내기 때문에, 즉 여러 가지 잡다한 일이 머릿속에 많이 떠오르기 때문에 생각이 맥락을 잃어버리는 광기라고 설명되고 있습니다. 칸트는 여성의 수다가 이에 해당한다고 말했는데, 그가 ― 그 시대 다른 사람들과 마찬가지로 ― 대단히 여성 멸시적인 생각을 가지고 있었다는 것을 알 수 있습니다.

두 번째 광기는 '광질(dementia/Wahnsinn)'입니다. 이것은 말하고 있는 것의 형식이 올바른, 즉 논리적인 추론이 일단 이루어졌음에도 불구하고 구상력이 만들어낸 엉터리 표상을 사실의 지각으로 착각하기 때문에 기묘한 추론을 하는 광기라고 알려져 있습니다. 예를 들어 다른 사람의 어떤 행동을 보고 그것이 자신을 빈정대는 것이라고 해석하는 해석망상(interprétation délirante)이 이에 해당합니다. 칸트가 이들 망상 환자가 제대로 추론을 할 수 있다고 깨달은 것은 혜안이라고 하지 않을 수 없습니다. 왜냐하면 나중에 프랑스에서 '이성적인 광기(la folie raisonnante)', 즉 '이론적인 광기'라고 불리게 되는 것은 바로 여기서 칸트가 기술한 것과 같은 편집증성 광기이기 때문입니다(Sérieux et Capgras, 1909).

세 번째 광기는 '착란(insania/Wahnwitz)'입니다. 이것은 유사한 것을 구상력이 즉각적으로 연결시켜 생각하게 하는 광기라고 여겨지고 있으며 임상적으로는 조증성 흥분에 있어서의 관념분일觀念奔逸 등을 가리키는 것으로 생각됩니다.

마지막 네 번째 광기는 '베사니아(vesania/Aberwitz)'입니다. 이것은 『뇌병시론』에서의 '착란'에 대략 대응하는 광기로, '원과 대등한 면적의 정사각형을 그리는 방법이나 영구기관을 고안한다' 등의 발명망상發明妄想을 만들어내기에 이른 이성의 해체 상태를 가리키는 것 같습니다.

이와 같이 『인간학』에서 광기의 분류는 대체로 구상력의 이상異常이 각종 광기를 낳는다고 생각합니다. 그러나 인간이 지닌 능력인 구상력은 칸트에 따르면 '대상이 현존하지 않더라도 [어떤 대상을] 직관하는 능력'이며, '생산적'이지만, '반대로 구상력이 멋대로 상상을 만들어내는' 일도 종종 있다고 합니다. 즉 구상력을 가진 인간은 언제나 구상력에 의해 속을 위험성이 있고 그 위험성은 구상력에 의해 생기는 앞서 말한 광기의 가능성과 잇닿아 있는 것입니다.

그렇다면 칸트의『인간학』은 삼비판서 이후의 칸트에게서도 '광기를 내포할 수 있는 인간'의 모티브가 살아남아 있다는 것, 더 말하자면『순수이성비판』에서 그가 행한 광기에 대한 방어, 광기의 격리가 완전히 성공하지 못했다는 것을 보여주는 것이 아닐까요? 그러한 관점에서 칸트를 비판한 것이 푸코와 들뢰즈의 초기 작업입니다.

칸트의 철학은 광기를 격리할 수 없다

푸코는 학위논문인『광기의 역사』의 부논문으로『칸트의 인간학』을 제출합니다(프랑스에서는 학위논문은 자신의 작업의 독창성을, 부논문은 철학 고전의 독해 능력을 나타내기 위해 쓰는 전통이 있습니다).

푸코는 이 부논문에서 칸트가『인간학』에서 논술의 중심을 통각에서 구상력으로 옮겼기 때문에 착란(감각이 뿔뿔이 흩어짐)을 질서 있게 하는 심급이 없어지고 착란이 본원적이 되어버렸다는 지적을 하고 있습니다. 다시 말하면『순수이성비판』에서는 통각에 의해 가능했던 광기의 격리가『인간학』에서는 통각 대신에 구상력이 도입됨으로써 불가능하게 되어버렸다고 푸코는 지적하고 있는 것입니다. 그의 말을 들어봅시다.

『인간학』에서는 […] 감각에 주어지는 다양은 질서 있는 것이 아직 아니다. 지성이 와서 다양 속에 질서를 가져오지 않으면 안 된다. 질서를 가져오는 것은 지성인 것이다. 질서가 주어지기 전에 판단하는 것은 오류의 근원이다. […] 요컨대 소여[= 감성에 주어진 것]가 속이는 것은 아니다. 그러나 그것은 소여가 잘 판단 하기 때문이 아니라 판단 따위는 전혀 하지 않기 때문이다. […] 『순수이성비판』에서 […] 소여가 가진 다양성은 이미 작동하고 있는 [주관의] 구성적인 능동성을 통해서 나타날 뿐이다. 시간은 다양을 미리 '내가 생각한다[= 통각]'라는 통일에 의해 지배되는 것으로 보여주고 있었다. 반대로 『인간학』에서 시간은 극복할 수 없는 산일散逸을 늘 따라다니고 있다(フーコー, 2010: 112-113).

『순수이성비판』에서는 감성에 의하여 주어진 다양한 표상은 통각에 의하여 선별되었습니다. 즉 통각 속에 있는 것은 지성이나 이성에 의한 판단의 대상이 되지만, 그 외부에 있는 것은 전혀 판단의 대상이 될 수 없었던 것입니다. 이것은 통각을 중심으로 하는 시스템이 이성과 비이성(광기) 사이의 장벽이 되어, 후자의 비이성(광기)을 격리시켰다는 것과 다름없습니다. 데카르트의 코기토가 광기에 '부적'을 붙이는 철학이라면, 칸트의 통각은 광기에 대하여 '경계'를 짓고 광기를 격리하는 철학이라고 해도 좋을 것입니다. 그런데 『인간학』에서는 통각은 버림받고, 그 대신에 다양한 광기로 통하는 구상력이 작용하는 것입니다. 이렇게 되면 칸트가 야심 차게 만든 '경계'는 다양한 곳에서 누수를 일으키게 됩니다.

칸트의 철학에서 이와 거의 비슷한 난점을 지적한 것이 들뢰즈가 그의 작업의 초기에 집필한『칸트의 비판철학』이라는 저작입니다. 그의 비판을 조금만 봅시다.

수동적인 감성이 어떻게 능동적인 지성과 일치하는지를 설명하기 위해 칸트는 여러 개념과 일치하면서 감성의 여러 형식에 아프리오리하게 적용되는 구상력의 종합 및 도식 기능을 예로 든다. 그러나 그렇게 하면 [주관과 객관의 차이라는] 문제의 위치가 어긋날 뿐이다. 왜냐하면 구상력과 지성도 본성상 다른 것이고, 이들 두 능동적 능력 사이의 일치 역시 '신비적'이기 때문이다 […](ドゥルーズ, 2008: 50-51).

칸트의 철학, 특히 그의 인식론은 인간의 주관과 객관이 어떻게 일치하는가라는 철학상의 어려운 문제에 하나의 회답을 주는 것이었습니다. 인간은 (광기나 악령에 의해, 혹은 다른 이유에 의해) 착각을 하고, 외계의 사물을 실제의 사물 모습과는 다른 것으로 인식해버릴지도 모릅니다. 그러면 인간의 주관은 객관과 일치하지 않게 됩니다. 즉 인간은 환각이나 망상을 갖게 됩니다. 그래서 칸트는 인간의 인식에 있어서 주관과 객관은 양자가 일치하는지 아닌지를 물을 수 있는 형태로 따로 존재하는 것이 아니라, 객관적인 것은 주관에 따라서 구성되는 것이라는 발상의 전환을 했습니다. 칸트의 이른바 '카테고리'가 그에 해당하는데 통각의 논의도 그 흐름에 덧붙이면 좋겠지요.

그러나 들뢰즈는 그러한 생각은 불충분하다고 말합니다. 왜냐하면 칸트는 감성이 수동적으로 받아들인 것을 지성이 능동적으로 정리하고, 그 결과 얻은 것을 이성이 추론한다고 생각하지만, 도대체 왜 감성과 지성과 이성이 그렇게 원활하게 연계(일치)할 수 있는지를 전혀 설명할 수 없기 때문입니다. 감성과 지성의 일치라는 칸트의 전제는 주관과 객관의 불일치(환각이나 망상)라는 문제를 해결하기는커녕 같은 문제를 은폐된 형태로 반복하고 있는 것에 지나지 않는다고 들뢰즈는 지적하는 것입니다.

게다가 들뢰즈는 뒤에 주저인 『차이와 반복』이나 『의미의 논리』에서 칸트판 코기토인 'Ich denke'가 개체나 인칭('나')의 근거가 될 수 없다는 것을 지적하고, 오히려 개체 이전, 인칭 이전의 상태에서 꿈틀거리는 '특이성' 또는 '사건'을 중시하게 됩니다. 칸트는 광기에 대해 '경계'를 짓고, 광기를 격리하려고 했지만, 그 '경계'로부터 다양한 것이 새어 나오거나 외부에서 침입해 오는 것이 아닐까요? 그리고 그 유출물 또는 침입물은 칸트 자신이 '이성의 불안' 속에서 두려워했던 바로 그것이 아닐까요? 그렇다면 그것들은 과거의 다이몬처럼 인간에게 광기와 표리일체의 창조성을 가능하게 하는 것이 아닐까요? 이러한 광기의 순간을 칸트에게서 발견하고 복원하려는 시도야말로 푸코나 들뢰즈의 초기 작업이 하려고 했던 것입니다.

제7장

헤겔

광기를 극복하는 철학

데카르트, 칸트, 헤겔

　제5장과 제6장에서 데카르트와 칸트에게 있어서 철학과 광기의 관계를 살펴보았습니다. 간략히 정리하면 한편으로 데카르트의 철학은 광기(악령)에 홀려 있을 가능성이 있기에 주체(코기토)를 세우는 것이며, 그것은 다른 말로 하면 '광기에 부적을 붙이는 철학'이었다고 요약할 수 있을 것입니다. 다른 한편으로 칸트의 철학은 흄의 충격과 루소나 스베덴보리와 같은 광기의 인물을 만나 '이성의 불안'에 휩싸이게 된 칸트가 광기에 대한 일종의 '방어'로서 체계화한 것이며, 그것은 통각을 이용하여 광기를 격리함으로써 근대적 주체를 세우려는 것이었습니다. 그것은 이른바 '광기를 경계 지어 가두는 철학'입니다.

　이미 살펴본 것처럼 푸코, 라캉, 데리다, 들뢰즈와 같은 20세기 프랑스 현대사상의 사상가들은 모두 데카르트와 칸트에게서의 이러한 이성과 광기의 관계에 주목했습니다. 데카르트에게서 이성과 비이성(광기)의 분할을 발견한 푸코에 대해 그러한 분할이 불가능하다는 것을 탈구축적 독해를 통해 보여주는 데리다. 칸트의『인간학』의 기술이 광기를 극복하지 못하고 있다는 것을 폭로하는 푸코와, 칸트의 삼비판서의 체계 전체가 주객의 불일치(환각이나 망상)를 극복하지 못하고 있다는 것을 증명하고 통각의 성립에 논리적으로 앞서는 비인칭적인 꿈틀거림을 파악하려는 들뢰즈. 그리고 거기에서 프로이트의 무의식의 참모습을 발견하는 라캉. 이처럼 어떤 시기의 프랑스 현대사상은 데카르트와 칸트 사이에서 겨우 형태를 취해온 근대적 주체라는 것이 실제로는 아직 확고하지 않고, 그리고

'경계'에는 구멍이 뚫려 있어 여러 가지 다른 것이 새어 나와 침입하고 있다는 것을 보여주려 했다고 정리할 수 있습니다. 즉 그것들은 계몽적 이성의 빛 속에서 둥지를 튼 어둠으로서의 광기에 주목하는 사상이었던 것입니다.

이번 장에서는 데카르트와 칸트에 의하여 성립된 근대적 주체의 완성자로서 게오르크 빌헬름 프리드리히 헤겔Georg Wilhelm Friedrich Hegel(1770-1831)을 다룹니다. 우리의 관심에서 헤겔이 흥미로운 것은 그가 근대 정신의학의 탄생과 걸음을 같이한 인물이기 때문입니다. 또한 그는 이성과 광기의 관계에 관하여 데카르트나 칸트에 필적하는 모델을 수립한 인물이기도 합니다. 결론을 미리 말한다면 '광기에 부적을 붙이는 철학'으로서 데카르트, '광기를 경계 지어 가두는 철학'으로서 칸트에 이어서 헤겔은 '광기를 극복하는 철학'을 만들어낸 인물입니다.

광기를 극복하는 철학

헤겔이 이성과 광기의 관계를 어떻게 생각했는지를 보여주는 하나의 일화로 시작해봅시다. 그가 예나에서 교편을 잡고 있던 1805년경 제자에게 '누구나 모두 히포콘드리아시스를 일생에 한 번은 경험하고, 그 과정을 졸업해야 한다'고 말했다는 기록이 남아 있습니다. 히포콘드리아시스란 요컨대 우울 상태를 말하고, 특히 신체의 중압과 더불어 무력감이 엄습하는 상태를 가리킵니다. 헤겔은 사람이 그런 힘든 상태를 극복함으로써 제 몫을 하게 된다고 말하고 있는 것입니다. 쉽게 설명하자면 사람은 '옛날에는 힘든 일도 있었지만 그것을 극복하고 지금의 자신이 있다'라고 말할 수 있어야 한다는 것입니다. 실제로 그러한 히포콘드리아시스의 극복은 헤겔 자신이 체험한 일이었던 것 같습니다. 그는 20대 후반부터 30대 무렵에 히포콘드리아시스를 앓다가 그것을 스스로 극복함으로써 대철학자로서 많은 일을 이룬 것 같습니다.

그런데 이러한 헤겔의 생각은 그의 유명한 '변증법(Dialektik)'이라는 생각과도 관련이 있다고 생각됩니다. 헤겔의 변증법이란 꽃봉오리와 꽃과 열매의 관계처럼 어떤 것(A)이 다른 것(A′)에 의하여 부정되었을 때, 보다 고차원의 것(B)으로 지양(Aufheben)된다는 것입니다. 자주 사용되는 ─ 다만 헤겔 자신은 사용하지 않는 ─ 용어로 말하면 어떤 테제These(정립)가 있을 때, 거기에 대립하는 안티테제Antithese(반정립)가 나타나고 이 두 가지가 모순된 대립 상황에 빠

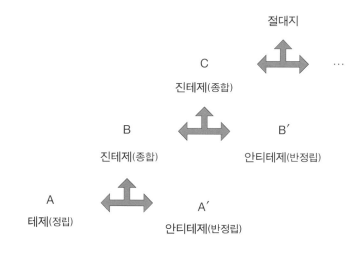

헤겔의 변증법

지면 이윽고 그 모순을 극복한 진테제Synthese(종합)가 나타난다는 것입니다. 헤겔은 이러한 변증법이 반복됨으로써 처음에는 단지 눈앞에 있는 대상을 느낄 뿐이었던 의식이 자기 자신을 의식할 수 있는 자기의식이 되고, 나아가 이성, 정신, 종교가 되며, 최종적으로는 모든 존재가 개념과 일치하는 절대지(absolute Wissen)에까지 도달하는 것을 이상으로 삼았습니다.

그러한 '변증법'을 제시한 『정신현상학』(1807)이 종종 교양소설(Bildungsroman), 즉 주인공이 숱한 고난을 극복하면서 인격을 도야하는 이야기에 비유되어온 것에서 알 수 있듯이 이러한 프로세스에서는 사람이 어떤 건강한 상태(A)에서 그에 대한 부정성(Negativität)으로 나타나는 불건강한 우울 상태(A′)를 극복하여 훌륭한 인물(B)이 되어가는 과정을 볼 수 있습니다. 실제로 헤겔의 『정신현상학』에는 광기를 그렇게 극복 가능한 것으로 간주한다고 생각되는 결정적인 구절이 있습니다. 다음과 같습니다.

> […] 정신의 상처라는 것은 상흔을 남기지 않고 치유하는 것이다(ヘーゲル, 1971-1979: 하 99).

'정신의 상처'란 정신이 상처를 입는 것이기 때문에 정신에 대한 부정성으로서 '상처'가 나타난다는 것입니다. 이것은 청년기의 히포콘드리아시스(우울 상태)라고 생각해도 좋을 것입니다. 그러나 헤겔에 따르면 이 정신의 상처는 변증법적으로 지양됨으로써 극복되고 게다가 그 상처의 흔적도 모두 없어지고 만다는 것입니다. 이와 같이 광기라는 부정성은 적어도 권리상으로는 반드시 극복될 수 있다는 것이 헤겔의 기본적인 생각입니다.

　물론 광기는 그것이 극복되기 이전의 단계에서 크게 활동하고 있다고 생각됩니다. 실제로 헤겔이 『정신현상학』 이전에 집필한 「정신철학초고 II」에서는 아직 깨어나지 않은 정신에서 볼 수 있는 '세계의 어두운 밤'이라고 불리는 환각적인 세계가 다음과 같이 묘사되고 있습니다.

　　인간은 이 밤이며, 모든 것을 이 밤의 단순태 속에 감싸고 있는 공허한 무無이며, 무한히 많은 표상과 심상으로 가득한 풍요로움인 것이다. 그렇다고 하더라도 이들 표상이나 심상의 어떤 것도 인간[의 마음]에 바로 떠오르는 것도 아니며, 혹은 생생한 것으로서 존재하는 것도 아니다. 여기에 실재하는 것은 밤이며, 자연의 깊은 내면, 순수 '자아'이다. 환영으로 가득한 표상 속에는 주위의 한쪽에 밤이 존재하고, 이쪽으로는 피투성이가 된 머리가 질주하는가 하면, 저쪽으로는 다른 하얀 모습이 갑자기 나타났다가 다시 사라진다. 어둠에 떠오르는 사람의 모습을 응시해도 보이는 것은 어둠뿐이다. 사람의 모습은 깊숙이 어둠에 뒤섞여 어둠 그 자체가 두려운 것이 된다. 실로 세상에 어둠이 깊숙이 드리워진 것처럼(ヘーゲル, 1999: 118-119).

　망령이 나타나고 인간의 신체는 뿔뿔이 흩어져 있습니다. 히에로니무스 보스Hieronymus Bosch(1450?-1516)의 그림 〈쾌락의 정원〉(1490-1500)에 묘사된 것 같은 환각적인 광기의 세계입니다. 이처럼 인간에게는 광기 어린 표상이 산더미처럼 밀려들고 있습니다.

히에로니무스 보스 〈쾌락의 정원〉

칸트의 통각이라는 개념은 이러한 광기의 세계를 격리하려는 것이었지만 헤겔의 경우에는 오히려 그것을 극복하려고 합니다. 다시 말하면 그가 생각하는 변증법적인 과정 속에서 광기는 자기의식이 절대지에 이르기까지 필요한 항목이라고 여겨지는 것입니다. 그러한 생각은 분명 그가 '광기'에 관하여 이야기하는 다음 구절에 잘 표현되어 있습니다.

> 이렇게 자기의식은 스스로의 몰락을 자각하고 몰락이라는 계기를 고백하지만, 그렇게 하는 데 있어 스스로의 경험의 결과를 말하고 있다. 이를 통해 자기의식은 스스로가 이렇게 내면적으로 자기 자신의 전도轉倒임을, 즉 스스로의 본질을 곧바로 비본질이라고 생각하고, 스스로의 현실을 곧바로 비현실이라고 생각하는 의식의 광기(Verrücktheit des Bewußtseins)라는 것을 스스로 보여준다 ─ 다만 '광기'라는 것을 보통의 경우와 같은 의미[*비본질적인 것이 본질적인 것이 되고 비현실적인 것이 현실적인 것이 되는 것]로 이해할 수는 없다. [⋯] 이러한 보통의 착란(Wahnsinn)에서는 미친 것은 단지 의식에 대한 대상일 뿐이며, 의식 그 자체, 즉 자기 자신의 내면의 또는 자기 자신에 대한 의식 자신이 미친 것은 아니다(ヘーゲル, 1971-1979, (上)377-378).

변증법의 사고방식에 따르면 자기의식에 대하여 나타나는 부정성은 한편으로는 자기의식에 있어서 어울리지 않는 것이며 그런 의미에서 '광기'라고 부를 수 있지만, 다른 한편으로는 그 부정성 속에서야말로 자기의 본질이 나타나기 때문에 고차원의 자기의식으로의 지양이 가능해진다고 합니다. 예를 들어 '동족 혐오'라고 불리는 사례, 즉 자신이 매우 싫다고 생각하는 인물이 실은 자기와 같은 특징을 가지고 있다는 인간의 심리에 흔한 사례는 부정성 속에서 자기의 본질을 찾는다는 점에서 바로 변증법적인 것입니다. [위의] 인용에서 '광기'라고 번역된 'Verrücktheit'라는 단어는 원래 '장소를 옮긴다'라는 의미인데, 자신에게 있어서의 본질은 자신이라는 장소에 있는 것이 아니라 자신을 부정하는 타자라는 장소에 있다고 헤겔은 말하고 있는 것입니다.

또한 헤겔은 임상적 광기에서는 확실히 의식(인식)의 대상은 미쳐 있고 그 때문에 의식은 다양한 환각이나 망상을 가지게 되지만 자기의식 그 자체는 미치지 않는다고 말합니다. 현대 정신의학에서도 광기(특히 조현병)의 인물은 인격 전체가 미친 것이 아니라, 아무리 깊은 광기에 빠져 있다 하더라도 어딘가 정상적인 부분이 보존되어 있다고 자주 주장합니다. 그리고 치료에서는 그 인물이 아직 보존하고 있는 건강한 부분을 치료하는 것이 옳다고 합니다. 이러한 발상은 실제로 헤겔, 그리고 동시대인인 필리프 피넬Philippe Pinel(1745-1826)에게서 유래한 것입니다. 헤겔의 생각을 확인해봅시다.

> 바보와 광기에 빠진 사람들 속에 현존하는 이성의 이러한 잔재를 치료의 기초로 파악하고, 또한 이러한 파악을 통해서 정신병자들을 다루었다는 것이 특히 피넬의 공적이다(ヘーゲル, 2002: 237).

헤겔과 거의 동시대 의사이며 '근대 정신의학의 아버지'라 불리는 피넬은 '부분 광기(monomanie)'라는 개념을 만들었습니다. 이것은 마음의 기능 모두가 미친 것이 아니라 일부가 미친 것이라는 의미로 사용되는 개념입니다. 피넬은 그때까지 사슬에 묶여 격리되었던 정신장애인들을 사슬에서 해방시키고 그들에게 '도덕요법(traite-ment moral)'을 시행했습니다. 이는 현대의 '정신요법(심리요법)'의 원형이며, 바로 광기의 인물에게 잔존하는 이성에 작용함으로써 치료하는 것을 목표로 하는 치료법입니다. 그들의 시대에서 200년 이상 지나도 정신요법의 원리의 본질은 여기에서 그다지 진전되지 않았습니다.

푸코는 『광기의 역사』에서 헤겔과 피넬에게서의 광기의 자리매김이 진리를 둘러싼 아주 흥미로운 체계를 만들었다고 지적합니다. 말하자면 헤겔과 피넬의 변증법적인 광기관에서 광기는 인간에게 있어서의 '진리'를 나타내는 것으로 자리매김하고 있다는 것입니다. 인간은 광기가 있기 때문에 그 광기 속에 나타난 '진리'를 알 수 있고, 그 '진리'를 자기 안으로 받아들여 보다 고차적인 존재가 될 수 있다는 것입니다.

> 인간은 광기에서 자신의 진리를 발견하므로 이 진리를, 즉 그의 광기의 내용 그 자체를 출발점으로 삼아야 치료가 가능하다. 광기의 비이성 속에는 재귀하는 이성이 존재한다. […] 광기는 '이성의 추상적인 상실'이 아니다. 그것은 '여전히 현존하는 이성 안에서의 모순'이며, 따라서 [헤겔의 『엔치클로페디』 제408절 주석에서 말하는 것처럼] '광기에 대한 인간적인 치료, 즉 자애심 많은 이성적인 치료는 환자를 이성적인 것으로 상정하는 것이고, 그

점이야말로 환자를 이 이성적 측면에서 파악하기 위한 확고한 지점을 발견해내는 것이다'(フーコー, 1975b: 542).

이제는 광기를 통해서만 인간은 설령 그 이성의 영역에서라도 그 자신에게 객관적이고 구체적인 진리가 될 수 있다. 인간에서 진정한 인간이 되는 과정은 광기의 인간을 매개로 하는 것이다. […] 인간의 진리는 인간이 소멸할 때만 비로소 입을 열고, 또한 자기 자신과는 다른 것이 이미 되었을 경우에만 모습을 드러낸다(フーコー, 1975b: 547).

푸코는 여기서 현대까지 이어지는 정신의학의 패러다임을 예리하게 지적하고 있습니다. 정신의학은 잔존하는 이성에 작용하여 광기를 극복할 뿐만 아니라 광기를 매개로 인간의 진리를 획득하는, 즉 '인간이란 무엇인가'를 밝히려는 것입니다. 실제로 정신병리학에서 매우 유명한 볼프강 블랑켄부르크Wolfgang Blankenburg(1928-2002)는 안네 라우라는 조현병자의 체험에 대한 연구를 통해서 건강한 사람인 우리가 세계 속에 어떻게 존재하는가를 알 수 있다고 서술합니다. 또한 조현병에 대한 생물학적인 연구를 하는 것이 인간 뇌의 정상적인 기능을 밝혀주는 것은 말할 필요도 없습니다. 정신의학은 광기를 광기로 명명하고 건강한 사람과는 관계없는 것으로 소외시킵니다. 그리고 그 소외된 광기 속에서 인간의 진리를 발견하고, 그 진리를 다시 자신의 것으로 하는 변증법적 운동을 합니다.

'절대지'에 대한 의심

그런데 헤겔의 변증법의 운동, 특히 그 운동의 최종 지점에서 도달한다는 절대지에 대한 생각은 다양하게 논의되어왔습니다. 인간의 마음이, 나아가서는 역사가 어딘가에서 최종 지점으로서의 목적＝끝(fin)에 도달한다는 헤겔에게서 비롯된 생각이 프랑스의 철학자 알렉상드르 코제브Alexandre Kojève(1902-1968)를 거쳐 미국의 정치학자 프랜시스 후쿠야마Francis Fukuyama(1952-)에게 『역사의 종언』(1992)이라는 베스트셀러를 쓰게 한 것은 주지의 사실입니다.

하지만 인간의 마음이나 역사에 미리 최종 지점을 설정하는 이런 생각에는 어딘가 납득할 수 없는 점이 있습니다. 실제로 테러리즘이 도처에 넘치고, 자유민주주의에 대한 의문이 일어나고 있는 오늘날 세계 어디에서 '역사의 종언'이 발견된다고 하는 것일까요?

또한 헤겔의 광기관은 최종적으로 모든 광기의 가능성을 극복한 마음이 도래하는 것을 미리 상정하고 있다고 생각되지만 그의 시대로부터 200년이 지난 현대에도 우리는 아직 광기를 극복하지 못하고 있습니다. 오히려 반대로 20세기 후반에서 21세기는 '광기를 극복한다'라는 사고 그 자체에 대한 이의 제기가 한창인 시대입니다. 예를 들어 나치 독일의 우생 사상에 기초한 비참한 정책(민족을 유전적으로 '개량'하기 위해 장애를 가진 인물을 안락사시키는 'T4 작전')에 대한 반성. 어떤 인물에게 '광기'라는 꼬리표를 붙이는 정신의학의 권력에 대한 이의 제기로서의 반정신의학. '비호'받는 존재로만 여겨졌던 장애인이 굳이 위험을 무릅쓰고 자립 생활을 하려고 하는 자립 생활 운동. 최근에는 당사자 연구라고 명명되는, 의료 모델에 대한 대안alternative도 등장하고 있습니다. 이들은 모두 헤겔적인 '광기를 극복한다'는 비전과는 정반대의 것입니다.

그렇다면 헤겔의 절대지라는 생각은 근본적인 재고를 강요받게 될 것입니다. 실제로 라캉은 『에크리』에서 절대지로 끊임없이 나아가는 헤겔의 생각에는 '고행' — 즉 자기의식이 만나는 부정성 — 에 일체의 중요성이 부여되어 있지 않다는 것, 즉 부정성이 미래의 긍정성을 담보하는 통과 지점으로만 취급되고 있다는 것을 비판하고 있습니다(Lacan, 1966: 795). 그렇다면 헤겔이 '상흔을 남기지 않고 치유한다'라고 간주한 광기는 헤겔의 생각과는 달리 결코 극복할 수 없는 '상흔'='흔적'을 남기는 것은 아닐까라고 생각할 수도 있지 않을까요?

라캉파 맑스주의자인 슬라보예 지젝Slavoj Žižek(1949-)은 앞서 우리가 확인한 「정신철학초고 II」의 한 구절을 염두에 두고 이렇게 말합니다.

헤겔의 간결한 말 — '이쪽으로는 피투성이가 된 머리가 질주하는가 하면, 저쪽으로는 다른 하얀 모습이 갑자기 나타났다가 다시 사라진다' — 은 라캉의 '조각난 신체corps morcelé'라는 개념과 완전히 일치하지 않을까? 헤겔이 말하는 '세계의 어두운 밤' […] 이란 주체가 가장 본질적인 자기 체험을 하는 데 있어서 피할 수 없는 요소이며, 그중에서도 히에로니무스 보스의 유명한 그림이 그 점을 예시한다. 어떤 의미에서 정신분석의 경험이란 '세계의 어두운 밤'으로부터 로고스라는 '일상적' 세계로 이행할 때 트라우마가 되어 남는 흔적에 초점을 맞추는

것이다(ジジェク, 2005-2007: (1)62).

지젝은 헤겔이 '상흔을 남기지 않고 치유한다'라고 간주한 광기는 트라우마가 되어 남는 것이며 그것을 정중하게 다루는 것이 정신분석이라고 주장하고 있습니다.

참고로 지젝의 이러한 생각은 단순한 헤겔 비판이 아닙니다. 왜냐하면 지젝은 '라캉으로 헤겔을 읽는' 것에서 출발한 철학자이고, 그의 헤겔 독해는 비판이라기보다는 오히려 정신분석적인 관점에서 헤겔을 되살리려는 것이기 때문입니다.

그때 지젝이 헤겔의 체계에 추가한 아주 작은 수정은 헤겔을 '중심에 있는 빈 곳을 반복적으로[= 끝없이] 실정화實定化'하는 과정의 철학자로 읽는 것이었습니다(ジジェク, 2016: 14). 즉 변증법적인 부정성의 극복은 어딘가에서 최종 지점에 도달하는 것이 아닌 끝없는 운동이며, 그때마다 나타나는 부정성 속에서 광기의 흔적을 발견하는 것, 그리고 그 광기의 흔적을 정신분석적인 주체로서 다루는 것이 중요하다는 것입니다.[1] 이러한 방식으로 재해석하게 되면 헤겔의 생각을 현대사상에 전용轉用할 수 있다고 지젝은 생각합니다.

---

1 이와 같은 생각은 확실히 라캉의 제자 자크알랭 밀레Jacques-Alain Miller(1944-)의 영향을 받은 것입니다. 밀레는 「모체」라는 초기 논문에서 어떤 '전체'가 있을 때 그 '전체'의 외부에는 아무것도 없는 것이 되지만, 아무것도 없는 것이란 '무가 있다'라는 것이며, 이번에는 '전체'에 그 '무'를 더한 새로운 '전체'가 있는 것이 되고 이하 이 과정이 무한히 반복된다고 했습니다. 그리고 그때마다 새롭게 나타나서 재전체화시키는 '무'를 정신분석에서의 주체 — 제5장의 마지막에서 논한 '무의식의 주체' — 와 동일한 것이라고 간주하고 있습니다 (Miller, 1975).

예술 종언론

헤겔에 대한 유사한 비판 또는 수정은 그의 예술론에 대해서도 할 수 있습니다.

헤겔은 『정신현상학』에서 변증법 운동의 최종 지점에서 완성을 논한 것과 마찬가지로 1820-1821년의 『미학강의』에서 예술을 완성 (=종언)시킨 것으로 알려져 있습니다. 그는 인간의 마음과 마찬가지로 예술도 어느 단계에서 완성되어 더 이상의 의미 있는 전개를 바랄 수 없는 상태에 이른다고 생각한 것입니다.

『미학강의』에서 예술은 그것이 감각에 미치는 영향보다도 그것이 얼마나 이념을 잘 나타내는가가 중요시되고, 나아가 예술이 취하는 형식보다는 내용이 중요시됩니다. 그러한 판단 기준 아래서 헤겔은 인류사에서 예술을 (1) 상징적 예술형식 (2) 고전적 예술형식 (3) 낭만적 예술형식이라는 3단계로 정리합니다. 즉 예술은 먼저 (1) '사자'가 '힘이 강함'을 나타내듯이 이념적 내용이 그에 대응하는 외적 형식을 찾지 않고 추상적 형태로 상징된 것으로 나타나며, 이어서 (2) 정신적 이념이 인간의 모습을 취하여 나타나듯이 이념적 내용이 충분한 감각적인 표현으로 제시되는 것입니다. 그러나 이 단계에서 예술은 인간의 정신밖에 나타낼 수 없고 절대 영원의 정신을 나타낼 수 없다는 한계를 가집니다. 그래서 (3) 그 결함을 극복하기 위해서 내용과 형식의 완전한 일치를 도외시하고 정신성 (내면성)을 추구하는 예술이 태어난다고 생각했습니다.

그리고 헤겔은 이와 같은 전개가 이루어지는 사이에 예술은 이미 '절대자의 표현'으로서의 가치를 상실했고, 예술의 전성기는 이미

지났다고 결론짓습니다.

> 진리가 예술에 합당한 내용이 되기 위해서는 예를 들어 그리스
> 신들의 경우처럼 감각의 세계로 나아가 거기서 제대로 된 형태
> 를 취할 수 있어야 합니다.
> […] 오늘날 세계정신, 구체적으로 말하면 현대의 종교와 이성
> 에 있는 정신은 예술이 절대적인 것의 최고의 의식 형태라고
> 하는 단계를 넘어서고 있습니다. […]
> […] 다시 말하면 예술은 더 이상 정신의 욕구를 충족시키지 못
> 하게 되었습니다. 이전 시대와 민족이 예술에서 추구하고 발견
> 했던 만족 ─ 적어도 종교적 측면이 더없이 의지했던 예술상
> 의 만족이 이제는 부족하다고 생각됩니다. 그리스 예술의 아름
> 다운 날들이나 중세 후기의 황금시대는 지나가버린 것입니다.
> […]
> 이상으로 볼 때 예술의 최전성기는 우리에게 과거의 것이 되었
> 다고 말하지 않으면 안 됩니다(ヘーゲル, 1995-1996: (上)13-14).

이것이 헤겔의 '예술 종언론'이라 불리는 논의입니다. 그러나 이
러한 논의는 받아들이기 어려운 것이 아닐까요? 왜냐하면 헤겔이
말하는 것과 같은 예술은 확실히 종언을 고했을지도 모르지만 헤겔
의 시대로부터 200년이 흐른 현대에도 뛰어난 예술이 분명히 만들
어지고 있기 때문입니다. 헤겔의 예술론은 예술을 논한 것이라기보
다는 마음이나 역사에 관한 그 자신의 견해를 예술 영역에 투사한
것은 아닐까요? 예를 들어 시가야 다가코四日谷敬子(1944-)는 헤겔의

예술론과 철학 체계의 관계를 다음과 같이 논평합니다.

> 현대에 예술에 대한 절대적 요구가 상실된다고 간주되는 진정
> 한 근거는 사실 헤겔 자신이 정신의 본질을 반성적 사유思惟로
> 보고, 이를 역사의 목적으로 삼아 그러한 정신의 목적론적 역
> 사관의 체계적 콘텍스트에 의거하여 예술의 과제를 규정한다
> 는 데에 있다(四日谷敬子, 1989: 10).

헤겔은 『정신현상학』에서 자기의식은 변증법적으로 발전해나간
다고 했습니다. 그리고 그는 그 발전 도식을 예술의 발전의 이해에
도 그대로 전용하고 있는 것입니다. 그러므로 자기의식에 의한 반
성 — 즉 스스로에 대한 부정성에 대치對峙하고, 거기서부터 새롭게
스스로를 되돌아보는 사고 — 의 발전은 어느 시점에 예술에 의하
여 감각적으로 표현될 수 있는 것을 넘어서게 되고 예술은 그 시점
에 종언한다고 생각한 것입니다.

이러한 헤겔의 사고방식은 예술을 어떤 이념을 감각적으로 표현
하는 것으로 한정합니다. 즉 예술을 표상 가능한 것 안에서만 파악할
수 있습니다. 지금까지 우리가 보아온 것처럼 예술은 — 특히 광기
와의 관계에서 이야기되어온 예술은 — 표상 가능한 것이 아니라,
오히려 다이몬이나 멜랑콜리나 악령이라는 표상 가능한 것의 외부와
의 관계에서 이야기되어왔지만 그러한 관점은 헤겔 미학에서는 미
리 배제되어버렸습니다. 그것은 칸트가 행한 광기의 격리의 결과라
고도 할 수 있고, 헤겔 자신이 행한 광기라는 부정성을 극복한 결과
라고도 할 수 있을 것입니다. 단적으로 말하면 광기의 흔적으로서

의 '세계의 어두운 밤'과 같은 것, 즉 표상 불가능한 것이 헤겔 미학에서는 빠져버린 것입니다.

반대로 헤겔이 무시한 표상 불가능한 것의 존재를 촉각으로 인지할 수 있다고 보고, 표상 불가능한 것과의 관계에서 시작詩作을 한 것이 헤겔의 동급생이자 친구이기도 했던 — 그리고 인류 역사상 가장 초기의 조현병자이기도 했던 — 독일 시인 프리드리히 횔덜린이었다는 것은 어쩌면 사상사의 드라마일까요?

표상 불가능성에 의한 예술

횔덜린에 대해서는 다음 장에서 자세히 논하기로 하고 여기서는 헤겔의 예술론에 대한 비판을 몇 가지 소개해둡시다.

조금 전에 라캉의 헤겔 비판을 약간 소개했습니다. 그는 헤겔의 체계에서는 자기의식이 만나는 부정성이 미래의 긍정성을 담보하는 통과 지점으로만 다루어진다는 것을 비판했습니다. 예를 들어 유행가 가사에는 '만날 수 없는 시간이 사랑을 키우고', '고독은 사랑을 강하게 만든다'라는 구절이 자주 나옵니다. 이들 가사는 '사랑'에 대한 부정성으로서의 '만날 수 없는 시간'이나 '고독'을 경유하여 '보다 깊은 사랑'이 획득된다는 것을 주장하고 있다는 점에서 매우 변증법적인 것이지만, 여기에서도 역시 '만날 수 없는 시간'이나 '고독'은 단지 방편에 불과하고, 그 내실이 진지하게 검토되고 있다고는 말할 수 없습니다.

이와 마찬가지로 조르주 바타유Georges Bataille(1897-1962)는 코제

브에게 보낸 편지에서 부정성을 변증법의 운동에 의해 극복할 수 있다는 헤겔의 생각, 즉 부정성을 '쓸모 있는 것', '유용한 것'으로만 생각하는 사고를 다음과 같이 통렬하게 비판했습니다.

> 만약 행위가('하는 것'이) ─ 헤겔의 말처럼 ─ 부정성이라면 '이제 아무것도 할 일이 없는' 부정성은 소멸해버리는가, 혹은 '쓸모없는 부정성'이라는 형태로 존속하는가라는 질문이 새롭게 대두될 것입니다. 개인적으로는 후자라고 단정할 수밖에 없습니다. 나 자신이 분명히 이 '쓸모없는 부정성'이기 때문입니다(나는 이 이상 명확한 자기규정을 생각할 수 없습니다). 나로서는 헤겔이 이 가능성을 예견하고 있었다고 생각하고 싶습니다. 하지만 헤겔은 적어도 이 가능성을 자신이 기술한 여러 현상의 진행 과정의 종료 지점으로 설정하지는 않았습니다. 나의 생은 ─ 혹은 나의 생의 유산은, 좀 더 확실하게 말하면 나의 생이라는 열린 상처는 ─ 그것만으로 헤겔의 폐쇄적인 체계에 대한 반증이 되는 것입니다(バタイユ, 1967: 250).

'나 자신이 쓸모없는 부정성이다.'(!) 이런 바타유의 생각에서 그의 아버지와의 관계(바타유의 아버지는 매독의 영향으로 눈이 멀고 똥오줌을 가릴 수 없는 상태였습니다. 바타유는 그러한 '부정성'으로서 아버지를 헌신적으로 간호하면서 어린 시절을 보냈던 것입니다)의 메아리를 들을 수도 있을 것입니다. 그러나 우리의 관심에서는 그가 예술 작품에 있어서의 부정성 그 자체, 다시 말하면 표상 불가능한 것에 주목하고 있다는 것이 결정적으로 중요합니다.

바타유는「고야론」(1949)에서 프란시스코 데 고야야말로 근대 회화의 시조이고, 세계 분열을 예고했으며, '불가능한 것(l'impossible)'을 제시한 화가였다고 말하고 있습니다. '불가능한 것'이란 표상 불가능한 것입니다. 예술을 표상 가능성과의 관계로만 평가하고, 부정성을 '쓸모 있는 것'으로만 생각하는 헤겔에 대해 어떠한 표상 가능성에도, 어떠한 유용성으로 거두어들이는 것에도 저항하는 외부로서의 불가능한 것, 그것을 처음으로 제시한 사람이 고야였다고 바타유는 주장하는 것입니다.

> 고야는 단순히 과거에 살았던 위대한 화가 중의 한 사람이 아니다. 또한 그는 단지 우리가 근대 회화라고 부르는 것을 처음으로 예고한 것만이 아니라, 현대 세계의 분열 전체를 예고한 것이다. [⋯]
> 프라도미술관에 보존되어 있는 195점의 소묘 [⋯] 는 그리는 방식의 유례없는 격렬함으로 인해 회화와도 그리고 판화와도 구별된다. 이런 격렬함은 분명 이 소묘집에 일종의 단조로운 빈약함을 주는 결점을 지니지만, 본질적인 것에 눈을 뜨게 해주는 이점도 지니고 있다. 주제의 선택은 의미가 깊다. [⋯] 이들 소묘가 드러내려고 시도하는 것은 꽤 정확하게 불가능한 것이다(バタイユ, 1972: 234-235).

우리가 지금까지 사용했던 말로 하면 고야는 자신의 회화 속에서 광기의 흔적을 제시해 보이고 있는 것입니다. 물론 그것은 제시 가능한 것, 표상 가능한 것이 아닙니다. 그러나 세계에 제시 불가능한 것이 있다는 것, 표상 불가능한 것이 있다는 것을 그릴 수는 있습니다. 그렇게 하여 불가능한 것의 제시를 시도한 것이 고야의 결정적인 새로움이라고 바타유는 주장하고 있는 것입니다.

예술을 표상 가능한 것이 아니라 표상 불가능한 것과의 관계에서 보는 것. 이러한 새로운 — 그렇다고 해도 현대에 와서 뒤돌아보면 매우 20세기적인 — 예술관에 대하여 장프랑수아 리오타르Jean-François Lyotard(1924-1998)는 다음과 같이 요약합니다.

> 내가 모던 예술이라고 부르는 것은 디드로가 말했던 그 '사소한 기교(petit technique)'라는 것을, 즉 '제시할 수 없는 것이 존재하는 것이다'라는 것을 제시하기 위해 사용하는 예술인 것이다(リオタール, 1986: 26).

'표상 불가능한 것이 존재한다'라는 것을 보여주는 예술의 가장 좋은 예는 라캉이 언급한 것으로 알려진 한스 홀바인Hans Holbein(1497-1543)의 〈대사들〉(1533)이 아닐까요? 이 그림에는 풍채 좋은 남자 두 사람이 서 있는 모습이 그려져 있습니다. 두 사람은 가지각색의 호화로운 장식품에 둘러싸여 있고 그 장식품은 그들이 유복한 생활을 하고 있다는 것을 전하고 있습니다. 그러나 이 그림은 말로 잘 표현할 수 없는, 약간은 기묘한 느낌을 감상자에게 남깁니다. 감상자는 이 그림 앞에서 떠나려고 할 때, 역시 조금 전의 기묘한 느낌이 아무래도 신경이 쓰여 조금 떨어진 곳에서 그림을 되돌아봅니다. 그러자 뒤로 되돌아봄으로써 이 그림이 발생시키고 있던 기묘한 느낌의 정체가 드러납니다. 이 그림의 중심에는 뒤로 되돌아봄으로써 처

한스 홀바인 〈대사들〉

음으로 드러나는 왜곡된 방식으로 해골이 그려져 있었던 것입니다. 죽음의 이미지인 해골은 정면에서 볼 때 눈에 들어오지 않는 방식으로 그려져 있으며, 그 그림에서 떠나려고 할 때 순간적으로 눈에 들어오는 방식으로 죽음이나 광기 ─ 헤겔이 말하는 '세계의 어두운 밤'에 필적하는 것 ─ 의 이미지로서 그려져 있습니다. 이것은 바로 '[근대적] 주체라는 것이 윤곽을 드러내기 시작'한 시대에 표상 불가능한 것을 제시한 그림이었던 것입니다(ラカン, 2000: 117).

부정성을 유용성에 봉사하는 것으로만 파악함으로써 광기 그 자체의 극복을 바라고, 표상 가능한 것에서만 예술로서의 가치를 발견했던 헤겔이 우리의 근대적 주체의 모델이 되었다면, 그 근대적 주체라는 것은 그 이면에서 ─ 마치 배제된 것이 회귀하듯이 ─ 광기와 표상 불가능한 것과의 불가피한 관계를 포함하게 될 것입니다. 조금 전에 이미 예고한 것처럼 헤겔의 동급생인 횔덜린이 제시한 것은 광기와 표상 불가능한 것 사이의 관계와 다름없습니다. 그런 의미에서 헤겔과 횔덜린은 확실히 표리의 관계에 있습니다만, 그러한 것은 다음 장에서 횔덜린의 생애를 더듬어가면서 자세히 알아보도록 하겠습니다.

제8장

횔덜린

마침내 조현병이 나타나다

횔덜린

헤겔과 횔덜린

지금까지 데카르트와 칸트와 헤겔이 광기를 어떻게 다루었는지 검토하고, 데카르트를 광기에 '부적'을 붙이는 철학으로, 칸트를 광기를 '경계' 지어 격리시키는 철학으로, 헤겔을 광기를 '극복'하는 철학으로 정리했습니다. 헤겔에게 광기는 아직 깨어나지 않은 인간의 의식에 대한 '부정성'으로 나타나지만 그 광기는 변증법의 운동에 의해 지양됩니다. 이런 운동을 반복함으로써 최종적으로는 이성이 비이성(광기)을 극복할 수 있다고 생각한 것이 헤겔의 철학입니다. 그러나 앞 장에서 우리는 그러한 광기의 극복이 정말로 있을 수 있는가 하는 점에 대해 '(표상) 불가능성'을 키워드로 검토했습니다.

이번 장에서는 독일 시인 프리드리히 횔덜린Friedrich Hölderlin (1170-1834)을 다룹니다. 횔덜린은 헤겔의 동급생이며 친구이기도 했던 인물입니다. 그는 인간의 이성을 신뢰하고 이성에 의한 비이성(광기)의 극복을 설파한 헤겔의 바로 곁에서 극복할 수 없는 광기가 존재한다는 것을 자신의 몸으로 보여주었다고 할 수 있겠지요. 그의 정점이라고 평가되기도 하는 시 작품은 바로 그의 광기(조현병)의 발병 전후부터 그 [발병의] 최정점에 걸쳐 만들어진 것입니다. 이러한 사정 때문에 횔덜린은 서양 사상사에서 '창조와 광기'의 관계를 고찰하는 데 있어서 피할 수 없는 인물이 되었습니다.

횔덜린의 병적

우선 기존의 평전을 참고하면서 횔덜린의 삶을 간략히 더듬어봅시다(手塚富雄, 1980-1981).

프리드리히 횔덜린은 1770년 3월 20일 네카어Neckar 강변의 작은 마을 라우펜Laufenn에서 출생했습니다. 아버지는 수도원과 교회의 관리인이었는데, 횔덜린이 두 살 때 36세로 죽었습니다. 1774년에는 어머니가 고크Gok(뉘르팅겐Nürtingen 시의 관리로 1776부터 시장)와 재혼하면서 아이들을 데리고 뉘르팅겐으로 이주합니다. 1776년 6살 아래의 이부동생 칼 고크가 태어나지만 1779년 의붓아버지인 고크가 죽으면서 그해부터 횔덜린은 어머니, 할머니, 숙모, 이렇게 여성의 손에서만 자라게 되었습니다.

횔덜린의 성격은 원래 상처받기 쉽고, 고독을 좋아하며, 어딘가 인생에 서먹서먹함을 느끼는 것 같았다고 묘사되어 있습니다. 그리고 사람이 아니라 자연과 잘 어울리고 다른 사람에 대해서는 종종 시의심猜疑心을 가지고 있었던 것 같습니다. 대체로 데카르트와 같은 '스키조이드'라 불러도 좋은 병전성격病前性格이었다고 말할 수 있겠지요. 나중에 보겠지만 횔덜린의 인생에는 이른바 수평 방향으로 펼쳐지는 '세상'과는 잘 어울리지 않고 그것과 대조적으로 자신이 목표로 하는 수직 방향의 높은 '이상'을 향해 '선취'적으로 도약하려는 경향이 보입니다만 그 사실은 이제부터 기술하는 그의 생애에서 밝혀질 것입니다.

1784년 가을 횔덜린은 덴켄도르프Denkendorf의 초등수도원 부속학교에 입학하여 아버지와 같은 신학의 길로 나아갑니다. 1786년에는 마울브론Maulbronn의 고등수도원 부속학교에 입학. 1788년 튀빙겐대학의 신학교(슈티프트Stift)로 진학하고, 학창 시절에는 셸링, 헤겔 등과 교우를 맺고, 철학을 공부하면서 시작詩作을 했습니다. 1789년 프랑스혁명에 크게 감명을 받은 것 같습니다. 시작은 일찍부터 실러의 영향을 받았으며, 1791년 9월에 「조화의 여신에 대한 찬가」로 시인으로 데뷔합니다. 1793년 신학교를 졸업하고 같은 해 12월 6일 슈투트가르트의 종교국이 실시한 목사가 되기 위한 시험에 합격합니다.

횔덜린에게 특별한 인물인 연장年長의 대시인 프리드리히 폰 실러Johann von Schiller(1759-1805)와 요한 볼프강 괴테Johann Wolfgang von Goethe(1749-1832)와의 만남은 1793년경이었다고 알려져 있는데, 실러와의 만남 직후인 같은 해 9월에는 현실(세상)로부터의 이반과 이상의 '선취'를 강하게 의식하게 되었습니다. 동생에게 보낸 한 편지에는 다음과 같이 적혀 있습니다.

이것이 나의 소망과 나의 활동의 신성한 목표다 — 미래의 시대에 무르익어야 할 싹을 우리 시대에 깨어나게 한다는 것이. 생각컨대 개개인과 어울리는 데 따뜻함이 좀 줄어든 것은 그 때문인 것이다(1793년 9월 동생에게 보낸 편지. ヘルダーリン, 1969: 149).

그해 가을 횔덜린은 실러의 소개로 샤를로테 폰 칼프Charlotte von Kalb 부인 댁에서 소년의 가정교사 자리를 얻었고, 이듬해 1794년부터는 소년을 데리고 예나에서 지내며, 피히테의 강의에 출석하는 등 공부를 합니다.

그러나 횔덜린은 실러와 같은 위대한 인물에 비해 자신이 너무나 보잘것없다고 느끼게 되고, 굴욕감을 느끼게 됩니다. 창작의 측면에서는『히페리온』을 몇 번 고쳐 써도 만족스럽지 못한 상태가 계속되고, 일의 측면에서는 1795년 1월 16일에 가정교사 일을 그만둡니다.

그 사이 1794년 11월에는「단편 히페리온」을 실러가 편집하는 잡지『신新탈리아Neue Thalia』에 발표하고, 다음 해 1795년 2월에 어머니에게 보낸 편지에서는 실러가 '마치 아버지처럼 저를 돌봐주시기 때문에 며칠 전에도 이 큰 인물에게 나의 어디에 이토록 신경을 써주실 만한 가치가 있는지 과감히 물어보지 않을 수 없을 정도였습니다'라고 쓰고 있습니다(ヘルダーリン, 1969: 202). 이렇게 횔덜린은 실러를 자신에게 매우 중요한 존경할 만한 인물로 여기고 있지만, 다른 한편으로는 같은 해 5월 말에 실러에게도 알리지 않고, 예나에서 맺은 모든 관계를 갑자기 끊어버리고 '산송장'이라고 해야 할 정도가 된 상태로 뉘르팅겐의 자택으로 돌아갑니다. 이것이 제11장에서 다루게 되는 정신분석가 장 라플랑슈Jean Laplanche에 의해서 '예나의 우울(depression d'Iena)'이라고 불리게 되는 시기의 개요입니다.

1796년에는 프랑크푸르트의 곤타르트Gontard가에 다시 가정교사로 들어가 그 집의 주제테 곤타르트Susette Gontard 부인(『히페리온』에서 운명의 여성 디오티마의 모델이 된 여성)과 플라토닉한 연애 관계를 맺습니다. 1797년에는『히페리온』제1권 출간. 그러나 다음 해인 1798년 가을에는 부인과의 연애 관계가 문제가 되어 곤타르트가를 떠나지 않을 수 없게 됩니다. 그 결과 횔덜린은 대학 시절 친구인 홈부르크Homburg의 참사관 싱클레어Sinclair의 신세를 지지만 점차 저축은 바닥이 납니다. 이 무렵의 편지에는 현실로부터의 이반離反, 그에 더하여 스스로의 이상(시인)을 '선취'적으로 손에 넣으려는 의지가 다음과 같이 분명히 적혀 있습니다.

나는 분명히 너무 일찍부터 의욕이 넘쳤고 너무 일찍부터 위대한 것을 목표로 했던 것이다. 나는 살아 있는 한 반드시 그것을 속죄하지 않으면 안 될 것이다. [⋯]
나는 내가 진심으로 애착을 품고 있는 예술 속에서 살고 싶다. 그런데 나는 사람들과 어울려서 일해야 하고, 그 때문에 자주 마음속으로부터 인생에 지치는 것이다. [⋯] 나는 힘이 없는 영웅인 것이다. [⋯] 시인들 중에 이미 몰락해버린 사람이 많다. 우리는 시인의 풍토에서 살고 있지 않다. 그러므로 이러한 열 그루의 초목 중에서 단 한 그루도 무성하지 않은 것이다(1798년 2월 12일 동생에게 보낸 편지. ヘルダーリン, 1969: 299-300).

이러한 생활상의 위기(생활비 문제)와, 현실과 이상의 심각한 괴리라는 정신의 위기 상황 속에서 횔덜린을 지켜주었던 것은 이상적인 헤겔이었던 것 같습니다.

헤겔과의 교제는 매우 즐겁다. 나는 조용하고 이상적인 사람들을 사랑한다. 내가 어떻게 해야 할지 모르는 때에도 그들과 함께 있으면 당황하지 않을 수 있기 때문이다(1797년 2월 16일 노이퍼에게 보낸 편지. ヘルダーリン, 1969: 270).

냉정한 이성은 세상의 싸움터에서 심장을 독화살로부터 지켜
주는 신성한 방패다(1798년 12월 31일 동생에게 보낸 편지. ヘルダー
リン, 1969: 340).

횔덜린은 심각한 정신의 위기에 빠지지만 이성적인 헤겔을 '방
패'로 삼아 그 위기로부터 보호받는 것(발병을 피하는 것)이 가능했던
같습니다. 나중에 라캉은 정신병의 발병을 회피시키는 상상적 파트
너를 '상상적 지팡이(béquille imaginaire)'라고 불렀는데 횔덜린에게
헤겔은 바로 그런 존재였던 것입니다(ラカン, 1987b, (下)81).

발병의 논리

그런데 횔덜린의 '선취'적인 이상으로의 도약은 그를 그러한 준*
안정상태에 머물게 하지 않고 그를 마침내 결정적인 행위로 이행시
킵니다. 1799년 『히페리온』 제2권을 출간한 횔덜린의 머리에 새로
운 문학적·미학적·철학적 잡지를 창간한다는 생각이 싹튼 것입니
다. 그는 이 생각을 하자마자 그 이상의 실현을 향해 발 빠르게 나
아갑니다. 같은 해 7월 5일 실러에게 편지를 보내 새로운 잡지 창간
에 대한 협력을 부탁했습니다. 다음에 인용하는 편지에서 느낄 수
있는 이상한 긴장감이 이때의 횔덜린의 모습을 웅변적으로 말해주
고 있습니다.

존경하는 분[= 실러]이여! 이러한 후안무치함이 당신을 더할

나위 없이 성실하게 공경하고 있는 저로서 얼마나 마음 아픈 일인지 믿어주십시오. 지금 이렇게 쉽지 않은 부탁을 대담하게 말씀드리지만, 이 후안무치함은 몇 년 전 처음 뵈었을 때 마음속으로는 받들면서 말로는 표현하지 못했던 감사의 마음, 그리고 당신으로부터 받은 잊을 수 없는 호의와 그동안 이 세상에서 당신의 존재의 수많은 증거로 인해 더욱더 흔들리지 않게 된 감사의 마음을 지금 다시 한번 더 솔직하게 숨김없이 표명하는 것만으로는, 아무리 그러고 싶어도, 저는 갚을 수가 없습니다.

언젠가 달성해야 할 명예로운 목표가 실현될 때 비로소 저는 당신에게 올바르게 감사할 수 있을 것입니다. 왜냐하면 더 뛰어나고 당신에게 어울리는 사람의 감사만이 당신에게 기쁨을 줄 수 있고, 그때 저는 저의 후안무치한 부탁을 변명할 수 있을 테니까요(1799년 7월 5일 실러에게 보낸 편지. ヘルダーリン, 1969: 380).

이 편지에서 횔덜린은 실러를 신처럼 표현하고 있습니다. 괴테에게는 협력 의뢰 편지를 보내지 않았던 것과 비교하면 그 차이가 역력합니다. 즉 횔덜린에게 있어서 실러는 자신의 이상으로의 도약에 결정적인 열쇠를 쥐고 있다고 상정된 특권적인 인물이었던 셈입니다. 또한 이상적인 위치를 '선취'하려는 경향을 여기에서도 알 수 있습니다. 횔덜린이 시의 세계에서 다소나마 알려진 존재가 될 수 있었던 것은 실러라는 '아버지'가 잡지에 작품을 게재해준 덕분입니다. 그런데 횔덜린은 작품이 게재된 지 불과 몇 년 후에 시를 게재하는 잡지를 자신의 힘으로 창간하고 싶다고 말하고 있는 것입니다. 만약에 실러가 '아버지'였다면 횔덜린은 아직 그 '아버지'에게 인정을 받은 지 얼마 안 된 자식임에도 불구하고 벌써 자신을 '아버지'의 위치에 앉히려고 합니다. 새로운 잡지의 창간은 그를 경제적으로 안정시키는 것과 동시에 그가 이상의 위치에 있던 실러 — 즉「단편 히페리온」을 자신의 잡지에 게재하여 횔덜린이 세상에 알려지는 계기를 만들어준, 횔덜린에게는 '아버지' 같은 실러 — 에 필적하는 이상의 위치로까지 그를 높이는 행위였던 것입니다. 그는 이와 같은 무모한, 너무나도 이른 행위로 맹렬히 돌진해 간 것입니다.

횔덜린은 이 편지에서 실러를 '존재의 증거'라고 말하고 있습니다. 이것은 실러의 존재가 세상에서 이상을 향한 이정표가 되었다는 것입니다. 보통 그러한 존경의 표명 후에 이어지는 말은 '그 이상에 복종합니다'라든가, 혹은 '나의 라이벌은 당신입니다' 중 한쪽이 아닐까요? 정신분석의 관점에서 보면 사람은 부성적인 인물과 만났을 때 그 인물에 대하여 수동적 복종이나 적대적 경쟁 중 어느 한쪽의 태도를 취하는 경우가 많은데, 횔덜린은 그러한 — 즉 '아버지' 같은 인물로 향한 '전이(Übertragung)'에서 문제가 되는 — 문제를 건너뛰고, 본래라면 그 문제를 넘어선 뒤에 해야 할 일을, 즉 자신을 그 이상의 지위로 높이는 것을 '선취'적으로 행하려는 것입니다. 가장 딱하게 느껴지는 것은 이상의 실현이라는 '명예로운 목표'가 실현되는 것은 '장래'의 일이고, 현재의 그는 그 이상의 실현이 불가능하다는 것을 그 자신이 충분히 이해하고 있다는 점입니다. 그는 바야흐로 현실과 이상 사이의 균열로 떨어지려 하고 있는 것입니다.

실러는 1799년 8월 24일 자 회신에서 당연하다는 듯이 이 자만에 찬 제의를 거절합니다. 게다가 그 이후에는 횔덜린에 대하여 그다지 신경을 쓰지 않게 되고 편지가 와도 무시하게 된 것 같습니다. 그리고 1800년 6월에 30세가 된 횔덜린은 뉘르팅겐의 가족의 품으로 돌아오는데, 그 무렵에는 몸이 쇠약해지고 정신적으로도 짜증을 냈다고 합니다. 또한 주의력과 집중력의 저하나 자극 과민성을 보이고, 자신과 관련이 없는 말을 듣고 종종 화를 내거나 반대로 멍한 적도 있었던 것 같습니다. 조현병에서 자주 볼 수 있는 관계망상이 일어났던 것이라고 생각해도 좋겠지요. 10일 정도 집에 머문 후에 횔덜린은 슈투트가르트의 란다우어Landauer 곁에 머물며 강연을 하는 등 생계를 이어갔습니다. 그러한 광기의 와중에서도 「빵과 포도주」 등의 명작을 씁니다.

횔덜린은 1801년 1월에 스위스 하우프트빌Hauptville의 곤첸바흐Gonzenbach가에 가정교사로 부임하지만 4월에 해고당합니다. 그 무렵에는 '지난 몇 주 동안 내 머릿속이 약간 혼란(bunt)스럽다'(ヘルダーリン, 1969: 455)라고도 말하고 있으며, 아마도 머릿속에서 다양한 관념이 끓어오르는 상태 — 이것이 바로 칸트가 통각에 의해 격리하려고 했던 광기 그 자체임을 기억해둡시다 — 에 있었던 것으로 생각됩니다. 병적학적 견지에서 횔덜린을 논한 랑게-아이히바움이 지적하는 시의 언어의 붕괴(기이한 듯한 어색한 말투)가 보이기 시작하는 것도 이 무렵부터입니다(ランゲ゠アイヒバウム, 1989).

당시 횔덜린의 심적 상황을 보여주는 편지 구절 두 가지를 소개합니다.

일찍이 나는 새로운 진리에, 우리 위나 주위에 있는 것에 관한 뛰어난 견해에 환호할 수 있었다. 지금 나는 내가 마지막에는 신들로부터 소화해낼 수 없을 만큼 많은 것을 받은 탄탈로스처럼 될까 봐 걱정이다(1801년 12월 4일 벨렌도르프Casimir Ulrich Böhlendorff에게 보낸 편지. ヘルダーリン, 1969: 465).

강력한 원소, 천공의 불, 인간들의 고요함, 자연 속에서의 그들의 생활, 그리고 그들의 제한된 모습과 만족, 그것들이 내 마음을 쉬지 않고 강하게 사로잡았다. 그리고 사람들이 영웅들에 대하여 표현하는 것에 따르면 나는 이렇게 말할 수 있을 것이다. 아폴론이 나를 쏜 것이라고(1802년 12월 2일 벨렌도르프에게 보낸 편지. ヘルダーリン, 1969: 471).

휠덜린은 확실히 광기에 사로잡힌 것 같습니다. 1802년 1월 말경에는 보르도의 마이어Meyer가에서 가정교사 자리를 맡지만 역시 3개월밖에 계속할 수 없었습니다. 친구인 프리드리히 셸링Friedrich Wilhelm Joseph von Schelling(1775-1854)은 헤겔에게 보낸 편지에서 당시의 휠덜린을 다음과 같이 묘사하고 있습니다.

당시 체재 중에 내가 본 가장 비참한 모습은 휠덜린의 모습이었네. 그가 […] 자신의 지위의 의무에 대해 완전히 잘못 생각하고 프랑스로 나가, 그가 채울 수도 없고 자신의 감수성과 조화시킬 수도 없었던 요구를 받은 것 같아서 즉시 되돌아온 여행 — 이러한 불운한 여행 이후에 그의 정신은 완전히 망가져버려서, 지금도 그리스어 번역 등 약간의 일을 어느 정도는 할

수 있다고 하지만 전반적으로는 완전히 망연자실한 상태에 빠져 있다네. 나는 그의 모습이 무서웠다네. 그는 섬뜩할 정도로 몸가짐을 소홀히 하고 있고, 이야기는 그다지 광기(Verrückung)의 기색을 보이지 않지만, 광기에 빠진 사람들의 외면적인 태도가 완전히 몸에 배어 있다네(1803년 7월 11일 셸링이 헤겔에게 보낸 편지. ヘルダーリン, 1969: 622).

1802년에 횔덜린은 이미 완전한 조현병, 그것도 '치매'화가 서서히 잠행潛行하고 있는 상태에 있었다는 것을 알 수 있습니다. 그리고 같은 해 7월 초순에는 '횔덜린이 갑자기 어머니 집에 나타나서 광란 상태로 집안 사람들을 집 밖으로 쫓아냈다 […]. 그는 착란한 것 같은 표정, 미쳐 날뛰는 몸짓을 보이면서 광기의 구렁텅이에 빠져 있는 것 같은 모습이었고, 도중에 강도를 만났다는 말을 믿을 수 있을 것 같은 끔찍한 복장을 하고 있었다'(ヘルダーリン, 1969: 611)라고 합니다. 이렇게 하여 횔덜린의 광기는 가족과 지인에게도 알려지게 됩니다.

다만 이러한 광기의 상태에서도 횔덜린은 소포클레스의 비극의 번역에 몰두하거나 시작을 하고 있었습니다. 1804년 6월에는 프리드리히 루트비히 5세의 궁정도서관 사서가 되어 「파트모스Patmos」를 헌정하기도 합니다.

그러나 횔덜린의 광기의 프로세스는 계속해서 진행되어 1806년 초에는 이유도 없이 계속 외치는 격렬한 흥분 상태(긴장병 상태)가 되었습니다. 친구인 싱클레어는 횔덜린의 어머니에게 다음과 같이 쓰고 있습니다.

아드님의 광기(Wahnsinn)는 이곳 우민愚民들의 심한 반감을 불러일으키므로 제가 없는 동안에 아드님의 몸에 잔혹한 폭력이 가해질 우려도 있고, 아드님에게 더욱 자유를 허락해주면 공중의 위험을 초래할 수 있습니다(1806년 8월 3일 싱클레어가 휠덜린의 어머니에게 보낸 편지. ヘルダーリン, 1969: 636).

현대의 표현으로 휠덜린은 '자상타해自傷他害의 우려'가 있다고 생각되는 상태였던 것입니다. 싱클레어는 1806년 9월에 그를 병원에 데려가기 위해서 책을 구입하러 가자고 속이고 그를 튀빙겐 대학 부속병원에서 진찰받게 했습니다. 이렇게 이 병원에 입원하게 된 휠덜린은 식사 때에도 나이프나 포크 없이 숟가락만 받았다고 하니 역시 자상이나 자살의 가능성이 있는 위험한 상태였던 것 같습니다. 이 시기의 휠덜린에 관한 진료 기록부는 남아 있지 않지만, 처방전을 보면 긴장병성 흥분과 혼미를 반복했다는 것을 알 수 있습니다. 휠덜린은 만약 진료 기록부가 남아 있다면 명실상부하게 인류 역사상 가장 초기의 조현병자로 간주되었을지도 모릅니다.

1807년 『히페리온』의 열렬한 독자였던 짐머Zimmer가 휠덜린을 맡게 되고 그는 이후 생애를 그곳에서 보내게 됩니다. 짐머의 탑 속에서 생활하면서 광포 발작은 점차 줄어든 것 같습니다. 1822년 7월에 휠덜린을 방문하고 나중에 전기 『프리드리히 휠덜린의 생애 — 시작과 광기』를 쓴 빌헬름 바이프링거Wilhelm Waiblinger(1804-1830)는 '요즈음은 소리를 지르거나 날뛰는 일은 없어졌지만 정상적이지는 않다. 벌써 6년 동안이나 그는 하루 종일 아

무 일도 하지 않고 방 안을 왔다 갔다 하며 혼잣말을 중얼거리고 있다'고 쓰고 있습니다(ヘルダーリン, 1969: 649). 그러나 차츰 시에서도 상동언어常同言語[같은 말을 반복하는 언어장애]가 눈에 띄게 되고, 무의미하게 보이는 문자를 홍수처럼 쓰게 됩니다. 횔덜린은 시를 읽지 못하고 '나는 모르겠다. 이것은 카말라타어다'라고 말한 것으로 기록되어 있습니다. 외출하고 싶지 않기에 '시간이 없습니다, 교황님', '여기 있으라고 명령을 받았습니다' 등의 변명을 하고, 무엇이든지 곧바로 부정하는 '거절증'이라고 불리는 상태에도 있었던 것 같습니다. 게다가 서명署名에는 '부오나로티Buonarroti', '스카르다넬리Scardanelli'라고 적고, 날짜도 실제와는 다르게 쓰게 됩니다. 그리고 횔덜린은 1842년 겨울부터 몸이 안 좋아져 다음 해 1843년 6월 7일 73세의 나이로 생을 마감합니다.

근대적 이성의 균열

그러면 횔덜린이 어떻게 해서 발병에 이르게 되었는지를 검토해봅시다. 앞 절에서는 횔덜린이 수평 방향으로 펼쳐지는 '세상'과 잘 어울리지 않고 반대로 자신이 목표로 하는 수직 방향의 높은 '이상'을 향해 '선취'적으로 도약하려는 경향이 있다는 것을 이미 확인했습니다. 그의 이상으로의 도약은 1795년 현실과 이상 사이의 불균형으로 인하여 우울 상태가 되었고 최종적으로 1799년 새로운 잡지 창간이라는 '자만에 찬' 시도로 귀결합니다. 이것이 횔덜린에게 있어서 조현병의 발병이었다고 생각할 수 있습니다.

이러한 횔덜린의 병의 경과는 정신병리학자 루트비히 빈스방거의 인간학적 입장에서의 조현병론이 가장 잘 설명할 수 있습니다. 빈스방거에 따르면 조현병자의 현존재(Dasein) ― 우선 '자신의 존재란 무엇인가'를 스스로 문제 삼을 수 있는 인간이라고 이해해둡시다 ― 에는 병 전부터 '자연스러운 경험의 비일관성'이 보인다고 합니다. 그것은 세계 속의 사물에 안심하고 머물 수가 없다는 것입니다. 다시 말하면 그는 세계의 '자연'에서 살 수가 없는 것입니다 (ビンスワンガー, 1957-1961: (1)7).

이러한 상황에 대하여 조현병자는 그것을 스스로 극복하는가 혹은 그것에 압도되는가의 양자택일, 승리인가 패배인가의 양자택일에 빠져 현존재의 일상이 위기에 처하게 됩니다. 그래서 조현병자는 발병에 이르고 승리를 위한 도피의 길로 '자만에 찬(verstiegen)' 이상 형성을 한다고 빈스방거는 지적합니다. 횔덜린을 염두에 두고 쉽게 풀어보면 다음과 같이 바꿔 말할 수 있겠지요. 조현병자는 자기가 사는 세계의 경험이 점점 줄어들고 수평 방향의 타자(주변 사람)들과의 교제나 연결이 불충분함에도 불구하고 (그리고 불충분하기에) '신을 닮은 모습인 인간의 이상이란 무엇인가?' '아버지라는 것은 어떤 것인가?' '주체란 무엇인가?'라고 하는 수평 방향과의 균형을 결여한 ― 그러므로 추락이 운명 지어져 있습니다 ― '자만에 찬' 수직 방향의 물음을 주체적 결단에 의해서 해결하려는 것입니다. 물론 이 '자만에 찬' 이상의 추구는 상황의 해결에는 전혀 도움이 되지 않고 오히려 넘어갈 수도 깨뜨릴 수도 없는 '벽'을 만들어버리고, 환자는 이제 이상 추구 이전의 상태로 돌아갈 수도 없게 되어버립니다. 그 결과 조현병자는 양자택일 중 받아들이기 어려운 쪽을 어떻게든 은폐하려고 하지만, 스스로가 추구하는 이상이 자만에 찬 것이 될수록 이 양자택일 중 다른 측면, 즉 이상과 모순되고 이상을 거부하고 억압하는 측면이 맹위를 떨치게 됩니다. 최종적으로 현존재는 항복하고 다른 측면에 자기를 맡기게 되는데, 여기에서 일방적인 타자성이 우위가 되고, 환자가 예전부터 이상으로 삼았던 심급은 그를 박해하는 것으로 변모하고, 그의 주체성은 타자에게 찬탈당하고 맙니다. 이것이 조현병의 여러 증상을 이루는 인간학적 기초라고 빈스방거는 생각했습니다.

이 논의는 놀랍도록 횔덜린의 인생과 일치하고 있습니다. 어린 시절부터 횔덜린이 보여준 현실에 친숙하지 않음은 확실히 '자연스러운 경험의 비일관성'이라고 부를 수 있는 것이며, 그는 거기서부터 현실과 이상이 심하게 괴리된 양자택일 상태에 이르렀다고 생각할 수 있습니다. 그리고 부성적인 인물(실러)과의 만남을 계기로 새로운 잡지 창간이라는 '자만(Verstiegenheit)'이 생겼고, 그 필연적인 좌절이 여러 가지 정신병 증상을 이끌었다고 생각할 수 있는 것입니다.

그런데 빈스방거의 논의는 기본적으로 공간론적인 것으로 수평 방향과 수직 방향이라는 공간 축 사이에서의 균형 — 그는 이것을 '인간학적 균형'이라고 부릅니다 — 의 붕괴를 조현병자에게서 보는 것이었지만, 똑같은 것을 시간론적인 시점에서 논한 사람이 기무라 빈입니다(木村敏, 1982). 기무라에 따르면 조현병자는 '언제나 미래를 선취하면서 현재보다는 한발 앞서 살려고 한다'라고 표현할 수 있는 시간을 살고 있다고 합니다. 즉 조현병자는 현재의 처지에는 거의 관심을 갖지 않고 새로운 미래에 자기를 투기投機하는 경향

이 있는 것입니다. 이러한 생각에 따르면 조현병자에게서 종종 보이는 피해망상이 환자에게 두려움을 느끼게 하는 것은 타인이 자신에게 위해를 가하기로 확정되어 있기 때문이 아니라 오히려 타인이 무엇을 할지 모르기(알 수 없기) 때문이라는 것을 이해할 수 있게 됩니다. 조현병자에게 보이는 이러한 미래 선취적인 시간 의식을 기무라는 '안테 페스툼ante festum(축제 전前)'이라고 불렀습니다. 이미 지적한 횔덜린의 '선취'성은 확실히 기무라가 말하는 안테 페스툼이라는 시간 의식의 상태 그 자체라고 말할 수 있겠지요. 빈스방거는 공간(수직 방향)에서의 '상승'을 나타내는 여러 현상은 그 배후에서 시간성을 동시에 의미하고 있음을 이미 지적했습니다만, 횔덜린의 병에서도 역시 수평 방향이 점점 줄어들어('개개인과 어울리는 데 따뜻함이 좀 줄어든다') 수직 방향으로 편중('미래의 시대에 무르익어야 할 싹을 우리 시대에 깨어나게 한다')되는 공간적인 인간학적 균형의 붕괴가 동시에 시간성 속에서도 '선취'적으로 표현되고 있는 것이 특징적입니다(ビンスワンガー, 1995: 11-12).

이렇게 생각할 때 1795년의 '예나의 우울'과 1799년의 새로운 잡지 창간에서 비롯된 발병이 모두 '이상'과의 관계로부터 생기고 있다는 것을 이해할 수 있습니다. 1795년의 횔덜린, 즉 시인으로 데뷔한 지 아직 몇 년 되지 않은 횔덜린이 대시인 실러라는 '이상'을 따라잡고 싶다는 것은 기교奇矯한 생각이기는 하지만, 그는 다른 한편으로 그 '이상'이 손에 잡히지 않는 곳에 있다는 것도 잘 알고 있었습니다. 여기서 보이는 '이상'에의 도달 불가능성, 즉 '선취'의 불가능성이 1795년의 그를 우울 상태로 몰아넣었던 것입니다. 그리고 1799년의 새로운 잡지 창간이라는 행위는 그를 실현 불가능한 '이상'으로 ― 더 이상 되돌릴 수 없는 방식으로 ― 도약시키는 것과 같은 행위였으며, 이 행위야말로 그를 조현병의 발병으로 이끌었던 것입니다. 즉 1795년의 우울 상태는 '현실'과 '이상'의 양자택일 사이에서 '현실'을 선택함으로써, 그리고 1799년의 조현병의 발병은 '이상'을 선택함으로써 결정되었다고 생각할 수 있습니다.

흥미롭게도 횔덜린의 양자택일의 논리는 그의 철학적 단편에서도 관찰됩니다. 그가 남긴 '헤겔과의 공통 작업'이라고도 평가되는 1795년의 철학적 단편 「존재, 판단 …」에는 그것이 분명히 나타나 있습니다. 여기서 횔덜린은 약간 연장年長인 철학자 요한 고트리프 피히테Johann Gottlieb Fichte(1762-1814)가 『전 지식학의 기초』(1794)에서 동일성을 갖는 자아(= '나')를 절대적 자아라고 간주하고, 이 절대적 자아에서 출발하여 모든 지식을 일원적으로 체계화하려고 기획하는 것을 다음과 같이 비판하고 있습니다.

[…] 이러한 존재[= 존재 그 자체(Seyn schlechthin)]는 동일성과 혼동되어서는 안 된다. 내가 '나는 나다(Ich bin Ich)'라고 말할 때 주관(자아Ich)과 객관(자아)은 분리되어야 하는 것의 본질을 훼손하지 않고는 어떤 분할도 불가능할 정도로 합일되어 있지는 않다. 반대로 자아는 이처럼 자아가 자아로부터 분리됨으로써만 가능해진다. 자기의식 없이 나는 어떻게 '나'라고 말할 수 있을까? 하지만 자기의식은 어떻게 하여 가능해지는 걸까? 내가 자기를 자기 자신에 대립시키고, 자기를 자기 자신으로부터 분리하고, 그러나 그 분리에도 불구하고 대립시킨 자기에게서 자기를 동일한 것으로서 인식함으로써 그렇게 하는 것이다. 하

지만 어느 정도까지 동일한 것으로서 인식하는 것일까? 나는 이렇게 물을 수 있고 또 물어야 한다. 왜냐하면 다른 관점에서 보면 자아는 자기와 대립되어 있기 때문이다. 그러므로 동일성은 결코 완전한 형태로 발생하는 객관과 주관의 합일이 아니며, 그러므로 동일성 = 절대적 존재(absoluten Seyn)는 아닌 것이다(ヘルダーリン, 2003: 15-16).

피히테가 말하는 '자아(Ich)'란 칸트의 통각과 같은 것이라고 생각하세요. 칸트는 통각이라는 것을 상정함으로써 모든 표상을 통일하고 미친 표상을 격리하려고 했지만, 피히테는 그 구상을 한발 넘어서서 모든 지식의 근원에 이 '자아'를 두려고 생각했던 것입니다.

그런데 휠덜린은 그러한 자아를 도대체 어떻게 정립할 수 있는지 모르겠다고 의문을 제기합니다. 피히테는 '나는 나다(Ich bin Ich)'라는 명제를 통해 그 자아를 절대적인 것으로 자리매김하려고 하지만, 휠덜린은 그러한 명제에 의해 그 자아를 정립할 수 없다고 말하는 것입니다. 어떻게 된 일일까요?

'나는 나다'라는 명제는 'OO은 XX이다'라는 명제의 일종입니다. 예를 들어 '나는 대학생이다'라는 명제는 주어인 '내'가 '대학생'이라는 속성을 가지고 있다는 것을 의미합니다. 그래서 누군가가 '나는 대학생이다'라는 명제를 주장했을 때, 우리는 그 명제를 이야기하고 있는 사람이 '대학생'이라는 것을 이해하는 것이지요. 그러면 어떤 사람이 '나는 명랑하고 유머가 있는 좋은 사람입니다'라는 명제를 주장한다면 어떨까요? 우리는 그 사람을 '좋은 사람'이라고 생각할까요? 오히려 자신을 '좋은 사람'이라고 진심으로 말하는 사람은 좀 특이한 인물이라고 생각하지 않을까요? 이처럼 'OO은 XX이다('주어'는 '술어'이다)'라는 명제는 단지 주어의 성질을 술어에 의해서 설명만 하는 것이 아니고, 그 명제가 주장되자마자 술어의 작용에 의해서 주어 자체가 변용될 수 있는 것입니다. 그렇다면 원리적으로 확고한 '나(Ich)'를 둘 수는 없을 것입니다.

횔덜린이 피히테를 비판하는 것은 피히테가 이러한 역설을 완전히 무시한 채 자아를 절대적인 것으로 간주하기 때문입니다. 피히테류의 자아동일성은 '자아가 자아로부터 분리'되는 것, 즉 주관으로서의 자아('나'를 바라보는 '나')와 객관으로서의 자아('나'를 통해 바라볼 수 있는 '나')가 분리되는 것을 전제로 하고 있음에도 불구하고 주객의 분리라는 결정적인 사건이 생긴 후에도 객관으로서의 자아와 주관으로서의 자아가 동일할 것 ― 정신분석에서 말하는 '주체의 분열'에 대한 부인 ― 을 요구하고 있습니다.

시가야 다가코는 결국 횔덜린은 여기서 철학의 원리를 동일성(자아)이 아니라 그것을 능가하는 '절대적 존재'에 두려 하고 있다고 지적합니다(四日谷敬子, 1989). 그러나 그러한 횔덜린의 전략은 막다른 골목에 몰리는 것이 운명이겠지요. 피히테처럼 자아로부터 사고를 개시할 수 없다면, 절대적 존재로부터 '나'를 분리하여 자아를 만들어내지 않으면 안 됩니다. 그러나 그 분리는 커다란 변용을 수반하므로 '나'를 분리할 수 없습니다. 그러면 절대적 존재를 원리로 하고 있는 한 나, 즉 자아(자아의식)의 발생 그 자체가 큰 수수께끼, 말하자면 균열이 되어버리는 것입니다.

횔덜린적이지 않은 좀 더 원만한 해결 방법은 물론 헤겔의 방식입니다. 헤겔은 피히테처럼 '자아는 자아다'라고 바로 전제해버리는 것이 아니라, '더 자연적인 감각-지각-지성이라는 대상 의식에서 출발하여 지성의 끝에서 도달하게 되는 무한성에 의해서 피히테의 앞의 명제[= 자아는 자아다]를 기초'했습니다(金子武藏, 1971: 634). 즉 '나(자기의식)'는 변증법의 과정 속에서 단계적으로 획득된다고 생각한 것입니다. 그러나 휠덜린은 도저히 그렇게 생각할 수 없었기 때문에 자아를 전제로 할 것인가, 자아가 발생할 수 없는 상태에 머물 것인가라는 양자택일에 빠져버립니다. 그리고 이러한 양자택일로부터 그에게 존재 그 자체의 위기가 도래하게 되는 것입니다.[1] 휠덜린은 그것을 편지에서 다음과 같이 적고 있습니다.

> 그[= 피히테]의 절대적 자아(스피노자의 본체와 같다)는 모든 현실성을 내포하고 있다. 절대적 자아는 전체이고, 그 외에는 무이다. 따라서 이 절대적 자아에게 대상은 존재하지 않는다. 왜냐하면 그렇지 않으면 모든 현실성이 절대적 자아 속에 있을 수 없기 때문이다. 그러나 대상이 없는 의식은 생각할 수 없다. 그리고 나 자신이 이 대상이라고 한다면, 나는 이러한 대상으로서 필연적으로 유한하며, 시간 내에서만 존재해야 하고, 따라서 절대적이지 않다. 따라서 절대적 자아에서 의식은 생각할 수 없고, 절대적 자아로서 나는 의식을 가지고 있지 않다. 내가

---

1 필립 라쿠라바르트Philippe Lacoue-Labarthe(1940-2007)는 휠덜린을 그의 동급생인 헤겔과 비교하면서 휠덜린에게서 변증법적인 조직화에 매달리는 '중간 휴지(césure/Zäsur)'가 발견된다는 점에 주목합니다(ラクー゠ラバルト, 2003: 97). 라쿠라바르트가 다룬 것은 특히 휠덜린의 비극론이나 소포클레스의 번역이었지만, 이러한 특징은 휠덜린의 인생과 시작의 전체에서도 발견할 수 있습니다.

의식을 가지지 않는 한 나는 (나에게 있어서) 무이고, 따라서 절대적 자아는 (나에게 있어서) 무이다(1795년 1월 26일 헤겔에게 보낸 편지. ヘルダーリン, 1969: 201).

휠덜린의 '선취'적인 태도, 즉 '미래에 실현될 것을 지금 당장 실현하기를 열망하는' 태도는 여기에서도 일관적입니다. 그리고 그 성급함이야말로 휠덜린을 '아무것도 아닌' 절대적 자아로, 즉 '무'로 전락시키는 것입니다.

시작과 광기

양자택일로 인해 발생한 '무'로의 전락轉落. 이 특징은 휠덜린의 광기와 관계있을 뿐만 아니라 그의 시작詩作과도 큰 관계가 있습니다. 예를 들어 그가 1800년 말경에 쓴 「마치 축제일이 밝아올 때…」에는 '그러나 시인들이여! 우리에게 어울리는 것은 신의 황천荒天[= 뇌우] 아래서 / 맨머리로 서서 / 아버지의 뇌화雷火 그 자체를 자기 자신의 손으로 / 잡고, 천상의 선물을 노래에 / 담아서 세상 사람들에게 나누어 주는 것이 마땅하다'라는 구절이 있습니다(ヘルダーリン, 1967: 147). 다음 장에서 다루는 하이데거는 이 구절을 다음과 같이 해석하고 있습니다.

시인은 그의 심리 체험을 소재로 하는 것이 아니라, '신의 뇌우 아래'서 — '맨머리로', 무방비로 자기를 맡기고 — 서 있는 것

이다. 현존재란 '존재'[2]의 압도적인 힘 속에 노출되어 있는 것 (Ausgesetztheit in die Übermacht des Seyns)으로서 존재하는 것과 다름없다(ハイデガー, 1986: 38).

즉 휠덜린은 '무'로 전락함으로써 "'존재'의 압도적인 힘(Übermacht des Seyns)'에 노출되어 그것을 시로 표현했다고 생각할 수 있습니다.

이것은 빈스방거의 조현병의 발병론과도 무관하지 않습니다. 실제로 빈스방거는 조현병자는 압도적인 힘에 스스로를 넘겨주고 항복한다고 말합니다(ビンスワンガー, 1959-1961: (1)18). 이처럼 휠덜린의 '선취'적인 자세는 조현병의 발병을 초래하고 그를 '존재'라는 압도적인 '무'에 드러냈던 것입니다.

여기에는 확실히 근대적인 주체 그 자체의 균열이 나타나 있는 것 같습니다. 이러한 균열은 칸트에 의해 격리되고, 헤겔에 의해 극복되고 닫혀 있던 것입니다. 그런데 아이러니하게도 헤겔의 옆에 있던 휠덜린에 의해 그 균열이 다시 열리고, 거기서 인류 사상 가장 초기의 조현병이 도래한 것입니다. 들뢰즈는 그것을 염두에 두면서 『차이와 반복』(1968)에서 다음과 같이 말합니다.

칸트의 철학에는 어떤 명확한 계기, 아무도 모르게 섬광을 발하는 계기가 있는데, 그것은 칸트에게조차 지속되지 않고 칸트

---

2 이 책에서는 하이데거가 독일어 '존재(Sein)'의 고어인 'Seyn'을 사용할 경우 '존재'라고 표기합니다.

이후의 철학에는 전혀 계승되지 않는 — 횔덜린의 '정언적 전회[일탈](détournement catégorique)'라는 경험과 이념에는 아마 계승되고 있을 것이다 — 것이지만 우리는 칸트 이전과 칸트 이후의 사건(결국 같은 사태로 귀착하는 사건)에보다는 오히려 그러한 칸트 철학 그 자체의 계기에 관심을 기울이지 않으면 안 될 것이다. 왜냐하면 칸트가 이성적 신학을 비판할 때, 동시에 그는 일종의 불균형, 갈라짐 혹은 균열을, 즉 권리상 극복할 수 없는 정당한 소외(aliénation)[정신이상]를 '나는 생각한다(Iche denke)'라는 순수한 '자아' 안으로 도입하기 때문이다(ドゥルーズ, 2007b: (上)168).

제6장에서 보았듯이 칸트의 철학에는 균열이 여러 얼굴을 내밀고 있습니다. 칸트의 철학에는 '그 이상 탐구하면 광기에 빠진다'는 강조점이 있으며, 그는 그러한 균열에 대해 방어를 하고 있는 것입니다. 피히테와 헤겔에게서 그러한 위기의 균열은 이미 해소되었는데, 그 균열 — 즉 표상 불가능한 것 — 을 또다시 가시화시킨 것이 횔덜린인 것입니다.

야스퍼스의 횔덜린론

앞 절에서 약간 선취적으로 하이데거와 들뢰즈의 논의를 소개했습니다만, 그전에 횔덜린의 광기에 대해 논한 야스퍼스의 논의를 살펴봅시다.

야스퍼스는 1922년 『스트린드베리와 반고흐』에서 조현병자에게 일시적으로 '형이상학적 심연이 계시되는' 일이 있는데, 이것이 병자의 작품을 특이하게 한다고 생각했습니다. 그리고 1801년부터 1805년에 걸쳐서 횔덜린이 바로 그러한 상태에 있었고, 그 때문에 훌륭한 시작을 할 수 있었다고 주장합니다. 야스퍼스의 주장을 읽어봅시다.

> 1801-1805년 사이의 횔덜린 작품은 분명히 그가 정신분열증[=조현병]에 걸렸던 시기의 것이다. 이러한 작품은 매우 다양하게 평가되어왔다. […] 랑게[-아이히바움]는 그것이 정신병의 증상을 나타내기 때문에 전기의 작품보다는 가치가 적다고 생각했지만, 폰 헬링그라트는 그것이 횔덜린 저서의 핵심, 정점에 있으며, 그의 후세에 대한 유언이라고 했다. […]
> [그러나] 그의 시작의 특질이야말로 오히려 분열증적인 것의 본질에 빛을 던지고, 정신분열증이라는 개념을 보다 구체적으로 표현할 수 있을 것이다(ヤスパース, 1959: 150-154).

랑게-아이히바움은 이 시기의 횔덜린의 작품은 광기의 영향이 너무 강하여 가치가 낮다고 단정하고 있습니다. 그러나 20세기 초에 횔덜린을 재발견하고 일종의 '횔덜린 르네상스'를 일으킨 로베르트 폰 헬링그라트Norbert von Hellingrath(1888-1916)는 이 시기의 작품을 높이 평가하고 있습니다(뒤에 하이데거도 아마 그의 영향하에 이들 작품에 지극히 높은 평가를 내리게 됩니다). 야스퍼스는 횔덜린의 시작을 충분히 평가한 후에 그가 조현병의 모범적인 케이스라고 말하고

있습니다. 바꾸어 말하면 그의 병과 시작詩作의 경과를 따라감으로
써 '조현병이란 무엇인가'를 이해할 수 있게 해줄 특권적인 병례가
횔덜린이라고 말하는 것입니다.

또한 야스퍼스는 횔덜린의 발병 논리가 어떻게 시작과 관계하고
있는지를 다음과 같이 논합니다.

> 그[=횔덜린]는 이처럼 시인의 천직을 자각하고 있었지만 동시
> 에 자신이 현실과 조화롭게 생활할 능력이 없다는 것을 느끼며
> 당시 사회에 대해 불만의 뜻을 나타내고 있다 […].
> 발병과 함께 횔덜린의 동요하고 고뇌하는 자아의식은 점차 견
> 고하게 독재적으로 변하고 동시에 그의 작품도 실제로는 현실
> 세계에 등을 돌리게 된다. 이 고독을 더 이상 느끼지 않게 된
> 고독자는 그 작품의 무대를 감동적인 혼과 질서 있는 힘 사이
> 의 극도의 긴장의 결과로서 생겨난 무시간적인 세계로 옮긴다
> (ヤスパース, 1959: 156-157).

앞에서 본 것처럼 횔덜린은 이웃들이 사는 '현실'과 잘 조화를 이
루지 못하고, '선취'적으로 '이상'에 도달할 것을 강하게 요구했습니
다. 그러한 '자만'이 돌이킬 수 없는 지점에 이르렀을 때 그의 광기
가 발병하고 시작에도 근본적인 변화가 생기는 것입니다. 그 변화
는 야스퍼스에 따르면 다음과 같습니다.

> 이것은 직접 체험의 구현이다. 영감을 받은 시인의 체험도 이
> 와 비슷하고, 많은 예술가는 이 시에서 자신의 체험이 횔덜린

에 의해 대변되고 있다고 느낄지도 모른다. 그러나 이것은 건강한 사람들에게서 볼 수 있는 인간의 자연스러운 고뇌, 그 운명, 예언적 고양, 시적 고백에 의한 구원, 신비로운 신에 대한 접근 등은 아니다. 그의 표현 양식은 자연적인 체험을 시적으로 과장한 것이 아니라 문자 그대로 받아들여야 한다. 이것은 그의 편지와 그의 생애의 실제에 관한 자료에 의해 증명되고 있다. 이런 종류의 체험, 진정한 의미에서 순수하고도 위험한 체험은 정신분열증[＝조현병]에서만 볼 수 있다(ヤスパース, 1959: 165-166).

여기서 야스퍼스는 횔덜린에게 생긴 광기가 저 '영감', 즉 플라톤적인 인스퍼레이션과 많이 닮았다는 것을 지적하고 있습니다. 제2장과 제3장에서 확인했듯이 예전에는 하늘 높은 곳에 신이나 다이몬이 존재하고 그러한 존재가 시인에게 인스퍼레이션을 준다고 생각했습니다. 이러한 인스퍼레이션은 아리스토텔레스 이후 거의 잊힌 것인데, 횔덜린은 다시 그 인스퍼레이션을 광기와 맞바꾸어 손에 넣을 수 있었던 것입니다.

주목하고 싶은 것은 야스퍼스가 인스퍼레이션과 닮은 이러한 체험을 '해체적인 심연'이라고 표현하고 있는 것입니다(ヤスパース, 1959: 224). 그가 명확하게 말하고 있는 것은 아니지만, 예전에 하늘에 자리매김되어 높이와 관련되어 있던 인스퍼레이션은 조현병이라는 광기의 도래에 의해 '심연', 즉 지하로 숨어드는 깊이와 관련지어지게 되었다고 해도 좋을 것입니다. 그것은 플라톤적인 인스퍼레이션이 시인을 아무런 해체적인 결말로 향하게 하지 않는 것에 반해,

휠덜린에게 있어서의 인스퍼레이션(심연의 개시)은 그의 창조의 원천이 될 뿐만 아니라 그를 이성의 죽음(황폐 상태)으로 향하게 하는 것과도 관련이 있습니다. 또한 다음 장에서 자세히 다루겠지만 플라톤적인 인스퍼레이션에 있어서는 신이 문제가 되는 반면, 휠덜린의 시에서는 신의 부재가 문제가 되고 있는 것도 이와 관련지을 수 있을 것입니다.

요컨대 휠덜린은 사람들이 헤겔적인 광기의 극복에 의해 망각했던 것을 천상의 존재로부터의 목소리가 아니라 자신의 발밑에 있는 커다란 블랙홀로 재발견하고 있는 것입니다.

니체의 병적

휠덜린과 매우 비슷한 특징은 프리드리히 니체Friedrich Wilhelm Nietzsche(1844-1900)에게서도 볼 수 있습니다. 니체는 17세 때 휠덜린을 읽었고 상당히 영향을 받은 것 같은데 그의 저작이나 논문에는 휠덜린의 이름이 그다지 등장하지 않습니다. 그러나 니체의 글쓰기 스타일 자체가 휠덜린을 닮았다고 지적하는 논자도 있습니다. 어쩌면 니체는 휠덜린을 경애하기 때문에 굳이 그의 이름을 언급하지 않으려고 했는지도 모릅니다.

니체는 매독 감염에 의한 진행마비 — 매독으로 뇌실질腦實質이 침해되어 생기는 정신병이며 당시의 조현병과 마찬가지로 이성의 해체에 이르는 병입니다 — 를 앓고 있었습니다. 그가 1900년에 죽자 파울 율리우스 뢰비우스Paul Julius Moebius라는 병적학자가 『니체

의 병리에 대하여』(1902)라는 책을 출판합니다. 당시 니체의 작품은 대단히 인기가 있었던 것 같은데 뫼비우스는 니체와 같은 광기의 인물의 사상이 대중에게 영향을 주고 있다는 것을 좋게 생각하지 않았던 같습니다. 뫼비우스는 니체의 진행마비는 1865년(21세 때)에 감염된 매독에 의한 것이며, 1880년에서 1883년에 걸쳐서 진행마비의 슈프Schub(병세 악화)가 있어서 니체가 그 시기에 『짜라투스트라는 이렇게 말했다』를 집필했다는 것을 밝히면서 그 이후의 그의 전 작품을 병적인 것으로 간주했습니다. 그리고 그는 '일부에서 진주의 존재를 발견하더라도 결코 전체를 진주의 연속으로 착각하지 말라. 오히려 회의적이었던 그[=니체]는 한 명의 정신병자이다'라는 경고로 책을 마칩니다(メエビウス, 1913). '광기의 인물이 하는 말을 곧이 받아들이지 말라'는 메시지입니다.

그런데 니체도 역시 '영감(Inspiration)'이라는 말을 사용하고 있는데, 그것은 창조적 고양 상태를 가리킨다고 생각됩니다. 그러한 영감이 니체에게 도래하는 것은 다양한 자료를 보면 1881년부터 1884년 사이로 한정되어 있으며, 요컨대 진행마비의 슈프와 거의 같은 시기라는 것을 알 수 있습니다. 그 사이의 영감에 대하여 니체 자신은 다음과 같이 설명하고 있습니다.

[…] 그때 실제로 자신이 압도적인 힘의 단순한 화신, 단순한 입, 단순한 매개에 지나지 않는다는 상념을 물리치는 일은 거의 불가능할 것이다. 말로 할 수 없을 정도의 확실함과 정묘함을 가지고 사람의 마음을 깊은 곳에서부터 뒤흔들고 뒤집는 것 같은 누군가가 갑자기 눈에 보이게 되고, 귀에 들리게 된다는 의

미에서 계시(Offenbarung)라는 개념은 단지 사실을 있는 그대로 서술하고 있을 뿐이다. 사람들은 듣는 것이지 찾는 것이 아니다. 받는 것이지 누가 주는지를 묻지는 않는다. 번개처럼 하나의 사상이 필연의 힘으로 망설임 없이 번뜩인다 ― 나는 끝내 한 번도 선택을 한 적이 없었다. 이는 어떤 황홀의 경지로서 무시무시한 그 긴장은 때때로 눈물의 격류가 되어 풀리고, 걸음걸이는 나도 모르게 질주하거나 만보漫步가 되기도 한다. 완전한 망아의 상태에 있으면서도 발끝까지 전해지는 헤아릴 수 없이 많은 미묘한 전율과 오한을 더할 나위 없이 명확하게 의식하기도 한다(ニーチェ, 2015: 154-155).

여기에서도 역시 플라톤적인 시적 영감과 매우 비슷한 체험을 볼 수 있습니다. 영감이 도래하면 자신은 그 힘의 중개자에 지나지 않습니다. 그것은 절대적으로 확실하고 의심할 수 없는 것이며 진리가 '현현했다'라고 표현할 수밖에 없는 것입니다.

이러한 니체의 창조성은 물론 광기와의 관계에서 검토되었습니다. 야스퍼스는 니체에게 도래한 영감은 플라톤 시대부터 얘기되어 온 시적 영감 ― 시인에게 인스퍼레이션을 주고 신의 말이 직접적으로 제시되는 것 ― 과는 다소 다르고, 발작적, 간헐적이고 훨씬 복잡하다는 것, 게다가 니체가 중년이 되어 처음으로 영감을 느꼈다는 것 등에서 뇌의 기능장애와 같은 생물학적인 요인을 생각해야 한다고 주장합니다만 그래도 그의 광기가 창조성에 큰 영향을 주었다는 것은 인정하고 있습니다.

그러나 니체에게 있어서의 창조와 광기의 관계를 좀 더 긍정적으로 평가한 사람은 랑게-아이히바움입니다. 그는 조현병 발병 후의 횔덜린의 시에는 부정적인 평가를 하고 있지만, 니체에 관해서는 광기와의 긍정적인 관계를 보고 있는 것입니다. 게다가 그는 니체를 단지 진행마비라는 기질성 정신장애로 보는 것이 아니라, 오히려 조현병이라고 보고 일부러 '조현병 양상 진행마비(schizophre-nieartige Paralyse)'라는 진단을 하기도 합니다.

실제로 랑게-아이히바움은 1881년 여름의 영감적인 신비적 체험에서의 니체의 도취 양상 상태는 보통 진행마비에 의한 흥분 상태로 해석되더라도 고전적인 시적 체험과도 구별되는 조현병 양상 체험이라고 주장합니다. 왜냐하면 고전적인 시적 영감에서는 시의 말 그 자체가 주어지지만, 니체에게 도래한 영감은 그것과는 다른 특징을 갖는다는 것입니다. 그의 논의를 봅시다.

> 니체의 새로운 심리적 경험을 숙고하면 할수록 분열증[= 조현병]의 체험의 특징을 떠올리게 된다. 니체의 이른바 영감의 대부분은 분열증 양상인 황홀과 같아서 그것에 관해서는 의심의 여지가 없다. 분열증의 황홀의 특징이라는 것은 이상한 행복, 광희狂喜, 하도 기뻐서 어찌할 바를 모름, 오만한 고양, 엄숙, 깨달음, […] 구제, 은총 같은 감정 […] 이며, 대개는 대상이 되는 내용을 갖지 않는다 […]. 그러나 이러한 황홀에 있어서는 대상적 내용으로서 자기 자신의 감정이 확실히 나타난다. 영감에서는 사물적인 것, 자기 창작 혹은 그와 유사한 것이 주역이지만, 이와는 반대로 황홀에서는 자기 자신이 주역이다(ランゲ=アイヒバウム, 1959: 61).

이것은 결정적인 구절입니다. 예전의 시적 광기의 시대에는 신이 시인에게 직접적으로 말을 주었습니다. 시인은 그 말을 받아 그것을 시로 썼습니다. 그러나 니체에게 있어서는 — 그렇다기보다 횔덜린 이후의 광기의 인물에게 있어서는 — 영감은 인간에게 말을 직접적으로 주는 것이 아니라, 인간에게 황홀 속에서 '자신'의 주체적인 모습을 문제 삼게 하는 것입니다. 횔덜린이나 니체와 같은 조현병권調絃病圈의 작가·사상가에게는 신으로부터 직접적으로 말이 주어지는 것이 아니라, 자기 자신의 존재가 문제가 됨으로써 그때까지 가려져 있던 균열이 블랙홀로서 노출됩니다. 그리고 그것이 그들에게 그때까지 한 번도 체험한 적이 없는 황홀을 느끼게 하는 것입니다. 이것은 신 없이 작동하는 — 적어도 신이 확실히 나타나지 않는 방식으로 작동하는 — 인스퍼레이션이라고 해도 좋을 것입니다.

횔덜린 이후 근대의 조현병자에게 도래한 인스퍼레이션은 이와 같은 '신의 부재'의 시대의 그것과 다름없습니다. 이러한 인스퍼레이션은 그것을 받은 자기 자신의 존재, 즉 '나'를 문제로 하는 것입니다. 그리고 확실히 횔덜린이 철학적 단편에서 파헤친 것처럼 그 '나'라는 것은 무근거無根據이며, 따라서 이 인스퍼레이션은 근대적 주체로서의 '나'의 무근거함을 블랙홀로 드러내게 되는 것입니다.

다음 장에서는 하이데거의 철학을 참조하면서 횔덜린의 병적에 대해 생각해봅시다.

제9장

하이데거

시의 부정신학

야스퍼스에서 하이데거로

앞 장에서는 횔덜린의 병적을 중심으로 논했습니다. 횔덜린은 '나'라는 것을 아주 쉽게 정립하는 피히테를 납득할 수 없었고, '나'란 무엇인가라는 철학적 물음에 사로잡혀 있었습니다. 횔덜린의 동급생이며 친구이기도 한 헤겔의 이론에 따르면 '나'란 의식이 자기의식으로 발전(발달)해가는 가운데 서서히 획득되는 것입니다만, 횔덜린은 그러한 느린 발전을 기다릴 수 없어 '무'로 빠지는가, 혹은 이상적인 '내'가 존재하는가라는 양자택일적 사고에 빠져버렸습니다. 그리고 그는 대시인 실러와의 만남으로 실러와 같은 '이상'의 위치를 선취하려고 하다가 새로운 잡지 창간이라는 '자만에 찬' 행위에 의해 결정적으로 조현병의 발병에 이르렀던 것입니다.

야스퍼스는 1922년에 출간한 『스트린드베리와 반고흐』에서 횔덜린과 같은 조현병자에게는 일시적으로 '형이상학적 심연이 계시되는' 일이 있고, 이는 병자의 작품을 특이하게 한다고 논했습니다. 즉 '이상'의 선취에 실패한 횔덜린은 블랙홀 같은 '무'라는 '형이상학적 심연'에 빠졌는데, 그는 바로 그러한 광기 속에서 시작을 했던 것입니다.

그런데 당시 야스퍼스는 마르틴 하이데거Martin Heidegger(1888-1978)와 자주 편지를 주고받고 있었습니다. 야스퍼스는 막 출간한 『스트린드베리와 반고흐』를 하이데거에게 헌정했습니다. 이 저작을 받은 하이데거가 야스퍼스에게 써서 보낸 답장에 의하면 하이데거는 야스퍼스의 논의가 낡은 존재론에 근거하고 있다는 것(따라서 하이데거 자신이 계획하고 있던 존재론의 그리스적 회귀와는 다른 것)에 주

의를 촉구하면서도 '생이라는 대상의 근원적인 범주 구조를 획득하려는 과제와 관련하여 나는 조현병적인 것들을 생의 존재 의미 속으로 편입시키려고 하는 당신의 여러 연구의 원리적인 의의를 발견했다'(ハイデガー, ヤスパース, 1994: 25)라고 평가하고 있습니다. 즉 하이데거는 야스퍼스가 수행한 것과 같은 병적학적 고찰을 어느 정도 평가하고 있었던 것입니다.

실제로 하이데거는 젊은 시절부터 횔덜린이나 게오르크 트라클Georg Trakl(1887-1914)의 시작에 큰 관심을 가지고 있었던 것 같고, 만년에는 '나의 사유는 횔덜린의 시작에 대한 어떤 불가피한 견인 속에 서 있습니다'(ハイデガー, 1994: 400)라고까지 말하고 있습니다. 즉 하이데거의 사색은 이 광기의 시인의 시작과 어떤 관계를 맺고 있는 것입니다. 따라서 이번 장에서는 하이데거가 '창조와 광기'의 관계를 어떻게 사고했는지를 살펴봅시다.

「예술 작품의 근원」 — '이동=일탈'로서의 예술 작품

1927년에 『존재와 시간』을 출간한 이후 하이데거는 '존재의 의미에 대한 물음'이 아니라 '존재의 진리에 대한 물음'을 묻게 되었습니다. 이 변화는 종종 '전회(Kehre)'라고 불리는데 바로 그 '전회'기期를 맞이하고 있을 무렵에 「예술 작품의 근원」이라는 논문을 집필합니다. 이것은 1935년에서 1936년에 사이에 행한 강연을 기초로 집필된 것입니다만, 1950년에 출간된 논문집 『숲길Holzwege』의 권두 논문으로, 이 시기 하이데거의 이론의 하나의 범례를 이루는 것

빈센트 반고흐 〈구두 한 켤레〉

으로 널리 알려져 있습니다.

그렇다면 하이데거가 「예술 작품의 근원」에서 논한 것은 어떤 예술 작품일까요? 그는 예술 작품을 네 시대로 구분하고 있습니다. 먼저 플라톤이 『국가』에서 논한 것과 같은 (1) 예술 작품이 모방에 의해서 만들어지는 시대가 있습니다. 그후에 (2) 예술 작품 안에 '존재'가 자리 잡게 되는 시대가 옵니다. 다음으로 (3) 중세가 되면 예술 작품은 '신에 의하여 창작된 것'으로서 존재자가 됩니다. 그리고 (4) 근대에 이르면 예술이라는 존재자는 '계산'에 의해 통제 가능한 것으로 변모합니다. 이 시점에서 '신에 의하여 창작되었다'고 표현할 수 있는 형이상학적 예술은 종언을 맞이하게 됩니다. 하이데거가 이 논문에서 다루는 것은 이 (4)의 근대 이후의 예술 작품입니다. 바꾸어 말하면 하이데거는 플라톤적인 신적 광기가 있던 시대의 예술 작품이 아니라, 말하자면 신이 부재한(신이 은폐되어버린) 시대의 예술 작품을 논하고 있는 것입니다.

하이데거는 「예술 작품의 근원」에서 고흐가 그린 농민의 구두 그림 〈구두 한 켤레〉(1886)를 예술 작품의 예로 들고 있습니다. 이 그림의 중심에는 때 묻은 농민의 구두가 그려져 있습니다. 구두 주위의 배경은 막연할 뿐이며 그 구두의 의미를 결정짓는 문맥을 형성하고 있는 것은 아닙니다. 언뜻 보면 이 그림은 단순히 농민의 구두를 그린 것으로만 보입니다.

그런데 하이데거는 이 구두가 도구로서 구두가 속하는 농부의 '세계'와 도구로서 구두를 만들어내는 '대지'를 힘차게 나타낸다고 주장합니다. 즉 이 구두는 '거친 바람이 부는 밭의 아득히 먼 곳까지 곧게 뻗은 밭고랑을 가로질러 가는 느린 걸음의 끈기'나 '노동의 걸음의 괴로움', 혹은 '거친 바람이 부는 밭'이나 '저물어가는 저녁 때를 빠져나가는 들길의 쓸쓸함'을 나타낸다고 말합니다(ハイデガー, 2008: 42). 듣고 보니 확실히 그와 같은 박력으로 넘치고 있는 것 같습니다. 우리는 이 구두의 묘사를 통해서 평소 아무렇지 않게 보고 눈치채지 못했던 세계와 대지가 서로 항쟁하며 출현하는 현장에 입회하고 있는 것입니다.

예술 작품이 갖는 이러한 특징을 하이데거는 다음과 같이 요약하고 있습니다.

고흐의 그림에는 진리가 생기生起하고 있다. 진리가 생기하고 있다는 것은 그 그림이 눈앞에 있는 무엇인가를 정확하게 묘

사하고 있다는 의미가 아니라, 구두의 도구 존재가 밝혀짐으로써 전체로서 존재하는 것, 즉 항쟁하고 있는 세계와 대지가 은폐되어 있지 않은 상태에 도달한다는 것을 의미한다(ハイデガー, 2008: 87).

하이데거가 말하고 있는 것은 대략 다음과 같습니다. 예술의 역사에서 그림의 기법이 고도화됨으로써 그림은 눈앞에 있는 사물을 정확하게 베낄 수 있게 되었다. 그러나 묘사된 그림이 사물과 일치하는가 아닌가, 즉 '진짜 그대로 그리는가 아닌가'는 그림에서 진리가 생기하는가 아닌가와는 전혀 관계가 없다. 오히려 그림은 지금까지 우리가 눈치채지 못했던 새로운 각도에서 사물을 묘사하고 세계와 대지의 항쟁을 드러냄으로써 그 사물에 대한 우리의 견해를 일변一變시키는 것이다. 그렇게 함으로써 그림은 '기분 나쁘고 터무니없는 것을 충격적으로 힘차게 열고 동시에 안심할 수 있는 것과 사람들이 안심할 수 있다고 간주하는 것을 충격적으로 타도한다'(ハイデガー, 2008: 124)는 것입니다. 하이데거는 이것을 그림이라는 예술 작품이 사물을 보는 우리의 시점을 '이동 = 일탈(Verrückung)'시키고 일상적인 것에 대한 견해를 완전히 변용시켜버리는 작용을 하는 것이라고 요약합니다(ハイデガー, 2008: 108).

'이동＝일탈'과 광기

하이데거는 차츰 이 '이동 = 일탈'이라는 말에 대한 고찰을 심화해갑니다. 1937-1938년 겨울 학기 강의 『철학의 근본 물음』의 「제1초고」에서 하이데거는 이 '일탈 = 이동(Verrückung)'이라는 말을 이성이 정상으로부터 편향 = 일탈(verrücken)한 상태를 가리키는 '광기(Verrückheit)'와 관련지어 논하고 있습니다.

하이데거는 신의 비호를 잃은 서양 근대인들에게는 인간의 존재그 자체의 변모(Verwandlung)가 일어나고, 그들은 과거에 있었던 자신의 소재지를 잃었다는 의미에서 위기 상황에 있다고 논합니다. 그러한 시대에는 인간의 본질의 근거로 이동 = 일탈(Verrückung)하는것이 필요합니다. 그러나 그러한 이동 = 일탈은 아무나 행할 수 있는것이 아닙니다. 그는 그것이 '소수의 개별화된 뛰어난 사람들'에 의해 행해질 수밖에 없고, 실러나 횔덜린, 키르케고르, 반고흐, 니체 같은 인물만이 그것을 행했다고 말합니다. 그에 따르면 이런 인물은모두 "존재(Seyn)'의 진리를 근거 짓고 보장保藏한 사람들입니다. 그러한 사람들은 종종 '미쳤다(verrückt)'는 평을 듣습니다 ― 병적학적으로 보아도 조현병권의 병리가 의심스러운 인물이 많다고 생각합니다 ― 만 실제로는 서양의 위기를 직시하고, '완전히 다른 것을 스스로의 지식 속에 이미 떠맡고 있던' 사람들이라고 하이데거는 주장합니다. 즉 그들은 서양의 위기를 '이동 = 일탈[= 광기]'에 의하여 극복하려고 한 사람들이었다는 것입니다(ハイデガー, 1990: 221-224).

이렇게 하이데거는 신의 비호가 사라진 시대, 즉 형이상학적 예술이 종언하고 서양의 위기를 깨달았던 시대의 특권적인 예술가로서 횔덜린을 몇 번이나 논하게 됩니다. 그 이유는 횔덜린과 피히테의 관계를 생각해보면 명료해집니다. 앞 장에서 살펴본 것처럼 하이데거에게 있어서 횔덜린은 피히테와 같은 '나'를 전제하는 철학에 크게 위화감을 가지고 '존재'를 문제 삼으려 했던 시인이었지만, 이 '존재'는 그후에 망각되어 전혀 문제가 되지 않게 됩니다. 하이데거는 특히 피히테로 대표되는 철학을 '존재'를 망각한 형이상학으로 비판하고 '존재'를 묻는 철학을 전개하기 위해서 횔덜린을 크게 참조하게 된 것입니다.

그중에서도 '이동 = 일탈'과 '광기'의 관계를 주목하는 우리의 논의에 있어서 1941-1942년 겨울 학기 강의 『횔덜린의 찬가 「회상」』은 특히 중요합니다.

하이데거는 이 강의에서 횔덜린이 '광질(Wahnsinns)'이 찾아오고 있던 1800-1806년의 한가운데인 1803년에 쓴 찬가 「회상」에 주목합니다. 그는 이 찬가는 심리학적이고 전기적인 관심으로는 — 즉 통상의 병적학적 관심으로는 — 충분히 이해할 수 없다고 주장합니다. 왜냐하면 횔덜린의 시작의 본질은 '이-동 = 일-탈(Ver-rückung)'에 있고, 그 이-동 = 일-탈은 '이전의 본질 장소를 버리'고, '다른 본질 장소로의 진입'을 가져오기 때문이며, 기존의 상식으로는 이해할 수 없기 때문입니다(ハイデガー, 1989: 61-64).

'조현병' 화하는 철학

지금까지의 논의에서 알 수 있듯이 '전회' 이후의 하이데거의 예술론은 사물을 보는 사람들의 시점을 '이동 = 일탈(Verrückung)'시킨다는 모티브로부터 출발하고 있습니다. 나중에 그는 횔덜린을 시작으로 신의 비호를 잃은 시대의 시인이나 사상가를 예로 들면서

그들이 이루려고 했던 '다른 본질 장소로의 진입'을 '광기(Verrück-theit)'와 연결시켜나갔습니다. 이어 제2차 세계대전에서부터 전후에 걸쳐 그는 이러한 구상을 더욱 첨예화시켜나가게 됩니다. 그때 그는 횔덜린에게 '시인 중의 시인'으로서의 특권적 지위를 부여하고, 이 시인의 시작에 대한 해명을 함으로써 '존재의 진리에 대한 물음'의 탐구를 정력적으로 해나가게 됩니다(ハイデガー, 1997: 47).

병적학적 관점에서 주목해야 할 것은 '전회' 이후 하이데거의 횔덜린 시에 대한 논의가 — 하이데거 자신은 조현병이라는 말을 전혀 언급하지 않았음에도 불구하고 — 조현병의 정신병리학에 육박하고 있다는 점입니다. 그것은 하이데거가 주목하는 횔덜린의 시 작품이 그가 광기에 빠진 바로 그 시기(1800-1803년경)에 집중되어 있는 것과도 무관하지 않습니다. 하이데거는 광기 속에서 '존재'라는 심연 — 야스퍼스가 말하는 '형이상학적 심연' — 에 불가피하게 끌리면서 시작을 한 이 시인에게 강하게 매혹되어 자신의 사색을 심화시켜갔던 것입니다. 이 운동, 즉 '하이데거 철학의 조현병화'라고도 부를 수 있는 운동은 가토 사토시가 과거에 '사상적 계보에 있어서의 에피-파토그래피Epi-Pathography'[1]라는 개념을 가지고 말한 것처럼 하이데거가 횔덜린과 같은 조현병권의 유명인에게 크게 감화

---

1 '에피-파토그래피'란 '병적학[파토그래피]'에 '(사람과 사람의) 사이' 등의 다양한 주변 관계를 의미하는 '에피'를 추가한 말로, 예를 들어 다카무라 고타로高村光太郎[시인, 조각가]와 조현병자였던 부인 치에코千惠子의 관계나, 루이지 피란델로Luigi Pirandello와 질투망상자였던 부인과의 관계에서처럼 창작자 본인은 건강하지만 근친자 중에 정신병자가 있는 경우에 관찰되는 창조에 대한 연구를 말합니다. 이와 같은 사례에서는 근친자의 광기가 창작자 본인의 작품에 영향을 줄 수 있다는 것입니다(宮本忠雄, 1979).

를 받아 사색을 행한 결과로서 생긴 것이라고 생각할 수 있습니다(加藤敏, 2002).

예를 들어 1936년 강연 「횔덜린과 시의 본질」에서는 다음과 같은 논의가 이루어지고 있습니다 — 시인이 하는 시작은 신에게 이름을 부여하는 것이지만, 시인이 신에게 이름을 부여할 수 있는 것은 신 쪽에서 시인에게 '신호(Wink)'를 보내고, 그 신호 속에서 시인들의 일을 화제로 삼는 한에서이다(ハイデガー, 1997: 61). 신과 같이 초월적인 타자로부터 인간을 향하여 어떠한 수수께끼 같은 '신호'가 보내지고, 그 '신호'가 인간에 대하여 '무엇인가'를 암시하는 체험은 확실히 조현병의 초기부터 급성기에 자주 보고되는 것이며, 하이데거의 신의 '신호'의 기술記述은 확실히 조현병자의 체험을 묘사하고 있는 것처럼 보입니다.

신 없는 시대의 '시의 부정신학'

이처럼 '조현병화'한 후의 하이데거의 철학은 이른바 '부정신학'적인 구조를 갖게 됩니다. 부정신학이라는 것은 신은 인간의 통상적인 인식이나 언어로는 파악할 수 없는 것이지만 오히려 '파악할 수 없음'이라는 부정성 자체를 중요한 것으로 간주하는 사고방식입니다. 부정신학에서는 '신은 나타나지 않지만 '나타나지 않는' 방식으로 나타난다'는 사고법이 자주 사용됩니다. 실제로 신이 현재 나타나지 않는 것은 장래에 신과의 만남, 다가올 신의 도래를 보증할 수 있는 조건이 될 수 있다고 생각하는 것입니다.

하이데거의 횔덜린론에서 부정신학적 구조가 가장 잘 나타난 것은 「무엇을 위한 시인들인가?」라는 1964년의 논문입니다. 이 논문에서 하이데거는 횔덜린의 시 「빵과 포도주」를 참조하면서 횔덜린을 '궁핍한 시대(dürftiger Zeit)'의 시인이라고 규정합니다. '궁핍한 시대'란 신이 궁핍한 시대이고, 신에 의하여 유지되었던 시대가 지나간 후에 도래하는 신이 없는 시대입니다. 이 같은 시대는 세계를 기초 지을 수 있는 '밑바닥(Grund)'이 없고, '밑바닥-없음 = 나락의-밑바닥(Ab-grund)'이라고도 부를 수 있을 것 같은, 모든 사물이 궁극의 근거를 상실해버린 시대라고 말할 수 있습니다. 이런 '궁핍한 시대'는 '신의 부재(Fehl Gottes)'로 특징지어지지만, 그것은 신이 완전히 없어졌다는 것을 의미하는 것은 아닙니다. 왜냐하면 횔덜린의 시에 쓰여 있는 것은 신이 없어진 후에, 신이 남겨놓은 '흔적'을 통해서 장래에 신이 도래하는 것은 아닐까라고 생각하는 사상과 다름없기 때문입니다.

　하이데거에 따르면 횔덜린 같은 시인은 도망쳐버린 신들의 '흔적' — 이것을 하이데거는 '성스러운 것'이라고 부르고 있습니다 — 을 감지하고, 그 흔적에 이름을 부여하여 다시 인간이 신들과 만날 수 있는 자리를 준비해 미래에 신들이 도래할 가능성을 확보합니다. 이것이야말로 시인이 행하는 시작이라고 하이데거는 주장합니다. 즉 신이 인간 앞에 모습을 드러내지 않는 시대에도 사람들은 흔적이라는 부정적인 형태로 신과 만날 수 있다는 것입니다.

　1943년의 「귀향/근친자를 향하여」에서도 비슷한 것이 논해집니다. 「귀향」은 횔덜린 시 제목이기도 하므로 그것과 동명의 논문을 하이데거가 쓴 것입니다. 이 논문에서는 횔덜린이 시에 쓴 '…성스러운

이름이 결여되어 있다(…es fehlen heilige Nahmen)'라는 한 구절이 신의 부재(Fehl)와 결부됩니다. 그러나 부재의 신은 단지 부재라기보다는 오히려 은폐되어 있는 것이며, 때로는 인간을 향해 '인사'를 할 수 있습니다. 이것은 조현병적인 '계시'와 아주 친화적이지만, 시인은 이러한 '인사'를 듣고서 신의 부재에 가까이 다가가지 않으면 안 된다고 하이데거는 주장합니다. 즉 시인에게는 '신의 상실이라는 가상을 두려워하지 않고, 신의 부재 가까이에 머물며, 높은 곳에 있는 존재자를 지적하는 시원의 말이 부재의 신에 대해 가까이 있는 가운데 주어질 때까지 부재에 대해 준비를 하면서 가까이 있는 곳에서 계속 기다리는 것'이 요청되는 것입니다(ハイデガー, 1997: 40). 시게루 마키토茂牧人(1958-)는 하이데거의 이러한 논술 속에서 — 횔덜린 시에 등장하는 신은 그리스의 신들이지만[2] — 기독교적인 부정신학의 전통을 읽어냅니다(茂牧人, 2011). 즉 하이데거가 논하는 신은 인간의 통상적인 인식이나 언어로는 파악할 수 없지만, 앞서 말했듯이 오히려 그 파악되지 않는다라는 부정성 그 자체가 신과의 만남이나 장래에 다가올 신의 도래를 보증할 수 있는 조건이 되고 있는 것입니다.

하이데거 철학의 부정신학적 경향은 1950년대 이후의 시론에서 더욱 세련된 형태를 갖추면서 반복됩니다. 1952년 10월 4일 강연을 토대로 한「시의 말 — 게오르크 트라클의 시 논구」에서는 트라클의 시를 제재로 하면서 위대한 시인이 만들어내는 개개의 시는 그 모두가 유일한 '말해지지 않은 채'의 시, 즉 부재의 시의 장소에서 유

---

2 횔덜린의 영향 아래에 있는 하이데거는 신이 단수인가 복수인가를 문제 삼지 않고 자주 '신들'이라는 표기를 사용합니다.

래한다고 주장합니다. 어떤 위대한 시인이 만들어낸 모든 시는 언제나 그 부재의 시를 노래하고 있다는 것입니다. 나아가 시인의 위대함은 '시인의 마음이 이 유일한 것을 어느 정도까지 토로하고 있으며, 그로 인해 시인이 그 시의 말을 이 유일한 것 중에서 얼마나 순수하게 유지할 수 있는가 하는 것에서' 측정될 수 있다고 주장합니다(ハイデガー, 1996: 36). 확실히 어떤 작가를 읽게 되면, 그 작가가 '무엇인가'를 집중적으로 쓰고 있음에도 그 '무엇인가' 자체는 절대로 쓰이는 일이 없다고 느낄 때가 있습니다. 하이데거가 논하고 있는 것이 그러한 구조입니다. 이러한 사고방식에서도 (신의) 부재 가까이 머물면서 그 부재에 충실한 것으로부터 시작詩作이 행해진다라고 말하는 부정신학적인 구조가 유지되고 있다는 것은 분명합니다.

게다가 1958년의 강연 「말[語]」에서는 다시 횔덜린의 시 「빵과 포도주」를 참조하여 '과거에 신들이 나타났던 장소는 과거에는 그곳에 말[語]이 있었지만 지금은 거절된 말이 있다'라고 진술하고 있습니다. 즉 근대 이전(아마도 고대 그리스)의 시대에는 말을 말하는 것 그 자체 속에 신이 나타나고 있었지만, 근대 이후에는 신과 관계하는 말이 직접적으로 현전하는 일은 없어졌다는 것입니다. 그것을 확인한 후에 하이데거는 슈테판 게오르게Stefan George(1868-1933)의 시 「말」을 논하고, 그 시에서 '말이 없는 곳, 있을 수 없네'라는 구절을 해석합니다. 하이데거에 따르면 게오르게는 이 구절에서 말이 없는 것을 단지 한탄하고 있는 것이 아닙니다. 그렇지 않고 말이 없는 장소에서 '말하는 행위(Sagen)가 전환되어, 말할 수 없는 전언(unsäglichen Sage)이 거의 은폐된 채 웅성거리는 노래처럼 반향하

게 된다'고 말하고 있는 것입니다(ハイデガー, 1996: 284). 여기서도 역시 말의 결핍이라는 부정성은 시인을 말과 무관하게 하는 것이 아니라, 오히려 그 결핍된 말을 암시하는 말로 향하게 한다고 생각되며, 여기서 부정신학적 구조를 볼 수 있습니다. 우리는 이러한 하이데거의 시론을 '시의 부정신학'이라고 부르겠습니다.

그런데 이러한 부정신학적 구조는 역시 조현병의 발병 시에 보이는 현상과 매우 비슷합니다. 조현병은 진학, 결혼, 출산, 취직, 승진과 같은 생애의 주요 사건 때 자주 발병하는 것으로 알려져 있습니다. 발병 직후에는 대부분의 경우에 환청이 들립니다만, 단지 엉터리 내용의 목소리가 들리는 것은 아닙니다. 많은 환청은 '무엇인가'를 암시하는 듯한 말을 전하는 것처럼 나타납니다. 조현병자는 자신에게 들리는 목소리가 일정한 윤곽을 가지고 있는 것 같은 '무엇인가'를 암시하고 있음을 알게 됩니다. 그러나 그 '무엇인가'가 도대체 무엇인지는 전혀 알 수 없습니다. 어디까지나 그 '무엇인가'의 주위에 있는 것들만 전해집니다(무엇보다 조현병자는 나중에 그 '무엇인가'가 무엇인지를 스스로 이해하게 되지만, 그때는 종종 'FBI의 표적이 되고 있다' 등과 같은 망상의 형태를 취하게 됩니다).

이와 같이 조현병 발병 직후의 횔덜린의 시작을 참고하면서 진행된 하이데거의 사색은 역시 조현병적인 특징을 가지고 있다고 생각할 수 있습니다.

망상하는 하이데거, 머무르는 야스퍼스

앞 절에서 보았듯이 횔덜린의 시작의 영향을 많이 받은 하이데거의 사색은 조현병에도 통하는 부정신학적 구조를 가지고 있습니다. 부정신학적 구조란 그 중심에 '부재(의 신)(혹은 '은폐된 신')'를 두고, 그 '부재'의 주위에 있는 흔적에 이름을 붙이면서 장래의 '도래(하는 신)'를 기다리고 바라는 것입니다. 그러나 하이데거는 실제로는 이러한 '부재(의 신)'에 충실한 태도를 관철하지 못했고, 오히려 지극히 졸속한 형태로 일찍이 '현전(했던 신)'을 실재화시키려 했다고도 생각할 수 있습니다.

하이데거는 1933년 [프라이부르크대학] 총장 취임 연설인 「독일 대학의 자기주장」에서 민족 공동체에 헌신적으로 봉사하고, 그 국가를 지키기 위해서 봉사하고, 독일 민족의 정신에 대한 지적 봉사를 하는 것이 모든 독일 학생의 책무라고 주장하고 있습니다. 즉 그는 독일 민족이 공동체적 진리에 눈뜨는 것을 중시하고 대학을 민족에 대한 봉사를 위한 장소로 자리매김한 것입니다. 게다가 그는 '하이 히틀러!'로 마무리되는 연설을 한 적도 있습니다. 그가 최초로 언급한 횔덜린의 시는 「게르마니엔」, 즉 '게르만인의 국가'를 의미하는 시였지만, 하이데거는 그 말을 '부재(의 신)'를 보완하기 위해 회귀해야 할 이데올로기로 사용해버린 것 같습니다. 즉 독일 민족이야말로 예전부터 있었던 우수한 아리아인의 피를 순수하게 이어받았고 또 이어받아야 한다고 생각하게 된 것입니다. 여기서부터 망상적인 게르만 민족지상주의까지는 이제 한 걸음 남았습니다. 실제로 하이데거는 한때 나치스에 협력한 적이 있고, 반유대주의적인 주장을 많이 남겼습니다(최근 그러한 주장을 포함한 토막글 모음이 『검은 노트(Schwarze Hefte)』로 출간되었습니다).

'부재(의 신)'에 대한 하이데거의 태도는 야스퍼스의 그것과 비교해보면 보다 명료해집니다. 나치스에 협력한 하이데거와는 대조적으로 야스퍼스는 배우자가 유대인인 것이나, 나치스에 저항한 것 등을 이유로 근무하는 대학에서 쫓겨난 인물입니다. 야스퍼스는 주저 『형이상학(철학 III)』에서 부정신학적인 논의를 하고 있습니다. 그에 따르면 신은 본질적으로 은폐된 존재이고 '암호'를 통해서 처음으로 나타납니다. 이것도 조현병적인 함축을 읽어낼 수 있는 은유입니다. 하이데거의 경우는 '신호'가 신으로부터 보내져 온 것입니다만, 야스퍼스의 경우는 '암호', 즉 의미를 알 수 없는 말이 신으로부터 보내져 오는 것입니다.

그러나 야스퍼스가 강조하는 것은 은폐된 신에게 성급하게 접근해서는 안 된다는 것입니다. 왜냐하면 성급하게 접근하려고 하면 하이데거처럼 민족 공동체를 은폐된 신의 대리물로 간주하게 되기 때문입니다. 야스퍼스는 '철학적 실존은 은폐된 신에게 결코 직접적으로 접근하지 않는 것을 견딘다. 단지 암호 문자만이 내가 그것[*신]에 대하여 준비하고 있을 때 말하는 것이다'라고 말하고 있습니다(ヤスパース, 1969: 172). 은폐된 신의 회귀에 대한 열광을 피하고, 신이 은폐되어 있다는 사태 자체를 견디는 것이 필요하다는 것입니다. 이것이야말로 정말로 횔덜린적 태도라고 저는 생각합니다. 가토 사토시가 지적하듯이 반대로 하이데거는 횔덜린이 조현병 속에서 개시開示한 부재의 신(은폐된 신)이라는 사실에 머물지 못하고 그 부재를 민족주의적·인종차별적 망상으로 막은 것이 아닐까요(加藤敏, 2010:

83). 야스퍼스의 논의는 그러한 망상 앞에, 즉 확실한 것의 부재에 머무른다는 윤리를 우리에게 가르치고 있습니다.

하이데거의 '창조와 광기'론의 특징

마지막으로 하이데거 철학에서 '창조와 광기'론의 특징을 요약해 봅시다.

첫째로 하이데거에게 있어서 예술(창조)의 가치는 '시점의 이동'에 있습니다. 그가 사용한 '이동 = 일탈(Verrückung)'이라는 말은 '광기(Verrücktheit)'로 이어지는 것이며, 특히 횔덜린을 위시한 조현병권의 유명인이 이러한 시점의 이동을 할 수 있다고 생각했습니다.

둘째로 하이데거는 이러한 광기를 가진 유명인의 예술(창조) 속에서 항상 부정신학적 구조를 발견하고 있습니다. 어떤 창조의 중심에는 말로는 표현할 수 없는 '부재'가 있고, 그 주변의 '흔적'을 명명하거나, 그 '부재'에 충실하면서 시작을 하는 것이 중요하다고 여깁니다.

셋째로 하이데거는 광기를 가진 유명인을 현대에 망각된 '존재'를 보여줄 수 있는 희귀한 인물로 생각하고 있습니다. 이러한 생각은 야스퍼스도 공유한 것으로 야스퍼스는 광기(조현병)의 인물에 의해서 처음으로 '형이상학적 심연'이 개시된다고 말하고 있습니다.

이러한 일련의 생각은 하이데거의 독특한 '진리' 개념과도 무관하지 않습니다. 잘 알려져 있듯이 고전적 생각에서는 진리란 '사물과 지성의 일치(adaequatio rei et intellectus)'로 간주되었습니다. 그럼으로 비유한다면 사진처럼 사물을 정말로 (정확하게) 모사하고 있는 그림이야말로 진리를 드러내는 그림이라고 생각되었던 것입니다. 하지만 하이데거는 진리란 '은폐되지 않음 = 비은폐성(Unverborgen-heit)'이라고 주장합니다. 즉 덮인 것을 벗겨내고 '존재'가 드러나는 것이 진리라고 말하는 것입니다(고흐의 구두 그림을 상기해주세요). 이러한 진리 개념은 횔덜린의 조현병을 모범으로 삼는 '광기(Verrück-heit)'가 '이동 = 일탈(Verrückung)'을 함으로써 '존재'를 노출시키는 프로세스의 특권성을 뒷받침합니다.

다음 장 이후에서 자세히 언급하는 것처럼 '창조와 광기'를 둘러싼 하이데거의 이러한 사고방식은 20세기의 사고를 결정적으로 규정하게 됩니다. 그렇다면 현대의 '창조와 광기'를 생각하기 위해서는 조현병적이지도 않고 부정신학적이지도 않은 광기, '형이상학적 심연'에 의거하지 않고, '은폐되지 않음'과도 무관한 진리와 관련되는 광기가 존재하는지 어떤지를 물어야 할 것입니다. 그 작업은 제1장에서 말했듯이 조현병과 창조의 관계가 거의 보이지 않게 된 이 시대에 다시 '창조와 광기'의 관계를 묻는 것을 가능하게 할 것입니다.

제10장

라캉

'시의 부정신학'의 구조론화

라캉

프랑스에 수입된 하이데거

앞 장에서는 하이데거의 논의를 다루었습니다. 하이데거는 광기의 시인 횔덜린의 시작을 바탕으로 사색을 하고, 그 결과 조현병의 정신병리학에 육박하는 철학을 만들어낸 인물입니다. 그 때문인지 그의 철학은 정신병리학의 세계에서 매우 중요한 발상의 원천이 되고 있으며, 예를 들면 제8장에서 언급한 빈스방거는 하이데거 철학을 바탕으로 현존재 분석(Daseinanalyse)이라는 이론을 만들어냈습니다. 무엇보다 하이데거 자신이 조현병이었던 것은 아닙니다. 실제로 그는 조울증을 앓았고 역시 정신병리학자인 빅토르-에밀 폰 겝자텔Victor-Emil von Gebsattel(1883-1976)의 치료를 받았던 것으로 알려져 있습니다(迎豊, 2016).

우리는 '창조와 광기'를 둘러싼 하이데거의 논의를 '시의 부정신학'으로 요약했습니다. '부정신학'이란 원래는 신학에서 논의되는 것입니다만, 보다 일반화하면 '어떤 구조에 있어서 중심에 있어야 할 것이 결여되어 있지만, 그것이 결여되어 있기 때문에 그 구조는 보다 강력하게 기능한다'는 생각으로 볼 수 있습니다. 예를 들면 횔덜린의 시는 '신의 부재'를 노래하지만, 그러나 그 부재는 장래에 신이 도래할 것을 예고한다고 합니다. 혹은 어떤 시인(또는 예술가)이 만든 작품이 언제나 하나의 '무엇인가'와 관계를 맺는 것이 분명하지만 그 '무엇인가' 자체는 결코 쓰이지 않으며, 오히려 그 쓰일 수 없는 '무엇인가'에 얼마나 충실한가가 그 시인(또는 예술가)이 우수한지 어떤지를 결정한다고 하이데거는 생각했습니다. 이러한 논리는 분명히 부정신학적 구조를 갖는다고 할 수 있습니다.

그런데 이러한 하이데거의 논의는 제2차 세계대전 이후 소위 '프랑스 현대사상'에 대부분 수입되었습니다. 예를 들어 모리스 블랑쇼Maurice Blanchot(1907-2003)의 『문학 공간』(1955)은 '모든 것이 사라졌을 때, '모든 것이 사라졌다'가 나타난다'라는 부정신학적인 논리에 의해 구동된 문학론이며, 그 배경에 횔덜린과 하이데거의 영향이 있다는 것을 느끼지 않을 수 없습니다. 또한 다음 장 이후에 다루는 초기 푸코의 저작에도 횔덜린, 하이데거, 블랑쇼로부터 이러한 종류의 부정신학적인 논의를 수입한 흔적이 보입니다.[1]

이번 장에서는 그러한 논의에 들어가기에 앞서 전후 프랑스에서 부정신학적인 논의를 조현병(정신병)과 관련시키며 현대사상의 장면을 결정한 인물인 자크 라캉Jacques Lacan(1901-1981)을 다루겠습니다. 그의 논의 중에서 특히 '창조와 광기'와 관련되는 것을 검토하면서 거기에 보이는 부정신학적 구조를 밝혀봅시다.

라캉과 병적학

자크-마리-에밀 라캉은 1901년 파리에서 태어나 파리대학 의학부를 졸업한 후에 생탄병원의 앙리 클로드Henri Claude(1869-1945)와

---

[1] 프랑스 현대사상의 대부분이 공유하는 '부정신학'적인 특징은 일본에서는 특히 아즈마 히로키東浩紀의 연구에 의하여 널리 알려지게 되었는데, 제 생각으로는 바로 그 프랑스 현대사상에서 '부정신학'적 경향이 언급된 것은 푸코가 블랑쇼를 논한 「외부의 사고」에서였던 것 같습니다(東浩紀, 1998). 푸코의 논의에 관해서는 다음 장 이후에 다루겠습니다.

파리경찰청 정신장애인특별의무원 원장이었던 가에탕 가티앙 드 클레랑보Gaëtan Gatian de Clérambault(1872-1934)를 사사해 1932년에 박사 논문『인격과의 관계에서 본 편집증성 정신병』을 제출하고 의학박사가 됩니다. 그후 같은 해 6월부터 루돌프 뢰벤슈타인Rudolph Loewenstein(1898-1976)으로부터 교육 분석을 받기 시작하여 1938년에는 정신분석가로서 개인 개업을 합니다.

라캉은 1951년부터 매주 '세미나'라는 이름으로 알려진 강의를 시작합니다. 세미나에서는 처음에는 주로 프로이트의 텍스트에 대한 면밀한 독해가 이루어졌지만, 라캉은 동시대의 구조주의 — 특히 클로드 레비스트로스Claude Lévi-Strauss(1908-2009)의 논의 — 나 당시 급속도로 프랑스에 수입되고 있던 하이데거의 논의를 참조하면서 구조주의적이고 존재론적인 방식으로 프로이트를 재해석해나가게 됩니다. 그의 논의는 대부분 정신분석의 임상에 관한 것이었지만 때로는 사회(정치)나 예술을 논할 때도 있었습니다. 프로이트도 역시 집단(사회)론이나 예술론을 많이 썼으며 정신분석에서 그 영역은 떼려야 뗄 수 없는 관계에 있다고 생각됩니다.

물론 라캉도 '창조와 광기'에 관한 사항을 여러 번 논한 적이 있습니다. 라캉은 특히 정신병론에서 창조의 문제를 다루었습니다. 대표적으로는 이미 제1장에서 언급한 에메 사례를 다루는 1930년대의 논의, 슈레버 사례를 다루는 1950년대의 논의, 작가 제임스 조이스James Joyce(1881-1941)를 둘러싼 1970년대의 논의를 들 수 있을 것입니다. 이 세 명은 각각 정신병권精神病圈의 인물이며, 모두 문학적 창조를 했던 것으로 알려져 있습니다.

에메 사례는 제1장에서 소개했기에 설명을 반복하는 것은 삼가겠습니다. 그 대신 당시 라캉이 '창조와 광기'의 관계를 어떻게 생각하고 있었는지를 살펴보는 것부터 시작합시다.

정신분석에 봉사하는 초현실주의

라캉이 '창조와 광기'의 관계에 흥미를 갖게 된 것은 스페인 출신의 화가이자 초현실주의를 대표하는 인물인 살바도르 달리Salvador Dalí(1904-1989)로부터의 영향이 컸다고 생각됩니다. 왜냐하면 라캉이 처음으로 창조와 광기의 관계를 논한 학위논문에서 달리로부터 받은 중대한 영향을 볼 수 있기 때문입니다.

달리는 1930년경부터 정신병의 일종인 '편집증paranoia'을 초현실주의 회화의 판돈으로 삼고 '초현실주의적인 새로운 이미지의 탄생을 풍기 문란의 이미지의 탄생으로 간주해야 한다'고 주장했습니다(ダリ, 2011: 172). 무슨 말일까요? 편집증 환자는 예를 들어 어떤 신문광고를 보고서 거기에서 자신에 대한 '빈정거림'을 발견할 수 있습니다. 그 광고에 쓰여 있는 현실의 내용을 이해할 수 없어서가 아닙니다. 편집증 환자는 광고에 쓰여 있는 내용을 정확히 읽고 있지만 거기에서 동시에 망상적인 의미도 읽어버리는 것입니다.

현실을 망상적인 해석에 의해 이중화하고 기존의 질서를 뒤집어버리는 이러한 편집증 환자의 모습을 달리는 초현실주의의 야심과 겹쳐놓았습니다. 1931년에 달리가 제작한 〈기억의 고집〉이라는 그림에 대해 생각해봅시다. 이 그림에는 시계가 나뭇가지와 각진 테이블에 흐물흐물하게 구부러진 상태로 배치되어 있습니다. 나뭇가

지에 걸려 있는 시계는 시계이면서도 마치 바람에 날려온 수건이나 티셔츠같이 나뭇가지에 걸려 있는 것처럼 보입니다. 즉 이 시계는 시계이면서 다른 오브제이기도 하다는 것입니다. 이러한 표현을 달리는 편집증 환자의 망상과 같은 것이라고 간주했습니다. 달리는 1930년 7월의 논문 「썩은 당나귀」에서 자신의 기법인 '편집증적 비평 방법Paranoiac-critical method'을 정식화하고, 편집증적 기법에 의해 그려진 그림에 있어서는 '어떤 오브제의 표현-표상은 어떤 도상적 혹은 해부학적 수정도 없이 동시에 전혀 다른 별도의 오브제의 표현-표상이기도 하며, 이 재현도 역시 뭔가 조정을 숨기고 있을 것 같은 어떠한 유형의 변형도 이상異常도 없는 것이다'라고 논합니다(ダリ, 2011: 176). 조금 어려운 문장이지만, 〈기억의 고집〉의 시계를 생각하면 의미하는 바가 그다지 어렵지 않을 것입니다.

주의할 것은 달리의 편집증적 비평 방법은 '시계'를 수건이나 티셔츠의 대리물 또는 상징으로 간주하는 사고방식과는 다르다는 것입니다. 달리의 기법에서는 신문광고를 본 편집증 환자가 광고의 내용을 읽는 것과 동시에 거기에서 망상적인 의미를 읽는 것과 마찬가지로 어떤 A라는 오브제가 동시에 다른 B라는 오브제이기도 하다라는 점이 중요합니다. 그것은 예를 들어 '가면'을 그림으로써 '기만'을 대리적으로 표현하는 그런 상징적인 표현 기법과는 다른 것입니다.

그런데 '가면'을 통해 '기만'을 대리적으로 표현하는 그런 기법은 정신분석을 발명한 프로이트가 주목한 것이기도 했습니다. 그는 꿈이나 증상에서는 예를 들어 '신발'이 상징적인 관계를 매개로 하여 '여성 성기'를 대리적으로 표현하는 것처럼 상징적인 표현이 사용되는 경우가 있다는 것을 발견했습니다. 예를 들어 성관계와 관련된 갈등을 갖고 있는 남성이 '신발을 신을 수 없다'는 증상을 보이는 경우 등을 생각할 수 있습니다. 이러한 상징적인 표현의 경우에 그 '신발'은 '신발'이면서 이미 '신발'이 아니라 '여성 성기'가 되어 버립니다. 프로이트는 신경증에서는 무엇인가에서 무엇인가를 대리하는 상징적인 표현을 볼 수 있다고 생각했고, 반대로 편집증 등의 정신병에서는 그러한 상징적인 표현을 볼 수 없다는 것에 주목했습니다. 달리는 앙드레 브르통André Breton(1896-1966) 등의 초현실주의 그룹의 영향도 받아 1920년대에는 스페인어나 프랑스어로 번역되기 시작한 프로이트의 저작에 친숙했던 것 같습니다. 프로이트의 (신경증론이 아니라) 정신병론을 그림에 응용하여 편집증적 비평 방법을 발상했다고 생각해도 좋을 것입니다.[2]

그런데 당시 학위논문을 구상하고 있던 젊은 라캉은 앞에서 말한 달리의 논문 「썩은 당나귀」를 읽고 곧바로 그에게 전화로 면회를 신청합니다. 라캉은 친구였던 브르통의 주선으로 달리를 방문합니다. 그는 일부러 코에 커다란 반창고를 붙이고 나타난 달리의 이야기에 귀를 기울이고 의견을 교환했다고 합니다. 그리고 1931년 7월 라캉은 학위논문의 원형이 되는 소논문 「편집증 정신병의 구조」에서 다음과 같이 쓰고 있습니다.

---

2 혹은 바타유와 브르통으로부터의 영향도 있었을지 모릅니다. 바타유는 1929년의 논문에서 '유물론'이란 '삶의 있는 그대로의 제 현상에 대한 직접 해석'이어야 한다고 말했으며, 브르통은 1930년 「초현실주의 제2선언」에서 그 바타유의 한 구절을 인용하고 있습니다(ブルトン, 1999: 168-169).

[편집증 환자에게 보이는 망상적] 해석은 준직관적·준강박적인 일차적인 소여의 연속으로 이루어진 것이며, 그러한 소여는 원래 어떠한 이성적 조직화나 선별이나 모음집에 의해서도 질서 지어지지 않는다. 그것은 바로 흔히 말하는 것처럼 '척추동물이 아니라 환형동물'이다(Lacan, 1931: 440).

이 논문에는 달리의 이름이 전혀 나오지 않습니다. 그러나 '직관적'이면서 '강박적'인 다양한 오브제의 연속적인 배치, 그리고 그러한 것들이 하나의 '척추'에 의하여 질서 지어지는 의미의 총체로서가 아니라, 오히려 지렁이나 거머리 등의 '환형동물'처럼 흐물흐물하고 부드러움을 갖는 오브제의 연속으로 나타난다는 비전은 마치 달리의 〈기억의 고집〉 같은 작품을 논평하는 것 같습니다.[3]

라캉이 달리로부터 받은 영향을 보다 확실히 알 수 있는 것은 다음 해인 1932년에 제출된 학위논문 『인격과의 관계에서 본 편집증성 정신병』에서입니다. 여기서 라캉은 그에 앞선 세대의 정신과 의사인 폴 세리외Paul Sérieux(1864-1947)와 조제프 카그라Josef Capgras(1873-1950)를 비판하고 있습니다. 이 두 사람은 1909년의 저서 『이성적 광기(Les folies raisonnantes)』에서 편집증 환자가 사용하는 해석은 어떠한 체질을 기반으로 정상적인 지각에 대해 이차적으로 내려진 것이라고 생각했습니다. 즉 편집증 환자가 신문광고 속에서 망상적 의미를 발견하는 것은 먼저 신문광고의 내용을 정상적으로

---

3 무엇보다 이 비유는 클레랑보가 정열정신병(psychose passionnel)과 해석망상증(délire d'interprétation)을 구별한 것에서 뽑았으며, 전자에 비해서 후자는 망상의 핵(척추)이 되는 공준(postulat)을 갖지 않는다는 특징을 가지고 있습니다.

지각하고, 그 이후에 편중된 병적 체질에 의하여 지각이 왜곡된 형태로 해석되기 때문이라고 생각한 것입니다. 이에 대해 라캉은 편집증에서 해석은 일차적인 것이며, 지각이 지각으로서 성립하는 바로 그 순간에 이상한 해석이 나타나는 것이라고 생각했습니다. 즉 편집증에서 해석은 어떠한 지각 뒤에 내려지는 것이 아니라 지각과 동시적으로 생기는 것이며, 그런 의미에서 해석은 환각과도 비슷한 '지각의 일차 장애'라고 주장한 것입니다(ラカン, 1987a: 223).

달리의 그림은 종종 '이것은 무엇을 의미하고 있는 것인가?'라는 물음이나 그 대답을 바로 찾을 수 없는 데서 오는 당혹감을 유발합니다. 그러나 그러한 물음과 당혹감은 그의 그림이 무엇인가를 대리적으로 표현한 것이라는 암묵적인 전제를 우리가 가지고 있기 때문에 생기는 것입니다. 그림에 묘사된 오브제에 관하여 '이것은 무엇을 의미하고 있는 것인가?'라고 묻는 것은 그 오브제에 다른 의미를 덧붙이려는 것이며, 그런 의미에서 이차적인 것과 다름없습니다. 다른 한편 달리와 라캉이 예술적/임상적 편집증에서 중시한 것은 무엇인가가 무엇인가로 나타나는 순간에 늦지 않고 나타나는 세계의 덮어쓰기이며, 그것은 '지각의 일차 장애' 또는 '일차적인 해석'이라고밖에 부를 수 없는 편집증적 현상이었습니다. 달리의 그림에 그려진 오브제가 언뜻 보아 해석 불가능한 것은 역설적이게도 그러한 오브제가 바로 해석 그 자체이기 때문입니다.

달리가 장프랑수아 밀레Jean-François Millet(1814-1875)의 그림 〈만종〉(1857-1859)을 해석한 1938년의 『밀레, 〈만종〉의 비극적 신화』는 바로 그러한 의미에서 편집증적 해석을 기반으로 한 것이었습니다. 그는 '1932년 6월 가까운 과거의 어떤 기억과도 무관하게 또한 직

장프랑수아 밀레 〈만종〉

접적으로 설명할 수 있는 어떠한 의식적인 연상도 없이 밀레의 〈만종〉의 이미지가 갑자기 나의 정신 속에 나타났'고 말합니다(ダリ, 2003: 25). 일반적으로 〈만종〉은 하루 끝에 감사를 드리는 농민 부부를 그린 것으로 생각되지만, 달리의 정신에는 편집증성 환자에게 망상적 해석이 계시처럼 출현하는 것과 마찬가지로 〈만종〉 그 자체에 겹쳐 쓰인 편집증적 이미지가 나타난 것입니다. 그 이미지는 자식의 죽음을 중심으로 하는 방대한 이미지였습니다. 달리는 이 계시를 바탕으로 다시 이차적인 해석을 더해갑니다. 말하자면 왼쪽의 남성은 여성의 남편이 아니라 자식이고, 두 사람은 근친상간으로 낳은 자식을 매장한 것이다. 여성(어머니)의 포즈는 섹스 후에 수컷을 탐하여 잡아먹는 암사마귀를 암유暗喩하고, 남성(자식)은 잔혹한

어머니에게 에로틱하게 끌리면서도 스스로의 죽음을 예감하고 있다라고…. 거의 '망상'이라고 해도 좋은 이런 해석을 확증하기 위해 달리는 〈만종〉에 X선 검사까지 하고 실제로 여성의 발 옆의 감자 바구니 아래에서 관 같은 평행육면체를 찾아냅니다. 달리의 밀레론은 형식적으로는 프로이트의 다빈치론에 의해 촉발된 부분이 컸다고 생각됩니다만, 편집증적 비평 방법이라는 무기를 들고 라캉이라는 추종자를 얻은 달리가 신경증적인 프로이트의 해석을 넘어 정신병적인 해석을 손에 넣을 수 있었다는 것을 보여주는 기념비적인 작품입니다.

그리하여 라캉과 달리의 만남은 라캉이 '창조와 광기'의 관계에 주목할 수 있게 하고 달리에게 강력한 임상적 뒷받침이 되었습니다. 달리는 1933년의 논문에서 라캉의 학위논문을 자신의 편집증적 비평 방법을 임상적으로 뒷받침해주는 것이라고 칭송하며 비평가들에게 비난받을 때에도 라캉을 원용하며 반론을 합니다(ダリ, 2011: 245-246).

사고의 공백에 계시가 일어난다

라캉의 다른 '창조와 광기'론을 좀 더 상세히 검토하기 위해 약간 돌아서 가봅시다.

독일 철학자 아르투르 쇼펜하우어 Arthur Schopenhauer(1788-1860)는 『의지와 표상으로서의 세계』(1819)의 제3권 「표상으로서의 세계의 제2고찰」에서 예술에 대하여 검토합니다. 그에게 있어서 예술은 천재가 수행하는 이데아 인식의 방법 중 하나인데, 그는 이것을 광기와도 관련시킵니다. 실제로 쇼펜하우어의 한 구절을 살펴봅시다.

> [⋯] 광인의 병은 특히 기억과 관련이 있는 것으로 생각된다. [⋯] 그들에게 기억이 결여되어 있는 것이 아니라 오히려 기억의 끈이 토막토막 끊어져 그 연속적인 연결이 없어져버리고 과거로 향하여 균등하게 연결되어가는 회상이 불가능해지는 것이다. 과거의 각각의 장면은 각각의 현재와 마찬가지로 올바르게 실제로 존재하고 있다. 그러나 광인의 회상에는 빈틈이 있다. 이 빈틈을 그들은 픽션으로 채우는 것이다. [⋯]
> 위에서 서술한 대로 광인은 각각의 현재의 일이나 또한 과거의 일에 대해서도 그 각각은 어느 정도 올바르게 인식하지만, 단지 그 연관, 상호 관계를 오인하고 있기 때문에 판단을 잘못하거나 지리멸렬한 말투로 말하는 것이다. 다름 아니라 이 점이야말로 광인과 천재가 서로 만나는 유일한 점이다. 왜냐하면 천재도 역시 근거의 원리에 따른 상호 관계의 인식을 버리고, 사물 속에서 오직 이데아만을 보고, 이데아만을 찾아 직관적으로 표현되는 사물의 본래 본질을 파악하려고 한 나머지 [⋯] 사물의 연관 인식을 소홀히 해버리기 때문이다(ショーペンハウアー, 2004: (2)55-60).

흔히 '천재와 광기는 종이 한 장 차이'라고 말하지만 쇼펜하우어는 기억을 이완시켜 뿔뿔이 흩어지게 하는 특징이 천재와 광기 모두에게 관계하고 있다고 말합니다. 그리고 광기의 인물이 뿔뿔이 흩어진 기억 사이의 연결을 픽션(망상)으로 메워버리는 것과 매우 비슷한 메커니즘을 천재의 이데아 인식에서도 볼 수 있다고 말하고 있습니다.

이러한 쇼펜하우어의 인식에 대하여 역시 초현실주의 화가인 조르조 데 키리코Giorgio de Chirico(1888-1978)가 주목했던 흔적이 있습니다. 키리코는 천재적인 작품은 놀라움의 감각에 의해 만들어지는 것이며, 그것은 놀라움이 인간의 논리의 끈을 잃게 하기 때문이라고, 즉 논리적으로 연결된 기억이 뿔뿔이 흩어지기 때문이라고 주장합니다.

> 놀라움, 그리고 천재적인 작품을 착상시키는 저 불안한 경악의 감각은 인생의, 아니 오히려 보편적인 삶의 논리적인 율동이 우리에게는 한순간 정지하는 데서 비롯되는 것이 아닌가 하고 내게는 생각된다. […] 우리의 감각과 모든 뇌의 기능이 놀라움의 충격으로 인간의 논리, 어릴 때부터 익숙한 저 논리의 끈을 잃고, 또는 다른 말로 하면 '잊어버리고', 즉 기억을 잃고, 그것을 둘러싼 삶이 멈추고, 그리고 우주의 생명의 율동이 정지한 가운데 우리가 보는 그림은 역시 물질적으로는 형태를 바꾸지 않고 유령처럼 보이는 모습으로 우리의 눈에 비치는 것이다(市川直子, 2004: 72).

앞에서 말했듯이 초현실주의자들의 그룹과도 교류를 하고 있던 라캉은 이러한 논의에 정통했을지도 모릅니다. 실제로 1931년의 공저共著 논문 「'계시를 받은' 수기(Ecrits 'inspirés')」에서 이와 유사한 논의를 합니다. 이 논문에서는 34세의 초등학교 여교사 마르셀 C의 정신병(편집증)의 사례가 검토되고 있는데, 라캉은 다음과 같이 말합니다.

> 요컨대 계시를 받았다고 느껴지는 이 수기는 영적인 의미에서 전혀 계시를 받지 않았다. 사고思考가 불충분하고 빈곤한 경우에 자동현상[*자동기술Automatisme]이 그것을 보완한다. 그것이 외적인 것으로 느껴지는 것은 사고의 결손을 보완하기 때문이다 (ラカン, 2011: 90-91).

이 환자는 플라톤의 시인 광인설처럼 자신이 '계시를 받은(inspiré)' 말이 높은 수준의 진리를 드러낸다고 확신합니다. 그런데 라캉 등은 그렇게 생각하지 않습니다. 오히려 환자의 사고에 어떠한 결함이 있고 사고가 불충분하기 때문에 그 결함을 보완하는 것처럼 말이 도래하는 것이라고 그들은 말합니다. 조금 전의 쇼펜하우어나 키리코의 생각과 마찬가지로 기억의 끈이 뿔뿔이 흩어져 있을 때 그 뿔뿔이 흩어진 것을 보완하기 위해 작동하는 자동현상에 의해 머릿속에 이상한 관념이 생기고, 그러한 관념이 '신으로부터 도래한' 것이라고 느껴진다는 것입니다.

그러면 그 자동현상은 도대체 어떠한 관념을 가져오는 것일까요. 라캉은 학위논문에서 다음과 같이 망상 속에는 사회나 가족 관계와 관련된 사항이 직접적으로 나타난다고 말합니다.

> 망상은 특히 사회적 성질을 갖는 여러 관계와 관련하여 나타난다

는 것을 알 수 있다. 예를 들어 가족이나 동료나 이웃과의 관련이다. 신문을 읽는 것과 비슷한 의미를 갖는다 […]. […] 해석 망상은 댄스홀이나 길이나 광장의 망상이다(ラカン, 1987a, 226).

이런 생각은 다음 절 이하에서 다루는 '아버지의 이름'이라는 사고방식과도 관련이 있으며 매우 중요한 것입니다.

'시의 부정신학'의 구조론화

지금까지 살펴본 것처럼 1930년대의 라캉은 정신병에서는 대리적 표현(상징적 표현)이 아닌 무매개적(직접적)인 제시가 나타나고, 그것은 특히 사고가 불충분한(사고가 뿔뿔이 흩어져 있는) 경우에 마치 '신으로부터 도래한' 것처럼 나타난다고 생각하고 있었습니다.

1950년대가 되면 라캉은 구조주의적 관점에서 신경증(히스테리나 강박신경증)과 정신병(편집증이나 조현병)은 다른 구조를 가지고 있다고 생각하게 됩니다.

라캉은 인간에게는 '상징계(le symbolique)'라 불리는 말의 질서가 있고, 그 질서에서는 다양한 말(이를 '시니피앙signifiant'이라고 부릅니다)이 상호 네트워크를 형성하고 있다고 생각합니다. 어떤 시니피앙의 의미는 ― 사전을 찾아 그 말의 의미를 알 수 있는 것과 마찬가지로 ― 다른 시니피앙과의 관계 속에서 결정되는데, 그런 관계의 총체가 하나의 네트워크를 형성하고 있다고 생각하는 것입니다. 그러나 시니피앙이 단지 상호 간에 연결되어 있는 것만으로는 네트워크 그 자체는 어디에도 묶여 있지 않게 되어 시니피앙의 의미가 전체적으로 매우 불안정한 것이 되어버립니다. 그래서 라캉은 이 시니피앙의 네트워크에서는 하나의 중심이 되는 시니피앙이 있고, 그것이 다른 모든 시니피앙의 네트워크의 총체를 고정시킨다고 생각했습니다. 이 중심적인 시니피앙을 라캉은 '아버지의 이름(le Nom-du-Père)'이라고 불렀습니다(Lacan, 1966: 578).

신경증 환자들 — 일반적으로 '정상'이라고 불리는 사람들도 여기에 포함됩니다 — 의 마음의 구조에서는 시니피앙은 서로 연결되어 있으며, 게다가 '아버지의 이름'의 시니피앙이 그들을 연결하여 고정시키고 있습니다. 이 '아버지의 이름'의 시니피앙은 항상 참조되고 있는 것은 아닙니다. 그러나 인생의 중대한 국면에서는 종종 이 시니피앙을 참조하지 않으면 안 되는 경우가 있습니다. 예를 들어 남성이 결혼하여 남편이 될 때나 아이를 갖게 될 때 등에는 '아버지다'라는 것을 수용하지 않으면 안 됩니다(왜냐하면 어머니의 경우에는 자신이 어떤 아이의 어머니라는 것은 절대적으로 확실한 반면, 아버지의 경우에는 자신이 어떤 아이의 아버지라는 것은 '수용'의 수준에 있기 때문입니다). 그리고 이 수용을 하기 전과 후에는 실제로는 아무런 변화가 일어나지 않음에도 불구하고 확실히 '인생의 무대가 한 단계 올라간다'라고 표현할 수 있는 변화가 생기는 것입니다. 이와 같은 일은 진학이나 취직이나 승진에도 해당됩니다. 고교 3학년의 3월 31일과 대학 1학년의 4월 1일*을 비교하면, 신체 능력이나 지적 능력에는 거의 변화가 없을 테지만 그래도 진학한다는 것, '대학생'이

---

* 일본은 대개 4월 1일에 새학기를 시작한다.

라는 상징적인 위치에 이르는 것은 각별한 무게를 가지는 '수용'이
요구되는 것입니다.

조현병의 발병은 주로 결혼, 출산, 진학, 취직, 승진이라는 인생의
주요 사건이 있을 때 자주 관찰된다고 합니다. 라캉에 따르면 그것
은 정신병자들의 마음의 구조에는 중심에 있어야 할 '아버지의 이
름'의 시니피앙이 결여되어 있고, 상징계의 한가운데에 하나의 구
멍이 뚫려 있음 ─ 이것을 라캉은 '아버지의 이름'의 '배제(forclu-
sion)'라고 부릅니다(ラカン, 1987b: (下)285) ─ 에도 불구하고 이러한
인생의 주요 사건이 있을 때는 '아버지의 이름'을 참조하는 것이 요
구되기 때문이라고 생각됩니다.

이것은 여러 겹의 함의를 가진 이론입니다. 우리는 이미 횔덜린
의 정신병을 살펴보았지만 횔덜린의 생활사에서는 아버지가 부재
했고, 그가 산 시대는 바야흐로 이웃 나라인 프랑스에서 왕의 목이
잘려나가는 시대였습니다. 그러한 상황 속에서 횔덜린은 자기 자신
이 아버지(와 같은 실러)처럼 되려는 '자만' 속에서 조현병이 발병한
것입니다. 게다가 그는 발병 전후의 시작詩作에서 여러 번 '신의 부
재'를 노래했습니다. 그렇다면 아버지-왕-신이라는 삼위일체 ─ 말
할 필요도 없이 이들 세 가지는 모두 다른 구성원인 가족-신민-인
간에 대하여 외재적인 제3항이라는 공통의 특징을 가지고 있습니다
─ 가 대체로 부재하는 것이 횔덜린의 발병의 논리와 창조의 논리
를 모두 지배하는 구조가 아닐까 하고 생각되는 것입니다.

그러면 정신병이 어떻게 발병하는지 라캉을 따라 설명해봅시다.

앞서 언급했듯이 정신병의 구조를 가진 사람들은 상징계의 중심
에 구멍이 뚫려 있습니다. 그러나 그것만으로는 발병하지 않습니

다. 왜냐하면 어린 시절이나 사춘기의 전반前半에는 그런 구멍, 즉 '아버지의 이름'의 배제를 아직 알아차리지 못하기 때문입니다. 무엇보다 발병 전 시기에도 세계에 대한 관계나 감정 면에서 미세한 이상異常은 볼 수 있지만, 정신병의 구조를 가진 사람들은 대부분의 경우 '상상적 지팡이'가 되는 타자(대부분의 경우 동성의 친구나 형제자매)의 행동이나 발언을 모방함으로써 외관상으로는 양호하게 적응하는 데 성공합니다. 이와 같은 이상적인 상태를 정신분석에서는 '마치 …인 양 인격(as if personality)'이라고 부릅니다(ラカン, 1987b: (下)60).

그런데 앞서 말한 결혼, 출산, 진학, 취직, 승진 같은 '인생의 무대가 한 단계 올라가는' 때에는 아무래도 '아버지의 이름'을 참조하는 것이 필요하게 됩니다. 그러면 그때까지는 막연히 '저기에 있겠지'라고 생각했던 '아버지의 이름'이 막상 그것을 참조하려는 단계가 되어서는 실은 처음부터 존재하지 않았다는 것이 밝혀지게 됩니다. 그러면 지금까지 임시 고정 형태로 네트워크를 형성하고 있던 다양한 시니피앙이 뿔뿔이 흩어져버립니다. 이것이 정신병의 발병이라고 라캉은 말합니다(ラカン, 1987b: (下)160).

시니피앙의 웅성거림

그때 무슨 일이 일어날까요? 맨 먼저 상징계의 중심에 구멍이 있다는 것을 명확히 의식하게 됩니다. 그 구멍 주위에 있는 시니피앙은 어느 것과도 연결되지 않고 뿔뿔이 흩어져버립니다. 대부분의

경우 그렇게 뿔뿔이 흩어진 시니피앙은 환청이 되어 나타납니다. 실제로 조현병의 발병 시에는 혼인 관계나 남녀 관계를 암시하는 것 같은 환청, 혹은 세계의 질서나 지배를 넌지시 말하는 것 같은 환청이 자주 생기는데, 이러한 체험은 본래라면 '아버지의 이름'이 있어야 할 장소의 주위에 있는 시니피앙이 존재하지 않는 '아버지의 이름'이 있는 곳을 가리키는 것처럼 웅성거리기 때문에 생기는 것이라고 말해도 좋을 것입니다(ラカン, 1987b: (下)218).

정신병에 있어서 구멍 주위의 시니피앙의 웅성거림

이러한 일련의 발병 경과는 바로 횔덜린이 겪었던 것과 다름없습니다. 우선 횔덜린은 어린 시절부터 아버지가 부재했습니다. 그리고 그는 청년기에 종종 세계에 대해 위화감을 가졌는데 그러한 그를 지탱하는 상상적 지팡이가 된 것은 동급생인 헤겔이었습니다. 정상적인 이성의 기능을 자신 대신에 담보해주는 것 같은 헤겔이 옆에 있음으로써 횔덜린은 한동안 광기에 빠지지 않고 지냈던 것입니다. 그런데 횔덜린은 실러라는 아버지의 이미지를 걸친 인물을 만남으로써 새로운 잡지 창간이라는, 바로 자신이 '아버지'가 되려는 결정적인 행위로 발을 내디뎠고, 그러한 필연적인 좌절로부터 조현병이 발병하게 된 것입니다. 또한 그의 시작에서 반복되었던 것이 부재의 신의 흔적에 이름을 부여하는 것이었다는 점도 존재하지 않는 '아버지의 이름' 주위에 있는 시니피앙의 웅성거림이라는 관점에서 이해할 수 있습니다.

이처럼 라캉의 정신병론, 특히 '아버지의 이름'의 배제라는 개념에는 하이데거의 '시의 부정신학'과의 유사점이 많이 보입니다. 그것은 라캉이 하이데거에게서 영향을 받았기 때문일 수도 있고, 하이데거와 라캉이 동시에 조현병이 있는 인물과 접촉하면서 자신의 이론을 만들었기 때문일 수도 있습니다(아마도 양쪽 다겠죠). 어쨌든 라캉의 정신병론은 '시의 부정신학'을 구조론화한 것에 해당한다고 생각할 수 있는 것입니다. 실제로 라캉은 1959년 다음과 같이 말합니다.

말의 시스템을 상대적 거리나 차원이라는 형태로 지지하고 있는 하나의 항項이 거절되는[= 아버지의 이름이 배제되는] 경우에만 정신병자의 심리의 발전이 관찰됩니다. 즉 그 경우에는 무엇인가가 결여되어 있고, 보전이나 시니피앙화[= 말을 잣는 것]라는 정신병자의 진정한 노력은 절망적일 정도로 그 결여된 것으로 향하게 됩니다. 아마 우리는 이 주제로 돌아갈 수밖에 없게 될 것이기 때문에 기대해주십시오. 그때 라플랑슈가 어떤 시인의 체험에 대해 했던 주목할 만한 지적을 만나봅시다. 그 시인이란 결여된 것을 제시하고 폭로하며, 특히 명쾌하게 감지

할 수 있도록 한 인물, 횔덜린입니다(ラカン, 2002: (上)97-98).

횔덜린은 배제된 '아버지의 이름' — 그것은 그에게는 부재했던 아버지이고, 부재한 신에 해당합니다 — 에 대하여 확실히 절망적인 노력을 하여 그 구멍 가까이에 머무르려고 했습니다. 그리고 구멍 주위의 가장자리에 있는 시니피앙, 즉 지나간 신의 흔적에 이름을 부여하여 말로 만드는 것을 시인으로서의 자신의 사명이라고 간주했습니다. 그렇게 해서 말할 수 없는 것을 어떻게든 말하려고 한 시도야말로 횔덜린의 시작이었다고 라캉은 말하고 있는 것입니다.

앞의 인용에도 시사되어 있듯이 횔덜린에게서의 '창조와 광기'의 문제와 라캉의 정신병론의 친화성을 최초로 알아본 사람은 라캉의 제자인 정신분석가 장 라플랑슈Jean Laplanche(1924-2012)였습니다. 그는 라캉이 앞서 인용한 발언을 할 당시에 바로 정신분석적인 관점에서 횔덜린을 분석한 학위논문 『횔덜린과 아버지의 문제』를 집필하고 있었으며 라캉은 그것을 염두에 두고 있었던 것입니다.

이 라플랑슈의 학위논문은 1961년에 발간되자마자 프랑스에서 '창조와 광기'를 둘러싼 활발한 논의를 불러일으키게 됩니다. 다음 장에서는 이 라플랑슈의 논의와 그것에 대한 푸코의 응답을 읽어봅시다.

제11장

라플랑슈와 푸코

횔덜린과 아버지의 문제

푸코

사고의 공백으로부터 '아버지의 이름'의 배제로

앞 장에서는 라캉이 다룬 '창조와 광기'에 대해 살펴보았습니다. 그는 1932년 학위논문에서 에메의 사례를 제재로 삼아 광기가 예술 창조와 같은 긍정적인 혜택을 가져올 수 있다고 기술했습니다. 또한 그는 1931년 「'계시를 받은' 수기」라는 공저 논문에서 신과 같은 초월자로부터 인스퍼레이션을 받아서 수기를 쓴 환자를 논하고 있습니다. 라캉은 그 환자가 신으로부터 인스퍼레이션을 받아서 쓰고 있다고 주장할지라도 실제로는 그렇지 않고, 자신의 사고에 공백이 생길 때 그것을 메우듯이 나타나는 자동현상이 신으로부터 받는 인스퍼레이션으로 인식되는 것이라고 해석합니다.

1950년대가 되자 라캉은 정신병에서는 '아버지의 이름'의 시니피앙이 배제되어 있다고 생각하게 되었습니다. 정신병자에게는 상징계를 통제하는 '아버지의 이름(le Nom-du-Père)'이라는 시니피앙이 결여되어 있습니다. 그 때문에 발병 전에는 '상상적 지팡이'가 되는 인물(대부분은 동성의 친구나 형제자매)을 모방하며 생활합니다. 그러나 진학이나 취직, 혹은 결혼이나 아이가 생긴다고 하는 인생의 고비에 있어서 이 '아버지의 이름'의 시니피앙을 참조하도록 요청받을 때, '아버지의 이름'의 시니피앙의 결손이 밝혀져 정신병이 발병합니다. 그때 '아버지의 이름'의 시니피앙에 해당하는 장소(구멍) 주위의 시니피앙이 구멍의 존재를 암시하듯이 활발하게 노래하기 시작하여 그것이 정신병자의 환청이 된다고 라캉은 생각했던 것입니다.

그런데 앞 장 마지막에서 시사했듯이 횔덜린의 인생과 시작은 이와 같은 라캉의 정신병론과 매우 친화적인 것이었습니다. 횔덜린은 자기 자신이 '아버지'의 자리에 앉으려고 할 때의 좌절로부터 조현병이 발병합니다. 또한 그는 시작詩作에서 신의 부재를 그리고 신이 남긴 흔적에 이름을 부여하는 것을 노래하고 있습니다. 그는 바로 '아버지' = 신의 결손을 문제 삼고 그 구멍 주위의 흔적 = 시니피앙을 언어화하려고 했던 것입니다. 이미 밝혀졌듯이 횔덜린의 인생과 시작, 그리고 라캉의 정신병론은 우리가 하이데거에게서 '시의 부정신학'으로 지칭한 조현병적인 논리와 같은 구조를 가지고 있습니다. 그러므로 우리는 앞 장에서 라캉의 정신병론을 "시의 부정신학'의 구조론화'라고 표현한 것입니다.

이번 장에서는 그 라캉의 논의를 원용하면서 쓴 횔덜린론, 즉 장 라플랑슈의 『횔덜린과 아버지의 문제』를 다루고 횔덜린의 인생과 시작을 라캉파의 입장에서 검토해나가기로 합시다.

『횔덜린과 아버지의 문제』

라플랑슈의 학위논문 『횔덜린과 아버지의 문제』는 분명히 라캉의 영향 아래에 쓰였지만 제도상 제출처의 지도 교수는 장 들레Jean Delay(1907-1987)였습니다. 들레라고 하면 오늘날에도 사용되고 있는 향정신병약向精神病藥 클로로프로마진Chloropromazine을 조현병에 처음으로 임상 응용한 인물로 알려져 있지만 실은 병적학 — 프랑스에서는 '심리학적 전기(psychobiographie)'라고 불립니다 — 작업도 했습니다. 대표적인 것은 작가 앙드레 지드André Gide(1869-1951)의 연구입니다. 라캉도 들레가 쓴 지드의 병적에 대한 비평 논문 「지드의 청춘」을 썼습니다.

라플랑슈의 『횔덜린과 아버지의 문제』는 1959년부터 1960년에 걸쳐서 집필되어 1961년 프랑스대학출판부[PUF]에서 출판되었습니다. 앞 장에서 소개한 라캉의 정신병론은 프로이트의 슈레버 사례의 분석으로부터 도출된 것이지만, 라플랑슈는 『횔덜린과 아버지의 문제』에서 그 논의를 횔덜린에게도 응용하고 있습니다. 가장 특징적인 것은 야스퍼스 등의 병적학에서는 오로지 횔덜린의 발병 이후의 상태를 문제 삼지만 라플랑슈는 1794년에서 1800년에 걸쳐 횔덜린이 발병에 이르는 시기의 논리를 문제 삼고 있다는 것입니다. 라플랑슈는 횔덜린에게 명확한 조현병 증상이 나타나는 1800년보다 훨씬 전에 발병으로 향하는 프로세스가 이미 작동하기 시작한 것이 아닌가 생각하고 그것을 라캉의 이론을 이용하여 치밀하게 검토해 나갔던 것입니다.

이미 소개했듯이 횔덜린은 두 살 때 친아버지를 여의었고, 그후 어머니와 재혼한 의붓아버지도 그가 9살 때 죽습니다. 물론 이러한 사실이 곧바로 라캉이 말하는 '아버지의 이름'의 배제의 증거가 되는 것은 아닙니다. 라캉은 슈레버 사례를 논할 때 모든 것을 말하고 있는 슈레버의 저작(『어느 정신병자의 회상록』)이 아버지에 대해 거의 말하지 않고, 아버지에 대해 말하는 유일한 곳도 매우 독특한 방식으로 쓰여 있다는 것에 주목했습니다. 이러한 특징은 슈레버에게는 아버지가 일반적인 아버지의 위치에 있지 않았다는 것, 다시 말해서 '아버지의 이름'의 배제의 간접적인 증거가 되는 것입니다(ラカン, 1978b, (下)219-220).

라플랑슈는 그와 마찬가지로 횔덜린이 죽은 아버지와 맺은 독특한 관계 방식에 주목했습니다. 청년 시절의 횔덜린은 신학교에 들어가지만 신부가 되기 위한 공부를 싫어하고 갑자기 법학 공부를 시작합니다. 라플랑슈는 횔덜린의 친아버지가 대학 시절에 법학 공부를 했다는 것에 주목하고, 그가 거의 기억이 없는 자신의 아버지의 발자취를 따라가려는 듯이 법학을 배우려고 했던 것이 아닐까 하고 추측합니다. 즉 횔덜린에게 법학은 ''법'의 탐구라는 특권적인 상相 아래서의 아버지의 탐구, 이른바 법과 연결된 아버지의 상像에 대한 일종의 탐구'였던 것이 아닐까라고 말하는 것입니다(Laplanche, 1961: 36).

그러한 '법' = '아버지'의 탐구는 횔덜린에게는 자신의 행동이나 사고를 기초 짓는 원리가 도대체 무엇인가라는 중대한 문제를 탐구하는 것과 다름없었습니다. 그리고 그는 칸트의『실천이성비판』을 경유하여 피히테의 철학에 흥미를 갖게 됩니다. '자아는 자아다'라는 동일률을 근거로 삼고 거기에서 연역적으로 세계의 모든 지식을 체계화하는 것이 피히테의 철학이지만, 제8장에서 소개한 것처럼 횔덜린은 그와 같은 피히테의 생각을 도저히 납득할 수 없었습니다. 오히려 그는 자아를 근거로 삼아 철학을 시작할 수 없었고, 압도적인 절대적 존재를 근거로 삼으려고 생각했습니다. 그러나 자아가 아니라 절대적 존재에 근거를 두려는 경우, 거기에서 어떻게 자율적인 자아(주체)라는 것이 생기는지를 알 수 없게 됩니다. 결국 횔덜린은 자율적인 자아(주체)를 세우지 못하고 무력한 상태에 빠질 수밖에 없었습니다. 그것을 라플랑슈는 다음과 같이 표현하고 있습니다.

우리의 가설을 좀 더 밀고 나가면 휠덜린에게 부성父性의 법의 탐구, 즉 자신의 자율성과 실존 그 자체를 보증하는 하나의 항項의 탐구는 피히테류의 무조건성을 가지고서는 '무無'에 도달할 수밖에 없었다(Laplanche, 1961: 37).

휠덜린은 어떻게 해서 자율적인 자아를 만들 수 있을까라는 물음의 탐구를 위해 '법' = '아버지'를 탐구했지만 그러한 탐구에서 만난 피히테의 철학에서는 "'무'에 도달할 수밖에 없었던' 것입니다.

이와 같은 정신의 위기로부터 휠덜린을 보호해준 인물(라캉이 말하는 '상상적 지팡이')이 헤겔이었습니다. 이론적인 면에서도 나중에 『정신현상학』(1807)을 통해 자기의식의 발생을 단계적인 것으로 파악하는 헤겔은 자아가 완전히 있는지 완전히 없는지라는 양자택일의 논리를 가진 휠덜린에게 일종의 중간적인 완충지대로서 작용했을 것입니다. 예를 들면 휠덜린은 '아이인지 어른인지 둘 중 하나밖에 없다', '죽었는지 살았는지 둘 중 하나밖에 없다'라고 주장하는 반면, 헤겔은 '아이는 단계적으로 어른이 된다'고 주장하고 있는 것입니다. 라플랑슈는 다음과 같이 말했습니다.

노이퍼Neuffer와의 우정이나 아마도 헤겔과의 관계 […] 는 폭풍의 중심에 있는 기적과 같은 평온함이라는 이미지를 우리에게 준다. 한참 뒤에 찾아오는 광기로 발을 들여놓기 직전 시기까지 [헤겔과의] 이런 우정은 소외적 = 정신 질환적이지 않은 관계가 지속되는 특권적인 영역으로 계속 유지되었다. 이것은 정신병이 어느 정도 명료하게 나타나더라도 소외 = 정신 질환이 모든 구조에 영향을 주는 것이 아니라, 인간 사이의 관계성의 대부분이 손상 없이 유지된다는 것을 보여준다(Laplanche, 1961: 31).

그러나 태풍의 눈 속의 맑은 하늘과도 같은 의사적擬似的 안정상태는 오래 지속되지 않습니다. 전기轉機가 되었던 것은 그의 앞에 실러가 등장한 것이었습니다. 횔덜린이 시를 발표한 것이나 가정교사 일을 하게 된 것도 실러의 배려에 의해 비로소 가능한 상황이었던 만큼 실러는 횔덜린에게 부성적父性的인 비호자(멘토)로서 나타난 것입니다(Laplanche, 1961: 41).

전이의 부재

라플랑슈는 횔덜린에게 실러는 '힘(Kräfte)의 열쇠이자 증거였다'고 지적하고 있습니다(Lapalnche, 1961: 43). 이 '힘'이라는 말은 횔덜린의 1790년대 편지에서 많이 나오는 것인데, 라플랑슈에 의하면 이른바 질풍노도 운동 ― 그 중심인물이 괴테와 실러입니다 ― 속에서 유행한 말이라고 합니다. 다시 말하면 횔덜린은 실러의 '힘'에 종속되어 살아남으로써 자기 자신이 매우 '무력'함을 괴로워하게 된 것입니다. 다른 한편 횔덜린은 실러의 '힘'에 종속된 상황으로부터 '독립(Unabhängigkeit)'하려는 야심이 있었고 자기 자신의 '힘'을 사용할 수 있지 않을까라고 항상 생각했습니다(ヘルダーリン, 1969: 200, 206). 여기서도 '힘'에의 종속인가, '독립'인가라는 극단적인 양자택일을 볼 수 있습니다.

이와 같은 양극으로의 분열은 드디어 1799년 7월 새로운 잡지 창간 때 최고조에 달했습니다.

> 실러를 앞에 두고 횔덜린은 자신이 어울리지 않는다는 것을 깨닫는다. 자신의 요구가 '신중하지 못한' 것이고, 게다가 '위험'한 것임을 깨달은 것이다. 횔덜린은 스스로를 비-존재와 존재의 중간 영역에, 누구의 도움도 받을 수 없는, 완전히 어울리지 않고 기도조차 필요하지 않은 충족 상태의 중간 영역에 자리매김하고 있다(Laplanche, 1961: 83-84).

횔덜린에게 새로운 잡지 창간이란 바로 '자주독립의 힘(unabhängigen Kräften)'을 자기 자신이 사용하겠다는 결단과 다름없었습니다(ヘルダーリン, 1969: 383). '힘'이라는 말은 실러에게 있지만 지금은 그것을 자신의 '힘'으로 사용할 수 있지 않을까 — 그는 그러한 미래의 가능성에 실낱같은 희망을 걸고 도약했던 것입니다. 물론 횔덜린은 현재의 자신이 그러한 '힘'을 도저히 사용할 수 없다는 것을 눈치채고 있었습니다. 그러하기에 그는 장래에 '힘'을 사용할 수 있는 미래를 '선취'하고 그 미래에 자신을 투기投企하려고 했던 것입니다. 그래서 그는 미래에 자율이 실현될 때는 실러에게 보답할 수 있다고 실러에게 보내는 편지에 썼던 것입니다.

라플랑슈는 횔덜린과 실러 사이의 이러한 배치를 확인한 후에 횔덜린에게 실러는 단순한 부성적 비호자로서가 아니라 오히려 '한 아버지(Un-père)'로서 나타나고 있음을 논증합니다. 이 '한 아버지'

라는 것은 라캉이 창안한 개념이지만 그 의미를 명확히 하기 위해 라플랑슈의 설명을 들어봅시다.

> 반복으로서의 전이에 있어서 실러, 즉 횔덜린 앞에 나타나 있는 한에서 실러가 불가침의 상像이며, 또한 그 완전성과 은근함에서 참을 수 없는 상이며, 횔덜린이 마음속에 그리고 있던 아버지의 이미지와 어떤 방식으로든 일치한다는 설은 지지할 수 없을 것이다(Laplanche, 1961: 42).

'전이(Übertragung)'는 정신분석의 개념으로 과거(어린 시절)의 양육자(아버지나 어머니 등)와 자신의 관계가 현재의 인간관계 속에서 재현되는 것을 가리킵니다. 예를 들어 정신분석을 시작하면 [분석 주체는] 분석가에 대하여 호의를 갖게 되거나 반대로 공격성이나 악의를 품게 되는데 이것은 과거(어린 시절)의 양육자와의 관계가 분석가나 타자와의 사이에서 재현(＝전이)되는 것이라고 생각됩니다. 다시 말해서 전이란 과거(어린 시절)의 중요한 인물과의 관계가 일종의 '스탬프(원판)'가 되고, 그 스탬프가 현재의 인간관계에서도 반복되어 복사되는 것입니다.

그래서 실러와 같은 부성적인 인물이 자신 앞에 나타났다면 많은 경우는 아버지 전이가 생겨도 좋을 것입니다. 극히 보통의 생활에서도 지도 교수나 고문, 혹은 선배 등과 같은 형태로 나타난 인물에게서 아버지 전이가 일어나는 일이 있습니다. 그런 인물에 대해 사람들은 종종 과거(어린 시절)의 아버지에 대한 자신의 관계를 반복하는 것입니다.

그런데 라플랑슈에 따르면 휠덜린 앞에 실러가 나타났을 때 휠덜린은 자신의 '아버지'와의 관계를 원판으로 하는 것과 같은 전이를 형성할 수 없었습니다. 그것을 라플랑슈는 다음과 같이 설명하고 있습니다.

　　휠덜린이 실러에게 부여한 '아버지와 같다'라는 형용을 이해하기 위해서는 그것이 의미하는 것이 단지 우연의 참조 항이 아니라, 오이디푸스의 삼각형[= 아버지, 어머니, 아이의 삼각형]에서 아버지의 위치, 즉 제3항이라고 생각하는 편이 잘 맞아떨어진다.

　　[…] 실러가 어떤 시기에 취한 부성적 위치와 그 위치에서의 전이적 대응물의 부재(absence de répondants transférentiells)를 고려한다면 휠덜린과 실러의 사이에도 비슷한 무언가가 일어나고 있다는 것을 알 수 있다.

　　[…] 만약 그렇다면 우리의 입장에서 실러의 기능은 부성의 법의 자리에 이미 존재하고 있던 균열(faille)을 다시 연 것인 셈인데, 그것은 휠덜린과 실러의 관계를 아이-아버지 관계에 대해서 갖는 극적인 의미 작용으로 모두 환원하자는 것은 아니다. 오히려 반대로 그러한 관계가 재빨리 혹은 즉각적으로 어떤 종류의 전이에 의해서 성립하는 것의 불가능성이야말로 뒤에서 언급하는 것과 같은 실러의 모습의 변전을 일으키는 것이다 (Laplanche, 1961: 42-46).

　　실러는 휠덜린에게 부성적인 비호자로서 나타났다기보다도 오히려 그때까지 횔덜린의 인생에 한 번도 등장하지 않은 '아버지', 다시 말해 '오이디푸스 삼각형에서의 아버지의 위치, 즉 제3항'으로서의 '아버지'로 나타나고 있는 것입니다.

만약 횔덜린이 과거에 그러한 제3항으로서의 '아버지'를 만났더라면 그는 실러의 등장을 '아버지'로의 전이를 이용하여 처리하고 실러에게 복종하거나 적대한다는 보다 안전한(신경증적인) 길을 걸을 수도 있었을 것입니다. 그러나 제3항으로서의 '아버지'를 이때 처음으로 만난 횔덜린은 실러를 전이에 의해 처리할 수 없었습니다. 그리고 실러가 체현하는 미지의 '아버지'의 자리로의 도약이야말로 횔덜린의 '아버지의 이름'의 배제를 드러낸 것이라고 생각할 수 있는 것입니다.

이러한 라플랑슈의 논의는 라캉의 정신병론의 매우 압축된 요약이라고도 할 수 있는 다음과 같은 난해한 구절을 명쾌하게 도해하고 있습니다.

> 정신병이 발병하기 위해서는 기각(verworfen)된, 즉 배제(forclos)된, 다시 말해 대타자의 자리에 결코 도래하지 않았던 '아버지의 이름'이 주체와 상징적으로 대립하면서 그 자리에 호출되지 않으면 안 된다. […]
> 그러나 '아버지의 이름'은 도대체 어떻게 주체에 의하여 그 자리에 호출될 수 있는 것일까? — 그 자리는 '아버지의 이름'이 주체에 대하여 도래할 수 있을 단 하나의 자리이고, '아버지의 이름'이 결코 있을 수 없었던 자리인데? [정신병에서] '아버지의 이름'을 호출할 수 있는 것은 다름 아닌 현실적인 아버지이며,

그것은 반드시 주체의 아버지인 것은 아니고, '한 아버지(Un-père)'이다. 이 '한 아버지'는 a-a′ 라는 상상적인 커플을 기반으로 하는 어떤 관계 속에서 제3의 입장에 자리매김하기만 하면 […] 그 자리에 도래할 수 있다.

[…] 이러한 ['한 아버지'가 등장하는] 국면은 막 출산한 여성에게는 그 남편의 모습으로 나타날 것이고, 자신의 죄를 고백하는 개전자에게는 고해신부라는 인물로, 사랑에 빠진 젊은 여자에게는 '젊은 남자의 아버지'와의 만남으로 나타날 것이다(Lacan, 1966: 577-578).

'아버지의 이름'의 배제는 정신병 발병의 전제가 되는 구조적 조건이지 발병의 조건은 아닙니다. 정신병의 구조를 가지고 있더라도 발병할지 안 할지는 알 수 없는 것입니다. '아버지'의 원판을 가지고 있지 않은 ('아버지의 이름'이 배제되어 있는) 횔덜린은 부성적 인물인 실러가 나타났을 때 새삼스럽게 '아버지'의 기능을 호출하지 않으면 안 되게 됩니다. 그때 자신에게 '아버지의 이름'이 결여되어 있다는 것이 처음으로 밝혀져 정신병이 발병하는 것입니다.

이미 몇몇 라캉파의 논자가 지적하고 있듯이 라캉이 말하는 '한 아버지(Un-père)'란 아마 그 동음이의어인 '쌍이 없음(impair)'*을 함의하고 있다고 생각할 수 있습니다(Vincente, 2006). 즉 만약 횔덜린이 신경증의 구조를 가지고 아버지의 이미지를 원판으로 새겨 넣었

---

* Un-père와 impair는 발음이 같다. 여기서는 '한 아버지'에 대응하는 것이 없다는 의미이다.

다면, 새롭게 만나는 실러라는 부성적 인물을 예전 아버지의 모습과 페어pair(쌍)로 만들 수 있었겠지만, 실제로 그에게 나타난 제3항으로서의 '아버지'인 실러는 누군가와의 전이적인 페어가 결코 될 수 없는 '아버지'이고, 그러한 '아버지'를 라캉은 '한 아버지'라고 불렀다고 생각할 수 있는 것입니다.[1]

이러한 고찰을 거쳐 라플랑슈는 횔덜린에게서의 '창조와 광기'의 관계에 대해 다음과 같은 결론을 제시합니다.

> 횔덜린이라는 사례에서 그가 시인이었기 때문에 조현병이었는지[= 창조는 광기를 필요로 했다], 그렇지 않으면 조현병이었기 때문에 시인이었는지[= 광기가 창조를 낳았다]라는 물음은 의미를 잃는다. 그는 물음으로서의 조현병을 열었기 때문에 시인이고, 시인이었기 때문에 이 물음을 열었던 것이다(Laplanche, 1961: 133).

여기에서 염두에 두고 있는 것은 아마도 제1장에서 소개한 야스퍼스의 사고방식일 것입니다. 야스퍼스는 '창조력이 병에도 불구하

---

1 우쓰미 다케시는 전이의 특징의 하나로서 '이중 등기二重登記'를 거론하며, 전이에 의해서 현재가 과거로 회부(refer) = 이중 등기되어 현재의 '사상事象 그 자체가 가지고 있는 리얼함이 완화된다'는 것이 정신의 안전장치가 되고 있음을 지적합니다. 따라서 조현병에서 전이가 작동하지 않는 것은 '어떠한 과거의 경험에 일치되지 않는' 것을 경험하는 것이며, 만약 그러한 경험을 그냥 지나칠 수 없다면 그것은 동화 불가능한, 표상(re-presentation = 재현-대리) 불가능한 경험이 되며, 조현병 병리의 핵심을 형성하게 됩니다(內海健, 2008: 145-147). 이러한 생각은 라플랑슈-라캉의 '한 아버지'라는 생각과 매우 가까운 것입니다.

고 나타났는가, 그렇지 않으면 병 때문에 나타났는가'라는 물음이 병적학에서 근본적인 것이라고 생각했습니다만, 라플랑슈에 따르면 그러한 이분법은 병과 작품을 두 가지로 명확하게 구별할 수 있다는 것을 전제로 하고 있다는 점에서 불충분하다는 것입니다.

라플랑슈는 휠덜린을 논하는 데 있어서는 창조와 광기 중 어느 쪽이 주이고 어느 쪽이 종인가를 생각할 수 없고 그의 인생을 규정하는 '아버지의 이름'의 배제와 작품을 규정하는 신의 부재라는 두 가지 결손이 같은 것이라고밖에 생각할 수 없는 지평을 문제 삼아야 한다고 주장하고 있는 것입니다. 이러한 주장은 하이데거의 '시의 부정신학'이나 그것을 구조론화하는 것을 목적으로 하는 라캉의 정신병론에서 직접적으로 도출되는 것입니다.

'아버지의 부정' ― 푸코의 응답

라플랑슈의 『휠덜린과 아버지의 문제』에 재빨리 반응한 것은 푸코였습니다. 그는 「아버지의 '부정'(Le 'non' du père)」이라는 제목의 『휠덜린과 아버지의 문제』의 서평 논문을 1962년 발표하고 라플랑슈를 상찬하고 있습니다.

여기서 주의해야 할 것은 라캉의 해설서 등에서 자주 볼 수 있는 "'아버지의 이름'이란 어머니와 아이 사이의 흡족한 관계에 대한 거세의 위협으로서의 부정(non)을 알리러 오는 아버지의 기능이고, '아버지의 이름'이란 '아버지의 부정'이다'라는 설명은 틀렸다는 것입니다. 라캉은 '아버지의 이름'을 그런 것이라고는 생각하지 않습니다. 오히려 라캉은 '아버지의 이름'이란 아이가 어머니에게 너무 빠져버리지 않게 보호하고 아이의 상징적인 위치를 승인하는 기능이라고 생각했습니다.[2] 확실히 프로이트에게 아버지는 거세나 위협과 관련되어 있었지만, 라캉에게 아버지는 오히려 용서하는 신과 관련되어 있는 것입니다(그것은 프로이트가 유대교에 뿌리를 두고 라캉이 가톨릭에 뿌리를 두는 것을 감안하면, 이 두 종교에서 신의 모습의 차이에 해당한다고 생각할 수 있습니다). 그래서 푸코가 '아버지의 '부정''이라는 말을 사용할 때 상정한 것은 상징적인 위치를 승인해줄 것 같은 아버지가 없다는 것('아버지'라는 존재의 부정)이었습니다. 단적으로 말해서 푸코가 말하는 '아버지의 '부정''은 라캉이 말하는 '아버지의 이름'의 배제 그 자체인 것입니다.

그래서 푸코는 이 서평 논문 첫머리에서 예술가의 '심리'라는 것을 설명하려는 듯한 주장 ― 즉 보통의 의미에서의 병적학을 말합니다 ― 은 지루한 '시끄러운 수다'에 지나지 않지만, 라플랑슈의 저작은 그것과는 달리 탁월한 것이라고 단정합니다. 왜냐하면 라플랑슈는 말하는 것이 불가능한 것으로부터, 즉 '아버지의 이름'의 배제로부터 횔덜린에 대하여 말하려 하기 때문입니다. 또한 푸코가 이러한 논리를 높이 평가한 것은 그 역시 하이데거의 '시의 부정신학'에서 많은 영향을 받았다는 것을 상정想定하게 합니다(실제로 푸코는 1950년대 초에 하이데거를 집중적으로 읽었고 하이데거에 관한 노트가 2톤이나 되었다고 술회합니다).

2 푸코의 라캉 이해는 정확하며 그는 '아버지'를 '분리하는 것, 즉 보호하는 것으로서 '법'을 선언하면서 공간과 규칙과 언어를 하나의 중대한 경험으로 결합하는' 것으로 이해하고 있습니다(フーコー, 2006a: 266).

또한 푸코는 횔덜린의 인생과 작품에서는 '기묘한 미래에 대한 선취'를 볼 수 있다고 주장했습니다. 우리는 이미 제8장에서 빈스방 거나 기무라 빈의 논의를 통해서 횔덜린의 인생이 이상理想에의 '자 만'이나 미래에 대한 '선취'로서 전개되고 있음을 지적했습니다. 그 러나 푸코에 따르면 '선취'의 구조는 횔덜린의 인생에만 머무르지 않고, 예를 들어 그가 실러의 소개로 처음으로 가정교사를 맡은 앞 의 샤를로테 폰 칼프 부인은 나중의 주제테 콘타르트 부인(「히페리 온」에서 디오티마의 모델)을 예고하고, 실러는 나중의 시에서 묘사되 는 부재의 신(= 부재의 '아버지')을 예고하는 듯이 나타난다는 것입니 다(フーコー, 2006a: 247).

이와 같은 인생과 작품의 상호 감입嵌入은 횔덜린에게 인생과 작 품은 등근원等根源적이었던 것이 아닐까, 바꾸어 말하면 광기와 시 작은 같은 하나의 '무엇인가'에서 생기는 것이 아닐까라고 생각하 는 것을 가능하게 합니다. 실제로 라플랑슈의 논의는 횔덜린의 인 생과 작품을 '아버지의 이름'의 배제 및 그것과 위상적topological으 로 동일한 것이라고 생각할 수 있는 신의 부재라는 하나의 결손에 서 유래하는 것으로 간주하고 있었습니다. 푸코는 이러한 견해를 답습하면서 그 근원을 '동일한 것(le Même)'이라고 부릅니다.

이리하여 작품이 작품이 아닌 것 [= 광기]과 합류하게 되는 이 '동일한 것'이라는 수수께끼는 […] 단지 작품의 가운데 있으며 그 소멸을 (그것도 탄생할 때부터) 수행하는 것들 속에 머문다. 작품과 작품과는 다른 것은 작품의 경계 = 한계에서 출발하여 비로소 동일한 것에 대해 동일한 언어로 말하는 것이다. 작품

의 최심층부에 도달하는 것을 목표로 하는 어떠한 담론도, 비록 암묵적으로라도, 광기와 작품과의 관계에 대한 물음이 되지 않으면 안 된다. 그것은 단지 서정시의 여러 주제와 정신병의 그것이 유사하기 때문만도 아니고, 또한 체험의 구조가 둘 다 동일한 형태를 하고 있기 때문만도 아니다. 그것은 보다 근본적으로 작품이야말로 작품을 설립하고, 위협하며 그리고 완성하게 하는 부분의 경계를 정하고, 또한 그 경계를 뛰어넘는 것이기 때문이다(フーコー, 2006a: 264-265).

푸코는 문학작품을 비평하려면 반드시 이러한 '무엇인가(동일한 것)'를 탐구할 필요가 있다고 주장하고 있습니다. 왜냐하면 그러한 '동일한 것'의 탐구를 통해서 비로소 창조와 광기라는 두 가지 별개의 것을 '와(et)'라는 조사로 접속할 수 있기 때문이고, 그러한 탐구 없이는 본래 '창조와 광기'라는 문제 계열 자체를 세울 수 없기 때문입니다. 그것을 확인한 후에 푸코는 라플랑슈의 논의의 핵심이 되는 구조를 다음과 같이 파헤칩니다.

이런 [말이 갖는 의미와 병의 근저에 있는 것과의] 연속성을 라플랑슈가 유지할 수 있었던 것은 그것을 출발점으로 하여 그에게 광기와 작품을 하나의 총체로서 말하는 것을 허락하는 저 수수께끼 같은 동일성[identité]을 언어의 외부에 방치했기 때문이었다. […]
[…] 작품과 광기 사이의 의미sens의 연속성은 단절의 절대성의 출현을 허용하는 것과 같은 동일한 것[même]이라는 수수께끼에서

출발하여 처음으로 가능해지기 때문이다. 광기 속에서의 작품의 폐절廢絕, 시적 언어가 스스로의 파멸로 빨려가는 지점인 그 공허함은 작품과 광기와의 사이에 양자에게 공통되는 언어에 의하여 텍스트가 쓰이는 것을 가능하게 하는 것이다(フーコー, 2006a: 270-271).

라플랑슈는 푸코가 말하는 '동일한 것'을 언어의 외부에서 발견함으로써 횔덜린의 '창조와 광기'에 대하여 말할 수 있었던 것이라고 푸코는 지적하고 있습니다. 물론 여기서 말하는 언어의 외부란 횔덜린의 광기와 작품을 등근원적으로 규정하는 '아버지의 이름'의 배제와 다름없습니다. 이러한 결손을 연결점[경첩輕捷]으로 삼아 횔덜린은 '작품과 작품의 부재[=광기]를 신의 우회[=횔덜린의 시작에서 신의 부재]와 언어의 파멸[=횔덜린의 인생에서 광기의 해체 작용]과 연결시켜 양자의 관계를 분명하게 했다'고 푸코는 정리하고 있습니다(フーコー, 2006a: 273).

또한 푸코는 횔덜린에게서 이러한 창조와 광기의 연결이 가능했던 것은 그가 살았던 시대가 갖는 매우 특수한 역사적 조건 때문일 가능성을 지적하고 있습니다.

포스트 칸트적 위기, 무신론 논쟁, 슐레겔Schlegel과 노발리스Novalis의 사변, 아주 가까운 피안에서 울려 퍼지던 프랑스혁명, 그것들이 어우러져 [횔덜린이 있던] 예나는 바로 서구적 공간이 갑자기 공동화空洞化되어버린 장소였다. 서구 문화에 대해, 그래서 공허하고 중심적인 공간이라는 것이 신들의 현현과 부재,

그들의 떠남과 접근에 의해 정의된 것이다(フーコー, 2006a: 272).

휠덜린이 산 시기는 서양 사상사의 위기, '신의 부재'를 선언하는 무신론, 왕의 목을 자르는 프랑스혁명이라는, 이론·신학·정치에서 격렬한 변화가 진행되고 있던 시대이고, 그러한 변화는 모두 한때 '아버지'의 자리에 있었을 것이 공허로 나타나게 된 시대인 것입니다. 이러한 역사적 조건하에서 휠덜린은 '아버지의 이름'의 배제에 의해 광기에 빠지고, (그와 동일한 것인) 신의 부재에 의해 시작을 했던 것입니다.

그렇다면 휠덜린 이후의 창조는 당연히 신의 존재를 전제로 하는 예전의 플라톤적인 시적 광기와는 다르게 나타날 것입니다. 푸코는 같은 서평 논문에서 '창조와 광기'의 관계의 모델이 높은 곳으로부터 말이 주어지는 것에서 '지하', 즉 심층으로 이행했다고 말하고 있습니다.

> 그러한 '광기'는 더 이상 플라톤이 말하는 것 같은 도취, 환상의 현실에 대해 인간을 무감각하게 하고 신들의 빛 속에 위치시켜준 도취가 아니다. 그것이 아니라 어느 지하에 숨어 있는 관계이다. 거기에서는 작품과 작품이 아닌 것이 서로의 외부성을 어느 어두컴컴한 내면의 말langage로 표명하려고 하고 있다(フーコー, 2006a: 256).

이것은 물론 야스퍼스가 서술했던 조현병자의 '형이상학적 심연'의 계시와도 무관하지 않습니다.

'외부의 사고' — 부정신학적 문학론

푸코는 「아버지의 '부정'」으로부터 4년 후인 1966년에 「외부의 사고」라는 중요한 문학론을 발표합니다. 그는 이 논문에서 근대 초기의 휠덜린과 사드에 의하여 개척되고 그후에 니체와 말라르메, 나아가 아르토 등에 의하여 탐구된 문학이 모두 '외부(dehors)', 즉 언어로서 표현할 수 있는 것의 외부와의 관계에 의해 가능해졌다고 주장합니다(フーコー, 2006c: 310). 이것은 놀라운 주장입니다. 왜냐하면 보통 현대문학이 가능해지는 조건은 '내면'의 발견 ― 인간에게 일어난 일을 특히 그 인물의 내면에서 무엇이 일어났는지에 주목해서 기술하는 것 ― 이라고 생각하기 때문입니다. 그런데 푸코에 따르면 현대문학은 그러한 '내부'의 발견이 아니라 '외부'로의 이행에 의하여 가능하게 된 것이라고 합니다.

이러한 생각은 이미 휠덜린의 시작에 대해 검토하고, 라플랑슈와 푸코가 그것을 '아버지의 이름'의 배제 또는 '아버지의 '부정''과의 관계로부터 논했던 것을 확인한 우리에게는 그다지 어려운 것은 아닙니다. 푸코가 말하는 '외부'란 바로 언어화가 불가능한 것으로서의 결손과 관련된 개념으로 라캉이 말하는 '아버지의 이름'의 배제라는 결손을 ― 도넛 한가운데의 빈 구멍이 '외부'인 것처럼 ― 위상적으로 외부화한 것과 다름없습니다.

게다가 푸코는 이 '외부'가 현대문학에 나타나기 이전에는 부정신학이라는 신학적 전통 속에서 유지되고 있던 것과 다름없다고 지적합니다(フーコー, 2006c: 313). 우리는 하이데거의 시론詩論을 '시의 부정신학'이라 불렀는데, 그와 마찬가지로 푸코도 휠덜린 이후의

문학이 부정신학적 구조를 가지고 있다고 생각하는 것입니다.

이 '외부'는 언어가 더 이상 의사소통을 위해서는 전혀 쓸모가 없는 공간이며, 거기서 작가는 담론의 책임자가 아니라 언어가 분출시키는 '공허'와 다름없는 것이 됩니다. 푸코의 기술을 인용해봅시다.

> 외부의 사고가 우리에게 모습을 분명히 드러낸 최초의 균열은 역설적으로 사드의 반추적反芻的 독백에 있다는 가정이다. 칸트와 헤겔의 시대, 역사와 세계의 법에 대한 내면화가 서구의 의식에 의해 그 이상 긴급히 요구된 적이 일찍이 없었을 그때 사드가 말하고 있는 것은 세계의 법 없는 법으로서의 욕망의 적나라함뿐이다. 거의 같은 시대에 휠덜린의 시에서 신들의 빛나는 부재가 현현하고, '신의 결여'에서 오는 수수께끼 같은 도움을 언제까지나 대망待望하는 듯한 의무가 새로운 하나의 법으로서 고해지고 있었던 것 같다. 같은 시기에 사드와 휠덜린은 한 사람은 끝없는 언설로 욕망을 적나라하게 드러냄으로써, 또 한 사람은 길을 잃은 도상途上에 있는 언어의 틈에서 신들의 우회로를 발견함으로써 우리의 사고 속에, 다가올 세기를 위해, 하지만 말하자면 암호로 기록된 것으로서, 외부의 사고라는 체험을 맡겼다고 말하는 것은 과연 지나친 것일까(フーコー, 2006c: 314).

'외부의 사고'란 제7장에서 다룬 말로 하면, 표상 불가능한 것과의 관계 속에서 문학을 창조하려는 사고라고 정리해도 좋을 것입니다. 그것들은 모두 헤겔의 체계와 같은 안정된 시스템이 와해되는 것과 같은 지점, 즉 시스템 속에 뚫린 구멍에서 출발함으로써 예술의 창조를 가능하게 하는 방법인 것입니다.

이리하여 '창조와 광기'를 둘러싼 서양 사상은 횔덜린을 둘러싼 하이데거, 라캉, 라플랑슈, 푸코 등의 일련의 논의를 통해서 '시의 부정신학'과 그 구조론화, 나아가 그것을 '외부의 사고'로 정리함으로써 하나의 정형적인 '형태'를 얻게 됩니다. 그리고 이러한 논의들은 분명히 횔덜린이 앓은 조현병이라는 특권적인 광기를 모델로 삼고 있습니다. 바꾸어 말하면 '외부의 사고'는 조현병에 매우 친화적인 사고이며, 우리가 제1장에서 지적한 '조현병 중심주의'(및 '비극주의적 패러다임')가 확고한 것으로 완성되는 것도 이 지점에서입니다.

그렇다면 그 이후 서양 사상에서 '창조와 광기'를 둘러싼 사고는 어디로 향했을까요? 푸코는 부정신학의 전통 속에서 태어난 '외부의 사고'가 앞으로 어떻게 될 것인가라는 물음을 던집니다.

> 언젠가 이 '외부의 사고'의 여러 형태나 근본적인 여러 카테고리를 정의하려고 시도하지 않으면 안 될 것이다. 또한 […] 그것이 어디에서 와서 어디로 가는지도 찾지 않으면 안 될 것이다(フーコー, 2006c: 313).

즉 서양 사상이 겨우 다다른 '외부의 사고'는 결코 종착점이 아니라 지금부터 다른 것으로 변화할 가능성이 있다는 것을 푸코는 시사하고 있습니다.[3] '창조와 광기'를 둘러싼 사고는 그후 어디로 향

---

3 푸코는 나중에 '외부의 사고'라는 생각을 자기비판했고, 1976년에는 다음과 같

했을까요? — 만약 그것이 조현병 중심주의와 단절할 수 있었다면?

다음 장에서는 앙토냉 아르토와 자크 데리다의 논의를 제시하면서 조현병 중심주의로부터 탈출할 가능성을 찾아보겠습니다.

이 말했습니다 — 광기가 […] 절대적인 외부에서 우리에게 말을 건다고 생각하는 것은 환상입니다. 광인의 불행 […] 만큼 우리 사회의 내부에 있고, 그 권력의 여러 효과 내부에 있는 것은 없습니다. 다시 말하면 우리는 언제나 내부에 있다는 것입니다. 외부란 신화입니다. 외부의 말parole이란 끊임없이 갱신되는 꿈입니다. 사람은 광인을 창조적 혹은 괴물적인 외부에 두려고 합니다. 그러나 광인은 그물망에 갇혀 있고 권력의 여러 장치 속에서 형성되어 기능하고 있습니다(フーコー, 2000, 94).

제12장

아르토와 데리다

병적학의 탈구축

데리다

『스트린드베리와 반고흐』를 읽은 블랑쇼

제8장에서 제11장에 걸쳐서 횔덜린의 조현병의 발병과 그 광기 속에서 행해진 시작詩作이 그후의 '창조와 광기'를 둘러싼 서양 사상의 패러다임을 결정지었다는 것을 보았습니다.

횔덜린에게 감화를 받아서 형성된 하이데거의 철학은 부재의 신 또는 말할 수 없는 말과의 관계에서 말을 잇는 것을 중시하는 것이며, '시의 부정신학'이라고 부를 수 있는 것이었습니다. 거의 같은 도식을 라캉은 정신병론에서 '아버지의 이름'의 배제라는 개념을 사용해 구조론화했습니다. 즉 보통이라면 마음의 구조는 '아버지의 이름'의 시니피앙에 의해 정상성이 담보됩니다만 정신병자(조현병자)에게는 '아버지의 이름'이 결손되어 있어 그 기능을 사용하지 않으면 안 되게 되었을 때, 배제된 '아버지의 이름' 주위의 시니피앙(말)들이 환청이 되어 들린다고 생각한 것입니다. 라캉의 제자인 라플랑슈는 횔덜린의 광기와 시작을 이 라캉의 이론으로 독해하고, 그 논문은 푸코에게 크게 평가받았습니다. 그리고 푸코는 하이데거의 '시의 부정신학'을 '외부의 사고'로 정리하고 그것을 19세기에서 20세기에 이르는 현대문학의 주요한 특징으로 간주했습니다.

그런데 프랑스에는 라플랑슈나 푸코보다 이른 시기에 이미 횔덜린 이후의 '창조와 광기'라는 주제에 큰 관심을 가지고 있던 인물이 있었습니다. 문학자 모리스 블랑쇼입니다. 그는 1955년 횔덜린과 하이데거의 영향을 받아 『문학 공간』을 출간하는데, 그 이전인 1951년에 야스퍼스의 『스트린드베리와 반고흐』에 대한 서평 논문으로 「유례없는 광기」를 집필합니다(이 논문은 나중에 야스퍼스의 책이 프랑스어로 번역될 때 서문으로 수록됩니다).

이 블랑쇼의 서평 논문은 야스퍼스의 논의를 명확히 하는 한편 그후의 프랑스 현대사상에서 '창조와 광기'를 둘러싼 논의의 기초가 됩니다.

블랑쇼는 먼저 야스퍼스가 조현병자에게서 발견한 '형이상학적 심연'의 출현을 고전적인 다이몬을 둘러싼 논의를 끌어내어 다음과 같이 설명합니다.

> 이런 다이몬과 같은 삶, 영원히 자신을 넘어서려 하고 전율과 법열 속에서 끊임없이 절대적인 것을 바라보면서 자신을 표명하려는 이러한 경향은 정신병과는 다른 것으로 생각하지 않으면 안 된다. […] 건강한 인간에게 있어서는 하나의 목적에 대한 배려에 의해 억눌려져 말없이 있는 다이몬적인 것(le demonique)이 병의 초기에 햇빛을 보고 돌출에 성공한 것처럼 사태가 진행한다. 그렇다 해도 다이몬적인 것, 다시 말하면 그 정신이 병들어 있는 것은 아니다. 그것은 병-건강이라는 대립의 밖에 있다. 그러나 병적인 과정[= 프로세스]은 잠시라고는 해도 이 돌출에 기회를 준다. 마치 근저로부터 그 전체를 뒤흔들어놓은 영혼이 이 격동 속에서 자신의 깊이를 드러내고, 이어서 진감震撼의 종식과 함께 폐허가 되어 무너져 내리고, 혼돈이 되어 잔해 더미가 되는 것처럼(ブランショ, 1983: 220).

블랑쇼는 건강한 인간에게도 다이몬적인 것은 존재하지만 말없이 있다고 말합니다. 이는 야스퍼스가 과거에는 뛰어난 인물이라면

심연에 닿을 수 있었지만, 현대에는 조현병자에게만 그러한 일이 가능하다고 주장한 것을 받아들이고 있는 것으로 생각됩니다. 게다가 블랑쇼는 조현병을 '심층(profondeur)이 개시되는 조건'으로 간주하고 있습니다(ブランショ, 1983: 221). 이 '심층'이라는 말은 다음 장에서 다루는 들뢰즈가 '표면(surface)'과 대비해서 사용한 말이기도 합니다. 또한 앞 장에서 푸코가 '지하'라는 말을 사용한 것처럼 횔덜린 이후의 광기에서는 위로부터의 창조가 아니라 아래로부터의 창조가 문제가 되고 있음을 알 수 있습니다.

또한 블랑쇼는 니체에게 있어 광기가 그를 침묵(=죽음)에 이르게 한 반면에 횔덜린에게 있어 광기는 '시에 대한 요청이 이 죽음을 넘어 집요하게 계속 살아남아서, 자신을 주장하며, 마침내 그 극점에 도달했다'고 쓰고 있습니다(ブランショ, 1983: 216). 수사적이긴 하지만 조현병자의 창조가 '죽음'이라는 되돌릴 수 없는 것과 유비되고 있다는 점에서 역시 야스퍼스가 보여준 비극주의적 패러다임, 즉 '마치 그들[=조현병자]의 생애에서 단 한 번만 전율과 지복에 가득 찬 무언가가 계시되고, 이윽고 그 몇몇 기억만을 남기고 회복 불능의 치매에 빠지는 것과 같다'라는 메아리가 울려 퍼지고 있는 것 같습니다. 무엇보다 여기에서는 블랑쇼류의 '죽음'의 개념에서 발견되는 사람은 개인으로서 죽는 것이 아니라, 비인칭적인 '사람(on)'으로서 죽는 것이라는 식의 비틀기가 더해지고 있다고 하는 편이 더 정확할지도 모릅니다.

그런데 블랑쇼는 이렇게 야스퍼스에 대략적으로 동의하면서도 그가 동의하지 못하는 점이 있습니다. 그것은 야스퍼스가 기본적으로 조현병에 걸린 유명인에게서는 광기가 창조에 영향을 준다

— 즉 광기는 원래 그 인물이 가지고 있던 개별성(particularité)에 어떤 영향을 끼친다 — 고 생각하는 점입니다. 왜냐하면 그러한 생각으로는 광기의 인물이 만들어내는 작품은 그 인물의 개성과 광기의 '배합물'이 되어버리고, 그것들의 단순한 덧셈으로밖에 이해되지 않기 때문입니다. 이래서는 횔덜린과 같은 인물에게 발생한 사건을 이해할 수 없습니다.

블랑쇼는 횔덜린의 「빵과 포도주」를 독해하면서 다음과 같이 논합니다.

> 시인은 이제 직접적인 것, 무한정한 것과 관계를 맺고, '열림(l'Ouverte)', 가능성이 거기에 기원을 두지만 그 자체는 불가능한 것, 인간에게도 신들에게도 금지된 것, 성스러운 것과 관계를 맺는다. 그에게는 물론 전달 불가능한 것을 전할 수 있는 힘은 없다. 그러나 그중에서 — 신들과 시간 속에서 신적인 것, 순수한 생성의 깊이와의 사이에서 그가 유지하는 관계에 의해 — 전달 불가능한 것은 전달을 가능하게 하는 것이 되고, 불가능한 것은 순수한 힘이 되어버린다. 그리고 직접적인 것은 순수한 법의 자유가 되는 것이다. 시인이란 그 내부에 투명함이 생겨나는 자이고, 그의 말은 그것이 진정으로 매개하는 말이라면 무한한 것을 연결하고 한없이 확장하는 정신의 힘을 다시 끌어당겨 포함하는 것이다. 왜냐하면 그 말 속에서 매개자는 소멸하고 자신의 개별성에 종지부를 찍으며, 그가 거기에서 태어난 경계로, 무감無感의 경계(l'aorgique)*로 되돌아가기 때문이다(ブランショ, 1983: 227).

휠덜린의 광기는 그의 개별성에 무엇인가를 덧붙이는 것이 아니며, 하물며 그를 더 개별적인 사람으로 만드는 것도 아닙니다. 광기는 오히려 그의 개별성을 소멸시키는 것이라고 블랑쇼는 말합니다. '열림'이라는 것은 아마도 하이데거의 '열림(das Offene)'이라는 역시 부정신학적인 술어를 참조하고 있다고 생각됩니다만, 블랑쇼는 그것을 작가의 개별성이 사라지는 비인칭적인 장소라고 파악합니다. 그는 다음과 같이 말합니다.

> […] 이 운동은 그[= 휠덜린]에게 고유한 것이 아니라, 진정한 것 그 자체의 성취이며, 그것이 어느 시점에서는 그의 생각을 거역하더라도 그의 개인적인 이성이 더 이상 그곳으로부터 되돌아올 수 없는 비인칭의 순수한 투명성이 될 것을 요청한 것이다. […]
> 휠덜린은 알고 있다. 그 자신이 말하지 않는 기호가 되지 않으면 안 되며, 말하는 것이 그럼에도 불구하고 말하지 않고 침묵의 진리가 계속 있음을 증명하기 위해 말의 진리가 요청하는 침묵이 되지 않으면 안 된다는 것을(ブランショ, 1983: 224-225).

실제로 휠덜린은 광기에 빠진 이후, 특히 만년에 자신이 쓴 시에 '스카르다네리' 등으로 서명한 것으로 알려져 있습니다. 이것은 조

---

*　번역할 수 없는 것, 무정형이라는 의미. 휠덜린은 l'organique와 l'aorgique를 대조적인 개념으로 사용하는데, 전자는 한정적인 것과 형태가 있는 것, 후자는 무한한 것과 형태가 없는 것을 말한다. 휠덜린 고유의 개념이 아니라 셸링, 슐레겔, 괴테에게서도 찾아볼 수 있다.

현병이라는 광기에 의해서 인격이 해체되어가는 중에 시인으로서의 개별성도 사라지고 비인칭적인 장소에서 시작이 이루어지게 된 징후라고 파악할 수도 있을 것입니다. 이에 관하여 모리나카 다카아키守中高明(1960-)는 특히 만년의 횔덜린의 시작에 주목하면서 다음과 같이 말하고 있습니다.

> 횔덜린이라고 불리는 주체, 역사상의 시간에 묶인 하나의 자기는 한 번만 결정적으로 망각되고, 그 이후 스스로의 기원을 망각하는 원환적 '지속' 속에서 그는 그때마다 하나의 특이성-단독성으로 나타난다. 그는 반복되는 강도强度인 것이다. '스카르다네리' ― 그것은 거짓 이름이 아니라 그러한 반복을 견딜 수 있는 강도의 고조, 선별적 생성의 순간을 지시하기 위해 새겨진 '진정한 것'의 기호인 것이다(守中高明, 2004: 101).

앞 장에서 라플랑슈의 횔덜린론과 그에 대한 푸코의 응답을 다룰 때, 광기와 작품은 하나의 '동일한 것'으로부터 유래한다는 등근원적인 성질에 대해 언급했습니다. 블랑쇼는 말하자면 그 '동일한 것'을 비인칭적인 장소로 파악하려고 했던 것입니다. 그리고 모리나카가 시사하고 있듯이 이러한 생각은 '창조와 광기'를 둘러싼 사고의 대상을 개별성(particularité)에서 특이성(singularité)으로 결정적으로 이동시켜나가게 됩니다.

다음으로 그 길을 아르토를 경유하면서, 데리다의 논의를 따라가면서 검토해봅시다.

병적학에 대한 이의 제기 — 앙토냉 아르토와 L 박사

이미 말했듯이 서양 사상에서 '창조와 광기'를 둘러싼 담론은 횔덜린이라는 특권적인 광기의 시인과 만남으로써 하나의 전형적인 '형태'를 가지게 되었습니다. 그것은 우리가 하이데거에게 있어서 '시의 부정신학'이라고 부른 것, 그것을 구조론화한 라캉의 정신병론 그리고 푸코의 '외부의 사고' 등이며, 모두 창조와 광기를 하나의 '말할 수 없는 것'으로부터 등근원적으로 생긴 것으로 이해하는 것이었습니다. 야스퍼스와 같은 병적학의 주류의 사고방식도 그 '말할 수 없는 것'을 '형이상학적 심연'이라고 부른다는 점에서 그러한 변형의 하나라고 생각할 수 있습니다.

이러한 '창조와 광기'를 둘러싼 패러다임에 대하여 근본적인 반성을 요구한 인물이 앙토냉 아르토Antonin Artaud(1896-1948)입니다. 아르토는 광기의 시인·연극인으로 유명한 인물입니다만 병적학에 있어서는 역시 조현병이었다고 합니다(실제로 약물의존도 있었던 것 같습니다만 그 영향은 조현병에 비하면 제한적입니다). 아르토는 1937년 아일랜드 여행을 계기로 명확한 발병에 이르고 프랑스로 강제송환되어 정신병원에 수용됩니다. 1938년 4월 1일에는 생탄병원에서 다른 누구도 아닌 자크 라캉의 진찰을 받고 회복의 전망이 전혀 없는 고착된 정신병이라는 진단을 받습니다.

병원을 옮겨 아르토는 1946년 5월까지 대략 9년에 걸쳐 입원 생활을 했습니다. 그 사이에 전기충격요법 — 안전하게 시행 가능한 현재의 '수정형 전기경련요법'이 아니라 환자에게 큰 고통을 가하는 치료법입니다 — 을 여러 번 받은 것 같고, 당시(전쟁 중)의 열악한 정신 의료 환경은 입원 환자 중에서 아사자를 낼 정도였던 것으로도 알려져 있습니다.

아르토는 퇴원 후부터 죽음에 이르기까지 얼마 안 되는 기간에 『신의 심판을 끝장내기 위해』라는 작품과 『반고흐 — 사회에 의한 자살자』라는 에세이를 발표했습니다. 특히 후자는 일종의 정신의학 비판으로 '고흐는 사회에 의하여 살해당한 인물이다'라고 주장하는 것입니다. 또한 이 에세이는 병적학적인 담론에 대한 비판이기도 하며, 아르토는 특히 정신과 의사인 프랑수아-요하임 베르François-Joachim Beer의 『반고흐의 다이몬』(1945)의 한 구절에 격노하여 이 에세이를 집필하게 되었다고 생각됩니다(당시 개최된 〈반고흐전〉에 맞추어 출간된 주간지에 베르의 저작의 발췌가 실렸고 아르토가 그것을 읽은 것 같습니다).

아르토가 읽은 베르의 『반고흐의 다이몬』은 고흐의 병적학적 진단을 정리하고 그의 광기와 작품을 연관 짓는 것이었습니다(Beer, 1945). 아르토는 그의 기술을 감금적인 정신 의료와 일체가 된 것으로 보고 다음과 같은 격문을 씁니다.

> 작업을 하고 있는 반고흐의 명석함과 마주한다면 이제 정신의학은 스스로의 망상에 사로잡혀 시달리는 고릴라들의 비좁고 쓸쓸한 거처에 불과하고 그리고 그 고릴라들은 인간의 불안과 답답함의 가장 무서운 상태를 고치기 위해 우스꽝스러운 전문 용어밖에 가지고 있지 않은 것이다.
>
> 그들은 손상된 두뇌가 만들어낸 훌륭한 산물인 것이다(アルトー, 2006, 112).

정신과 의사를 '고릴라'로 부르며 병적학적 담론은 전혀 무가치하다고 주장합니다. 더욱이 아르토는 다음과 같이 계속합니다.

[…] L 박사, 아마 당신은 불공평하기 짝이 없는 치품천사들과 같은 종족에 속해 있겠지만 부디 그 사람들을 가만히 내버려두기 바란다.

[…] 사회는 정신병원에서 사회가 치워버리고 싶었던 혹은 사회가 그들로부터 자신을 지키려고 했던 모든 사람을 압살시킨 것이다. 마치 이들이 사회와 함께 중대한 어떤 비열한 행동의 공범 관계가 되기를 거부했다는 듯이.

왜냐하면 정신병자란 이와 마찬가지로 사회가 귀를 기울이지 않았던 인간, 그리고 참을 수 없는 진실을 표명하는 것을 사회가 방해하려고 했던 한 사람의 인간이기도 하기 때문이다(アルトー, 2006: 114-115).

여기서 비판을 받고 있는 'L 박사'는 라캉을 말합니다. 라캉은 본래 초현실주의 그룹에서 아르토의 사정을 알고 있었습니다만, 일단 의사와 환자라는 관계가 되자 '위로부터의 시선'에서 아르토를 회복의 전망이 없는 정신병으로 판정하게 되었습니다. 그것을 아르토는 비판하고 있는 것입니다. 물론 아르토의 비판은 단지 개인적인 원한이 아니라 오히려 정신의학이나 병적학의 담론이 '광기'에 빠진 사람들의 목소리를 듣지 않으려 하는 데로 향하고 있어 더욱 사정거리가 넓다고 할 수 있습니다.

이러한 아르토의 몸짓은 언뜻 보기에 소박한 반정신의학(정신 의료 비판)처럼 보입니다. 그러나 데리다는 아르토를 통해서 '창조와 광기'라는 패러다임 자체의 전복의 계기를 읽어나갑니다.

광기의 범례화에 저항하다

자크 데리다Jacques Derrida(1930-2004)는 1965년에 「숨결이 깃든 말(La parole soufflée)」이라는 아르토론을 발표합니다(이 논문은 1967년 출간된 그의 대표작 『에크리튀르와 차이』에 수록되었습니다). 이 논문은 우리가 앞 장과 이번 장에서 살펴본 블랑쇼, 라플랑슈, 푸코 등의 '창조와 광기'를 둘러싼 논의 전체를 다루며 그 난점을 지적합니다 (이러한 그의 비판이 실제로는 하이데거로부터 라캉에 이르는 '시의 부정신학'과 그 구조론화를 사정거리에 두고 있다는 것도 주의합시다). 이에 덧붙여 데리다는 '창조와 광기'를 둘러싼 담론이 남겨둔 아르토의 특이성을 논하려고 합니다.

바로 데리다의 기술을 살펴봅시다.

> 그들[블랑쇼, 라플랑슈, 푸코]의 어떤 텍스트에도 두 가지 주해, 즉 의학적 주해[= 광기에 대한 정신의학적인 주석]와 또 다른 하나의 주해[= 문학상의 주석]에 의한 공통의 장場이 — 최상의 경우에 — 멀리서 지시되고 있다고는 하지만, 실제에 있어서 양자는 결코 융합하지 않는다고 우리는 느낀다(デリダ, 2013c: 340).

블랑쇼, 라플랑슈, 푸코의 논의에는 '창조와 광기'라는 문제를 제기하고 의학(정신분석)의 담론과 문학의 담론이 공동 작업을 할 수 있는 '공통의 장'이 미리 준비되어 있으며, 그러한 장의 설정에 의하여 비로소 그들의 담론이 가능하게 된다고 데리다는 지적합니다. '공통의 장'이라는 것은 라플랑슈에게는 '아버지의 이름'의 배제와 그것과 구조적으로 동일하다고 여겨지는 신의 부재입니다. 그 하나의 결손에서 횔덜린의 광기와 시작을 통일적으로 논하는 것이 가능하게 되었다는 것을 이미 우리는 확인했습니다. 의학(정신분석)의 담론과 문학의 담론의 연결점이 되는 이 결손의 장소를 데리다는 '공통의 장'이라고 부르고 있는 것입니다. 당연히 그것은 푸코에게 있어서 "'동일한 것'이라는 수수께끼', 즉 횔덜린의 광기와 작품이 하나의 '동일한 것'으로부터 출발한다는 생각에서도 그대로 발견되고, 블랑쇼가 말하는 비인칭적인 장소, 게다가 하이데거의 '열림'에서도 그 대응물이 발견됩니다. 그러나 데리다는 왜 그러한 전제가 가능한가, 두 개의 담론은 정말로 일치할 수 있는가라고 묻고 있는 것입니다.

데리다가 비판하는 '공통의 장'에 기초한 의학(정신분석)의 담론과 문학의 담론의 공동 작업을 할 경우에 어떤 곤란함이 생길까요? 모리나카 다카아키의 논의를 살펴봅시다.

예를 들어 사람들은 종종 횔덜린을 분열증[= 조현병]이라는 '병'의 일반성에 포섭되는 하나의 '사례case'로 간주하고, 그 '사례'에서 '병'이 '작품'에 특수한 영향을 주었다고 생각하기 쉽다. 즉 한편에 '병'의 영역이, 다른 한편에 '작품'의 영역이 있고, 전자가 후자를 결정한다는 인과성을 상정하는 것 […]. 혹은 […] 반대로 '작품'을 '병'으로부터의 상대적 자율성에서 파악하려는 사고 […] 의 경우 '작품'은 '병'임에도 불구하고, '병'에 반하여 성립했다고 한다. […]

하지만 그러한 방식으로 인과성을 상정하는 것, 혹은 상정될 수 있는 인과성의 부재를 보는 것은 둘 다 잘못이라고 해야 한다. '작품'을 '병'의 결과라고 간주할 때, 거기에서 '작품'은 분열증 일반에 속하는 특수한 케이스의 표출로서만 자리매김하고, '작품'은 결국 임상적 실체로서의 분열증의 한 증상이라는 자격으로 해석되어버린다. 다른 한편 '작품'을 '병'에 대한 저항의 산물로 간주할 때, '작품'은 '병'에 대립하는 영역으로서 가정된 '건강'의 곁에 있게 되지만, 그러한 분할은 '작품' 일반을 '병'의 외부에 두는 것과 같다(守中高明, 2004: 85-86).

여기에서는 암묵적으로 야스퍼스의 논의를 비판하고 있습니다. 야스퍼스처럼 '창조와 광기'나 '광기와 작품'이라는 주제를 미리 설정해버리면, 전자가 후자에게 영향을 주었는지, 그렇지 않으면 전자가 있음에도 불구하고 후자가 만들어졌는지 하는 논의로 시종일관하게 되어 그 이상의 것을 말할 수 없게 되어버린다는 것입니다.

무엇보다 블랑쇼, 라플랑슈, 푸코가 취한 전략은 오히려 그러한 어려움에 빠지지 않기 위해 '광기'와 '창조'를 별개의 것으로 보지 않고 등근원적인 것으로 간주하는 것이었습니다. 말하자면 그들은 '창조와 광기'라는 형태로 두 가지를 '와'로 연결하는 사고의 틀을 극복하려 한 것입니다. 게다가 그들은 그 두 가지가 유래하는 근원을 말할 수 없는 것, 언어화 불가능한 것으로 자리매김한다는 부정신학적 논리에 의해 근원을 쉽게 실체화하는 것을 피하려고도 했습니다.

블랑쇼는 그런 전략의 결과 횔덜린을 특이하고(singulier) 유일한 (unique) 인물로 취급하게 됩니다. 그러나 데리다에 의하면 블랑쇼는 결국 그 특이성이라는 것을 충분히 말하지 못했습니다. 다시 말하면 블랑쇼는 횔덜린이 특이한 존재라는 것까지는 말하고 있지만, 횔덜린이 어떻게 특이한지를 말하는 것에는 실패하고 있다는 것입니다. 이것은 단지 '특이하다'라고만 말하고 끝나는 것과 같고, 결국 블랑쇼의 논의는 본질주의 ― '조현병자의 문학은 특이하다'라고밖에 말하지 못하고, 조현병과 특이성을 즉시 연결시켜버리는 안일한 사고 ― 에 빠져 있다고 데리다는 비판하고 있습니다(デリダ, 2013c: 344-345).

라플랑슈는 횔덜린에게서 조현병의 진전과 작품의 진전 사이의 관계는 '절대로 일반화될 수 없는' 것이며, 그것은 '어떤 특수한 예 (en cas particulier), 아마도 유일한(unique) 사례의 시와 정신병의 관계'라고 주장하고 있습니다(Laplanche, 1961: 132). 결국 라플랑슈도 횔덜린에게서 '창조와 광기'의 관계는 특이한 것이고 절대적으로 일반화할 수 없다고 주장하면서 거기서 붓을 놓게 됩니다. 라플랑슈는 『횔덜린과 아버지의 문제』에서 블랑쇼를 비판하기도 했습니다만 데리다에 따르면 라플랑슈는 '일단 멀리서부터 유일성(unicité) 을 그 자체로 말하자마자 블랑쇼에 대하여 노골적으로 비판했던 그 범례주의(exemplarisme)로 되돌아간' 것입니다(デリダ, 2013c: 374). 실제로 라플랑슈의 횔덜린론은 횔덜린을 '유일'한 존재로서 칭찬하고 있음에도 불구하고 실제로는 다른 조현병권의 유명인에게도 적

용 가능한 것으로 쓰여 있는 것은 아닐까? 그렇다면 역시 휠덜린의 특이성을 놓치고 있는 것은 아닐까? 데리다는 그렇게 묻고 있는 것입니다. 이러한 비판은 당연히 "동일한 것'이라는 수수께끼'를 묻는 푸코에게도 해당됩니다.

그러므로 휠덜린을 둘러싼 블랑쇼, 라플랑슈, 푸코의 담론에 대해 데리다는 다음과 같은 판정을 내리지 않을 수 없게 됩니다.

> 비평은 범례를, 바꿔 말하면 사례를 만들어내는 것이다. 작품 혹은 사고의 모험은 범례로서, 순교자로서 하나의 구조를 증언하는 것이다. 그리고 사람들은 우선 무엇보다도 그 구조의 본질적인 항상성의 독해에 전념하는 것이다(デリダ, 2013c: 342).

데리다는 야스퍼스와 같은 병적학의 담론, 즉 창조와 광기를 별개의 것으로 전제한 후에 양자의 관계를 묻는 사고를 비판합니다. 그리고 그러한 담론을 한 번 비틀어 창조와 광기를 등근원적인 것으로 보고, 나아가 그 근원을 '말할 수 없는 것'으로 신비화하려는 부정신학적인 담론도 비판합니다. 왜냐하면 일단 그러한 방식으로 어떤 부정적인 '근원'이 발견되면, 그 인물은 비극주의적 패러다임에서 '순교자'가 되고, 같은 '근원'과의 관계가 다른 모든 인물에게서도 발견되기 때문입니다. 그렇게 되면 사람들은 어떤 부정적인 '근원'이라는 구조를 여기저기에서 찾는 일에 전념하게 될 것입니다(실제로 이것은 하이데거에 의한 '시의 부정신학'이 정식화된 이후, 특히 라캉의 영향 아래에 있는 20세기 프랑스 현대사상에서 일어난 일입니다). 요컨대 '창조와 광기'를 둘러싼 모든 담론이 결국에는 '긴타로 사탕'*

이 되어버려 개개의 특이성이 완전히 무시되는 것을 데리다는 비판하고 있는 것입니다.

여기에는 데리다 사상의 근본적인 모티브, 즉 하나의 '불가능한 것(l'impossible)'의 존재를 지적함으로써 바로 그 '불가능한 것'을 언제나 동일 불변의 것으로 간주해버리는 경향에 대한 근본적인 비판이 보입니다. 오히려 데리다는 그러한 '불가능한 것'을 다양한 차이=차연을 내포한 복수적일 수 있는 것으로 파악하려고 합니다.

이러한 관점하에서는 아르토의 정신의학 비판·병적학 비판도 새로운 의미를 갖게 됩니다. 왜냐하면 아르토야말로 정신의학이나 정신분석의 담론이 고흐를 진단하고, 그 희귀한 인물을 자신들의 담론으로 환원하여 그의 특이성을 전혀 보려고 하지 않았다는 것을 비판한 바로 그 인물이기 때문입니다. 그러므로 데리다는 다음과 같이 말하게 됩니다.

> 아르토가 임상적인 해석이나 비평적인 해석에 절대적으로 저항하는 것은 [⋯] 범례화 그 자체에 반대하는 항의 그 자체인 것이다(デリダ, 2013c: 350).

데리다는 아르토에게서는 기관器官이 신체 속에서 미쳐 날뛰었던 것이라고 간주합니다. 신체의 기관은 각각 연접하여 하나의 신체로서의 통합을 형성하게 되지만, 아르토는 그 통합이 반드시 하나의

---

* '긴타로 사탕金太郎飴'은 어디를 잘라도 같은 긴타로金太郎의 얼굴이 나오도록 만든 막대 사탕이다.

'결여'를 만들어낼까 봐 두려워하여 그러한 결여가 없는 신체를 되찾기를 욕망하고 있었습니다(デリダ, 2013c: 378). 그것은 마치 하이데거의 '시의 부정신학'의 후예인 부정신학적인 담론이 언제나 부정적인 '근원'을 설정하는 것에 저항하는 듯한 시도라고 데리다는 생각했을 것입니다.

또한 데리다의 비판의 사정거리[범위]는 우리가 제1장에서 지적했던 조현병 중심주의(조현병자는 보통의 인간이 도달할 수 없는 진리를 손에 넣고 있다는 생각)와 비극주의적 패러다임(조현병자가 이성의 해체와 맞바꾸어 진리를 손에 넣는다는 구도)이 내포하는 소외의 측면을 재고하도록 촉구하고 있는 것처럼 생각됩니다.

마지막 장에서는 이러한 문제를 극복하려 했다고 생각되는 들뢰즈의 '창조와 광기'를 둘러싼 논의를 다루겠습니다.

제13장

들뢰즈

'시의 부정신학'으로부터의 도주

들뢰즈

'사건'과 조현병

지금까지 살펴본 것처럼 '창조와 광기'를 둘러싼 사고는 근대 정신의학에서는 병적학으로, 그리고 프랑스 현대사상에서는 하이데거의 영향을 받은 일련의 논의의 계보로 성립되어 유지되어왔습니다. 이 책의 전반부에서 본 플라톤에서 헤겔에 이르는 광기와의 격투格鬪의 역사는 그 전사前史였다고 할 수 있습니다.

여기서 잠시 제1장에서 세웠던 논점을 다시 한번 되돌아봅시다. 첫 번째 논점은 조현병 중심주의의 문제로 향합니다. 병적학에서도, 프랑스 현대사상에서도 조현병을 앓은 유명인이 특권화되어 '조현병자는 조현병이 아닌 사람들은 도달할 수 없을 것 같은 진리를 손에 넣는다'라는 담론이 자주 만들어졌습니다. 우리는 그 이유를 대개 횔덜린에게서 찾는다는 것을 밝혀왔습니다. 즉 병적학에서는 횔덜린을 논한 야스퍼스의 담론이, 프랑스 현대사상에서는 횔덜린에 감화되어 형성된 하이데거의 '시의 부정신학'의 프랑스판이라고도 할 수 있는 담론이 이와 같은 조현병 중심주의를 유지해왔다고 생각할 수 있는 것입니다.

두 번째 논점은 첫 번째 것과 관련되어 있는데, 병적학이나 프랑스 현대사상의 담론은 종종 비극주의적 패러다임을 취하는 것으로 향합니다. 즉 조현병을 앓은 유명인이 전술한 것과 같은 진리를 획득할 수 있는 것은 자신의 이성의 불가역적인 해체를 받아들인 경우뿐이라는 사고방식이 이러한 담론에서 자주 관찰되는 것입니다.

이미 여러 차례 언급한 야스퍼스의 『스트린드베리와 반고흐』의 다음과 같은 구절은 이러한 두 가지 논점을 압축한 것으로, 이러한 담론의 하나의 범례가 될 것으로 생각됩니다.

> 이런 종류의 병자[＝조현병자]에게 일시적이기는 하지만 형이
> 상학적 심연이 계시되는 것처럼 생각되는 경우가 있다. […]
> 마치 그들의 생애에서 단 한 번만 전율과 지복에 가득 찬 무엇
> 인가가 계시되고, 이윽고 그 몇몇 기억만을 남기고 회복 불능
> 의 치매에 빠지는 것과 같다(ヤスパース, 1959: 143-144).

조현병에서는 인생의 어딘가에서 단 한 번의 결정적인 사건이 일어
나고 그것이 '형이상학적 심연'을 계시하면서 우수한 예술 작품을
만들어내는 것을 가능하게 하지만, 그 대가로 환자 개인의 인생 또
는 이성은 불가역적으로 해체로 향하게 된다고 말하는 것입니다.
이와 같은 생각은 조현병이라는 개념이 탄생한 이래 야스퍼스를 비
롯한 정신병리학자가 대체로 공유하고 있던 것입니다. 즉 조현병은
인생에 갑자기 침입해 오는 사건에서 발단하는 '프로세스(Prozeß)'
― 이것은 야스퍼스에게서 유래하는 술어로 흔히 '(병적) 과정'으로
번역됩니다 ― 로서 시작되고, 발병 후의 인생은 그 사건에 의하여
결정적으로 규정되고 나아가 프로세스의 경과에 의해 이성의 해체
로 향한다는 생각이 일반적으로 믿어져왔던 것입니다.
 이러한 생각은 정신병리학에서만 볼 수 있는 것은 아닙니다. 예
를 들어 알랭 바디우Alain Badiou(1937-)의 '사건(événement)'의 철학
은 우리의 문맥에서는 명확히 조현병적인 논리로 규정되어 있다고
말할 수 있습니다. 그의 논의가 가장 평이하게 표현되어 있는『존재
와 사건』영어판 서문의 구절을 살펴봅시다.

진리는 질서의 효과로서 구성되는 것이 결코 아니라 오로지 그
것을 지지하는 질서와 파단破斷하는 것으로 구성된다. 나는 진
리를 여는 이러한 파단을 '사건'이라고 이름 짓기로 했다. […]
주체란 진리의 사건에 대한 적극적인 충실함과 다름없다(Ba-
diou, 2005: xii-xiii).

어떤 결정적인 사건이 인생의 어딘가에서 일어납니다. 그것은 지
금까지의 질서를 무너뜨리는 것과 맞바꾸어 진리를 가져오는 것이
며, 일어나버린 이상은 되돌릴 수 없을 것 같은 돌이킬 수 없는 사
건입니다. 따라서 그후에 할 수 있는 일이라곤 그 사건에 충실한 것
뿐이고 그러한 충실함이야말로 주체라고 말하는 것입니다. 이러한
생각은 역시 하이데거의 '시의 부정신학' — 절대로 쓰이지 않은 시
에 얼마나 충실하느냐가 시인의 우열을 결정한다는 논의 — 의 영
향을 느끼게 하며, 야스퍼스의 프로세스를 둘러싼 논의와도 매우
친화적입니다. 이런 의미에서 바디우의 철학은 횔덜린-하이데거 이
후의 서양 사상에서 '조현병 모델'을 계승한 철학이라고 말할 수 있
을 것입니다(무엇보다 바디우의 철학은 하이데거의 '시의 부정신학'을 수
학적으로 대체함으로써 민족주의적인 망상으로부터 벗어나는 것을 가능하
게 한다는 점에서 매력이 있다고 생각합니다만 그 점에 대해서는 이 책에서
다루지 않습니다).

앞 장에서 본 데리다가 지적한 범례주의의 문제는 여기에도 들어
맞는 것 같다고 생각됩니다. 왜냐하면 야스퍼스, 하이데거 그리고
바디우에 이르는 일련의 논의가 하나의 '결정적인 사건'과 그에 대
한 '충실함'이라는 똑같은 구조로 수렴한다고 하면, 이러한 논리를

사용하는 한 조현병을 앓은 모든 유명인에 대해 같은 것을 말할 수 있게 되어 그 특이성을 놓쳐버리기 때문입니다.

'단 한 번의 결정적'인 사건으로부터의 도주

이런 막다른 골목에서 탈출하려면 '단 한 번의 결정적(une fois pour toutes)'인 사건의 논리에서 어떻게 벗어날 것인가를 생각하지 않으면 안 됩니다. 그러므로 우리가 참조해야 할 것은 질 들뢰즈Gilles Deleuze(1925-1995)의 사상이라고 생각합니다.

들뢰즈의 사상이 정신의학이나 정신분석으로부터 강한 영향을 받았다는 것은 잘 알려져 있습니다. 그는 이 책에서 다룬 인물만으로도 크레펠린, 빈스방거와 같은 정신병리학자, 프로이트, 라캉, 라플랑슈와 같은 정신분석가의 이론을 원용하고 있었습니다. 또한 그는 1969년의 『의미의 논리』나 1993년의 『비평과 임상』과 같은 저작에서 아르토나 루이스 캐럴Lewis Carroll, 레이몽 루셀과 같은 병리성이 강한 작가, 즉 어떤 광기(délire)[1]를 앓았다고 생각되는 작가들에 주목했습니다. 게다가 그가 펠릭스 과타리Félix Guattari(1930-1992)와의 공저인 『안티 오이디푸스』(1972)에서 조현병에서 유래하는 '스키조'라는 개념을 주체적으로 사용한 것도 그의 사상과 광기의 밀접

---

1 기존의 번역에서 이 말은 '착란'으로 번역되는 경우가 많았습니다만 프랑스 정신의학·정신분석에서 'délire'는 정신생활의 혼란만을 연상시키는 '착란'이 아니라, 오히려 그 혼란을 다소간 정리해주는 '망상' 또는 보다 일반적인 '광기'를 가리킵니다.

한 관계를 나타낸다고 할 수 있습니다.

그러나 다른 한편 들뢰즈 자신은 결코 — 폐병과 자살을 제외하면 — 병적인 인물이 아니었습니다. 그 자신의 성격과 광기와의 친화성을 보여주는 일화는 거의 없습니다. 게다가 들뢰즈는 실제의 '스키조', 즉 개념이 아니라 현실에 존재하는 조현병 환자들에게 거의 흥미가 없었을 뿐만 아니라 그들에 대해 혐오감마저 가지고 있었던 것 같습니다. 실제로 과타리나 장 우리Jean Oury(1924-2014)가 있었던 곳으로 알려진 라보르드La Borde병원에 근무했던 어느 의사는 '그[= 들뢰즈]는 광인을 싫어하기도 했다. 라보르드[병원] 등에서는 1시간도 있을 수 없었을 것이다'라고 술회하고 있습니다(ドス, 2009: 12).

그러면 들뢰즈와 광기는 어떤 관계에 있었던 것일까요? 양자 사이에 관계가 없지 않다는 것은 분명합니다. 들뢰즈는 확실히 광기에 끌리고 있었습니다. 그러나 그는 현실의 조현병자에게 끌렸던 것은 아닙니다. 그렇다면 그는 단지 개념으로서의 '스키조'에 매료되었을 뿐일까요. 만약 그렇다면 그는 현실의 환자를 무시하고 조현병을 '은유로서의 병'으로만 이용한 인물로서 비판의 대상이 될 수 있습니다. 실제로 사이토 다마키齋藤環(1961-)는 최근 라캉이나 들뢰즈 등의 사상의 영향을 받은 1980년대 현대사상에서 '조현병(분열증)'이 사상적 문맥으로 전용轉用된 결과 이 병이 '숭고한 궁극의 타자'라는 레테르를 붙인 채 떠받들어졌다고 지적합니다(齋藤環·村上靖彦, 2016). 즉 들뢰즈의 사상은 광기를 긍정하기는커녕 광기의 오명stigma화를 조장했다고 생각할 수도 있는 것입니다.

그러나 우리가 보기에는 들뢰즈의 본령은 조현병에 대한 대안적alternative 인식, 혹은 조현병과는 다른 종류의 '광기'에 대한 주목에 있었다고 생각됩니다. 만약 그렇다면 그의 사상을 새로운 각도에서 볼 수 있을 것입니다. 또한 그의 사상을 비퇴스키조적으로 읽는 것은 푸코가 '들뢰즈의 세기'라고 부른 현대가 어떤 시대인지를 분명히 하는 것을 가능하게 할지도 모릅니다.

우선 주목하고 싶은 것은 들뢰즈가 1970년에 발표한 「조현병과 사회」라는 논문입니다. 이 논문에서는 조현병에서 프로세스의 이론을 다른 방식으로 읽을 것을 제안하고 있습니다.

조발성 치매[=조현병의 이전 개념]라는 개념을 기초 짓는 데 집착할 때 크레펠린은 그것을 원인이나 증상으로부터가 아니라 하나의 프로세스, 하나의 진전과 하나의 종착 상태에 의하여 정의하려고 했다. 다만 이 종착 상태를 크레펠린은 완전하고 결정적인 해체, 틀어박혀서 죽음을 기다릴 만한 환자를 설명하는 것으로 생각하고 있었다. 칼 야스퍼스, 다음으로 현재의 로널드 D. 랭Ronald David Laing은 이 프로세스라는 풍부한 사고방식을 전혀 다르게 파악하고 있다. 결별, 분출, 인격의 연속성을 깨는 하나의 침입이며, 자연과 역사, 유기체와 정신이 몰려가는 도주선을 쫓아가면서 강렬하고 무서운 하나의 '한층 더 많은 현실'을 통한 일종의 여행으로 몰고 가는 것. 정신분열[=조현병]의 여러 기관-기계와 기관 없는 신체나 그 위에서의 강도의 흐름 사이에서 연기演技되고 있는 것은 바로 이것이며, [*여기에서] 기계의 모든 연결이, 역사의 모든 일탈이 이루어지고 있는 것이다(ドゥルーズ, 2004a: 31-33).

크레펠린이나 야스퍼스의 논의에 관해 [들뢰즈가] 약간 오인誤認한 부분이 보이지만 일단 그것은 놓아둡시다. 들뢰즈는 정신병리학의 담론처럼 프로세스를 불가역적으로 부정적인 해체로 향하는 파단 또는 절단으로 보는 것이 아니라, 긍정적인 무엇인가를 태동시키는 과정으로 보고 있습니다.

주의해야 할 것은 이러한 들뢰즈의 생각이 야스퍼스의 그것과는 전혀 다르다는 점입니다. 야스퍼스에게서 조현병이 긍정적인 것일 수 있다는 것은 발병 시에 '형이상학적 심연'이 한순간만 계시될 뿐, 그 한순간이 끝난 후의 '소화시합消化試合'*이 프로세스로 지명되었던 것에 비해, 들뢰즈의 경우는 오히려 프로세스가 진행되는 과정의 한가운데에서 다양한 변화가 생길 수 있다는 것만을 긍정적으로 받아들이고 있는 것입니다. 이런 의미에서 들뢰즈는 '조현병을 긍정성으로서, 조현병자의 인격에서 생기는 결함이나 파괴라는 성격 혹은 상정된 구조 내에 출현하는 결여나 분리[= 예를 들어 '아버지의 이름'의 배제]로 환원하지 않고 긍정성 그 자체로서 이해할 것'을 제창하고 있는 것입니다(ドゥルーズ, 2004a: 31).

들뢰즈는 '도주선(ligne de fuite)'이라는 개념을 사용하여 그것을 명확히 합니다. 일어나버린 사건에 충실한 것이 아니라 여러 방향으로 도망쳐가는 것. 횔덜린처럼 결손된 '아버지의 이름'이나 부재의 신의 흔적에 머무는 것이 아니라, 그것과는 전혀 다른 것을 생각하는 것. 그렇게 도주함으로써 인생의 연속성이 단절되는 프로세스

---

* 소화시합은 프로야구 등 장기 스포츠 경기에서 이미 우승 팀이 결정된 맥 빠진 상태에서 의무적으로 치르는 시합으로 중요한 일이 끝난 후에 일어나는 일은 상황 변화에 전혀 의미가 없다는 것을 말한다.

를 'breakdown(고장)'이 아니라 'breakthrough(돌파구)'로 만들 수 있다 — 이것이 들뢰즈의 주장입니다. 나중에 과타리와의 공저『안티 오이디푸스』에서는 임상 형태로서의 '조현병'은 프로세스 그 자체가 아니라, 프로세스가 벽에 부딪쳐서 실패한 것에 지나지 않는다고 합니다. 즉 프로세스는 본래 긍정적인 것임에도 불구하고 그 자유로운 운동이 사회나 정신병원이라는 벽에 의하여 소외됨으로써 '조현병'이 될 수 있다고 생각되는 것입니다(ドゥルーズ, ガタリ, 2006: (上)131-132, 236-241). 이처럼 반정신의학적인 논점도 섞으면서 20세기의 '창조와 광기'를 둘러싼 사고를 결정지었던 '단 한 번의 결정적'인 사건의 논리로부터 어떻게 벗어날 것인가를 생각해낸 것이 들뢰즈의 작업의 특징입니다.[2]

구사마 야요이와 요코 다다노리

'단 한 번의 결정적'인 사건에 충실하다는 것과 그러한 사건으로부터 '도주'하는 것. 전자는 횔덜린-하이데거에게서 유래하는 '시의

---

2 들뢰즈의 이러한 작업은 정신병리학에서 나가이 히사오의 작업에 상당할 것입니다. 나가이는 외과 의사인 앙리 라보리Henri Laborit(1914-1995)가 제창한 '수술 후 진동 반응'이라는 개념에서 착상하여, 그때까지 '단 한 번의 결정적'인 사건으로 파악되어온 조현병에서의 프로세스를 '진동'으로 파악하여 시시각각 그 변화를 관찰했습니다. 그러한 관찰을 통해서, 설령 심각한 만성 상태에 있다고 해도 조현병자가 매일 매일 변화하고 있음이 밝혀졌습니다. 이러한 생각은 나가이의 '세상에서 사는 환자'라는 사고방식, 즉 발병 후의 급성기가 끝나고 회복기에 이른 환자가 달팽이처럼 여러 방향으로 '도주'해간다는 견해와도 관련이 있습니다(松本卓也, 2017).

부정신학'이나 조현병과 관련이 깊기 때문에 이미 여러분은 상상하기 쉬울 거라고 생각됩니다. 그렇다면 후자인 '도주'적인 창조성이란 도대체 어떤 것일까요?

일본의 예술 문맥에서 말한다면 구사마 야요이와 요코 다다노리橫尾忠則(1936-) 두 사람이 정확히 이 두 가지 모습에 대응하고 있는 것처럼 생각됩니다.

구사마 야요이는 제1장에서 소개했듯이 조현병을 중심으로 논한 병적학적인 담론에서 친숙한 인물입니다. 예를 들어 그녀의 대표작의 하나로 남근을 깔아놓은 것 같은 부드러운 조각soft sculpture 작품이 있는데, 이 남근은 라캉이 서술하는 정신병에서 '배제된 것의 회귀'로서 이해할 수 있습니다. 즉 배제된 페니스(거세의 시니피앙)가 현실 속에 직접 무매개적으로 회귀하는 것이 그녀의 작품을 결정짓고 있는 것입니다.

여기서 '직접 무매개적으로(immédiatement)'라는 말을 사용한 것은 그것이 다른 것에 상징적으로 매개되지 않고 그대로 나타나는 것을 가리킵니다. 작가라는 사람은 많든 적든 간에 각각 갈등을 안고 있습니다만, 보통이라면 — 지극히 단순화한 예입니다만 — 페니스를 상징화한 형태로 '다리[足]'를 그리듯 갈등은 간접적으로 작품에 표현됩니다. 그렇기 때문에 다리가 '페니스'를 상징한다는 것을 역방향으로 되짚어봄으로써 작품에 대한 정신분석적 해석이 성립하는 것입니다. 그러나 성교를 무서워했던 구사마의 작품에는 다름 아닌 남근 그 자체가 어떤 상징화도 없이 나타납니다. 여기서는 작품에 대한 통상적인 해석을 정지할 수밖에 없습니다. 오히려 달리가 편집증적 비평 방법에서 사용한 의미에서 말한다면, 이 창조 행위야말로 현실에 대한 해석으로서 더 이상 그 이외의 것은 있을 수 없는 것으로 나타나고 있는 것입니다.

또한 구사마는 스스로를 거세하는 남근의 이미지라는 노골적인 정신병적 비전에 습격당하고 있었습니다. 그러므로 그녀는 그 이미지를 그릴 수밖에 없었고 언제나 자기 자신이 고유명固有名으로 거기에 휩쓸리지 않을 수 없는 상태에 있었습니다(구사마의 자기 소멸!). 유명한 남근의 부드러운 조각만 해도 그것은 무수한 남근의 무리 속에 구사마 자신이 누워 있음으로써 완성되는 것입니다. 그녀의 작품이 어딘가 유머러스하게 보인다면 그것은 아사다 아키라淺田彰(1957-)가 말한 것처럼 그 작품 하나하나가 진퇴양난의 갈등이 발하는 긴박감을 유지하면서 그 긴박감을 무한히 증식시킴으로써 그녀 자신을 무효화하는 데 성공했기 때문일 것입니다(淺田彰, 1999). 그녀의 작품에는 언제나 죽음의 그림자가 감돌고 그 죽음은 무한 반복을 함으로써만 유머가 될 수 있는 것입니다. 이처럼 구사마에게 창조는 살기 위한 방패이며 거기에는 죽음과의 싸움이 있습니다. 스스로를 죽음에 이르게 하는 노골적인 정신병적 비전에서 ― 끊임없는 반복 작업으로 ― 살아남는 것에 구사마의 창조 행위의 독자성이 있는 것입니다. 이러한 창조 행위는 역시 '사건에 충실한 것'이라는 생각에 친화적인 것으로 보입니다.

그렇다면 요코 다다노리는 어떨까요? 요코가 자신의 병에 대해 말한 에세이집이 있습니다만 거기서 말하고 있는 것은 대부분이 신체 질환입니다. 실제로 그를 병적학적 견지에서 진단하는 것은 매우 어렵습니다. 우리가 아는 한 그와 정신과의 관계는 자동차 추돌 사고 장애로 입원했을 때, 병실 벽을 자신의 포스터로 채웠는데 정신과 의사가 왔다는 일화가 있을 뿐입니다.

어린 시절의 요코는 열이 나면 현실의 공간이 팽창·축소되어 보이는 체험을 했다고 합니다(이러한 체험은 '이상한 나라의 앨리스 증후군'으로 불릴 수 있습니다). 그에게 이 체험은 그의 상상력과 밀접하게 연결되어 있으며 이때의 광경이 작품에 인용되기도 합니다. 활발하게 거론되는 영적 체험만 하더라도 그는 같은 태도를 취하고 있습니다. 여기서 주목하고 싶은 것은 이미지에 유린당하는 것과 같은 수동성의 극에 서 있는 구사마와는 반대로 요코는 이미지가 회귀해 오는 것에 대하여 수동적(피해적)인 모습이 전혀 없다는 것입니다. 오히려 그는 자신의 영적 체험을 대담, 소설, 자서전 등 모든 매체에서 능동적으로 말하고 있습니다. 그리고 그 체험은 작품에 직접 무매개적으로 드러나기보다는 오히려 창조의 양식이 되고 있는 것 같습니다.

스스로에게 도래하는 이미지에 어떻게 대처하는가라는 문제는 구사마와 요코의 창조 행위에 공통적인 것이라고 할 수 있지만, 두 사람은 각각 전혀 다른 대처 방법을 취하고 있습니다. 요코는 이미지를 '모사'를 하는 방법을 취합니다. 자신에게 '섬광'처럼 갑자기 찾아오는 이미지를 캔버스 위에 모사하고, 이미지 그 자체가 갖는 힘에 맡겨보는 것입니다. 그리고 거기에 놀이를 더하는 방법으로 요코의 그림은 창작됩니다. 예를 들어 아주 긴 제목의 〈오사카의 친척으로 생선 가게를 하는 리키마츠カ松라는 사람이 있다. 내가 어머니와 함께 그 사람의 집을 방문하면 정해진 것처럼 '문어 먹을래?'라고 말하며 문어 다리를 잘랐다. 그 리키마츠 아저씨가 어느 날 우리 집에 친동야チンドン屋*를 데리고 가짜 비누를 팔러 왔다. 그리고 밤이 되자 샤미센과 북으로 이상한 퍼포먼스를 하는 것이었다〉라는

작품이 있습니다. 여기에는 그 표제가 나타내듯이 요코 소년의 어린 시절의 인상이 묘사되어 있습니다. 문어를 자르는 '리키마츠 아저씨'는 배경의 불타는 듯한 이미지에 힘입어 마치 아수라처럼 묘사되어 있습니다. 그러나 그 압도적인 이미지 옆에는 샤미센을 연주하는 여성의 이미지가 교묘하게 콜라주되어 있어 요코의 과거의 포스터 작품을 상기시킵니다. 이렇게 요코는 이미지의 모사 위에서 놀고 있는 것입니다.

요코의 전략은 '놀이'에 그치지 않고 '무책임'으로까지 발전하고 있습니다. 그는 '때로는 무책임해지는 것도 필요하다. 그림 같은 것은 내가 책임진 적이 없다'라고도 말하고 있고, 자신의 그림에는 사상이 없고, 그림에는 책임을 지지 않고, 타인에게 맡긴 것이라고 여러 장면에서 말하고 있습니다. 책임은 오히려 요코를 촉발한 이미지 쪽에 있는 것이라고 말하는 것입니다.

주조 쇼헤이中條省平(1954-)는 요코의 작품에는 미르체아 엘리아데 Mircea Eliade(1907-1986)가 말하는 '역의 합일coincidentia oppositorum'의 사상이 있다고 지적합니다(中條省平, 2008: 23). 즉 요코가 선과 악, 남과 여와 같은 반대의 것[역]이 상호 전환하는 국면을 그리고 있다는 것입니다. 구사마에게 문제였던 자기 소멸, 즉 죽음은 요코에게는 재생과 상호 전환하는 것이 됩니다. 이와 같은 역의 합일은 작품 속에서만이 아니라, 예를 들어『요코 다다노리 유작집』의 출판이 그 자신의 재생에 기여하고 있다는 점에서도 엿볼 수 있습니다. 무엇

---

* 북을 치고 나팔을 불며 사람들의 시선을 끌어 상품이나 점포 등을 선전하는 광고 업자들.

보다도 흥미로운 것은 그가 죽음을 재생으로 변주할 때의 작법입니다. 요코는 『유작집』에 대해서 죽음을 두려워하면서도 자기 자신의 죽음을 이미지화하는 것이 안심감이나 쾌감을 만들어내는 효과가 있었다고 말하고 있습니다. 즉 부모의 사후에 어쩔 수 없이 죽음을 의식하게 된 그는 『유작집』을 통해서 죽음을 선취함으로써 죽음의 공포에서 벗어나려고 했던 것입니다. 이러한 몸짓에는 하이데거적인 [죽음에 대한] '선구적 각오성[*결단]'과 같은 말은 어울리지 않습니다. 자신의 창조 행위의 근원은 어릴 때부터 행했던 모사에 있다고 한 요코는 사망 선언이나 사망 광고[부고], 그리고 『유작집』의 출판을 통해서 죽음마저 모사했다고 할 수 있지 않을까요?

나가이 히사오는 해리(혹은 다중인격)를 조현병과 비교할 경우 조현병에는 '자신을 유일무이한 단일 인격체로서 계속 유지하려는 비장하기까지 한 노력'이 있는 반면에, 해리에는 그러한 책임의 주체를 유지하는 것보다도 그 자리의 충돌conflict을 해소하는 것이 우선되는 특징이 있다고 말했습니다(中井久夫, 1998: 93). 이 대비는 구사마와 요코 두 사람에게 딱 들어맞는 것 같습니다. 구사마는 자신에게 다가오는 이미지에 대해 하나의 책임 있는 주체로서 어떻게든 살아남기 위해 비장한 노력을 하고 그 싸움에서 '승리'합니다. 그에 비해 요코는 이미지 위에서 놀고 책임은 자신이 아니라 이미지 쪽에서 지게 하는 것입니다. 물론 요코가 임상적인 의미에서의 해리성 장애라는 것은 아니며, 오히려 병으로부터 화려하게 '도주'하는 운동이라고 보아야 할 것입니다.

이런 의미에서 들뢰즈와 과타리가 말하는 '도주'는 조현병론의 문맥에서의 구사마의 '격투'보다는 요코처럼 놀면서 하는 낡은archaïque

무책임에 보다 적합한 것 같습니다. 실제로 요코는 자신밖에 등장하지 않는 드문 개인잡지인 『요코 다다노리 매거진』에서 '나'를 지나치게 노출함으로써 '나'를 소멸시키는 것이 가능했다고 말하며, '나는 할 수 있다면 정어리 떼의 한 마리가 되기를 꿈꾸고 있었던 것이다. 큰 떼의 한 마리이면서 '나'이다. 동시에 큰 떼라는 거대한 '나'라는 한 마리에게'라는 말을 남기고 있습니다(橫尾忠則(編), 2000: 68).

스쳐 지나가는 두 사람

이 두 사람의 차이가 여실히 드러난 것은 1991년에 이루어진 두 사람의 대담이었습니다. 그 대담 도중에 구사마는 '너무나도 세계가 다르고 대담하는 것이 괴롭기 때문에 여기서 그만두고 싶습니다'라고 발언합니다(橫尾忠則·草間彌生, 1997: 192). 구사마는 요코와의 대담이 괴로워서 대담을 중도에서 그만두고 싶다고 한 것입니다. 무엇이 구사마를 그토록 괴롭혔을까요? 본인[구사마]에 의하면 '두 사람의 세계가 아주 다르기' 때문이었습니다. 한편 요코는 두 사람의 세계는 대극적인 것이 아니고, 영혼이나 마음은 서로 통하고 있으므로 대담을 계속할 수 있다고 대답하고 있습니다.

앞에서 살펴보았듯이 두 사람 모두 어떤 종류의 이미지의 인스퍼레이션을 바탕으로 창작을 하고 있지만 인스퍼레이션에 대한 태도는 크게 다릅니다. 인스퍼레이션은 구사마에게는 무엇보다도 먼저 그리는 것 = 그려지는 것을 그 본의로 하는 것이지 그것은 '말하는 것'이 아닙니다. 그래서 요코가 '영혼이나 마음은 서로 통한다'라고 주장해도 구사마에게는 통하지 않은 것입니다. 이 대담에서 구사마가 요코를 '저널리스틱'하다고 말하고, 요코처럼 인스퍼레이션에 대해 말하는 것이 궁극적으로 불가능함을 주장한 것은 구사마는 말할 수 없는 창조의 비밀에 대해 요코가 너무 많이 언급했기 때문인 것 같습니다. 조현병자는 자신이 급성기에 체험한 언어를 초월하는 체험을 의사가 알아맞히면, 마치 시간 여행을 하는 것처럼 마이크로한 급성기로 되돌아가 불안하고 무너지기 쉬운 상태에 빠지는 일이 있는데, 요코와 구사마 사이에 발생한 것이 이와 같은 사태처럼 보이는 것입니다.

실제로 이 대담에는 그러한 위험한 긴장감이 흐르는 장면이 있습니다. 대담을 그만두고 싶어 하는 구사마에게 사회자가 다음과 같이 말을 걸어 따라가려고 하는 장면입니다.

사회자 ― 제가 구사마 씨에게 잠깐 묻고 싶은 게 있는데….
구사마 ― 그렇습니까? 뉴욕의 1960년대를 연 것은 저예요. 제가 〈1000척의 보트 쇼1000 Boats Show〉를 했을 때 앤디 워홀Andy Warhol이 '와우, 야요이 구사마, 이게 뭐야?'라고 말했지요. 그때부터 5-6년 뒤 그가 소를 그린 포스터를 천장에서부터 벽 전체에 도배한 것도, 루카스 사마라스Lucas Samaras의 〈거울들 사이〉도 비전은 모두 내게서 나온 거예요.
그래서 제가 틀림없이 1960년대의 도화선인 거죠. 많은 화가가 부드러운 조각을 만들었죠. 역사적으로도 그것은 증명되고 있는 것입니다(橫尾忠則·草間彌生, 1997: 192-193).

얼마나 애처로운 발언입니까? 사회자의 '잠깐 묻고 싶은 게 있는데'라는 말을 받은 구사마는 질문의 내용을 듣지 않고 스스로의 평가와 미술사에서의 위치를 확인하는 작업을 숨 돌릴 틈도 없이 시작하고 있는 것입니다. 설령 대담의 상식적인 코드에서 일탈하더라도 지금 여기에서 자아를 유지maintenance하지 않으면 안 된다 — 그렇지 않으면 자신의 존재마저 위태로워질 것 같다는 절박한 위기가 여기에서 나타나고 있는 것 같습니다. 자신에 대해 말해지는 것과 자신에 대해 말하는 것이 불안정하게 공진하여, 지금이라도 자신이 와해될 것 같은 언어의 위기가 나타나고 있는 것입니다. 이것을 보면 구사마의 병은 역시 조현병이라고 새삼스럽게 생각하지 않을 수 없습니다.

구사마의 이런 몸짓은 이 대담에서만 볼 수 있는 것이 아닙니다. 그녀는 자서전 『무한의 망』(2012)에서 '나는 미술계와 전혀 관계가 없다'고 말하며 소위 화단과 자신은 관계가 없다고 주장합니다. 그러나 이 자서전에는 그녀가 해외의 평론가로부터 어떻게 평가받았는지가 자세히 기록되어 있으며, 앞에서 인용한 대담에서의 뉴욕 생활의 갑작스런 술회가 고스란히 반복되고 있습니다. 시계열을 따라 쓴 그녀의 자서전에서 뉴욕에서의 성공 체험을 말하는 제1부가 시계열을 일탈하면서까지 특권적으로 처음에 말해지고 있는 것은 기묘한 것 같습니다. 하물며 지금은 모르는 사람이 없을 정도로 거장인 구사마에게 초기의 성공 체험을 특별히 강조하려는 세속적인 관심이 있다고도 생각되지 않습니다. 뉴욕의 체험은 구사마에게 그 정도까지 특권적인 것입니다.

조현병자는 발병 시의 위기 장면 — 그것은 많은 경우 언어화가 불가능한 것입니다 ─ 을 몇 번이나 반복적으로 상기하는 일이 있습니다만, 구사마의 뉴욕에서의 성공 체험은 그녀가 자신의 세계를 안정시키기 위한, 자아를 유지하기 위한 주문과 같은 것이 아닐까요? 그녀의 자서전 제1부에만 시詩가 삽입되어 있지 않다는 점, 또한 기본적으로는 1인칭으로 말하면서도 '나'를 '구사마'로 치환하면 그대로 평론문이 될 것 같은 3인칭성이 이 제1부에서 가장 두드러진다는 점에서도 이를 엿볼 수 있습니다. 자서전을 보아도 요코와 구사마는 대조적입니다. 요코의 자서전에는 각계 저명인사와의 교우 관계가 쓰여 있습니다만, 그것은 구사마처럼 자신의 평가를 확인하는 것이 아니라 매우 깨끗하고 꾸밈없는 것입니다.

요코는 앞에서 인용한 구사마의 발언을 받아서 '구사마 씨야말로 저널리스틱하다'고 반론합니다. 그러나 구사마의 뉴욕 체험의 회고는 '저널리스틱'한 행위가 아니라 오히려 그것을 행하지 않으면 그녀의 존재 그 자체가 붕괴의 위기에 직면해버리는, 살기 위해서 필수적인 작업인 것입니다. 한편 요코는 병을 여러 가지 방법을 이용하여 치료하는 것, 혹은 갑자기 낫는 것에 대해 몇 번이나 쓰고 있습니다. 거기에는 구사마처럼 '창조할 것인가, 절명할 것인가'를 묻는 것과 같은 위기의 계기는 느껴지지 않습니다. 요코를 특징짓고 있는 것은 '건강'입니다.

구사마와 같은 예술가가 광기에 대해 가르쳐준다면 요코가 우리에게 가르쳐주는 것은 건강의 바람직한 모습입니다. 구사마가 병과 맞바꾸어 창조를 얻는다면, 요코는 병을 건강으로 전환하는 데서 창조를 이끌어내고 있습니다. 다시 말하면 구사마가 병의 책임을 떠맡기 때문에 창조를 하는 것이라면, 요코는 병에 대한 압도적인 무책임 때문에 창조를 하는 것입니다. 병과의 관계에서 드러나는 두 사람의 창조성은 한쪽은 '사건에 대한 충실함', 다른 쪽은 사건으로부터의 '도주'라는 양극으로 나타나고 있는 것입니다.

『의미의 논리』 ─ '깊은' 문학과 '얕은' 문학

다음으로 들뢰즈가 광기의 문학을 다루는 솜씨를 관찰하면서 조현병 중심주의와 비극주의적 패러다임에 의거하지 않은 현대적인 '창조와 광기'의 바람직한 모습을 검토해봅시다.

그런데 들뢰즈에게서 '창조와 광기'의 문제를 생각할 때는 들뢰즈가 어떠한 광기에 끌리고 있었는지를 생각하는 것이 중요하다고 봅니다. 하이데거의 경우에는 횔덜린이라는 조현병 시인을 자신의 반려로 삼아 사색을 하는 것이 중요했던 것처럼 들뢰즈가 도대체 어떠한 광기, 그리고 어떠한 창조성을 자신의 사색의 반려로 삼았는가를 생각하는 것은 적지 않은 가치를 갖는다고 생각됩니다.

'어떤 인물의 사상은 그가 심취한 인물의 광기의 영향을 받는다'는 생각은 가토 사토시가 '사상적 계보에서 에피-파토그래피'라고 부른 것인데, 그러한 관점에서 들뢰즈의 사상을 생각할 때 맨 먼저 고려해야 할 것은 앙토냉 아르토와 루이스 캐럴(1831-1898)의 광기의 영향이겠죠.

두 사람은 모두 들뢰즈가 1969년 『의미의 논리』에서 처음으로 논한 인물입니다. 한편 아르토는 앞 장에서 논한 것처럼 라캉에 의하여 치유 가망이 없는 정신병(조현병)으로 진단받은 인물이며 진짜 조현병 환자였다고 일단 말할 수 있겠죠. 다른 한편 『의미의 논리』의 또 다른 주역인 루이스 캐럴은 어떨까요? 전에는 그를 '조현병 기질(분열증 기질)' — 즉 조현병을 연상시키는 성질을 많이 가지고 있지만 외면적으로 명확한 발병은 없고 어디까지나 무증상적인sub-clinical 단계에 머무는 이상異常 — 로 간주하는 병적학적 연구가 이루어진 적도 있습니다만 지금은 그를 자폐증 스펙트럼(아스페르거증후군)으로 보는 설이 유력합니다.

그렇다면 들뢰즈의 『의미의 논리』에는 조현병이라는 광기를 대표하는 아르토와 그와 비슷하지만 다른 광기의 소유자인 캐럴이라는 두 선이 나란히 달리고 있는 셈입니다.

『의미의 논리』에서 이중성을 보이는 이러한 생각은 들뢰즈 자신에 의해서도 뒷받침됩니다. 그는 캐럴의 작품에서 조현병다움을 보는 것은 쉽지만 그것은 '경솔'한 것이라고 말하고 있습니다. 즉 조현병자 아르토와 캐럴 사이에는 큰 단절이 있는 것입니다. 그리고 들뢰즈는 최종적으로 아르토와 캐럴의 차이를 '심층(profondeur)'과 '표면(surface)'이라는 대립을 사용하여 다음과 같이 요약하고 있습니다.

캐럴의 모든 것을 다 준다 해도 우리는 앙토냉 아르토의 한 페이지도 주지 않을 것이다. 아르토는 문학에서 절대적인 깊이를 가졌던 유일한 사람이며, 스스로 말하듯 고통의 힘 덕택에 살아 있는 신체를 발견하고 살아 있는 신체의 터무니없는 말을 발견한 유일한 사람이다. 아르토는 오늘날에도 미지인 하층-의미를 탐험했던 것이다. 그런데 역시 캐럴은 표면의 주인 혹

은 측량사다. 표면의 것은 잘 인식되고 있다고 믿기 때문에 표
면을 탐험하지 않는다. 그러나 표면에는 의미의 논리의 모든
것이 있다(ドゥルーズ, 2007a: (上)170).

들뢰즈는 조현병자 아르토가 만들어내는 '깊은' 문학을 절대적인
것으로 평가하고 있습니다. 아르토의 '깊이'는 겉(표면)의 말이 아
니라 광기와의 교환으로 획득한 살아 있는 신체의 절망적인 외침을
문학의 말로 승화하는 것을 가능하게 한 점에 있습니다. 그의 말은
중증의 정신병 체험 속에서 문자 그대로 목숨을 걸고 끄집어낸 것
입니다.

다른 한편 캐럴은 예를 들면 '산란물散亂物(litter)'과 '문학(litera-
ture)'을 합쳐 '문학素學(literature = 산란문학)'이라는 말(혼성어)을 만드
는 기법으로 대표되는 것처럼 말을 그 표면에서 조합하거나 재조합
하는 놀이를 넘치도록 했습니다. 그는 아르토적인 '깊이'와는 무관
한 말, 즉 심층에서 독립한 표면의 말로 문학을 창조했던 것입니다.
게다가 양자의 차이를 병적학적으로 뒷받침하듯 캐럴은 약 66년간
의 생애에서 아르토와 같은 정신의 위기나 파탄을 경험하지는 않았
습니다. 아르토의 문학이 병과 바꾸어 획득된 것이라고 한다면, 캐
럴의 그것은 건강 속에서 이루어진 일종의 정보처리에 의해 형성된
것입니다.

아르토 자신도 역시 자신과 캐럴의 차이를 강하게 의식하고 있
었습니다. 아르토는 캐럴의 '표면의 시와 언어는 싫다'고 분명히 말
하고 있습니다(Artaud, 2004: 1013). 그가 캐럴에 대해 이런 느낌을 갖
게 된 것은 그가 입원 중에 캐럴의 텍스트와 씨름했을 때, 구체적으

로는 앙리 파리조Henri Parisot(1909-1979)의 의뢰를 받아 캐럴의 「재버워키Jabberwocky」를 번역할 때였습니다. 보통 캐럴 문학의 번역은 난센스한 혼성어로 구성된 'Did gyre and gimble in the wabe'라는 그의 한 행을, 혼성어를 프랑스어로 재현하기 위해 'Gyraient sur l'alloinde et vriblaient'(앙리 파리조의 번역) 등으로 대체함으로써 수행됩니다. 그러나 이러한 표면의 말에 만족할 수 없는 아르토는 그 똑같은 한 행을 그 나름의 심층의 말로 변용시키는 듯 신체가 진동할 때의 의음擬音의 작렬이라고밖에 할 수 없는 신작 언어를 사용하여 'Allaient en gibroyant et en *brimbulkdriquant*'으로 대체합니다. 들뢰즈가 평했듯이 아르토가 한 번역은 캐럴의 표면의 말을 '살아 있는 신체의 터무니 없는 말' — 즉 조현병의 말 — 로 대체하는 것이었습니다.

아르토와 캐럴의 대립, '깊은' 말과 '얕은' 말의 대립. 양자의 차이, 즉 들뢰즈가 말하는 '표면에 방출되는 캐럴의 말과 신체의 심층에 새겨지는 아르토의 말의 차이'는 누구의 눈에도 분명한 것 같습니다(ドゥルーズ, 2007a: (上)154). 아르토에게 캐럴은 고민에서 유래하는 말을 쓴 작가가 아니라, 단지 독자적인 언어를 발명한 것에 지나지 않으며, '표면의 말을 만드는 것을 고집하여 심층의 말의 진정한 문제, 즉 고뇌의 분열증[=조현병]적인 문제, 죽음과 삶의 분열증적인 문제를 느끼지 못한' 작가임에 틀림없습니다(ドゥルーズ, 2007a: (上)156). 아르토가 캐럴을 '작은-도착자(un petit-pervers)'(즉 말의 페티시스트fetishist)라고 평한 것은 그 때문입니다. 캐럴은 최근에는 뒤에서 언급하는 다양한 생활상의 특징으로 인해 조현병이 아니라 자폐증 스펙트럼(아스페르거증후군)이라고 진단되고 있는데, 창조한 문학

의 특징으로 보아도 캐럴은 조현병과는 이질적입니다.[3]

표면으로 향하는 들뢰즈

그러면 들뢰즈는 조현병의 핵심 병리를 대표하는 아르토의 광기와, 조현병과 언뜻 보면 유사하기는 하지만 그것과는 다른 캐럴의 광기 중에서 어느 쪽을 중시하고 있었던 것일까요? 이 질문은 사실 『의미의 논리』에서는 결말을 낼 수 없습니다. 왜냐하면 들뢰즈는 '캐럴의 모든 것을 다 준다 해도 우리는 앙토냉 아르토의 한 페이지도 주지 않을 것이다'라며 아르토를 칭찬했던 같은 단락에서 '[캐럴이 그리는] 표면에는 의미의 논리의 모든 것이 있다'라고도 말하고 있기 때문입니다. 즉 그는 심층의 아르토와 표층의 캐럴 양자에게 높은 평가를 내리는 양의적인 태도를 취하고 있는 것입니다. 그런 의미에서 『의미의 논리』는 말하자면 아르토의 광기와 캐럴의 광기 두 장이 합쳐져 만들어진 합판合板이라고 할 수 있을 것입니다.

『의미의 논리』에서 심층과 표층 두 장을 맞추는 구조는 같은 책

3 정신과 의사인 하나무라 세이이치花村誠一(1947-)는 캐럴의 진단이 아스페르거 증후군으로 변경되기 전에 이미 그러한 것을 깨달았던 것 같고, 영어의 음운이 남기는 이콘(icon)성 [퍼스는 기호를 icon(도상), index(지표), symbol(상징)의 세 가지 유형으로 나누었는데, 그중에서 이콘은 기호와 뜻의 관계가 형태적으로 유사한 것을 말하며, 여기서는 음성상의 유사성이다]이 불충분한 캐럴과 완전한 이콘성을 갖는 아르토는 대조적인 작가로 여겨졌습니다. 그는 '[캐럴의] 난센스는 정신의학적으로 보면 분열증[=조현병]권의 주변 영역과 분명한 친화성을 갖고, 진정한 분열증성과는 오히려 파멸적인 단열斷裂에 의해 격리되어 있는 것 같다'고 말합니다 (花村誠一, 1981: 113).

에서 스토아학파의 철학을 다룰 때에도 간파할 수 있습니다. 여기서는 들뢰즈가 『의미의 논리』를 집필하면서 크게 참조한 에밀 브레이에Émile Bréhier(1876-1952)의 『초기 스토아철학에서 비물체적인 것의 이론』(1908)에서 결정적인 구절을 참조해봅시다. 들뢰즈는 캐럴을 스토아학파의 철학과 중첩시키고 있지만 브레이에에 따르면 스토아학파의 철학이란 다음과 같은 것이었습니다.

> 그들[= 스토아학파]은 그들 이전에는 누구도 시도하지 않았던 것, 즉 존재의 두 평면을 근본적으로 분리함으로써 이와 같은 [세계를 사실이나 사건에 환원하는] 착상을 가능하게 했다. 그 평면이란 한쪽은 깊고 실재적인 존재인 힘이었고, 다른 한쪽은 존재의 표면에 관계하여 결합도 끝도 없는 비물체적인 존재의 다양성을 구성하는 여러 사실의 평면이었다(ブレイエ, 2006: 27-28).

쉽게 풀어봅시다. 브레이에에 따르면 스토아학파의 공적은 '존재의 두 평면을 근본적으로 분리'한 데 있습니다. 한쪽 평면이란 물체적인 것의 평면이며, 하나의 당구공이 다른 공과 충돌하여 운동을 일으키는 것처럼 어떤 물체가 다른 물체에 대한 원인이 되는 그런 평면입니다. 이 평면에서는 '모든 물체는 […] 다른 물체와의 관계에서는 다른 물체에 대한 원인이다'라고 합니다(ドゥルーズ, 2007a: (上)21). 그러나 세계는 그러한 물체적인 것의 평면만으로 구성되어 있는 것은 아닙니다. 물체적인 것의 평면에서 당구공의 운동은 그 결과 = 효과(effect)로서 다양한 '샷shot'이 생겼다는 인식을 만들어내고, 게다가 '게임의 승패'라는 정보를 결정하는 것입니다. 여기서 결

과＝효과로서 생긴 '샷'이나 '게임의 승패'라는 인식 또는 정보는 물체적인 것의 평면에는 존재하지 않는 것, 따라서 비물체적인 것이라고 말할 수 있습니다. 그렇다면 우리는 당구에서 실재의 대상인 공의 충돌이 전개되는 물체적인 것의 평면과 관련되면서도 그것으로부터 결과＝효과로서 생기는 비물체적인 것의 평면에도 관련되어 있을 것입니다.

들뢰즈가 아르토와 캐럴에게 할당한 '심층'과 '표면'은 이 '물체적인 것의 평면과 비물체적인 것의 평면'에 각각 대응됩니다. 그리고 들뢰즈는 이러한 두 평면이 다르다는 것을 확인한 후에 후자(표면＝비물질적인 것의 평면)를 단지 전자(심층＝물체적인 것의 평면)의 결과＝효과로서만 파악하는 것이 아니라, 후자는 전자로부터 독립된 질서를 갖고 있다고 주장하는 것입니다(ドゥルーズ, 2007a: (上)234). 즉 당구공의 운동은 게임의 승패와는 다른 질서에 있다고 말하는 것입니다.

조금 어려운 논의이므로 설명해드리겠습니다. 실제 당구 게임은 특정 플레이어가 당구공을 큐로 치는 것으로 진행합니다. 이런 의미에서 비물체적인 것의 평면(표면에서의 '샷'이나 '승패')은 동작의 주체인 플레이어의 존재를 동반한 물체적인 것(공)의 움직임의 결과＝효과라고 할 수 있습니다. 여기에는 물체적인 것의 평면이 비물체적인 것의 평면을 만들어낸다는 뚜렷한 주종관계가 있는 것 같습니다. 그러나 우리는 예를 들어 컴퓨터 게임을 통해, 혹은 상상력을 통해 어떤 특정한 구체적인 플레이어에게서 독립된, 심지어는 현실의 공으로부터도 독립된(즉 물체적인 것의 평면으로부터 독립된) 비물체적(또한 비인칭적)인 '당구 게임의 진행'을 생각할 수 있습니다. 들

뢰즈가 캐럴의 『이상한 나라의 앨리스』(1865)와 『거울 나라의 앨리스』(1871)에서 발견한 것은 전자에서는 인물이 두껍지 않은 트럼프의 카드로 환원되고, 후자에서는 체스의 말이 기보를 따라 운동함으로써 이야기가 전개되는 바로 비물체적인 것으로 구성된 표면의 세계이고, '심층'으로부터 독립된 '표면'이라고 할 수 있는 것입니다(ドゥルーズ, 2004b: 86).

이러한 들뢰즈의 논의는 캐럴의 광기의 특징을 보다 상세히 검토함으로써 더욱 다듬을 수 있을 것입니다. 미야모토 다다오는 캐럴이 실생활에서는 수학 강사인 도지슨Dodgson[루이스 캐럴의 본명]으로 교단에 계속 서서 이야기의 창작과 수학의 교육·연구를 양립할 수 있었던 것 — 즉 건강했다는 것 — 에 주목해 다음과 같은 날카로운 지적을 하고 있습니다.

[…] 수학과 동화는 실제로 어디까지나 별개였다고 해도 양자의 공통적인 성격을 놓쳐서는 안 된다. 그것은 어느 쪽도 생의 현실을 접할 수 없고 오히려 현실의 여러 문제를 배제함으로써 성립할 수 있다는 점이다. 도지슨처럼 두드러진 분열 기질자[= 조현병 기질자]에게는 현실과 공공연하게 접촉하는 것은 신체의 파탄을 의미하는 것이며, 이를 피하기 위해서는 현실에 대해 언제나 일정한 거리를 두지 않으면 안 된다. 이 경우 수학과 논리학과 동화는 최적의 보루가 된 것이고, 그런 까닭에 도지슨은 짧다고는 할 수 없는 66년의 생애를 아무런 외면적인 파란도 없이 평안하게 보낼 수 있었을 것이다(宮本忠雄, 1994: 126-127).

캐럴이 수학과 동화라는 표면 세계의 탐구로 향한 것은 있는 그 대로의 현실을 접촉하는 것을 두려워했기 때문입니다. 즉 단지 심층으로부터 독립된 다른 질서(표면)가 존재할 뿐만 아니라, 오히려 심층(현실)을 거절하고 그 대신에 표면을 편애하는 특징이 캐럴에게서는 드러나고, 그 특징이 그의 인생과 작품 양자를 결정짓고 있다는 것입니다.

미야모토의 이러한 지적은 그가 캐럴에게 내린 '조현병 기질'이라는 진단보다도 훨씬 중요한 것이라고 생각합니다. 왜냐하면 『의미의 논리』에서 『비평과 임상』으로 향하는 24년 사이에 들뢰즈의 사상은 마치 캐럴에게 이끌리는 것처럼 심층을 거절하고 표면을 편애하는 방향으로 나아갔기 때문입니다. 실제로 곤도 가즈노리近藤和敬(1979-)가 지적하고 있듯이 『의미의 논리』 이후 들뢰즈에게는 높은 곳이나 심층은 점차 중요성을 잃어갔고, 최종적으로는 표면만이, 초월과의 패권 다툼과 관계없는 내재만이 문제로 여겨지게 되었다고 합니다(近藤和敬, 2015: 37). 1969년의 『의미의 논리』에서는 심층과 표면을 함께 중시하는 양의적인 입장을 취했던 들뢰즈는 1993년의 『비평과 임상』에서 마침내 심층보다 표면을 중시하는 것을 선택한 것 같습니다.

이러한 들뢰즈의 태도 변경은 단지 그가 『의미의 논리』에서 높은 곳-표면-심층이라는 삼중 구조를 기관 없는 신체의 일원 구조로 해체했다는 (그 자신이 「『의미의 논리』 이탈리아어판 메모」에서 행하고 있는) 정리整理에는 맞지 않는 것으로 생각됩니다. 왜냐하면 『비평과 임상』에서는 심층에 의거하는 조현병적인 창조가 다음과 같이 가치가 낮아져 있기 때문입니다.

하지만 광기가 임상적 상태에 빠지면, 말은 더 이상 어떠한 것
에도 도달할 수 없고, 사람은 더 이상 말을 통해서 무엇 하나
들을 수도 볼 수도 없다. […] 즉 문학이란 건강한 것이다(ドゥル
ーズ, 2010: 10).

하이데거로 대표되는 '깊은' 철학이 울창한 숲속에서 '존재'의 부
름(Zuruf des Seyns)을 들으면서 이루어지는 사색이었다면, 아르토의
문학도 역시 신체의 '깊은' 외침을 들으면서 엮어낸 것이었다고 할
수 있을 것입니다. 그러나 심층과 표면 모두를 중시하는 입장을 포
기하고, 표면을 편애하기에 이른 『비평과 임상』의 들뢰즈에게는 더
이상 그러한 '깊은' 사색이나 문학은 문제가 되지 않았습니다. 오히
려 인공적으로 만들어진 정보가 넘쳐나는 도시 속을 빠르게 이동하
면서 이루어진 사색에 의해 구성된 캐럴 같은 사색이나 문학이야말
로 중요한 것입니다. 실제로 들뢰즈는 이미 『의미의 논리』에서 다
음과 같은 방향성을 예고했습니다.

숲속이나 숲길에서 철학이 다듬어지는 것이 아니다. 도시 속이
나 거리에서, 도시와 거리의 더 인공적인 것 속에서 철학이 다듬
어지는 것이다(ドゥルーズ, 2007a: (下)154).

『의미의 논리』에서 아르토와 캐럴에게 똑같이 끌렸던 들뢰즈는
『비평과 임상』에서는 전자를 거절하고 후자를 편애하기에 이른 것
같습니다. 들뢰즈는 아르토가 아니라 캐럴에게 끌리게 된 것입니다.
그것은 우리의 논의에서는 들뢰즈가 점차 조현병(스키조)이 아니라

자폐증 스펙트럼에 이끌리게 되었다는 것과 다름이 없습니다.

『비평과 임상』 — 병적학적 플라톤주의의 전도

『비평과 임상』에서는 '건강(santé)'을 중요시합니다. 그러나 이것은 들뢰즈가 더 이상 광기를 고려하지 않게 되었다는 것을 의미하는 것은 아닙니다. 실제로 『비평과 임상』의 첫머리를 장식하는 '문학과 삶'의 중심 테제는 다음과 같이 문학과 광기를 연관 짓기 때문입니다.

> 문학은 광기(délire)다. 하지만 광기는 아버지-어머니와 관련되는 사태는 아니다(ドゥルーズ, 2010: 18-19).

그렇다면 우리는 들뢰즈를 이끌었던 캐럴의 광기가 바로 '아버지-어머니와 관련되는 사태는 아'닌 광기였다고 생각해야 할 것입니다.

그런데 이 '광기가 아버지-어머니에 관련된 사태는 아니다'라는 언명은 무엇을 의미하는 것일까요? '창조와 광기'를 둘러싼 담론의 역사를 따라온 우리에게는 이것이 플라톤적인 신적 광기, 혹은 하이데거의 '시의 부정신학'을 구조론화한 라캉의 정신병론에서 '아버지의 이름'의 배제라는 개념에 대한 비판이라고 보는 것은 쉽다고 생각됩니다. 요컨대 들뢰즈가 여기서 하려고 하는 것은 병적학적 사고의 패러다임의 전도인 것입니다.

사실 병적학적 사고의 패러다임은 플라톤의 신적 광기론에서부터 19세기 이후의 '시의 부정신학'의 전통에 기초한 조현병론에 이르기까지 아버지 = 신의 말을 긍정적/부정적 형태로 전달하는 것이 뛰어난 문학 창조의 조건이다라고 생각했다고 정리할 수 있습니다. 그리고 『비평과 임상』은 바로 이러한 플라톤주의적/하이데거주의적 '창조와 광기'론을 전도轉倒하는 것을 기획하고 있습니다. 즉 일찍이 뛰어난 시를 낳는다고 생각된 신적 광기가 현대에는 가치를 잃고 있으며, 지금까지 가치가 낮은 것으로 생각되어온 인간적 광기야말로 뛰어난 문학 창조를 가능하게 하는 것이라고 들뢰즈는 주장하는 것입니다. 그의 말에 주석을 달면서 읽어봅시다.

문학은 광기다. 하지만 광기는 아버지-어머니와 관련되는 사태[= 신적 광기]는 아니다. [⋯] 문학이라는 광기다. 그리고 이 자격에서 그것은 스스로의 운명을 광기의 두 극[= 신적 광기와 인간적 광기] 사이에 건다. 광기는 하나의 병이며, [아버지 = 신의 말을 전달하고 있다는 점에서 자신이] 순수하고 우세[한 광기]하다고 일컫는 인종[= 신적 광기]을 광기가 새로이 훌륭하게 만들어낼 때마다 특히 병든 것이 된다. 그러나 저 억압된 사생아적 = 잡종적 인종[= 인간적 광기]은 다양한 지배 아래에 있어 끊임없이 움직이며, 억압하고 감금하는 것과 관련되는 모든 것에 저항하며, 과정으로서의 문학 속에서 스스로의 모습을 흰색으로 그리는 저 사생아적 = 잡종적 인종의 힘에 호소할 때, 광기는 건강의 척도가 되는 것이다. [⋯] 문학의 최종적인 목적 ─ 광기 속에서 이러한 건강의 창조를 혹은 [⋯] 삶의 가능성을 풀어주는 것(ドゥルーズ, 2010: 18-19).

들뢰즈는 아버지 = 신의 말을 (긍정적인 형태로) 전달하는 문학 ─ 즉 신적 광기에 의해 쓰인 문학 ─ 은 그렇게 자칭하고 있는 것에 지나지 않는다고 말합니다. 게다가 아버지 = 신으로부터 유래하는 자기의 순수성을 주장하고 다른 문학을 저속한 것으로 잘라버리는 그 몸짓은 인종주의(인종차별)적이며 파시즘적이기까지 하다는 주장도 하고 있습니다.

이 비판은 일차적으로는 신적 광기에 의해 쓰인 문학을 칭찬하는 플라톤주의로 향하고 있지만, '시의 부정신학' 이후의 패러다임에 속하는 하이데거와 라캉으로도 향하고 있다고 생각됩니다. 왜냐하면 아버지 = 신의 말을 (부정적인 형태로) 전달한다고 자칭하는 문학은 그 환자의 정신이 견디기 어려울 정도의 불가역적인 피해를 입는 것과 맞바꾸어 만들어진다고 하는데, 들뢰즈는 그러한 비극주의적인 사고방식에 대해 [앞 절에서 말했듯이] '광기가 임상적 상태에 빠지면, 말은 더 이상 어떤 것에도 도달할 수 없고, 사람은 더 이상 말을 통해서 무엇 하나 들을 수도 볼 수도 없다'고 가차 없는 비판을 하고 있기 때문입니다(ドゥルーズ, 2010: 10). '시의 부정신학'이 칭찬하는 조현병은 한 순간의 창조성의 반짝임과 맞바꾸어 이후의 인생을 망쳐버릴 우려가 있는 것입니다.

들뢰즈의 경우에는 아버지 = 신의 말을 긍정적으로 전달하는 (것으로 자칭하는) 신적 광기와 부정적으로 전달하는 (것으로 자칭하는) '시의 부정신학'은 전자는 인종주의적·파시즘적이기 때문에, 후자는 그것이 갖는 비극적 성질(병과 맞바꾸어 창조성이 획득된다는 생각) 때문에 부정되지 않으면 안 되는 것입니다. 그리고 그는 아버지 = 신과 관계없는 문학, 즉 '건강으로서의 광기'가 낳은 문학에 높은

가치를 부여하려고 합니다. 그러한 문학은 적통적인 아버지＝신의 말과는 긍정/부정의 어떤 형태로도 관계되지 않습니다. 그것은 아버지＝신의 말에 관해 기억상실에 빠진 사생아적＝잡종적인 문학이며, '다양한 지배 아래 있어 끊임없이 움직이는' 문학이라고 합니다(ドゥルーズ, 2010: 19).

그렇다면 '건강으로서의 광기'가 낳는 문학이란 구체적으로 어떤 것일까요?

이미 말했듯이 들뢰즈는 『의미의 논리』에서 『비평과 임상』에 이르는 과정에서 아르토의 '깊은' 문학보다도 캐럴의 '얕은' 문학을 편애하게 되었습니다. 그것은 우리의 말로 하면 신적 광기의 문학에 부정신학적인 취향을 더한 조현병적 문학보다도 아버지＝신과 관계없는 문학을 평가하게 되었다는 것과 다름이 없습니다. 아르토는 캐럴의 「재버워키」에 관하여 불만을 토로하는 편지에서 '나는 결여의 썩은 냄새를 풍기는 시를 좋아하지 정성스레 준비한 식사를 좋아하지 않는다'고 말하고 있지만, 조현병적인 '광기'의 문학은 바로 '(아버지＝신의) 결여'라는 악취를 풍기는 문학이며, 반대로 캐럴의 '표면'의 문학은 그러한 악취가 전혀 없는 문학입니다(Artaud, 2004: 1014).

실제로 『비평과 임상』에서 표면의 문학의 대표적인 예로서 높은 평가를 받는 것은 캐럴이며 나아가 레이몽 루셀이나 루이스 울프슨이라는 작가의 작품입니다. 이들 작가는 후술하는 것처럼 모두 아스페르거증후군(자폐증 스펙트럼)의 특징을 지니고 있습니다. 그러나 들뢰즈는 이들 작가의 '광기'를 그러한 새로운 질환 개념 — 아스페르거증후군의 발견은 1981년, 아스페르거증후군을 자폐증의 스펙트럼으로 파악하는 '자폐증 스펙트럼'이라는 사고방식의 등장은 1995년이며 아마 들뢰즈는 이러한 개념을 알 수 없었을 거라고 생각됩니다 — 에 따라 평가하고 있는 것은 아닙니다. 오히려 그는 난센스한 말장난(캐럴의 '혼성어')이나 동음이의어에 의거하는 형식을 바탕으로 한 이야기의 전개(루셀의 '방법(procédé)'), 모국어를 피하기 위해 복수의 기존 외국어를 구사하여 새로운 언어를 만들어내는 노력(울프슨의 '어머니의 목소리(모국어)에 대한 싸움')과 같은 이들 작가들에게 공통적으로 보이는 특징, 즉 언어의 표면적 사용 자체를 평가하고 있는 것입니다. 그리고 언어를 심층이 아닌 표면에서 다루는 그들의 언어 사용이야말로 '건강으로서의 광기'가 낳은 창조라고 주장하는 것입니다.

캐럴, 루셀, 울프슨이라는 세 작가는 모두 자신의 외부에서 도래하는 아버지 = 신의 말에 (긍정적/부정적인 형태로) 의거하지 않습니다. 그 대신 그들은 '언어의 내부에서 일종의 외국어를 형성하는' 것처럼 썼습니다. 즉 그들은 이미 있는 기존의 평범한 언어를 아버지 = 신의 말의 힘을 빌려서 바깥에서 해체하려 한 것이 아니라, 오히려 기존의 언어를 그 안에서 해킹함으로써 전복시키려 한 것입니다. 그리고 이러한 언어의 해킹, 즉 '언어를 그 관습적인 틀의 외부로 끌어내는' 것이야말로 현대에 있어서 '언어를 광기화시키는(délirer) 것'과 다름이 없다고 들뢰즈는 선언하고 있습니다.

그러나 여기에서 주의하지 않으면 안 되는 것은 『비평과 임상』에서 들뢰즈가 칭찬하는 언어 안에서의 해킹, 즉 '건강으로서의 광기'가 낳는 문학이 아버지 = 신의 언어와 전혀 관계가 없어진 것은 아니라는 것입니다. 다음의 결정적인 구절을 확인해봅시다.

어떤 방법을 작동시키는 것은 정신병의 역할이며, 그 방법이란 보통의 언어, 표준적인 언어를 다루고 그것을 미지의 독창적인 언어로 '만드'는 것이다. 그 독창적인 언어는 신의 언어의 투영일 수도 있고(peut-être), 모든 언어활동을 이끌어가는 것이다. 이러한 종류의 방법은 프랑스에서는 루셀이나 브리세Jean-Pierre Brisset에게서 볼 수 있고 미국에서는 울프슨에게서 볼 수 있다 (ドゥルーズ, 2010: 153. '일 수도 있고'의 강조는 인용자).

캐럴, 루셀, 울프슨 등의 문학은 확실히 아버지 = 신의 말에 의거하지는 않습니다. 그들은 오히려 언어를 그 안에서 해킹함으로써 문학 창조를 하고 있습니다. 그러나 그러한 언어의 표면에서의 재조합은 역설적이게도 결과적으로 '신의 언어의 투영'으로서의 성격을 가지는 일이 있을 수 있습니다(있을지도 모릅니다). 들뢰즈는 그렇게 주장하고 있는 것입니다. 『비평과 임상』의 들뢰즈는 문학의 창조에서 광기가 중요하지 않다고 생각하게 된 것도 아니고('어떤 방법을 작동시키는 것은 정신병의 역할이다'), 나아가 문학이 아버지 = 신의 언어와 무관하다고 생각하게 된 것도 아닙니다('독창적인 언어는 신의 언어의 투영일 수도 있다'). 들뢰즈가 기각棄却한 것은 문학의 창조를 신적 광기와 같은 외부의 초월적 심급의 작용으로 특권적으로 환원하는 조현병 중심주의적인 생각이고, 나아가서는 신의 언어를 외부의 초월적 심급으로부터 직접 획득할 수 있다는 적통주의적 생각이었습니다.

현대문학과 데이터베이스

현대문학에서 형식적(표면적)인 실험은 더 이상 초월적인 심급(아버지 = 신의 말을 듣는 것이나 그 부정신학적인 변형)이 기능하지 않게 될 때 어떻게 문학을 창조하느냐 하는 절실한 물음에 대답하려고 하는 것이었는지도 모릅니다. 이전에는 초월적 심급이 기능하고 그 강력한 침입성에 의해 새로운 문학의 언어가 만들어졌다면, 초월적인 심급이 기능하지 않는 현대에는 오히려 언어의 경험적인 수준에 철저히 내재해 경험적인 언어를 안에서 재조합함으로써 변형시킬 수밖에 없습니다. 그리고 그러한 언어의 안으로부터의 해킹을 통해서 새로운 초월성이 발생할 가능성에 내기를 할 수밖에 없는 것 같습니다. 들뢰즈에게 캐럴 등의 표면의 문학은 언어를 안에서 해킹한 결과 만들어진 말이 아버지 = 신의 말의 투영이 될지도 모른다는 것에 내기를 하는, 투병 통신*과 같은 우연성에 열린 확률론적인 문학이었던 것입니다.

그것은 문학을 데이터베이스나 그것을 통제하는 컴퓨터의 알고리즘으로 치환하는 것과 어딘가 비슷합니다. 지금까지 쓰인 모든 문학작품을 모은 데이터베이스나 모든 시간과 장소에서 이루어진 모든 대화의 데이터베이스를 이용하여 그러한 데이터를 재조합함으로써 우연히 만들어진 문학…. 그러한 것으로부터는 창조가 이루어지지 않는다고 생각할지도 모릅니다. 그러나 그렇다고 해도 현대

---

* 병 속에 구원을 청하는 편지를 넣고 흘려보내 그것이 발견되기를 기대하는 통신 방식.

의 작가는 더 이상 아버지 = 신의 말을 듣거나(플라톤), 부재의 신(표상 불가능한 것)의 흔적에 의지할(횔덜린) 수 없습니다. 그렇다면 이미 주어져 있는 데이터를 수집하고 재조합하면서 그 처리 결과가 우연히도 '명중'할 가능성에 내기를 하는 것은 그다지 엉뚱한 전략은 아닐 것입니다. 실제로 아사다 아키라가 요코 다다노리의 콜라주 작품에서 추출한 특징은 바로 인터넷이나 검색엔진이 가능하게 하는 데이터베이스와도 비슷한 '표면'의 기법이었습니다.

[…] '자기'라고 해도 작게 닫힌 '내'가 어린 시절의 트라우마에서 오는 무의식의 응어리를 표출한다는 것은 하찮은 이야기가 아니다. 요코 씨의 경우 무의식의 바닥이 빠져 있고, 동서고금의 온갖 정보와 영상의 분류奔流가 들어와 변형되어 나가는 그러한 변환 장치가 되어 있는 게 아닐까. […]
인상 깊은 것은 요코 씨가 미국에서 콜라주 작품의 개인전을 개최했을 때의 일. 미국인으로부터 '당신은 왜 전쟁과 섹스와 종교만 표현하는가?'라고 들은 요코 씨는 '전쟁과 섹스와 종교에 홀려 있는 것은 내가 아니라 당신들 미국인이며, 나는 그 옵세션obsession을 샘플링하고 리믹스remix하고 있을 뿐이다'라고 대답하였다. […]
그것은 일본의 문화나 풍토를 소재로 했을 때도 같은 게 아닐까요. 그것들은 자기 안의 향수의 원점이 아니라 미국 문화와 같은 데이터에 지나지 않으며, 그것을 변형하여 출력하고 있을 뿐이다라고.
니체의 말대로 표면만큼 깊은 것은 없다. 반대로 말하면 깊다고 여겨지고 있는 자신의 무의식 등은 아무것도 아니다(橫尾忠則·淺田彰, 2015: 1).

아르토적인 심층이나 무의식의 심층 등은 더 이상 가치가 없고 오히려 표면만큼 깊은 것은 없다. 이러한 문맥에서 생각한다면, 아즈마 히로키(1971-)의 일련의 작업은 현대에 있어서 창조를 데이터베이스를 모델로 생각하려는 것이라고 할 수 있을 것입니다. 그는 2001년의 『동물화하는 포스트모던』에서 현대의 작품이 데이터베이스에 축적된 '싹트기 요소', 즉 페티시의 순열 조합에 의해 만들어졌다는 것을 지적하고 있습니다. 나아가 2014년의 『약한 연결』에서는 인터넷 문화가 전면화함으로써 과거의 '표상 불가능한 것'이 폐기되어버렸다고 지적합니다. 즉 '결국 망net은 인간이 만든 기호만으로 되어 있다. 망에는 거기에 누군가가 업로드하려고 생각한 것 외에는 굴러다니지 않는다. '표상 불가능한 것'은 거기에 들어가지 않는다'라는 것입니다(東浩紀, 2016: 65). 이것은 우리의 문맥에서 말하면 현대에는 아버지 = 신의 말은 직접 듣는 것으로도, 부정신학적인 흔적으로도 나타날 수 없다는 것을 의미합니다.

아즈마는 이러한 현대에는 '새로운 검색어'를 손에 넣는 것이 중요하다고 주장합니다. 우리는 '구글Google'과 같은 검색엔진에 다양한 키워드를 입력함으로써 서버에 저장된 데이터베이스(들뢰즈적인 사건 = 정보의 총체)를 그때그때 다른 관점에서 잘라내고, 다른 방식으로 정렬한 결과를 차례로 표시할 수 있습니다. 그렇다면 지금까지는 알지 못했던 새로운 검색어를 사용하는 것은 완전히 새로운 세계를 출현시킬 가능성을 손에 넣는 것과 거의 동의어가 될 것입니다. 이러한 세계관에서는 새로운 검색어를 손에 넣는 것은 새로운 세계를 만날 확률을 높이는 것과 다름이 없습니다.

이러한 데이터베이스적 표면에 의거하는 세계관은 더 이상 횔덜린이나 아르토와 같은 조현병적인 광기를 필요로 하지 않는 것 같습니다. 그리고 이 세계관은 캐럴, 루셀, 울프슨과 같은 다른 종류의 '광기' — 자폐증 스펙트럼(아스페르거증후군)이라는 포스트 '조현병'적인 광기 — 와 어떤 관계를 가지고 있는 것 같습니다.[4]

다음 절 이후에서는 실제로 캐럴, 루셀, 울프슨 세 사람의 '창조와 광기'의 관계를 검토함으로써 이 문제에 다가갑시다.

루이스 캐럴의 병적

앞서 말했듯이 최근에는 루이스 캐럴이 자폐증 스펙트럼(아스페르거증후군)이었다고 지적되고 있습니다. 여기에서는 그가 자폐증 스펙트럼이라는 것을 보여주기 위한 전제로서 우선 자폐증과 그것과 관련된 여러 개념에 대하여 간단히 되돌아볼 필요가 있을 것입니다.

'자폐(autism)'라는 개념은 원래는 1911년에 스위스의 정신과 의사

---

4 분명히 여기시는 정신과 임상에서 '조현병의 경증화' 또는 '분열증의 소멸'(우쓰미 다케시), 그리고 2000년대 초엽에 성인 아스페르거증후군의 '발견'이라는 지각변동과 공통되는 무엇인가가 있는 것 같습니다. 이러한 공통성을 기술하는 것은 아르토보다 캐럴을 중시하는, 이른바 '제로 세대의 사상'을 가능하게 한 정신의 구조적 조건을 밝히는 것과 연결될 것입니다.

오이겐 블로일러Eugen Bleuler(1857-1939)가 사용한 것으로 바깥 세계와의 접촉이 감소하고 내면생활이 병적일 정도로 우위가 되어 현실로부터의 유리遊離가 생기는 것을 가리켰습니다. 여기서 주목해야 할 것은 블로일러가 이 개념을 조현병론에서 사용했다는 것입니다. 또한 그의 '자폐' 개념은 프로이트의 '자기성애' ─ 이 성애의 단계도 역시 조현병자의 고착점으로 여겨졌습니다 ─ 를 그 원류로 하는 것이었습니다. 즉 '자폐'라는 말은 조현병의 한 구석에서 생겨난 것입니다.

이 '자폐'라는 말이 질환(정신장애)을 가리키는 개념으로 사용되기 시작한 것은 그로부터 약 30년 후의 일입니다. 오스트리아계 미국인 아동 정신과 의사인 레오 카너Leo Kanner(1894-1981)는 어떤 '기묘'한 일군의 아동(태어난 직후부터 부모를 비롯해 주변 사람과의 커뮤니케이션을 거부하고, 자신의 바깥 세계에서 오는 것에 거의 관심을 기울이지 않고, 타자와 일상 언어를 주고받으려 하지 않는, 마치 껍질 속에 틀어박혀 있는 것처럼 보이는 아이들)을 '유아자폐증infantile autism'이란 이름으로 1943년에 보고합니다. 그리고 카너는 이러한 아동들이 조현병의 기본적인 현상과 어떤 관계를 가지고 있음을 시사합니다.

이처럼 '자폐'라는 개념과 '유아자폐증'이라는 질환 개념은 모두 조현병론의 문맥에서 생긴 것이며 그후의 연구에서도 자폐증을 유아기에 발병한 조현병이라고 생각하는 견해가 다수를 차지했습니다. 그러나 나중에 인지·언어 발달 관점에서 자폐증 연구가 진전됨에 따라 자폐증은 뇌의 기질적인 장애라고 생각하게 되었고, 늦어도 1970년 말에는 자폐증을 조현병과는 다른 병이라고 생각하는 견해가 주류를 차지하게 되었습니다. 다소 난폭한 비유를 하자면 자폐증은 마치 캐럴이 아르토로부터 분리된 것처럼 분리됨으로써 그 독자성이 밝혀진 것입니다.

그리고 1981년에 영국의 정신과 의사 로나 윙Lorna Wing(1928-2014)이 한스 아스페르거Hans Asperger(1906-1980)의 1944년 논문을 재발견하게 됩니다. 아스페르거는 정확히 캐너의 발표(1943) 1년 후인 이해에 그가 '자폐적 정신병질(die autistische Psychopatique)'이라고 명명한 '기묘'한 아동에 대해 보고했습니다. 한편 캐너가 보고한 유아자폐증 아동의 대부분은 장애 때문에 일반 학급에 취학하지 못하고 특수학급이나 시설이나 병원에서 오랜 시간을 보내야만 했던 아이들이었지만, 다른 한편 아스페르거가 보고한 아동은 커뮤니케이션이나 언어의 장애가 그다지 눈에 띄지 않고 오히려 일반 학급의 교육에서는 그 '기묘'함이 교사의 손이 닿지 않는 부분이었기 때문에 병원에서 진찰을 받은 아이들이었습니다. 윙은 이 아스페르거가 보고한 아동들과 같은 특징, 즉 자폐증의 진단 기준을 부분적으로 충족시키는 특징이 아이뿐만 아니라 성인의 사례에서도 자주 관찰되는 것을 발견하여 그 일군을 '아스페르거증후군(Asperger's syndrome)'이라고 명명했습니다.

더욱이 로나 윙은 캐너의 유아자폐증과 아스페르거증후군을 별개의 장애로 파악하는 것이 아니라 연속적인 장애로 파악하는 '자폐증 스펙트럼(autism specctrum)'이라는 개념을 1995년에 제창합니다. 이와 같이 캐너와 아스페르거는 각각 다른 병리를 관찰했던 것이 아니라 같은 하나의 병리 그러데이션gradation 속에서 특정 부위를 관찰했다고 생각할 수 있습니다. 윙의 자폐증 스펙트럼의 개념은 국제적인 진단 기준인 『DSM-5 정신 질환의 진단·통계 매뉴얼』

(이하 'DSM-5')에서 '자폐 스펙트럼증/자폐증 스펙트럼 장애(autism spectrum disorder)'(이하 'ASD')로 형태를 바꾸어 채택되었으며, 현재는 카너가 보고한 것과 같은 '기묘'한 아동에서부터 성인이 된 후에 사회생활이나 직업 생활에서 처음으로 병리病理의 존재가 발견되는 사례까지 일괄하여 ASD로서 임상적·교육적인 지원을 받게 되었습니다.

그러면 캐럴의 생활사에서 볼 수 있는 ASD적 특징을 열거한 후에 그의 작품에서 볼 수 있는 ASD적 세계를 자세히 논술해봅시다.

루이스 캐럴Lewis Carroll(본명은 찰스 루트위지 도지슨Charles Lutwidge Dodgson)은 1838년 1월 27일 영국의 데어스베리Daresbury에서 11남매의 셋째이자 장남으로 태어났습니다. 도지슨가는 아일랜드계의 피를 가진 목사 가정이었습니다. '루이스 캐럴'이라는 필명은 본명 중의 'Charles Lutwidge'를 라틴어식으로 'Carolus Ludovicus'라고 하고, 또한 그 성과 이름을 바꾸어 영어식으로 한 'Louis Carrol'을 'Lewis Carrol'이라고 정리하여 결정된 것으로 알려져 있으며, 그가 다양한 사항을 말장난을 통해 결정했다는 것을 알 수 있습니다.

옥스퍼드대학에 입학한 캐럴은 특히 수학에서 우수한 성적을 거두어 24세부터는 크라이스트 처지 칼리지Christ Church College의 수학 강사가 되고 1898년 66세로 죽을 때까지 평생 대학 기숙사에서 생활했습니다. 그가 창작한 『이상한 나라의 앨리스』와 『거울 나라의 앨리스』의 주인공인 소녀 '앨리스'는 같은 학교의 기숙사 사감인 헨리 리델Henry Liddell의 딸이었던 앨리스 리델인데, 사진이 취미였던 캐럴은 앨리스를 비롯한 소녀들의 사진을 많이 촬영했습니다. 캐럴은 앨리스와 실제로 친교가 있었고 『이상한 나라의 앨리스』는

1862년 7월 4일 리델 세 자매와 보트 놀이를 갔다가 구두로 말한 이야기를 앨리스의 열렬한 요구에 따라 쓴 것입니다. 그러나 20살이나 나이 차이가 나는 캐럴과 앨리스의 교제는 앨리스의 어머니인 리델 부인의 노여움을 사게 되어 1863년 봄에 끝을 맞이하게 됩니다. 그리고 1865년에 앨리스와 우연히 재회한 캐럴은 과거의 소녀가 13세의 아가씨가 되어 완전히 변해버린 것을 알고 자신 속의 '앨리스'의 모습을 새겨두려는 듯 『거울 나라의 앨리스』를 쓰기 시작합니다.

　캐럴을 ASD로 자리매김하는 대표적인 논자인 마이클 피츠제럴드Michael Fitzgerald(1946-)는 캐럴이 '개인적으로는 세상에 알려지지 않은 채로 있기를 원했다'는 태도와 '사진을 남에게 주는 것을 거부했다'라는 일화, 게다가 그가 아이 이외와의 교류를 거절했다는 것을 ASD라는 증거의 하나로 간주합니다(フィッツジェラルド, 2008: 375-398). 확실히 ASD에서는 타자와의 관계를 거절하거나 관계를 가지는 경우에도 상대의 기분이나 상황을 충분히 고려하지 않는 일방적인 관계 방식이 두드러지는 일이 있으며, 그러한 대인 관계상의 이상異常은 '사회성 장애'라고 불리고 있습니다. 또한 사회성 장애에는 이른바 '장소의 분위기를 읽는' 것이 어렵다는 특징도 포함됩니다만 이것도 캐럴에게서 볼 수 있는 특징 중의 하나입니다. 캐럴이 소녀(앨리스)들과 한 교제가 리델 부인의 노여움 샀다는 것은 앞에서 말했지만 그럼에도 불구하고 캐럴은 자신의 카메라를 리델가에 놓아두거나 부인의 허가 없이 리델가에서 촬영을 하여 자주 부인으로부터 주의를 받았습니다. 이렇듯 '분위기를 읽지 못하는' 일화는 캐럴의 전기에서 많이 발견할 수 있습니다.

다만 이것은 캐럴과 같은 ASD자[略]가 단지 사회 상식이나 규범의식을 결여하고 있다는 것을 의미하는 것은 아닙니다. 오히려 캐럴을 비롯한 ASD자는 '지나치게 규범적'인, 즉 정해진 규칙이나 규범을 엄밀하게 따르려고 하는 경우가 많습니다. 이것은 일반적으로 '규칙'이라고 불리는 것의 모습을 생각해보면 잘 알 수 있습니다. ASD자가 아닌 이른바 '보통' 사람들(이하 '정형발달자'로 부릅니다)에게 규칙이란 도로교통법상의 제한속도를 엄밀하게 지키는 사람이 '비상식'으로 '규칙 위반'이라고 간주되는 규칙입니다. 정형발달자에게 규칙은 약간의 침범이라면 허용되는 것이며 오히려 침범을 포함한 것으로 운용됩니다. 이와 반대로 ASD자는 그러한 규칙을 엄밀하게 문자 그대로 지키려고 합니다. 독일의 발달심리학자 우타 프리스Uta Frith(1941-)는 아스페르거증후군의 인물은 '올바른' 일을 하는 것에 극도의 관심을 가진 '법의 파수꾼'이라고 평합니다(フリス(編), 1996: 59). 아마도 캐럴의 카메라를 둘러싼 '분위기를 읽지 못하는' 일화도 실정은 다음과 같은 것이 아니었을까요 ─ 그가 한 번 리델 부인에게 '이 집에 카메라를 두어도 좋으냐'라고 물었고 이에 대해 부인이 '좋다'라고 대답했다. 그러자 캐럴은 그 '카메라를 두어도 좋다'라는 대답(＝리델가의 규칙)이 어떤 경우나 어떤 상황에서도 타당하다고 생각하고 카메라를 리델가에 두고 소녀들의 사진을 계속 찍었다….

　아마도 리델 부인은 캐럴에게 주의를 주기 전에 넌지시 (직접적이지 않은 형태로) 캐럴에게 불쾌감을 전하려 했던 것 같습니다만, 그러한 타자의 의도 ─ 타자가 자신에게 보내는 일종의 수동적인 벡터로서의 '지향성' ─ 를 캐럴과 같은 ASD자는 개의치 않거나 거절합니다. 취직 면접에서 지망 이유를 묻는 면접관은 지망 이유를 진지하게 묻는다기보다 '자신의 지금까지의 경험을 지망 이유와 연결시켜 말하는 능력'을 측정하려는 의도(지향성)를 피면접자에게 가지고 있는데, 그 의도를 받아들이지 않거나 혹은 거절하는 ASD자는 '귀사에 그다지 입사하고 싶지는 않지만 어디라도 내정되지 않으면 곤란하므로 '실패에 대비'해 지망을 했습니다' 등으로 대답할지도 모릅니다. '보통'의 사회 상식에서는 '솔직'을 미덕으로 여깁니다만, '보통'의 정형발달자는 '솔직'한 것에 불성실하기 때문에 '분위기를 읽는' 것이고, ASD자는 '솔직'한 것에 철저하고 성실하게 임하기 때문에 '분위기를 읽지 못한다'고 간주되어버립니다.

캐럴에게는 ASD자에게서 자주 볼 수 있는 '고집'도 분명히 존재했습니다. ASD자의 고집은 손이나 손가락의 특정한 움직임이나, 뛰어오르거나 몸을 회전하는 동작을 몇 번이나 싫증 내지 않고 반복하거나, 물건을 빙글빙글 돌리며 열중하는 등의 신체 운동과 관련되는 고집(상동성과 상동 행위)과, 어떤 것을 반드시 같은 순서로 같은 장소에 놓지 않으면 안 되며, 요리는 반드시 레시피대로 만들지 않으면 안 되며, 일단 결정한 일정은 예정대로 진행하지 않으면 안 되는(그래서 갑작스러운 일정 변경에 서투릅니다) 등의 규칙의 엄밀성에 대한 고집으로 대별하면 이해하기 쉬울 것입니다. 캐럴의 경우 특히 후자의 규칙의 엄밀성에 대한 고집이 눈에 띕니다. 그는 장난감, 게임, 퍼즐 등을 즐겨 수집하고 철도 모형을 만들 뿐만 아니라 그 열차의 시간표와 운행에 관한 규칙까지도 스스로 만들었던 것 같습니다. 캐럴의 규칙에 대한 편애는 독서에까지 미쳐서 철저함, 즉 체계적인 독서야말로 독서에 관한 모든 규칙이라는 것이 그의 지론이었다고 합니다. 그 외에도 그는 기록에도 집착해 모든 편지를 정리 번호를 붙여 보관할 뿐 아니라, 손님에게 대접한 식사나 사람의 생일, 초대 제안의 열거에 이르기까지 실로 엄밀한 기록을 남겼습니다.

주목해야 할 것은 캐럴의 규칙에 대한 편애가 그 규칙이 단지 규칙이기 때문에 — 즉 '법은 법이기' 때문에 — 따라야 한다는 동어 반복적인 논리를 따르고 있다는 것입니다. 실제로 캐럴은 동생 윌프레드와 '대학생이 해야 할 의무'에 대해 논의한 적이 있는데, 그때 동생은 '규칙을 따르느냐 아니냐는 개인이 스스로 결정해야 할 일'이라고 주장하고, 캐럴은 '규칙이 있으면 무조건 따라야 한다'고 주장했다는 일화가 남아 있습니다. 자크 데리다는 『법의 힘』(1994)에서 정의를 실현하기 위해서 사람은 정해진 법을 따라야 하지만, 그러나 법을 따르는 것만으로는 단지 사례를 알고리즘에 의해 처리하는 것에 불과하며, 거기에 '정의'라고 부를 만한 것은 아무것도 없다고 논하면서 '정의'라고 부를 수 있는 행위를 하기 위해서는 알고리즘으로는 환원할 수 없는 불가능한 것(l'impossible)과 관계하지 않으면 안 된다고 주장했습니다(デリダ, 1999). 이 논의를 참조한다면 캐럴의 규칙에 대한 편애는 확실히 데리다적인 불가능한 것을 거절함으로써 성립된다고 할 수 있을 것입니다.

'타자'는 존재하지 않는다

또한 캐럴에게서는 ASD의 연구에서 최근 주목받고 있는, DSM-

5의 진단 기준에도 기재되게 된 감각 과민이라는 특징도 볼 수 있습니다. 감각 과민이란 옷의 섬유가 피부에 닿으면 아프고(그래서 특정 옷밖에 입을 수 없고), 정형발달자라면 필터가 걸려 듣지 못할 것 같은 주변의 사소한 소음이 매우 침입적인 '귀를 찢는 듯한' 소리로 감각되고, 온도 감각이나 촉각이 민감하여 비가 오는 것만으로 '아프다'라고 느끼는 것과 같은 감각 경험의 극단적인 편향입니다. 캐럴은 외풍이 들어오는 것을 극단적으로 싫어했고, 석유난로의 옆에 온도계를 설치해 실온室溫이 항상 일정한지 확인했다고 합니다. 이 일화에서처럼 ASD자는 감각을 교란하는 소음을 자신으로부터 멀리하기 위해 계측이나 수치화라는 방법을 사용하는 경우가 있습니다. 캐럴의 경우 감각의 수치화는 미각에도 미쳐 그는 홍차를 항상 좋아하는 맛으로 마시기 위해 찻주전자를 옆으로 흔들면서 정확히 10분 동안 방안을 돌아다니는 것이 습관이었던 것 같습니다. 실내설계자이자 발달장애 연구자이기도 한 오카미나미岡南는 이 홍차의 일화에 대해 '맛있는 맛 자체는 수치화할 수 없기 때문에 지표로서 숫자로 확인할 수 있는 '10분'이라는 시간에 집착'했다고 해석하고 있습니다(岡南, 2010: 209-210).

그런데 이 홍차를 끓이는 방법에 얽힌 일화에는 단지 좋아하는 맛의 수치화에 의한 재현이라는 개별적인 집착이 아니라, 오히려 ASD자의 세계에 대한 기본적인 태도가 드러나 있는 것 같습니다. 과거에 학습한 규칙을 융통성 없이 획일적으로 지키며 그 규칙의 엄밀한 운용을 방해하는 타자의 의도(타자가 자신에게 보내는 수동적인 '지향성')를 거절하는 것. 그리고 '법은 법이기' 때문에 지키지 않으면 안 된다는 동어반복으로 윤리를 대체하고, 불가능한 것으로서의 정의(데리다)를 고려하지 않는 것. 게다가 자신이 좋아하는 감각만 편애하고 그것을 교란하는 소음, 즉 타자성의 침입을 피하기 위해서 모든 것을 계측·수치화하려고 하는 것. ASD자에게서 볼 수 있는 이러한 특징은 모두 예측 불가능한 것이나 불확정적인 것(심층의 노이즈)의 침입을 피해 그러한 미지의 것이 존재하지 않는 계량 가능한 세계(표면의 데이터베이스) 속에 틀어박히려고 하는 구조를 가지고 있습니다. 단적으로 말해 ASD자는 '타자' = '타자적인 것(l'Autre)'[이하 '타자'는 대타자(대문자 타자)를 말한다]을 회피하려 하고 있는 것입니다.

ASD자는 '타자'를 회피한다 — 이 정식화를 보다 명확히 하기 위해 라캉파 정신분석가 로진 르포르Rosine Lefort(1920-2007)와 그의 남편인 로베르 르포르Robert Lefort(1923-2007)가 제시한 자폐증론을 참조합시다. 르포르 부부는 라캉의 '세미나'에서 1954년에 자폐증 아동의 사례를 발표한 이래 50년 이상에 걸쳐서 라캉파의 자폐증 연구를 주도한 사람들입니다. 그중에서도 그들이 2003년 출간한 『자폐증의 구별』은 그때까지는 아동의 정신병(psychose infantile)이라고 여겨져왔던 자폐증을 신경증·정신병·도착이라는 라캉파의 표준적인 진단 체계에는 들어가 있지 않은 '제4의 구조'로 파악하는 입장으로 이행했다는 점에서 획기적이라고 할 수 있습니다(Lefort et Lefort, 2003). 1970년대 말에 정신의학이 자폐증을 정신병(조현병)에서 분리하고 들뢰즈가 『의미의 논리』와 『비평과 임상』에서 캐럴을 아르토로부터 명확하게 분리한 것처럼 르포르 부부도 또한 정신병으로부터 자폐증의 분리를 라캉파 입장에서 행했던 것입니다.

그러면 르포르 부부는 어떠한 관점에서 자폐증을 정신병으로부터 분리한 것일까요? 그것은 다른 구조와는 다르게 자폐증자에게는 '타자'가 존재하지 않고 대상a도 존재하지 않는다는 점에서였습니다. 무슨 말일까요?

표준적인 라캉 이론에서 '타자'란 우선은 상징적인 언어의 질서를 말하며, 아이는 이러한 언어로서의 '타자'(= 상징계)에 참여함으로써 주체가 된다고 말합니다. 그런데 자폐증자는 이 언어로서의 '타자'(= 상징계)에 의한 소외를 거절합니다. 즉 부모로부터 일방적이고 강제적으로 주어지고 기억되어 자신의 모든 욕구를 그 말로 표현하도록 강요당하는 지배적인 언어(모국어)에 참여하는 것을 자폐증자는 거절하는 것입니다. 그러므로 자폐증자는 이후의 인생에서 모국어를 거절하면서 어떻게 하면 모국어를 사용하는 타자들과 커뮤니케이션을 할 것인가가 큰 문제가 됩니다.

또한 자폐증자는 언어 이외의 방식으로 도래하는 타자성인 응시(regard)나 목소리(voix)도 거절합니다. 자폐증 아동은 타자와 시선을 맞추려고 하지 않거나, 공동 주시(타자의 시선 앞에 있는 것을 자신도 보려고 하는 것)를 하지 않거나, 타자의 부름에 반응(응답)을 하지 않는 경우가 종종 있는데, 이러한 현상은 그들이 분명히 응시와 목소리(이것들은 라캉이 '내상a'라고 불렀던 것입니다)를 거질하기 때문에 생기는 것입니다.

정형발달자에게 대상a로서의 응시나 목소리는 '타자'가 자신에게 보내는 수동적인 지향성의 시그널로서 기능합니다. 예를 들어 장폴 사르트르가 『존재와 무』(1943)에서 기술한 엿보는 악마(관음증자)는 자신은 대상(예를 들어 여성의 나체)을 보고 있는 주체라고 생각하지만, 일단 자신의 등 뒤에서 사소한 소리를 들으면 자신도 역시 누군

가가 볼 수 있는 객체였음을 알고 부끄러움의 감정을 느끼는데, 여기서는 소리가 응시로서 기능하고 있습니다(サルトル, 1999: (上)457-461). 이 사례처럼 대상a는 기습적으로 사람에게 개입해 거기에 '타자'가 현전하는 것을 깨닫게 하고 '타자'와의 관계에서 자신의 위치를 정하게 하는 기능을 가지고 있습니다. 이와 마찬가지로 대상a로서의 목소리는 '어이 거기 너!'라는 경관의 목소리나, 초자아나 신의 목소리처럼 그것을 듣는 사람을 종속 = 주체화하여 그 목소리에 대해 어떤 책임을 지게 하려고 합니다. 자폐증자가 응시나 목소리를 거절하는 것은 그러한 대상a가 대단히 침입적이고, 또한 '타자'(= 상징계)에 의한 소외를 이끄는 것이기 때문입니다.

그러면 '타자'를 거절하고 모국어에 의한 소외와 응시나 목소리에 의한 지배를 거부하는 ASD자는 그런데도 여전히 어떻게 해서 세계 속에서 살 수 있을까요? 결론부터 말한다면 캐럴의 경우 역설적이게도 '커뮤니케이션 장애'를 최대한으로 활용함으로써 '타자'와의 사이에 다른 방식으로의 연결을 만드는 것이 가능하게 되었다고 생각할 수 있습니다.

ASD의 진단학에서 '커뮤니케이션 장애'라고 불리는 것은 말을 하는 능력의 발달이 늦어지거나, 혹은 거의 이야기하지 않거나, 이야기를 해도 대화를 계속할 수 없거나, 독특한 언어를 사용하기 때문에 타자의 이해를 얻기 어렵다는 것으로 그 대부분이 언어장애입니다. 캐럴은 리델 부인을 비롯한 성인들과의 커뮤니케이션을 원활하게 할 수 없었습니다. 그러나 그는 적어도 앨리스를 비롯한 소녀들과의 사이에서는 충분한 커뮤니케이션이 가능했습니다. 그리고 그것이 가능했던 것은 바로 그가 '커뮤니케이션 장애'를 커뮤니케이션의

도구로 사용했기 때문입니다. 들뢰즈가 『의미의 논리』의 첫머리에서 지적했듯이 일상의 커뮤니케이션에 도움이 되는 언어와는 다른 '표면 언어(말장난)'를 구사하여 만들어진 캐럴의 작품에는 '현대 독자의 마음에 드는 모든 것'이 있었습니다(ドゥルーズ, 2007a: (上)13). 그는 바로 이러한 대안적인 언어를 사용함으로써 다가올 시대의 독자인 소녀들과 교류하는 것이 가능했던 것입니다.

캐럴의 작품에서 많이 볼 수 있는 표면 언어의 대부분은 ASD 임상에서 자주 밝혀지는 독특한 언어 사용(= 커뮤니케이션 장애)과 같은 성질을 가지고 있습니다. 즉 캐럴의 표면 언어는 그 자체가 ASD 적인 언어 사용과 통하는 것이며, 이것이 캐럴의 작품을 특이하게 하면서 타자와 다른 방식으로 커뮤니케이션하는 것을 가능하게 한다고 생각할 수 있는 것입니다.

하나의 예로 『실비와 브루노 완결편』(1893)의 제10장에 등장하는 대화를 인용해봅시다.

> '넌 [똑똑한 것 같은데] 겨우 일곱 살이야, 아가야.' 그녀가 목소리를 높여 말했다. '나는 그렇게 많이는 아니야.' 브루노가 말했다. '난 하나. 실비와 난 둘.'(細井勉(著·譯), 2004: 18)

이 대화에서 '[똑똑한 것 같은데] 겨우 일곱 살이야(You're not more than seven)'라는 발언은 대화 상대의 나이를 추측하는 기능을 갖고 있습니다. 그러나 브루노는 이 발언을 등장인물의 수[개체 수]를 가리킨다고 오해하고 대답하고 있습니다. '넌 n이야'라는 문장은 일반적인 커뮤니케이션에서는 나이를 가리키는 것으로 해석될 개연성이 충분히 높을 것이고, 특히 이 대화는 '똑똑하다'라는 나이와 관련되는 화제 속에서 이루어진 것이므로 이 문장은 나이를 가리키는 것으로 해석될 수밖에 없습니다. 더구나 '넌 n이야'라는 문장이 인간의 개체 수를 가리킨다는 해석은 난센스이기 때문에 해석의 후보가 되기도 어렵다고 생각됩니다. 그러나 브루노는 그 말을 자신의 개체 수라고 해석해버리는 것입니다.

실제로 ASD의 성인 사례에서도 이런 대화와 비슷한 커뮤니케이션 장애가 발생할 수 있는 것으로 알려져 있습니다. ASD의 성인 환자에게 의사가 '제 얼굴을 보세요. 몇으로 보입니까?'라고 물었을 때, 환자가 '하나'라고 대답한 사례가 있습니다(齋藤治·齋藤順子·臺弘, 2012).

이 사례에서도 '몇으로 보입니까?'라는 질문은 나이를 가리키고 있지만 ASD자는 이 질문을 '얼굴의 수'를 묻는 것으로 해석하고 있습니다.

'커뮤니케이션 장애'로 인한 커뮤니케이션

그 외에도 캐럴의 작품에서는 말의 해석을 차례차례 비틀면서 이야기가 전개되는 기법이 자주 관찰됩니다. 『이상한 나라의 앨리스』에서는 바다거북이 '육지 거북(Tortoise)'이라고 불린 이유는 '우리를 가르쳤기(taught us)' 때문이고, 학교의 '시간표(lesson)'는 수업이 날마다 줄어드는 '시간 할인(lessen)'이라고 합니다(キャロル, 2010a: 128, 132). 또한 『거울 나라의 앨리스』에서는 '빵을 만드는 방법을 아느냐?'라는 질문을 받은 앨리스가 '가루(flour)를 준비해서…'라고 대답하자 '그 꽃(flower)은 어디에서 따는가?'라고 묻습니다. 또 앨리스가 '따는 것이 아니라 빻는(ground) 것이다'라고 대답하면 '그 땅(ground)은 몇 에이커나 되는가?'라고 되묻습니다(キャロル, 2010b: 182). 캐럴 작품에서 볼 수 있는 이러한 난센스는 그가 바로 ASD적인 말의 해석 차이를 적극적으로 활용하여 작품을 만들어내고 있었다는 것을 알려줍니다.

아르토가 캐럴을 비난하고 들뢰즈가 캐럴을 칭찬한 것은 바로 그의 이러한 표면 언어의 정교함과 ASD자로서의 '커뮤니케이션 장애' 때문이었습니다. 게다가 캐럴의 '커뮤니케이션 장애'는 단지 말장난을 구사한 것만은 아닙니다. 아까 라캉과 자폐증론을 참조하면서 지적했듯이 캐럴과 같은 ASD자의 표면 언어는 모국어를 지나쳐, '타자'의 침입적인 만남으로부터 탈접속(퇴각)하면서도 '타자'와의 사이에서 다른 방식으로 재접속을 가능하게 하는 것이었다고 생각할 수 있는 것입니다.

표면 언어가 가능하게 하는 이러한 '타자'와의 탈접속과 재접속의 논리야말로 들뢰즈가 『비평과 임상』의 캐럴론에서 말한 것과 다름이 없습니다.

루이스 캐럴에게 모든 것은 무서운 싸움으로부터 시작되었다. 그것은 다양한 심층(profondeurs)과의 싸움이다. […] 몸이 서로 뒤섞이고 음식과 배설물을 한데 합치는 일종의 식인 의식儀式 속에서 모든 것이 뒤섞인다. 말조차도 서로를 씹어먹는 것이다. 그곳은 신체의 액션action과 패션passion의 영역이다. […] 『이상

한 나라의 앨리스』는 정말 무엇보다 먼저 『앨리스의 땅속 모험』이라고 불려야 할 것이다(ドゥルーズ, 2010: 53. 강조는 인용자).

들뢰즈는 캐럴 또한 아르토와 마찬가지로 살아 있는 신체의 절망적인 혼돈 속에서 출발하고 있다고 말합니다. 『이상한 나라의 앨리스』는 적어도 그 첫머리 부분에서는 앨리스가 지상(표면)에서 지하(심층)로 낙하하는 이야기입니다. 그런 의미에서 캐럴 또한 아르토가 고통받은 신체의 심층으로 빠져버릴 가능성을 가지고 있던 작가라고 할 수 있습니다. 그렇다면 캐럴은 어떻게 혼돈스러운 심층에서 벗어날 수 있었을까요? 들뢰즈는 다음과 같이 지적합니다.

하지만 캐럴이 이 제목[=『앨리스의 땅속 모험』]을 채택하지 않은 것은 도대체 왜일까? 그것은 앨리스가 서서히 표면을 정복해가기(conquiert les surfaces) 때문이다. 그녀는 표면으로 상승 또는 재상승한다. 그녀는 다양한 표면을 창조하는 것이다. 즉 침강과 매몰 운동은 가벼운 수평 방향의 활동滑動에 자리를 양보하고, 심층에 있는 동물은 두께가 없는 도면상의 형상으로 변하는 것이다. 더구나 『거울 나라의 앨리스』가 되면, 그 표면에 거울의 성질을 부여하고, 체스 게임의 표면 = 판을 만들어버리기 때문에 더욱 그렇다. 순수한 사건은 모두 사물의 상태에서 영락零落해버린다. 여기서는 더 이상 사람은 심층으로 침강하지 않는다. 그렇지 않고 미끄러지면서 건너편으로 이동하는 것이다 ― 마치 왼손잡이처럼 행동하고 표면을 뒤집으면서. […] 하지만 다양한 심층의 세계는 의연하게 표면 아래에서 굉음을 울리고 있으며 표면에 구멍을

낼 우려가 있다. 평평하게 펼쳐지고 펴지더라도 괴물들은 우리에게 홀려 있는 것이다(ドゥルーズ, 2010: 53-54. 강조는 인용자).

캐럴은 표면 언어를 획득함으로써 아르토적인 심층으로부터 화려하게 벗어날 수 있었던 것이라고 들뢰즈는 말하고 있습니다. 지상으로부터 지하로의 낙하라는 수직 방향의 가혹한 운동 ─ 이 운동은 병적학에서 플라톤적인 신적 광기로부터 휠덜린-하이데거-라캉적인 '시의 부정신학'으로의 이행에 대응할 것입니다 ─ 의 위협은 표면의 말을 옆으로 미끄러지게 하는 수평 방향의 운동에 의하여 완화되는 것입니다. 그러나 그런데도 여전히 수직 방향의 지하에 둥지를 틀고 있는 심층은 표면 아래에서 꿈틀거리고 있습니다. 그 때문에 캐럴은 ASD자가 '타자'를 계속 거절하는 것과 마찬가지로 표면 언어의 옆으로 미끄러짐을 계속하지 않으면 안 됩니다. 이 점은 캐럴이 일반 신경증 환자와도 다르다는 것을 증명하는 것 같습니다. 신경증 환자라면 표면에 뚫린 결여에서 들여다보는 심층을 꿈이나 증상이라고 하는 형태로 표면에 재현하지만(예를 들어 프로이트의 「이르마의 주사 꿈」에서 여성의 입의 터진 곳에 생긴 트라우마적인 딱지 표상이 그 하나의 범례입니다), 캐럴의 표면 언어에는 그러한 신경증적인 양태mode에서의 '(표상) 불가능한 것'의 대리 표상조차 발견할 수 없는 ─ 즉 신경증적인 의미조차도 '결여의 썩은 냄새'를 풍기지 않는 ─ 것입니다.

이렇게 하여 창조된 문학작품은 심층의 말, 즉 살아 있는 신체의 절망적인 외침을 승화한 말을 포함하고 있지 않는 것 같습니다. 그런 작품, 표면 언어에만 의거하여 쓰인 작품은 ─ 아르토가 캐럴의

문학을 '정성스레 준비한 식사'라고 평했듯이 — 무엇인가 문학에
서 중요한 것이 결여되어 있다고 생각할 수 있을지도 모릅니다. 그
런데 들뢰즈는 그러한 생각에 정면으로 반대합니다.

> [⋯] 표면이 심층에 비해 무-의미의 정도가 적다는 것은 아니
> 다. [⋯] 캐럴에게 귀속되는 것은 어떤 하나의 의미를 경유하지
> 않았다는 것이 아니라, 무-의미 속에서 게임을 해왔다는 것이
> 다. 왜냐하면 무-의미의 다양성이 있으면, 세계 전체를 [⋯] 설명하기
> 에 **충분하기 때문이다. 즉 심층, 표면, 총량 혹은 둥글게 감긴 표
> 면을**(ドゥルーズ, 2010: 55-56. 강조는 인용자).

들뢰즈는 대담하게도 표면 언어로 쓰인 문학이야말로 문학이 묘사
하는 세계의 전부가 될 수 있다고 단언하고 있습니다. 다시 말하면 표
면 언어만으로 쓰인 문학이라도 심층과 관계하는 뛰어난 작품일 수
있다고 말하는 것입니다.

그러나 지금까지의 논리에서는 왜 표면 언어가 심층까지도 설명
할 수 있는지가 분명하지 않습니다. 표면과 심층의 양자가 캐럴과
아르토처럼 서로 일치하지 않는 것이었다면, 도대체 어떻게 하면
전자가 후자와 관계를 가질 수 있을까요?

그 대답은 루셀과 울프슨의 병적을 검토함으로써 분명해질 것입
니다.

레이몽 루셀의 병적

들뢰즈가 표면 언어의 사용자로 간주한 작가는 캐럴만이 아닙니다. 언어를 일반적인 방법으로 사용하는 것이 아니라, '언어의 내부에서 일종의 외국어를 형성하는' 것처럼 쓰는 작가인 루셀이나 모국어를 외국어로 치환하는 것을 옵세션으로 하고 있던 울프슨도 역시 들뢰즈가 칭찬하는 표면 언어의 사용자로 여겨집니다. 이러한 언어는 '언어 자체를 더듬거리게' 하여 메이저major 언어를 마이너minor한 이형의 언어로 변모시키는 것이라고 합니다(ドゥルーズ, 2010: 224). 이런 언어 조작은 단지 즐거움을 위해 행해지고 있는 것은 아닙니다. 앞서 ASD에 대해 논한 것처럼 그들은 아마도 메이저 언어의 마이너화, 언어 내부로부터의 해킹을 구사함으로써 소외적 '타자'로서의 언어(모국어)의 지배로부터 도주하는 것을 시도하고 있는 것입니다. 그것이야말로 표면 언어로 쓰인 문학에 내기를 하는 것이라고 생각됩니다.

다음으로 레이몽 루셀Raymond Roussel(1877-1933)의 병적에 대해 검토해봅시다. 그는 정신과 의사 피에르 자네Pierre Janet(1859-1947)의 진찰을 오랫동안 받은 것으로 알려져 있는데 그는 도대체 어떠한 광기를 가지고 있었던 것일까요?

루셀도 역시 캐럴과 아주 비슷한 병적학적 진단을 받았습니다. 즉 이전에는 슈레버 사례에 필적하는 조현병권의 인물이라고 여겨지고 있었습니다만, 근래에는 그를 ASD라고 보는 논자들이 나타나고 있는 것입니다(田中寬郷, 1999; Maleval, 2000). 예를 들어 루셀의 『신新아프리카의 인상』(1932)의 역자인 영국 시인 마크 포드Mark

Ford(1962-)는 다음과 같은 증언을 하고 있습니다.

> 그에 대한 비평적 전기를 쓰기 위해 […] 그의 원고의 방대한
> 컬렉션을 읽고 있었을 때 나는 갑자기 그가 아스페르거증후군,
> 혹은 자폐증의 약한 형태로 고통을 받고 있었던 것은 아닐까
> 하고 생각했다(Ford, 2012: 5).

실제로 루셀의 생활사가 보여주는 특징은 ASD였던 캐럴과 매우 비슷합니다. 예를 들면 주치의였던 자네가 말하기를 '이 45세의 남자는 매우 특이한 생활을 하고 있으며, 독신으로 몹시 은둔형 외톨이고 몹시 고립되고 상당히 음울하다고 생각되는 방식으로 살고' 있는데, 특히 그러한 것을 고민하는 것은 아니고 충분히 만족하고 있는 것 같았다고 합니다. 그 외에도 루셀은 '오늘은 날씨 좋네요 식의 무성격적인 대화'를 반복해 그를 방문한 손님들을 낙담시켰던 것 같습니다(岡谷公二, 1998: 86). 그리고 그는 '매일 규칙적으로 일정 시간 동안 일하고 어떠한 불규칙도 스스로에게 허용하지 않고, 비상한 노력과 종종 비상한 피로라는 대가를 치르고 위대한 문학작품을 쌓아 올리는 것을 목표로 삼았다'고 말합니다(ジャネ, 1975: 243). 또한 그도 캐럴과 마찬가지로 '규칙 마니아mania'였고, 게다가 그 규칙은 '윤리적 성격을 갖지 않는 순수 상태의 규칙'이었습니다. 그것은 그의 생활뿐만 아니라 작품에서도 마찬가지입니다. 그가 작품 속에서 따른 규칙은 '엄밀한 의미에서의 미적인 목적을 전혀 갖지 않았다'는 것이며, 그의 생활과 작품에서 규칙은 캐럴과 마찬가지로 '법은 법이다'라는 식의 형식적인 규칙이었던 것입니다(レリス,

1977). 게다가 그는 자신의 작품인『로쿠스 솔루스Locus Solus』(1914)를 전부 암기(!)하거나, 다양한 외국어를 금세 습득해버리는 언어의 천재이기도 하고, 수많은 정석을 발명한 체스의 명수이기도 했습니다. 이와 같이 대인 관계에서의 기묘한 퇴각이나 '법은 법이다'라는 식의 규칙의 엄밀성에 대한 집착, 언어의 이상함과 알고리즘과의 친화성이라는 특징을 루셀은 캐럴과 공유하고 있는 것입니다.

그뿐만이 아닙니다. 주치의 자네에 따르면 루셀의 생활과 창작에 있어서 '규칙'은 역시 현실과 관계되는 것을 철저하게 거절하고 있었다고 합니다.

> 마르셀[＝루셀]은 문학적인 미美에 대해 매우 흥미로운 관념을 가지고 있으며, 그것은 문학작품이 무엇 하나 현실적인 요소, 세계나 인간에 대한 어떠한 관찰도 포함하고 있어서는 안 되며, 완전히 상상적인 말의 조합, 단지 그것만을 포함해야 한다는 것이다 ― 이것은 이미 인간이 떠나버린 세계의 생각이다 (ジャネ, 1975: 249).

루셀은 미야모토 다다오가 캐럴에게서 추출한 특징, 즉 표면 언어의 세계를 탐구하는 것을 편애하여 있는 그대로의 현실에 관여하지 않으려 한다는 특징도 캐럴과 공유하고 있는 것입니다. 캐럴의 현실 거부 이유는 분명하지 않지만, 루셀의 현실 거부는 '묘사가 현실과 조금이라도 관계를 가지면 그것은 추해져버리기' 때문이라고 합니다. 그에게 있어서 현실이란 말하자면 감각 과민을 가진 ASD 자게 있어서의 교란적인 노이즈에 필적하는 것이며, 루셀은 그 노이즈를 피하기 위해 엄밀한 규칙에 의한 문학 창조를 했다고 생각할 수 있는 것입니다.

그러한 엄밀한 규칙에 따라 루셀은 도대체 어떤 문학을 하려고 했던 것일까요? 1877년 부동산 투자로 막대한 부를 쌓은 아버지와 자산가의 딸이었던 어머니 사이에서 태어난 루셀은 19세에 데뷔작 『대역代役』을 자비 출판합니다. 이 작품을 방에 틀어박힌 상태에서 집필하고 있을 때 그는 거의 5-6개월 동안 이상한 고양감 속에 있었고 한 번은 '영광의 감각'을 맛보았다고 말합니다. 그 감각은 '자신이 걸작을 쓰고 있다'는 확신을 그에게 주었고, 게다가 다음과 같은 기묘한 과대 관념을 그에게 가져다주었습니다.

> […] 내가 쓰는 것은 광휘에 쌓여 있었고 나는 커튼을 닫았습니다. 왜냐하면 나의 펜에서 나오는 빛나는 광선을 바깥으로 새어 나가게 할 것 같은 사소한 틈새도 나는 두려워하고 있었기 때문에 나로서는 커튼을 갑자기 단번에 열어 세계를 광명에 잠기게 하고 싶었던 것입니다. 이 종이를 흩어놓으면 중국에까지도 닿을 수 있는 광선을 발생시켰을 것이고, 그러면 열중한 군중이 우리 집으로 쇄도해 왔을 것입니다(ジャネ, 1975: 246).

그러나 이 데뷔작을 출간한 후 커다란 감동을 안고 거리로 나선 루셀은 거리의 사람들이 자신을 주목하지 않는다는 것을 알고 크게 낙담합니다. 거기에서 우울증 증상이나 기묘한 피해망상이 출현하여 자네의 진찰을 받게 된 것입니다. 그리하여 그후 그의 인생과 창작 활동은 '19세의 그 몇 달 동안 그의 마음을 흠뻑 적신 느낌을 단

5분만이라도 좋으니 다시 찾고 싶다는 강렬한 욕망, 미친 듯한 정열'에 의해 규정되게 되었습니다(ジャネ, 1975: 247). 그는 영광의 감각을 재발견하려고 사교를 끊고 집에 틀어박혀 집필을 계속한 것입니다.

'방법'에 의한 '영광의 감각'의 재현 시도

1933년 루셀은 수면제 과다 복용으로 자살하기에 이릅니다. 그는 이 죽음 직전에 '비밀리에 사후 출간할 것'이라는 메모를 붙여 『나는 내 책 몇 권을 어떻게 썼는가?』를 인쇄소에 넘겼습니다. 이 저작에서 그는 자신이 『아프리카의 인상』(1910), 『로쿠스 솔루스』, 『이마의 별』(1925), 『태양군群의 먼지』(1927) 등을 그가 '방법(procédé)'이라고 부르는 특정 방식으로 썼다는 것을 밝혔습니다. 의외성이 풍부한 아찔한 말의 배치가 환기하는 이상한 이미지의 효과에 의해 동시대의 초현실주의자들을 컬트적으로 매료시킨 루셀의 작품이 놀랍게도 사실은 어떤 정해진 규칙에 의해 만들어졌다는 것을 본인의 손으로 밝힌 — 물론 설명을 다 하지는 않았지만 — 것입니다.

루셀의 방법이란 도대체 어떤 것일까요? 그것은 '혼성어'를 비롯한 캐럴의 난센스한 말장난에 필적하는 것입니다. 예를 들어 그의 초기 작품 「흑인 속에」는 'Les lettres du blanc sur les bandes du vieux billard(낡은 당구대의 쿠션 위에 쓰인 백묵 글자)'라는 문장으로 시작하여, 그 문장의 'billard'를 'pillard'로 바꾼 'Les lettres du blanc sur les bandes du vieux pillard(늙은 도적 일당에 대한 백인의 편지들)'라는 문장으로 끝나고 있습니다. 루셀은 먼저 이 한 글자 차이의 문장을 이야기의 처음과 끝에 배치하고, 이 두 문장 사이를 메우기 위해 가운데에 줄거리를 쓴 것이다라고 내막을 밝히고 있습니다. 이러한 동음이의어에 의거한 형식을 기반으로 한 집필 규칙이 그의 방법의 한 예인데, 여기에서도 언어의 표면적 사용이라는 캐럴과의 공통점을 발견할 수 있을 것입니다.

루셀 작품의 실제의 모습에 대해서는 작가 호사카 가즈시保坂和志 (1956-)가 다음과 같은 평가를 내립니다.

> 그[=루셀]가 그리는 묘사는 사용 설명서라든가 길 안내 작성 방법에 가깝고(즉 '요소의 나열'인데) 은유적인 기능이 전혀 없다. 은유적 기능이 없다는 것은 거기에서 심리나 심정을 읽을 수 없다는 것이다. 그것들은 숨겨져 있는 것이 아니라 원래 씌어 있지 않은 것이다. [⋯]
> 묘사가 적당히 은유적인 기능을 갖는 소설에서 독자는 이미지가 주어지게 해서[*이미지를 통해] 읽어나가는 것이 가능하지만, 루셀에게는 [*이미지가] 주어지는 것이 아니어서 독자는 쓰인 메커니즘이나 공간적 배치를 자신의 머릿속에서 출력하듯이 재현해야만 한다. 그러므로 [*읽기가] 매우 힘들기는 하지만 이 출력이 일단 작동하기 시작하면 대단히 선명한 광경이 머릿속에서 전개된다(保坂和志, 2007: 407-410).

루셀의 작품에는 '보통'의 ─ '정형발달적'이라고 해도 좋습니다 ─ 문학이 의거하는 은유나 그것을 통해서 만들어지는 서정성 같은

것이 전혀 존재하지 않습니다. 푸코는 그러한 것을 '이 책에서는 정보(renseignements)는 여러 가지 발견되지만 고백(confidence)은 전혀 발견되지 않는다'고 평합니다(フーコー, 1975a: 3). 루셀의 작품은 보통 의미에서 '작품'이라기보다는 오히려 '사용 설명서'나 '길 안내' 혹은 '정보'가 담긴 데이터베이스에 가깝습니다.

횔덜린과 비교해보면 루셀의 이상함이 특히 두드러질 것입니다. 루셀이 '(과거에 있었던) 영광의 감각'을 찾기 위해 기법에 의한 창작을 계속하는 것과 마찬가지로 횔덜린은 '(과거에 있었지만 지금은 지나가버린) 신'을 찾아서 신의 흔적에 이름을 부여함으로써 시작詩作을 했습니다. 이 점에서 두 사람은 모두 언어화할 수 없는 '불가능한 것'에 집착했다고 말할 수 있습니다. 그러나 말할 필요도 없이 횔덜린과 루셀 사이에는 아르토와 캐럴 사이에 필적하는 넘을 수 없는 간격이 있습니다. 한편 횔덜린의 시는 신의 부재(결여) — 푸코가 말하는 '외부' — 를 주제화합니다. 그의 시는 신의 부재(표상 불가능성) 가까이에 머물 수 있는 위험과 맞바꾸어 신의 흔적을 발견하고 그 흔적에 이름을 부여하는 것으로부터 태어나는 것이었습니다. 결국 횔덜린은 결여를 통해서 역설적으로 존재를 그려내려고 하는 것이고, 그것은 분명 블랑쇼적인 '모든 것이 사라졌을 때, '모든 것이 사라졌다'가 나타난다'라는 부정신학적인 논리에 의해 구동되고 있습니다. 다른 한편 루셀의 작품에는 결여 대신에 방법에 의한 언어의 조작이 넘치고 있습니다. 거기에 있는 것은 '영광의 감각'의 흔적이 아니라, 오히려 '사용 설명서', '길 안내', '정보'의 산, 산, 산… 과 다름이 없습니다. 루셀의 작품은 횔덜린의 시처럼 부정신학적으로 쓰이지 않았고 그렇게 읽을 수도 없는 것입니다. 그가 쓴 것은 '정보'

이고 그것은 부정신학적으로 '불가능한 것'을 다루려는 횔덜린의 작품과는 이질적인 것입니다. 루셀의 문학은 '더 이상 초월적 존재의 매혹을 따라 언어를 질서 짓는 것이 아닌 언어의 활용법, [즉] 바꿈에 질서를 부여하고 그것을 끊임없이 활발하게 하는 게임' 이상의 것은 아닙니다(クロ, 2002: 110). 그는 그의 생활상의 특징에서도, 작품의 특징에서도 전혀 조현병적이지 않은 것입니다.

지금까지 여러 사람이 루셀에 대하여 조현병(권)이라는 병적학적인 진단을 내린 것은 그가 19세 이후 계속 추구한 '영광의 감각'이라는 불가사의한 현상을 설명하기 위한 것으로 생각됩니다. 예를 들면 라캉파 정신분석가인 장클로드 말레발Jean-Claude Maleval(1946-)은 루셀의 '영광의 감각'을 슈레버 사례의 발병기에 생긴 '성교를 받아들이는 쪽인 여성이 되어보는 것도 꽤 멋진 일임에 틀림없다'라는 여성화의 사고의 침입과 등가等價인 것으로 간주하고 있습니다. 말레발에 따르면 이러한 강도 높은 체험은 '필설로 다 표현할 수 없는 기묘한 열락悦樂에 의한 신체의 침략'이며, 일반적으로는 존재하지 않는 성관계(라캉파는 '성관계는 없다'고 합니다)를 예외적으로 획득하게 해주는 체험이라는 것입니다(Maleval, 2000: 131). 라캉이 말한 것처럼 슈레버와 같은 정신병에서는 '신 이외와의 성관계는 존재하지 않는다'는 것이고, '(신의) 여자가 된다'는 슈레버의 망상은 신과의 사이에서 예외적으로 성관계를 맺는 것이기도 합니다(Lacan, 1999: 145). 이렇게 생각한다면 한 번 '영광의 감각'을 체험하고 '성관계가 있다'라고 말할 수 있는 체험을 한 루셀은 조현병이라고 간주해야 할 인물이 됩니다. 그리고 실제로 지금까지 병적학은 이러한 특징을 보이는 인물들을 거의 모두 곧바로 조현병으로 간주했던 것입니다.

그러나 만약 불가능한 것(신 혹은 '영광의 감각')과의 사이에 어떤 관계를 맺는 방법이 조현병 이외의 광기에도 있었다면 어떨까요? 아르토처럼 노이즈가 기다리는 심층으로 떨어지는 일 없이, 혹은 슈레버처럼 '(신의) 여자가 되는' 일 없이 불가능한 것을 만질 수 있다면? 루셀의 방법은 바로 그런 문학의 전략이었던 것이 아닐까요?

다음과 같이 말해도 좋을 것입니다. 루셀의 '영광의 감각' 그 자체는 횔덜린이나 슈레버의 불가능한 것으로서의 신과 같은 것이었는지도 모릅니다. 그러나 그는 조현병자와 달리 불가능한 것과 관련되기 위해서 결코 심층에 의거하지 않았고 부정신학적인 논리에 사로잡히는 일도 없었습니다. 그럼 그런 문학이 그래도 여전히 불가능한 것과 관련될 수 있다면 그것은 도대체 어떻게 해서 가능해지는 것일까요?

그 대답은 루이스 울프슨에게 물어보지 않으면 안 됩니다.

루이스 울프슨의 병적 ─ 모국어를 죽이는 것, 혹은 도박의 효능

1963년 11월 12일 프랑스 갈리마르Gallimard사에 한 뭉치의 타자 원고가 도착합니다. 원고의 제목은 『스키조와 언어들Le schizo et les langues ─ 혹은 정신병자의 음성학(언어들을 배우는 조현병자 학생의 소묘)』. 발송인은 뉴욕에 거주하는 청년 루이스 울프슨Louis Wolfson(1931-)이었습니다.[5]

5　이하 전기적 서술은 다음 서적에 의거하고 있습니다. *Dossier Wolfson ou L'affaire*

울프슨의 원고에는 이것을 레이몽 크노Raymond Queneau(1903-1976)가 읽어주기를 바란다는 편지가 첨부되어 있었습니다. 이 원고는 몇몇 출판인 사이에서 회람되었는데 장 폴랑Jean Paulhan (1884-1968)은 '특이할 뿐'이라고 일축했지만 크노는 재미있어 했다고 합니다. 갈리마르사에서 총서 '무의식의 지'를 담당하고 있던 정신분석가 장베르트랑 퐁탈리스Jean-Bertrand Pontalis(1924-2013)는 1964년 5월 6일 울프슨에게 편지를 써서 『스키조와 언어들』의 발췌를 잡지에 게재할 수 있는 허가를 구했습니다. 그 결과 울프슨은 같은 해 가을 『현대Les Temps moderns』 제218호로 프랑스 사상계에 화려하게 데뷔하게 됩니다. 이것을 읽은 자크 라캉도 그의 텍스트에 흥미를 가졌고, 그 소식은 크노를 통해 갈리마르사의 사주인 클로드 갈리마르Claude Gallimard(1914-1991)에게 전해졌습니다. 그리고 갈리마르는 울프슨의 원고 전체를 출판하기로 결정합니다.

그러나 너무도 색다른 이 텍스트를 그대로 출판할 수는 없었습니다. 퐁탈리스는 처음에는 언어학자 로만 야콥슨Roman Jakobson (1896-1982)에게 해설 집필을 타진하지만 거절당하고, 또 계약이나 표기상의 문제도 있어서 시간만 흘러가는 상황이 수년간 계속됩니다. 그러는 사이에 들뢰즈가 1968년 8·9월호 『크리티크Critique』지에 울프슨과 아르토를 다룬 「분열증자와 말」이라는 제목의 논고를 발표합니다. 이 논고는 나중에 『의미의 논리』의 계열 13에 통합되게 되는데, 이것을 읽은 퐁탈리스가 들뢰즈에게 『스키조와 언어들』의 서문을 의뢰합니다. 이렇게 해서 1970년에 들뢰즈의 서문 「조현병

du «Schizo et les langues», Paris: Gallimard, 2009.

학 = 조현병 언어(Schizologie)」를 붙여 울프슨의 『스키조와 언어들』이 출간된 것입니다.

그러면 울프슨은 어떤 인물이고 어떤 텍스트를 쓴 것일까요?

루이스 울프슨은 1931년에 뉴욕에서 태어났습니다. 자세한 성장 과정은 알려지지 않았지만 그가 네 살 내지 다섯 살 때 부모가 이혼을 했고, 그 자신이 말하는 바에 따르면 그는 당시부터 이미 '조현병자'였다고 합니다. 실재로 그는 어린 시절부터 어머니에 의해서 몇 번이나 정신병원에 입원을 했으며 항정신병약 치료와 전기경련요법 등 조현병 치료를 받았던 것 같습니다.

그렇다고는 하지만 현대 정신의학 기준에서 보면 그가 조현병이었을 가능성은 낮다고 생각됩니다. 왜냐하면 울프슨은 카너의 유아 자폐증이나 아스페르거의 자폐적 정신병질도 발견되지 않았던 시기에 '조현병'이라는 진단을 받았기 때문입니다. 또한 소아 발병 조현병의 경우에도 그후의 경과가 어울리지 않아 역시 조현병은 부정될 가능성이 높다고 생각됩니다. 실제로 라캉파 정신분석가인 모드 마노니Maud Mannoni(1923-1998)는 프랑스어를 모국어로 하는 자폐증의 무언증 아동이 영어를 배우고 말하게 되었다는 사례를 울프슨에 비유하고 있으며(Mannoni, 1998), 민족정신의학자 토비 나탕Tobie Nathan(1948-)은 '울프슨이 스키조라고? 있을 수 없다'고 쓰면서 울프슨은 '광범위성 발달장애', 즉 ASD이며, 게다가 '스스로 자신을 치료한 자폐증자'였다고 주장합니다(Nathan, 2012). 어쨌든 울프슨에 대해서는 아직 충분한 병적학적 검토가 이루어지지 않았고 지금까지 알려진 조현병설은 일단 공중에 매달[재고되어야 할] 필요가 있는 것은 확실합니다.

그러면 『스키조와 언어들』은 어떠한 텍스트일까요? 이 저작의 각 장은 울프슨의 어머니를 중심으로 일상이 기술되어 있고 그러한 일상에서 그가 알아들은 모국어(영어)의 말에 관하여 그가 행한 방대한 번역 작업의 자세한 내용이 병기되는 형식으로 진행됩니다. 예를 들어 방 청소를 하려던 어머니가 울프슨을 향해 '[청소기의] 코드에 걸려 넘어지지 않도록 조심해라(Don't trip over the wire)'라고 말을 거는 장면이 있습니다. 흔한 일상의 풍경이지만 그에게 이 어머니의 말은 매우 침입적인 것으로 체험됩니다. 울프슨의 기술을 봅시다.

> 병든 언어 학생[= 울프슨]은 물론 [(청소기의) 코드에 걸려 넘어지지 않도록 조심해라(Don't trip over the wire)라는 어머니의 말을 듣고서] 쉽게 다음과 같이 상상하는 것이다 — 어머니는 청소를 하는 사이에 그[= 울프슨]가 방에 들어오거나 하는 일이 없을 것이라는 것을 알고 있다. 게다가 설령 그가 방을 헤매고 있다고 해도 그에게는 [청소기의] 전기 코드가 보일 [것이기 때문에 걸려 넘어지지 않을] 것이라는 것도 어머니는 아마 이해하고 있을 것이다. [결국] 어머니가 전기 코드에 관해 그에게 경고하는 주된 이유는 그녀의 높고 찌르는 듯한 날카로운 목소리에 그가 싫증을 내도록 하기 위해서이며, 아마도 의기양양한 어조로 영어 어휘를 그에게 많이 들려줘 그를 초조하게 하기 위해서일 것이다(Wolfson, 1970: 205).

이 기묘한 — '망상적 모습'이라고 평해도 좋다고 생각되는 — 논

리는 ASD자가 부적응을 배경으로 이차 장애를 일으킬 때의 그것과 아주 유사합니다. 그러나 그 이상으로 울프슨에게 어머니의 수다 = 모국어(langue maternelle)가 지극히 불쾌한 것으로 느껴지고 있다는 것이 중요하다고 생각됩니다. 울프슨의 어머니는 '어떤 때는 옆방에서 돌아다니고, 미제 라디오를 울려 퍼지게 하고, 열쇠도 자물쇠도 없는 병자[= 울프슨]의 침실에 소란스럽게 침입해 오고, 또 어떤 때는 늑대처럼 살금살금 걸어서 문을 가만히 열고 갑자기 영어로 한 마디 소리치는' 식으로 그를 위협하고 협박하는 것으로 그의 앞에 나타나고 있는 것입니다(ドゥルーズ, 2010: 35). 그러므로 울프슨은 이 어머니라는 한 사람의 '타자', 그리고 모국어라는 하나의 '타자'를 거절하지 않으면 안 됩니다. 그럴 때 그가 사용하는 무기는 복수의 외국어입니다. 그는 '[청소기의] 코드에 걸려 넘어지지 않도록 조심해라(Don't trip over the wire)'라는 한 문장을 독일어, 프랑스어, 히브리어를 구사해 'Tu'nicht trebucher uber eth he Zwirn'로 변환함으로써 비로소 잠시나마 마음의 평정을 얻을 수 있었다고 말하고 있습니다.

표면의 말을 이용해 모국어인 영어의 문장을 다언어적인 문장으로 변환한다는 울프슨의 전략은 역시 캐럴이나 루셀의 그것과 많이 닮았습니다. 울프슨의 경우 그 전략이 즐거움을 위해 행해진다기보다 '타자'(어머니 및 모국어)의 위협을 완화시키기 위해 필요 불가결한 것으로서 행해지고 있는 것이 약간 다른 것처럼 보이지만, 그 특징이 캐럴이나 루셀에게 있어서 '있는 그대로의 현실의 거절'의 표현형의 하나라고 생각하면, 세 사람에게 본질적인 차이는 없다고 생각할 수 있습니다.

그러면 울프슨에게도 루셀의 '영광의 감각'에 대응하는 것과 같은 '불가능한 것'에 대한 체험이 있었던 것일까요? 들뢰즈에 따르면 대답은 예스입니다. 울프슨은 어느 날 '진리 속의 진리(la vérité des vérités)'에 대한 계시를 획득했다고 증언하는데, 들뢰즈는 그 계시가 바로 방법에 의해 가능했다고 해석하는 것입니다(Wolfson, 1970: 252).

하지만 어느 날 마조히스틱masochistic 행위(담배로 화상을 입는 것, 일부러 질식하는 것)에 친근한 이 여러 언어의 학생[*울프슨]은 '계시'와 조우를 한다. 그것은 바로 그가 스스로에게 부과한 극히 소극적인 고통을 기회로 한 조우였다. 그 '계시'란 곧 삶은 절대로 정당화 불가능한 것이며 그것은 삶이 정당화될 필요가 없는 만큼 더욱더 확실하다… 는 것이다. 이 학생은 그 이상 깊이 침입하는(pénétrer) 일 없이, '진리 속의 진리'를 틈으로 살짝 보고 있는 셈이다. […] 그것은 아마도 루셀, 혹은 브리세의 계시일 것이며, 아르토의 '계시'조차 있는, 즉 인간의 '생득적'인 숨결과 신체의 큰 이야기일 것이다.

거기에는 방법이, 언어적인 방법이 필요하다. 모든 말이 사랑의 이야기를, 삶과 지식의 이야기를 말하지만, 이 이야기는 말로써 가리키는 것도, 의미하는 것도 아니고, 어떤 말에서 다른 말로 번역되는 것도 아니다. 이 이야기는 오히려 언어활동에서 '불가능한 것'이고, 그만큼 더욱더 긴밀하게 언어활동에 속한다. 즉 그것은 외부인 것이다(ドゥルーズ, 2010: 84-85. 강조는 인용자)

울프슨은 표면 언어에 의거한 방법으로 '진리 속의 진리'의 계시를 획득했다는 것입니다. 그 계시는 하이데거적인 뉘앙스를 가지는 "존재'의 계시'이며, 게다가 아르토가 스스로의 이성의 해체와 맞바꾸어 획득하고 문학을 향해 승화한 듯한 심층의 신체의 외침과 같은 가치를 가질 수 있는 것입니다. 즉 울프슨은 표면 언어를 가지고 언어활동에서 '불가능한 것' 또는 푸코가 말하는 '외부'와 관계를 맺었다 ― 들뢰즈는 그렇게 말하고 있는 것입니다.

문학과 우연

들뢰즈의 저작에서 아르토와 캐럴은 각각 심층과 표면에 할당되어 있습니다. 『비평과 임상』의 논의를 여기에 연결한다면 루셀은 캐럴과 마찬가지로 표면에 있으면서 어떻게 하여 심층('영광의 감각')을 획득하는지를 물었다고 생각할 수 있습니다. 울프슨도 역시 표면에 있습니다. 그리고 그는 캐럴이나 루셀과 마찬가지로 심층을 거절합니다. 그것은 표면 아래에는 견디기 힘든 '타자'(어머니의 수다 ＝ 모국어라는 현실계réel)가 둥지를 틀고 있어 당장에라도 그를 초조하게 할 수 있다는 것을 그가 알고 있기 때문입니다. 그러나 역설적이게도 울프슨은 표면 위에 철저히 머무는 것이야말로 '타자'에게 침입당하지 않고 심층과 관련되는 것을 가능하게 하는 것은 아닐까라고 생각하는 것입니다. 들뢰즈는 그것을 다음과 같이 설명합니다.

그 방법은 언어활동을 하나의 한계까지 밀고 나가지만 그렇다

고 해서 그 한계를 넘어서는 것은 아니다. 그것은 여러 가지 지시 작용이나 의미 작용이나 번역을 망치게 하는데, 그렇게 하는 것은 한계 너머에서 미지의 삶과 비교秘敎적인 지식의 여러 형상에 언어활동이 마침내 직면하게 하기 위해서인 것이다. 이 방법은 그것이 아무리 필수 불가결한 것이라 할지라도 조건에 지나지 않는다. 새로운 형상에 도달하는 것은 한계를 넘어서는 방법을 알고 있는 사람이다. 아마도 울프슨은 그 가장자리에 머무르고 있을 것이다(ドゥルーズ, 2010: 49-50. 강조는 인용자)

아르토와 같은 조현병자는 법을 침범하고 한계를 넘어서는 작가라고 할 수 있습니다. 그 결과 그는 통상적인 안정된 신체 이미지를 더 이상 유지할 수 없습니다. 그러나 그는 '고통의 힘 덕분에 살아 있는 신체를 발견하고, 살아 있는 신체의 엄청난 말을 발견'할 수 있었던 것입니다. 이러한 아슬아슬한 행동은 평범한 인간의 단순한 한계 내에 머물러서는 불가능하지만 울프슨은 그 한계를 넘을 수가 없는 것입니다. 이 점에서 울프슨은 아르토와 같은 '수준'에 있는 것이 아니라, 지바 마사야千葉雅也(1978-)가 평한 것처럼 '어중간'한 것입니다(千葉雅也, 2017). 그러나 울프슨의 일종의 원만함은 아르토처럼 모든 것을 파괴하는 것이 아니라, '타자'(모국어)와의 관계를 다른 방식으로 유지하려는 것이며, 나아가 그 결과 아르토가 광기 끝에 도달했던 '불가능한 것'과 피안으로 뚫고 나가지 않고 관계를 맺는 것을 가능하게 해주는지도 모르는 것입니다. 물론 울프슨은 여전히 아르토와는 다른 수준에 남아 있습니다. 그러나 한계 직전의 차안此岸에서 획득된 그 계시는 피안에 뛰어든 아르토와 같은 수준에 있는지도 모릅니다. 아마도 울프슨은 그 가능성에 내기를 하는 겁니다. 이것이야말로 울프슨이 '건강으로서의 광기'라고 불리는 이유이며, 우리의 말로 하면 그가 포스트 '조현병' 문학의 기수인 이유입니다.

여기서『비평과 임상』의 결정적인 테제를 다시 한번 인용해봅시다.

> 어떤 방법을 작동시키는 것은 정신병의 역할이며, 그 방법이란 보통의 언어, 표준적인 언어를 다루고 그것을 미지의 독창적인 언어로 '만드'는 것이다. 그 독창적인 언어는 신의 언어의 투영일 수도 있고(peut-être), 모든 언어활동을 이끌어가는 것이다. 이러한 종류의 방법은 프랑스에서는 루셀이나 브리세에게서 볼 수 있고 미국에서는 울프슨에게서 볼 수 있다(ドゥルーズ, 2010: 153. '일 수도 있고'의 강조는 인용자).

피안으로 뚫고 나가지 않고 차안에 머문 채로 내기를 하는 것. 이러한 특징은 울프슨의 작품에만 타당한 것이 아닙니다. 잘 알려지지 않은(들뢰즈도 주제화하지 않았습니다) 것이지만 '도박'은 울프슨의 인생에서도 매우 중요한 역할을 했습니다.

『스키조와 언어들』의 출간 7년 후인 1977년, 울프슨의 어머니가 난소암으로 사망합니다. 침입적인 어머니로부터 해방된 울프슨은 몬트리올로 이주하고 그곳에서 어머니와 보낸 마지막 몇 달 동안의 기록을 집필하기 시작했습니다. 그 기록은 1984년 라캉파의 잡지『오르니카?』에 일부가 발표되고, 같은 해『음악가였던 나의 어머니는 천977년 5월 중순 화요일 심야에 악성질환으로 맨해튼의 기념 양로원에서 사망했다(Ma mère, musicienne, est morte de maladie maligne mardi à minuit au milieu du mois de mai mille977 au mouroir Memorial à Manhattan)』— 모든 단어가 m으로 시작하는 말장난입니다 — 라는 제목으로 출간됩니다. 첫 번째 작품인『스키조와 언어들』이 어머니의 언동과 울프슨의 말 바꾸기의 대비로 구성되어 있다면, 두 번째 작품은 암으로 고통 받는 어머니와 경마장을 다니는 울프슨의 대비로 구성된 것입니다. 책의 형식으로 보아도 그의 말 바꾸기와 도박은 같은 기능을 했다고 보아도 좋을 것입니다.

1994년에 푸에르토리코로 이주한 이후 울프슨은 경마에 대한 열정을 잃고, 더 순수한 갬블(jeux de hasard＝우연의 놀이)로 관심이 옮겨간 것 같습니다. 그는 2003년에는 터치 패널 식 도박 — 물체적인 것에 거의 의존하지 않는, 가장 표면적이고 순수한 사건의 세계의 도박 — 에서 500만 달러라는 거금을 획득합니다. 그런데도 그는 도박에 만족하지 않고 그다음에는 투자에 손을 댄 것 같습니다(그러나 최근의 경제위기의 여파로 그는 자산을 거의 잃어버린 것 같습니다…). 그의 인생은 끝까지 도박으로 시종했습니다.

들뢰즈의 '창조와 광기' 론의 특징

『의미의 논리』에서『비평과 임상』으로 향하는 항로 속에서 들뢰즈는 심층과 표면 양자를 중시하는 입장에서 심층을 거절하고 표면을 편애하는 입장으로 방향을 바꾸었습니다. 이 태도 변경은 휠덜린-하이데거-라캉적인 (또는 블랑쇼-푸코적인) 문학관, 즉 '부재'나 '외부', 또는 불가능한 것이 있기 때문에 문학이 가능해진다는 '시의 부정신학'에서 유래하는 조현병 중심주의 문학관으로부터 데이터베이스와 알고리즘에 의거하고, 나아가 우연과 도박을 긍정하는 포스트 '조현병'적인 문학관으로의 이행이기도 했다고 생각됩니다.

오늘날의 시점에서 보았을 경우 『의미의 논리』에서 『비평과 임상』으로 향하는 들뢰즈의 이론적 변천은 다음과 같은 에피-파토그래픽한 운동으로 이해할 수 있을 것입니다.

즉 그는 (1) 횔덜린-하이데거-라캉적인 '부재(아버지의 이름의 배제)'와 그 주위의 흔적이라는 부정신학적인 논리에 의거하는 것에 저항하고, (2) 그 저항을 위한 대안으로서 심층이 아닌 표면 언어의 조작(방법)과 거기에서 행해지는 도박에 의거하는 작가에 주목했습니다. 그 결과 그는 (3) 라캉적인 '광기'의 핵심 그룹에는 없는 것에 끌리게 되었고, (4) 현대에는 자폐증 스펙트럼이라고 진단될 수 있는 작가에 ― 적어도 그러한 작가의 자폐증적인 측면에 ― 의거하게 된 것입니다.

이러한 이행은 이른바 프랑스 현대사상이 그 난관에서 탈출하기 위해 걸었던 하나의 통로였을지도 모릅니다. 실제로 라캉도 역시 '세미나'에서 몇 번이나 루이스 캐럴의 난센스에 '시니피앙'으로서의 가치를 부여했으며, 게다가 1966년 12월 31일 라디오에서 낭독된 「루이스 캐럴에게 바치는 오마주」에서는 들뢰즈의 논의에 육박하는 다음과 같은 발언을 남기고 있습니다.

이 [캐럴의] 텍스트는 깊다고 불리는 의미의 반향에는 전혀 관계하지 않으며 그러한 것에 호소하지도 않는다. 그렇다면 이 작품이 이렇게 영향력을 갖는 것은 어째서인가? 그것이 이 작품의 비밀이고 우리의 존재 조건의 가장 순수한 네트워크에 접하고 있는 것이다.

즉 그것은 상징계, 상상계, 현실계다. […] 이미지를 결합시키는 놀이로부터 사람은 잠재적 차원의 모든 종류의 평면을 만들 수 있다. 그렇지만 그것이야말로 결국 가장 확고한 현실로의 접근access을 가능하게 하는 것은 아닐까(Lacan, 2002: 10. 강조는 인용자).

라캉도 역시 들뢰즈와 마찬가지로 캐럴의 텍스트가 심층과 관련되지 않는다는 것을 지적하며, 그런데도 여전히 그의 텍스트가 '가장 확고한 현실로의 접근'을 가능하게 한다고 말하고 있습니다. 같은 라디오방송에서 라캉은 캐럴이 앨리스를 섬김으로써 병에서 '특이한 즐거움(joie singulière)'을 끌어냈다고 말하는데 이러한 생각은 루셀의 '영광의 감각'이나 울프슨의 '진리 속의 진리'와도 통하는 것입니다. 라캉의 이와 같은 생각은 아마도 그의 만년의 증상론症狀論인 '생톰(sinthome)'이나, 그 증상을 지탱하는 '자폐적 향락(jouissance autistique)'과도 관련이 있을 겁니다.

그러나 들뢰즈의 독특함은 그 '영광의 감각'이나 '진리 속의 진리', 또는 '특이한 즐거움'을 '일지도 모른다(peut-être)'라는 위상에서, 즉 우연성과의 관계에서 사고했다는 것에 있습니다. 그의 우연성에 대한 주목은 『니체와 철학』(1962)에서의 영원회귀론에서 이미 볼 수 있지만, 거기서 검토되고 있는 스테판 말라르메Stéphane Mallarmé(1824-1898)의 「주사위 던지기」에서의 '우연'의 취급은 우리가

『비평과 임상』에서 확인해온 논리와 기묘한 공명음을 발하고 있습니다.

숫자라면

그것이 존재한다고 해도

단말마의 멈출 수 없는 환각과는 별개로

그것은 시작 그리고 멈추더라도

나타나자 부정되고 닫히는 것이지만 솟아 나와

결국은

엄청나게 확산되어 드문드문해지고

그것은 셀 수 있다고 해도

단위만 있으면 총계에 의한 명증明證으로서

그것은 비추더라도

우연(HASARD)일 것이다

재액災厄의 율동적인 미결

날개

는 떨어지고

침몰하다

아까 그 광기(délire)가

균열(gouffre)의 동일한 중화中和에 의해 쇠약해진 정상까지

거기서 날아오른

원초의 거품에 […]

오직 하나

올려다보는 저편

아마도(PEUT-ÊTRE)

이 세상이 저세상(au delà)과 만나

아득히 멀리 […](マラルメ, 1984)

　단말마를 일으키게 할 정도의 환각에 시달리는 광기와는 무관하게 '숫자'는 우연적으로 존재할 수 있습니다. 그리고 사람은 저쪽으로 향하는 것이 아니라 이 세상에 머문 채로 피안과 관계할 수 있을지도 모릅니다. 그러한 피안과의 관계는 (표상) 불가능한 것을 꿈이나 증상이라는 것으로 대리적으로 표상하는 신경증적인 전략과도, 불가능한 것의 심연에 빠져버리는 정신병적인 전략과도 다른 별개의 방식으로 불가능한 것과의 관계를 가능하게 할 것입니다. 그 가능성에 내기를 하는 것이야말로 들뢰즈를 이끈 3명의 ASD자의 문학이 목표로 한 것이었던 것 같습니다.

마지막에 ―
'창조와 광기'는 어디로 가는가?

이 책은 플라톤에서 시작되는 서양 사상사 속에서 '창조와 광기'의 관계가 어떻게 다루어졌는지를 검토했습니다. 플라톤의 시인 광인설, 아리스토텔레스의 멜랑콜리 = 천재설, 나아가 피치노와 뒤러에 의한 '우울'의 가치 전도를 거쳐 문제화된 다이몬 = 광기는 데카르트, 칸트, 헤겔에 의해 배제되었습니다만 횔덜린에 의해 균열 속에서 재출현했습니다. 그리고 프랑스 현대사상은 횔덜린의 시작詩作과 그 영향을 받은 하이데거의 사색의 강력한 자장磁場 속에서 '창조와 광기'에 대해 사고하게 되었고 거기에서 조현병 중심주의와 비극적주의적 패러다임이 생겨나고 나아가서는 그것들에 대한 저항이 시도되었습니다. 결국에는 들뢰즈에 의해 그 패러다임과는 무관한 우연이나 도박을 중시하는 '창조와 광기'론이 생겨났습니다.

광기 속에서 인간의 진리를 발견하는 '인간'은 그리 멀지 않아 죽을 것이라는 푸코의 예측은 어떤 의미에서는 ― 조현병 중심주의와 비극주의적인 패러다임의 극복이라는 점에서는 ― 적중했고, 어떤 의미에서는 — 대안적인 '창조와 광기'론의 가능성이라는 점에서는 — 빗나갔다고 그렇게 잠정적으로 결론 지어도 좋을 것 같습니다. 실제로 마지막에 거론한 들뢰즈의 생각, 즉 기도와도 비슷한 시도에 의해 가능해질지도 모르는 불가능한 것과의 관계는 '창조와 광기'에 대한 새로운 생각을 가능하게 하는 것 같습니다.

현재 이루어지고 있는 철학적 사변의 일부도 그 점을 생각하고 있는 것 같습니다. 2000년부터 2010년대 초에 걸쳐서 주목을 받은 사변적 실재론(speculative realism)의 중심인물 중 한 사람인 퀑탱 메이야수Quentin Meillassoux(1976-)는 말라르메의 「주사위 던지기」에 감추어진 암호적인 숫자를 읽어내고 역시 '일지도 모른다(PEUT-ETRE)'라는 용어를 주제화하면서 "'우연' 그 자체'에 대해 말하고 있습니다(メイヤスー, 2018).

또한 메이야수는 지금까지의 근현대사상이 칸트의 물자체와 현상이라는 구별로 대표되는 것처럼 세계에는 아무리 하여도 접근 불가능한 것이 있어 인간은 그러한 불가능한 것이 정리되어 질서 잡힌 것밖에는 인식할 수 없다는 생각(=상관주의)에 근거하고 있던 것에 대해서 오히려 그러한 입장에서 벗어나 예를 들면 물자체 바로 그것을 직접적으로 다루는 것을 시도해보기도 합니다(メイヤスー, 2016). 말할 필요도 없이 이것은 하이데거 이후에는 '시의 부정신학'에 의거하지 않고 어떻게 하여 (불가능한) 것을 취급하는가 하는 문제와도 관련이 있습니다.

거기에다가 이 조류에 속하는 스티븐 샤비로Steven Shaviro(1954-)는 이러한 새로운 사변의 전회에서 중시되는 자족적인 실재를 자폐증과 연결시켜 다음과 같이 말합니다.

이와 같은 비상관적인 사고나 감각이 있는 것을 자폐적이라고 표현할 수 있을지도 모른다. [⋯] 그들이 가진 시각은 라뤼엘François Laruelle에게 사진의 '시각의 내재'와 마찬가지로 '사진이 표상하는 모든 것을 엄밀하게 '같은 발판'에 있게 한다. 형상과 배경, 오른쪽(페이지)과 왼쪽(페이지), 과거와 미래, 전경과 원경, 정면과 지평地平 등 ― 이제 이러한 모든 것은 어떤 존재론적인 계층 질서의 완전히 외부에 존재한다.' 라뤼엘이 덧붙여 말하는 것은 이 평면화는 경험의 동질화가 아니라 "다양한 특이성'과 '물질성'의 해방과 격화'로 연결된다는 것이다. [⋯] 자폐증자는 이 세계에 완전히 빠져 있으며, 현상학적 지향성에 의한 여러 관계와는 무관하게 세계에 내재되어 있다. 따라서 자폐증자는 정형발달자와 비교해 기본적으로 세계에 자신을 조율시키는 데 있어서 철저하게 '상관주의적'이지는 않은 것처럼 보인다(シャヴィロ, 2016: 194-195).

현재진행 중인 것에 대해서는 즉단卽斷을 삼가야 합니다. 그러나 현재 행해지고 있는 사변을 새롭게 '창조와 광기'라는 관점에서 읽어보는 것도 앞으로 필요해질 것입니다. 그때에는 이 책에서 더듬어온 '창조와 광기'의 역사에 새로운 페이지가 더해지게 될지도 모릅니다.

참고 문헌

외국어 문헌

Artaud, Antonin, 2004, *Œuvres*, édition établie, présentée et annotée par Evelyne Grossman, Paris: Gallimard.

Badiou, Alain, 2005, *Being and Event*, translated by Oliver Feltham, London: Continuum.

Baillet, Adrien, 1691, *La vie de Monsieur Descartes*, Premiere Partie, Paris: Daniel Horthemels.

Beer, Francois-Joachim, 1945, *Du Démon de Van Gogh: suivi de Van Gogh: suivi de Van Gogh à l'asile par le docteur Edgar Leroy, préface de Louis Piérard*, Nice: A. D. I. A.

Carson, Shelley H., 2011, "Creativity and Psychopathology: A Shared Vulnerability Model", *The Canadian Journal of Psychiatry* 56(3): 144-153.

Critchley, Simon, 2009, *Ethics-Politics-Subjectivity: Essays on Derrida, Levinas and Contemporary French Thought*, London/New York: Verso.

Crow, Tim J., 2000, "Schizophrenia as the Price That Homo Sapiens Pays for Language: A Resolution of the Central Paradox in the Origin of the Species", *Brain Research. Brain Research Reviews* 31(2-3): 118-129.

Ficino, Marsilio, 2002, *Three Books on Life*, a critical edition and translation With introduction and notes by Carol V. Kaske and John R. Clark, Tempe, Arizona: Arizona Center for Medieval and Renaissance Studies in conjunction With the Renaissance Society of America.

Ford, Mark, 2012, "Introduction", in Raymond Roussel, *New Impressions of Africa*, translated With an introduction and notes by Mark Ford, Princeton: Princeton University Press, pp. 1-16.

Lacan, Jacques, 1931, "Structures des psychoses paranoiaques", *La Semaine des Höpitaux de Paris* 14: 437-445.

Lacan, Jacques, 1966, *Ecrits*, Paris: Seuil.

Lacan, Jacques, 1999, *R. S. I.: Séminaire, 1974-1975*, sous la direction de Henri Cesbron-Lavau, Association Freudienne Internationale.

Lacan, Jacques, 2002, "Hommage rendu à Lewis Carroll", *Ornicar?* 50: 9-12.

Laplanche, Jean, 1961, *Hölderlin et la question du Père*, Paris: Presses Universitaires de France.

Lefort, Rosine et Robert Lefort, 2003, *La distinction de l'autisme*, Paris: Seuil.

Maleval, Jean-Claude, 2000, *La forclusion du Nom-du-pére: le concept et sa clinique*, Paris: Seuil.

Mannoni, Maud, 1998, "Ces enfants que l'on appelle autistes", Retrieved from http://www.humanite.fr/node/179099

Miller, Jaques-Alain, 1975, "Matrice", *Ornicar?* 4: 3-8.

Möbius, Paul Julius, 1907, *Ueber Scheffels Krankheit: mit einem Anhang. Kritische Bemerkungen über Pathographie*, Halle: C. Marhold.

Nathan, Tobie, 2012, "Actuel Wolfson?", Retrieved from https://tobienathan.wordpress.com/2012/05/14/ actuel-wolfson/

Sérieux, Paul et Joseph Capgras, 1909, *Les folies raisonnantes: le délire d'interprétation*, Paris: Alcan.

Vicente, Sönia, 2006, "Resefia del Seminario de Graciela Brodsky en el XV Encuentro Brasilefio del Campo Freudiano", Retrieved from http://www.revistavirtualia.com/articulos/545/xv-encuentro-brasileno-delcampo-freudiano/resena-del-seminario-de-graciela-brodsky-en-el-xv-encuentro-brasileno-del-campofreudiano

Wolfson, Louis, 1970, *Le schizo et les langues*, Paris: Gallimard.

Dossier Wolfson ou L'affaire du "Schizo et les langues", Paris: Gallimard, 2009.

일본어 번역 문헌

アウグステイメス[Augustinus], 1982-91, 『神の國』 全5冊, 服部英次郎譯, 岩波書店(岩波文庫).

アガンベン, ジョルジョ[Giorgio Agamben], 2008, 『スタンツェ ― 西洋文化における言葉とイメージ』, 岡田溫司譯, 筑摩書房(ちくま學芸文庫).

アガンベン, ジョルジョ, 2009, 『思考の潜勢力 ── 論文と講演』, 高桑和巳譯, 月曜社.

アクイナス, トマス[Thomas Aquinas], 1998, 『神學大全』第12冊「第Ⅱ-1部」, 稲垣良典譯, 創文社.

アリストテレス[Aristoteles], 2014, 『問題集』, 丸橋裕・土屋睦廣・坂下浩司譯, 『アリストテレス全集』第13巻, 岩波書店.

アルトー, アントナン[Antonin Artaud], 2006, 「ヴァン・ゴッホ ── 社會による自殺者」, 『神の裁きと訣別するため』, 宇野邦一・鈴木創士譯, 河出書房新社(河出文庫), 109-174頁.

アンドリアセン, ナンシー C[Nancy Coover Andreasen], 2007, 『天才の腦科學 ── 創造性はいかに創られるか』, 長野敬・太田英彦譯, 青土社.

ヴァールブルク, アビ[Aby Moritz Warburg], 2004, 『異教的ルネサンス』, 進藤英樹譯, 筑摩書房(ちくま學芸文庫).

エウアグリオス・ポンティコス[Evagrius Ponticus], 1994, 『修行論』, 佐藤研譯, 『中世思想原典集成』, 第3巻「後期ギリシア教父・ビザンティン思想」, 平凡社, 29-81頁.

ガミー, ナシア[Nassir Ghaemi], 2016, 『一流の狂氣 ── 心の病がリーダーを強くする』, 山岸洋・村井俊哉譯, 日本評論社.

カント, イマヌエル[Immanuel Kant], 2000, 『腦病試論』, 加藤泰史譯, 『カント全集』第2巻「前批判期論集Ⅱ」, 岩波書店, 387-405頁.

カント, イマヌエル, 2006, 『プロレゴーメナ』, 久呉高之譯, 『カント全集』第6巻「純粹理性批判 下 プロレゴーメナ」, 岩波書店, 181-372頁.

カント, イマヌエル, 2012, 『純粹理性批判』, 熊野純彦譯, 作品社.

カント, イマヌエル, 2013, 『カント「視靈者の夢」』, 金森誠也譯, 講談社(講談社學術文庫).

キャロル, ルイス二[Lewis Carroll], 2010a, 『不思議の國のアリス』, 河合祥一郎譯, 角川書店(角川文庫).

キャロル, ルイス二, 2010b, 『鏡の國のアリス』, 河合祥一郎譯, 角川書店(角川文庫).

クリバンスキー, レイモンド, アーウィン・パノフスキー, フリッツ・ザクスル[Raymond Klibansky, Erwin Panofsky, Fritz Saxl], 1991, 『土星とメランコリー ── 自然哲學, 宗教, 芸術の歴史における研究』, 榎本武文・尾崎彰宏・加藤雅之 譯, 晶文社.

クレペリン, エーミール[Emil Kraepelin], 1994, 『精神医學總論』(『精神医學6』), 西丸四方・遠藤みどり譯, みすず書房.

グロ, フレデリック[Frédéric Gros], 2002, 『フーコーと狂氣』, 菊地昌實譯, 法政大學出版局(叢書・ウニベルシタス).

ゴッテスマン, アーヴィング I.[Irving Gottesman], 1992, 『分裂病の起源』, 内沼幸雄・南光進一郎 監譯, 日本評論社.

サルトル, ジャン=ポール[Jean-Paul Sartre], 1999, 『存在と無 ── 現象學的存在論の試み』(新装

版）全2巻, 松浪信三郎譯, 人文書院.

ジジェク, スラヴォイ[Slavoj Žižek], 2005-2007, 『厄介なる主体 ── 政治的存在論の空虚な中心』全2巻, 鈴木俊弘・増田久美子譯, 青土社.

ジジェク, スラヴォイ, 2016, 『もっとも崇高なヒステリー者 ── ラカンと讀むヘーゲル』, 鈴木國文・古橋忠晃・菅原誠一譯, みすず書房.

シャヴィロ, スティーヴン[Steven Shaviro], 2016, 『モノたちの宇宙 ── 思弁的實在論とは何か』, 上野俊哉譯, 河出書房新社.

シャステル, アンドレ[André Chastel], 2002, 『ルネサンス精神の深層』, 桂芳樹譯, 筑摩書房(ちくま學芸文庫).

ジャネ, ピエール[Pierre Janet], 1975, 「恍惚の心理的諸特徴」, ミシェル・フーコー, 『レーモン・ルーセル』, 豊崎光一譯, 法政大學出版局(叢書・ウニベルシタス), 243-249頁.

シュヴァイツアー(シュワイツアー), アルベルト[Albert Schweitzer], 2001, 『イエスの精神医學的考察 ── 正しい理解のために』, 秋元波留夫譯, '新樹會'創造出版.

ショーベンハウアー, アルトゥール[Arthur Schopenhauer], 2004, 『意志と表象としての世界』全3巻, 西尾幹二譯, 中央公論新社(中公クラシックス).

セネカ, ルーキウス・アンナエウス[Lucius Annaeus Seneca], 2010, 『生の短さについて他二篇』, 大西英文譯, 岩波書店(岩波文庫).

タウスク, ヴィクトール[Victor Tausk], 1992, 「精神分裂病における'影響装置'の發生について」, 安藤泰至譯, 『imago』1992年 7月号, 192-214頁.

ダリ, サルバドール[Salvador Dalí], 2003, 『ミレー〈晩鐘〉の悲劇的神話 ── 'パラノイア的-批判的'解釋』, 鈴木雅雄譯, 人文書院.

ダリ, サルバドール, 2011, 『ダリはダリだ ── ダリ著作集』, 北山研二譯, 未知谷.

デカルト, ルネ[René Descartes], 2006, 『省察』, 山田弘明譯, 筑摩書房(ちくま學芸文庫).

デカルト, ルネ, 2010, 『方法序説』, 山田弘明譯, 筑摩書房(ちくま學芸文庫).

デリダ, ジャック[Jacques Derrida], 1999, 『法の力』, 堅田研一譯, 法政大學出版局(叢書・ウニベルシタス).

デリダ, ジャック, 2013a, 「プラトンのパルマケイアー」, 『散種』, 藤本一勇・立花史・郷原佳以譯, 法政大學出版局(叢書・ウニベルシタス), 93275頁.

デリダ, ジャック, 2013b, 「コギトと狂氣の歴史」, 『エクリチュールと差異』, 合田正人・谷口博史譯, 法政大學出版局(叢書・ウニベルシタス), 61123頁.

デリダ, ジャック, 2013c, 「吹きこまれ掠め取られる言葉」, 『エクリチュールと差異』, 合田正人, 谷口博史譯, 法政大學出版局(叢書・ウニベルシタス), 339-398頁.

ドゥルーズ, ジル[Gilles Deleuze], 2004a, 「精神分裂と社會」, 小澤秋廣譯, 『狂人の二つの体制

1975-1982』, 河出書房新社, 21-35頁.

ドゥルーズ, ジル, 2004b,「『意味の論理學』イタリア語版への覺え書き」, 宇野邦一譯, 『狂人の 二つの体制1975-1982』, 河出書房新社, 85-89頁.

ドゥルーズ, ジル, 2007a,『意味の論理學』全2冊, 小泉義之譯, 河出書房新社(河出文庫).

ドゥルーズ, ジル, 2007b,『差異と反復』全2冊, 財津理譯, 河出書房新社(河出文庫).

ドゥルーズ, ジル, 2008,『カントの批判哲學』, 國分功一郎譯, 筑摩書房(ちくま學芸文庫).

ドゥルーズ, ジル, 2010,『批評と臨床』, 守中高明・谷昌親譯, 河出書房新社(河出文庫).

ドゥルーズ, ジル, フェリックス・ガタリ[Gilles Deleuze, Pierre-Félix Guattari], 2006,『アン チ・オイデイプス ― 資本主義と分裂症』全2冊, 宇野邦一譯, 河出書房新社(河出文庫).

ドス, フランソワ[François Dosse], 2009,『ドゥルーズとガタリ ― 交差的評伝』, 杉村昌昭譯, 河出書房新社.

ドッズ, エリック・R.[Eric Robertson Dodds], 1972,『ギリシア人と非理性』, 岩田靖夫・水野 一譯, みすず書房.

ニーチェ, フリードリヒ[Friedrich Nietzsche], 2015,『この人を見よ』, 西尾幹二譯, 新潮社(新潮 文庫).

ハイデガー(ハイデッガー), マルティン[Martin Heidegger], 1986,『ヘルダーリンの讚歌『ゲル マーニエン』と『ライン』』(『ハイデッガー全集』第39巻), 木下康光+ハインリヒ・トレチ アック譯, 創文社.

ハイデガー, マルティン, 1989,『ヘルダーリンの讚歌『回想』』(『ハイデッガー全集』第52巻), 三 木正之+ハインリッヒ・トレチアック譯, 創文社.

ハイデガー, マルティン, 1990,『哲學の根本的問い ― '論理學'精選'諸問題'』(『ハイデッガー全 集』第45巻), 山本幾生+柴嵜雅子+ヴィル・クルンカー譯, 創文社.

ハイデガー, マルティン, 1994,「シュビーゲル對談」,『形而上學入門』, 川原榮峰譯, 平凡社(平 凡社ライブラリー).

ハイデガー, マルティン, 1996,『言葉への途上』(『ハイデッガー全集』第12巻), 龜山健吉+ヘル ムート・グロス譯, 創文社.

ハイデガー, マルティン, 1997,『ヘルダーリンの詩作の解明』(『ハイデッガー全集』第4巻), 濱 田恂子+スイーリス・ブフハイム譯, 創文社.

ハイデガー, マルティン, 2008,『芸術作品の根源』, 關口浩譯, 平凡社(平凡社ライブラリー).

ハイデガー(ハイデッガー), マルティン, カール・ヤスパース[Martin Heidegger, Karl Jaspers], 1994,『ハイデッガ=ャスパース往復書簡 1920-1963』, W・ビーメル+H・ザーナー編, 渡邊二郎譯, 名古屋大學出版會.

バタイユ, ジョルジュ[Georges Bataille], 1967,「ヘーゲルに關する講義の担█者Xへの手紙」,

『有罪者 ― 無神學大全』, 出口裕弘譯, 現代思潮社, 249-253頁.

バタイユ, ジョルジュ, 1972, 「ゴヤ論」, 『沈默の繪畫 ― マネ論』(『ジョルジュ・バタイユ著作
集』), 宮川淳譯, 二見書房, 209-238頁.

ヒエロニュムス[Hieronymus], 1999, 『書簡集』, 荒井洋一譯, 『中世思想原典集成』第4巻‘初期
ラテン教父’, 平凡社, 635-733頁.

ヒポクラテス[Hippocrates], 1963, 『古い医術について他八篇』, 小川政恭譯, 岩波書店(岩波文
庫).

ビンスワンガー, ルートウイヒ[Ludwig Binswanger], 1959-61, 『精神分裂病』全2巻, 新海安
彦・宮本忠雄・木村敏譯, みすず書房.

ビンスワンガー, ルートウイヒ, 1995, 『思い上がり・ひねくれ・わざとらしさ ― 失敗した現
存在の三形態』, 關忠盛譯, みすず書房.

フィッツジェラルド, マイケル[Michael Fitzgerald], 2008, 『アスペルガー症候群の天才たち ―
自閉症と創造性』, 石坂好樹・花島綾子・太田多紀譯, 星和書店.

フーコー, ミシェル[Michel Foucault], 1974, 『言葉と物 ― 人文科學の考古學』, 渡辺一民・佐
々木明譯, 新潮社.

フーコー, ミシェル, 1975a, 『レーモン・ルーセル』, 豊崎光一譯, 法政大學出版局(叢書・ウニ
ベルシタス).

フーコー, ミシェル, 1975b, 『狂氣の歴史 ― 古典主義時代における』, 田村俶譯, 新潮社.

フーコー, ミシェル, 2000, 「規範の社會的擴大」, 原和之譯, 『ミシェル・フーコー思考集成』第
6巻‘1976-1977 セクシュアリテ/眞理’, 筑摩書房, 91-97頁.

フーコー, ミシェル, 2006a, 「父の〈否〉」, 湯淺博雄・山田廣昭譯, 『フーコー・コレクション1
狂氣・理性』, 筑摩書房(ちくま學芸文庫), 244-276頁.

・コレクション

フーコー, ミシェル, 2006b, 「狂氣, 作品の不在」, 石田英敬譯, 『フーコー・コレクション1 狂
氣・理性』, 筑摩書房(ちくま學芸文庫), 277-295頁.

フーコー, ミシェル, 2006c, 「外の思考」, 豊崎光一譯, 『フーコー・コレクション2 文學・侵
犯』, 筑摩書房(ちくま學芸文庫), 307-353頁.

フーコー, ミシェル, 2010, 『カントの人間學』, 王寺賢太譯, 新潮社.

フーコー, ミシェル, 清水徹, 渡辺守章, 2006, 「文學・狂氣・社會」, 『フーコー・コレクション
1 狂氣・理性』, 筑摩書房(ちくま學芸文庫), 361-407頁.

ブッシュネル, ノーラン, ジーン・ストーン[Nolan Bushnell, Gene Stone], 2014, 『ぼくがジョ
ブズに教えたこと ― ‘才能’が集まる會社をつくる51條』, 井口耕二譯, 飛鳥新社.

プラトン[Platon], 1967, 『パイドロス』, 藤澤令夫譯, 岩波書店(岩波文庫).

プラトン, 1974,『饗宴』, 鈴木照雄譯,『プラトン全集』第5巻, 岩波書店.

プラトン, 1975a,『イオン』, 森進一譯,『プラトン全集』第10, 岩波書店.

プラトン, 1975b,『ソクラテスの弁明』, 田中美知太郎譯,『プラトン全集』第1巻, 岩波書店.

プラトン, 1975c,『ティマイオス』, 種山恭子譯,「プラトン全集」第12巻, 岩波書店.

プラトン, 1976,『國家』, 藤澤令夫譯,『プラトン全集』, 第11巻, 岩波書店.

ブランショ, モーリス[Maurice Blanchot], 1983,「比類なき狂氣」, 西谷修譯,『現代思想』
　　1983年 11月号, 212-234頁.

フリス, ウタ[Uta Frith] (編), 1996,『自閉症とアスペルガ ─ 症候群』, 富田眞紀譯, 東京書籍.

ブルトン, アンドレ[André Breton], 1999,『超現實主義宣言』, 生田耕作譯, 中央公論新社(中公
　　文庫).

ブレイエ, エミール[Émile Bréhier], 2006,『初期ストア哲學における非物體的なものの理論』,
　　江川隆男譯, 月曜社(古典轉生).

フロイト, シークムント[Sigmund Freud], 2007,「十七世紀のある惡魔神経症」, 吉田耕太郎譯,
　　『フロイト全集』第18巻, 岩波書店.

フロイト, シークムント, 2011,「マクシム・ルロワ宛書簡 ─ デカルトの夢について」, 高田珠
　　樹譯,『フロイト全集』第20巻, 岩波書店.

ヘーゲル, ゲオルク・ヴィルヘルム・フリードリヒ[Georg Wilhelm Friedrich Hegel], 1971-
　　1979,「精神の現象學」全2巻(『ヘーゲル全集』第4-5巻), 金子武藏譯, 岩波書店.

ヘーゲル, ゲオルク・ヴィルヘルム・フリードリヒ, 1995-1996,『美學講義』全3巻, 長谷川宏
　　譯, 作品社.

ヘーゲル, ゲオルク・ヴィルヘルム・フリードリヒ, 1999,『イェーナ体系構想 ─ 精神哲學草
　　稿I(1803-04年) 精神哲學草稿II(1805-06年)』, 加藤尙武監譯, 座小田豊・栗原隆・瀧口
　　清榮・山崎純譯, 法政大學出版局.

ヘーゲル, ゲオルク・ヴィルヘルム・フリードリヒ, 2002,『精神哲學』, 船山信一譯, 岩波書店.

ヘルダーリン, フリードリヒ[Friedrich Hölderlin], 1967,『ヘルダーリン全集』第2巻「詩
　　II〈1800-1843〉」, 手塚富雄責任編集, 手塚富雄・淺井眞男譯, 河出書房.

ヘルダーリン, フリードリヒ, 1969,『ヘルダーリン全集』第4巻「論文・書簡」, 手塚富雄責任編
　　集, 手塚富雄・淺井眞男・氷上英廣・神品芳夫・宮原朗・野村一郎・志波一富・重原淳
　　郎・小島純郎・横田ちゑ譯, 河出書房新社.

ヘルダーリン, フリードリヒ, 2003,『省察』, 武田龍弥譯, 論創社.

マラルメ, ステファヌ[Stéphane Mallarmé], 1984,『骰子一擲』(改訂版), 秋山澄夫譯, 思潮社.

メイヤスー, カンタン[Quentin Meillassoux], 2016,『有限性の後で ─ 偶然性の必然性について
　　の試論』, 千葉雅也・大橋完太・星野太譯, 人文書院.

メイヤスー, カンタン, 2018, 「『賽の一振り』あるいは仮定の唯物論的神格化」, 『亡靈のジレンマ — 思弁的唯物論の展開』, 岡嶋隆佑・熊谷謙介・黑木萬代・神保夏子譯, 青土社, 147-210頁.

メービウス(メェビウス), パウル・ユリウス[Paul Julius Möbius], 1913, 『ニイチエの人格及哲學』, 三浦白水(吉兵衛)抄譯, 警醒社書店.

ャスパース(ゃスペルス), カール[Karl Jaspers], 1953-56, 『精神病理學總論』全3冊, 内村祐之・西丸四方・島崎敏樹・岡田敬藏譯, 岩波書店.

ャスパース(ゃスペルス), カール, 1959, 『ストリンドベルクとファン・ゴッホ』, 村上仁譯, みすず書房.

ャスパース(ゃスペルス), カール, 1969, 『形而上學 — 哲學III』, 鈴木三郎譯, 創文社.

フアリー, ミュリエル[Muriel Laharie], 2010, 『中世の狂氣 — 11-13世紀』, 濱中淑彦監譯, 人文書院.

ラカン, ジャック[Jacques Lacan], 1987a, 『人格との關係からみたパラノイア性精神病』, 宮本忠雄・關忠盛譯, 朝日出版社.

ラカン, ジャック, 1987b, 『精神病』全2巻, 小出浩之・鈴木國文・川津芳照・笠原嘉譯, 岩波書店.

ラカン, ジャック, 2000, 『精神分析の四基本概念』, 小出浩之・新宮一成・鈴木國文・小川豊昭譯, 岩波書店.

ラカン, ジャック, 2002, 『精神分析の倫理』全2巻, 小出浩之・鈴木國文・保科正章・菅原誠一譯, 岩波書店.

ラカン, ジャック, 2011, 「≪吹き込まれた≫手記 — スキゾグラフィー」, 『二人であることの病い — パラノイアと言』, 宮本忠雄・關忠盛譯, 講談社(講談社學術文庫), 47-92頁.

ラクー=ラバルト, フィリップ[Philippe Lacoue-Labarthe], 2003, 『近代人の模倣』, 大西雅一郎譯, みすず書房.

ランゲ=アイヒバウム, ヴィルヘルム[Wilhelm Lange-Eichbaum], 1959, 『ニイチェ』, 栗野龍譯, みすず書房.

ランゲ=アイヒバウム, ヴィルヘルム, 1989, 『ヘルダリン — 病跡學的考察』, 西丸四方譯, みすず書房.

リオタール, ジャン=フランソワ[Jean-François Lyotard], 1986, 『ポストモダン通信 — こどもたちへの10の手紙』, 管啓次郎譯, 朝日出版社(ポストモダン叢書).

レリス, ミシェル[Michel Leiris], 1977, 「想念と現實」, 岡谷公二譯, 『ユリイカ』1977年 8月号, 140-152頁.

『旧約聖書 出エジプト記』, 關根正雄譯, 岩波書店(岩波文庫), 1969年.

『新約聖書 新共同譯』, 共同譯聖書實行委員會譯, 日本聖書協會, 2013年.

일본어 문헌

淺田彰[아사다 아키라], 1999, 「草間彌生の勝利」(「手帖一九九九」), 『波』1999年 7月号, 46-48頁.

東浩紀[아즈마 히로키], 1998, 『存在論的, 郵便的 ― ジャック・デリダについて』, 新潮社.

東浩紀, 2016, 『弱いつながり ― 檢索ワードを探す旅』, 幻冬舍(幻冬舍文庫).

市川直子[이치가와 나오코], 2004, 「デ・キリコの「メタフィジカ」と畵中畵 ― 1927年≪馬の画家≫をめぐって」, 『人文學論集』第22号(2004年 3月), 大阪府立大學人文學會, 67-82頁.

内海健[우쓰미 다케시], 1984, 「夢・妄想・創造性」, 『岩波講座精神の科學』第九卷, 岩波書店, 115-150頁.

内海健, 2001, 「天才と精神病理學」, 『精神医學レビュー』第40号(2001年 9月), 100-102頁.

内海健, 2003, 『「分裂病」の消滅 ― 精神病理學を超えて』, 靑土社.

内海健, 2004, 「カント『腦病試論』について ― 18世紀における「人間の發見」と狂氣の形象」, 『精神医學史研究』第8卷 第1号, 39-49頁.

内海健, 2007, 「カント哲學の形成における狂氣の意義 ― 2つの精神病論をめぐって」, 『精神医學史研究』第11卷 第1号, 15-23頁.

内海健, 2008, 『パンセ・スキゾフレニック ― 統合失調症の精神病理學』, 弘文堂.

岡南[오카미나미], 2010, 『天才と發達障害 ― 映像思考のガウディと相貌失認のルイス・キャロル』, 講談社(こころライブラリー).

岡谷公二[오카야 고지], 1998, 『レーモン・ルーセルの謎 ― 彼はいかにして或る種の本を書いたか』, 國書刊行會.

加藤敏[가토 사토시], 2002, 『創造性の精神分析 ― ルソー・ヘルダーリン・ハイデガー』, 新曜社.

加藤敏, 2010, 『人の絆の病理と再生 ― 臨床哲學の展開』, 弘文堂.

金子武藏[가네코 다케조], 1971, 「譯者註その二(總註)」, 『精神の現象學』上(『ヘーゲル全集』第4卷), 金子武藏譯, 岩波書店, 581-730頁.

木村敏[기무라 빈], 1982, 『時間と自己』, 中央公論社(中公新書).

木村敏, 2012, 『新編 分裂病の現象學』, 筑摩書房(ちくま學芸文庫).

草間彌生[구사마 야요이], 2012, 『無限の網 ― 草間彌生自伝』, 新潮社(新潮文庫).

黒崎政男・坂部惠・淺田彰・柄谷行人[구로사키 마사오・사카베 메구미・아사다 아키라・가라타니 고진], 1998,「共同討議 カントのアクチュアリティ」,「批評空間」第II期第19号 (1998年10月), 6-31頁.

國分功一郎[고쿠분 고이치로], 2011,『スピノザの方法』, みすず書房.

近藤和敬[곤도 가즈노리], 2015,「ドゥルーズに影響をあたえた哲學者たち ―「プラトニズムの轉倒」をめぐる」,『ドゥルーズ ― 没後20年 新たなる轉回』, 河出書房新社, 34-41頁.

齋藤治・齋藤順子・臺弘[사이토 오사무・사이토 준코・우테나 히로시], 2012,「自閉症スペクトラムの成人例におけるマインド・リーディングの困難と「妄想」形成」,『精神科治療學』第27巻第5号(2012年 5月), 585-591頁.

齋藤環・村上靖彦[사이토 다마키・무라카미 야스히코], 2016,「討議 オープンダイアローグがひらく新しい生のプラットフォーム」,『現代思想』2016年 9月号, 28-58頁.

坂部惠[사카베 메구미], 1976,『理性の不安 ― カント哲學の生成と構造』, 勁草書房.

坂部惠, 2012,『ヨーロッパ精神史入門 ― カロリング・ルネサンスの殘光』, 岩波書店(岩波人文書セレクション).

四日谷敬子[시가야 다가코], 1989,『歴史における詩の機能 ― ヘーゲル美學とヘルダーリン』, 理想社(理想哲學選書)

茂牧人[시게루 마키토], 2011,『ハイデガーと神學』, 知泉書館.

田中仁彦[다나카 히토히코], 2014,「デカルトの旅/デカルトの夢 ―『方法序說』を讀む』, 岩波書店(岩波現代文庫).

田中寛郷[다나카 히로사토], 1999,「レーモン・ルーセルの手法(procédé)について ― 反復と狂氣」,「日本病跡學雜誌』, 第57号(1999年 6月), 33-51頁.

千葉雅也[지바 마사야], 2017,「動きすぎてはいけない ― ジル・ドゥルーズと生成変化の哲學」, 河出書房新社(河出文庫).

中條省平[주조 쇼헤이], 2008,「横尾忠則の全体性」,『横尾忠則 ― 畵境の本懷』, 河出書房新社(KAWADE道の手帖), 18-27頁.

手塚富雄[데즈카 도미오], 1980-81,『ヘルダーリン』全2巻(「手塚富雄著作集』第1-2巻), 中央公論社.

中井久夫[나가이 히사오], 1998,『最終講義 ― 分裂病私見』, みすず書房.

中井久夫・山口直彦[나가이 히사오・야마구치 나오히코], 2004,『看護のための精神医學』(第2版), 医學書院.

西丸四方[니시마루 시호], 2016,『異常性格の世界 ―「変わり者」と言われる人たち』, 創元社(創元こころ文庫).

花村誠一[하나무라 세이이치], 1981,「分裂病者と言語新作」,『ユリイカ』1981年 5月号,

106-113頁.

保坂和志[호사카 가즈시], 2007, 「ずうっと讀めなかった『アフリカの印象』」, レーモン・ルー
セル, 『アフリカの印象』, 岡谷公二譯, 平凡社(平凡社ライブラリー), 405-410頁.

細井勉(著·譯)[호소이 쓰토무], 2004, 『ルイス·キャロル解讀 ― 不思議の國の數學ばな
し』, 日本評論社.

松本卓也[마스모토 다쿠야], 2017, 「「心のうぶ毛」について ― 統合失調症寬解過程論の形
成過程とその轉導」, 『文藝別冊 中井久夫 ― 精神科医のことばと作法』, 河出書房新社
(KAWADE夢ムック), 180-186頁.

宮本忠雄[미야모토 다다오], 1973, 「パトグラフィー」, 『異常心理學講座』第9卷『精神病理學
3」みすず書房, 397-472頁.

宮本忠雄, 1979, 「エピーパトグラフィーについて」, 『臨床精神医學』第8卷第1号(1979年 1月),
39-50頁.

宮本忠雄, 1994, 「アリス·キャロル·ドジソン」, 『言語と妄想 ― 危機意識の病理』, 平凡社
(平凡社ライブラリー), 118-134頁.

迎豊[게이 유타가], 2016, 「M. HeideggerとV. v. Gebsattel ― Heideggerの病と彼の治療者
Gebsattel」, 『精神医學史研究』, 第20卷第2号, 72-94頁.

守中高明[모리나카 다카아키], 2004, 『存在と灰 ― ツェラン, そしてデリダ以後』, 人文書院.

橫尾忠則(編)[요코 다다노리], 2000, 『橫尾忠則マガジン ― 超私的』第6号, 平凡社.

橫尾忠則·淺田彰[요코 다다노리·아사다 아키라], 2015, 「死の側から生を見る畵家」, 『週刊
讀書人』2015年 11月 20日号, 1-2面.

橫尾忠則·草間彌生[요코 다다노리·구사마 야요이], 1997, 「ヴィジョンの降臨」, 『見えるも
のと觀えないもの ― 橫尾忠則對話錄』, 筑摩書房(ちくま文庫), 181-203頁.

각 장이 처음 게재된 곳

제1장: 「統合失調症の時代から自閉症スペクトラムの時代」(表象文化論學會第11回大會シン
ポジウムでの發表, 2016年 7月 9日).

제8, 11, 12장: 「ヘルダーリンの狂氣はいかに論じられてきたか? ― 病跡學とフランス現代思
想」, 『日本病跡學雜誌』第96号, 2018年 12月, 50-67頁.

제9장: 「'移動=逸脫'としての狂氣 ― ポストヒューマンの創造性序說」, 『日本病跡學雜誌』第
90号, 2015年 12月, 46-54頁.

제10장: 「ダリと精神分析」, 『美は術何』第1034号, 2016年 10月, 86-90頁.

제13장: 「YOKOO avec KUSAMA」, 『ユリイカ』2012年 11月号, 197-203頁; 「健康とし
ての狂氣とは何か ― ドゥルーズ『批評と臨床』試論」, 『文學界』2017年 12月号, 176-
220頁.

후기

    이 책을 준비하는 동안 여기에서 전개된 논의는 단지 '창조와 광기'라는 오래된 주제의 역사를 그리는 것일 뿐만 아니라 아마도 현대의 우리가 직면하고 있는 사상적 과제와 널리 관련되어 있는 것이 아닌가 하고 생각하게 되었다.

    고전적인 정신병리학(및 '사변적'인 병적학)에서 '광기 속의 광기'인 조현병은 일단 발병하면 원칙적으로 진행성 경과를 거쳐, 그 경과 속에서 다양한 증상을 나타내면서 신속하게 (혹은 병의 형태에 따라서는 완만하게) 인격의 황폐에 이르러 이성의 해체로 귀결되는 병이라고 생각되고 있었다. 그러한 광기관의 이면에는 그들 병자는 발병이라는 결정적인 사건과 맞바꾸어 진리를 손에 넣고, 그들은 그 대가로 회복 불가능한 해체에 빠져버리게 된다는 생각 — 이 책에서는 그것을 '조현병 중심주의'와 '비극주의적 패러다임'이라는 말로 규정했다 — 이 있었다. 한때 불치병으로 여겨졌던 결핵이 문학적 상상력을 자극했듯이 같은 불치병으로 여겨진 조현병은 심원한 진리를 담보하는 것으로 취급되었던 것이다.

근대 정신의학의 등장 이후 횔덜린에 대한 사변의 과다함은 그의 광기가 바로 병적학적 사고에 있어서의 범례가 되고 있었다는 것을 보여주었다. 하지만 20세기 후반에 조현병이 경증화되고 세기말에 비정형 향정신병약의 도입을 비롯한 치료의 진보에 의해 이 병이 황폐나 해체와는 거의 무관하게 될 미래가 예감되자 과거와 같은 비극적인 패러다임에 의한 조현병 이해는 마모磨耗되고 그것과 궤를 같이하여 은유로서의 '조현병(분열증)'이 던지던 매력도 사라졌다.

이러한 지식의 패러다임 변화는 창조와 광기에 관한 것뿐만 아니라 대륙철학과 분석철학, 정신분석과 인지행동요법, 정신병리학과 EBM(에비던스에 기초한 의료) 등의 대립 속에서 선명해지고 있으며, 전자에서 후자로의 이행은 더 이상 피하기 어려울 것 같다. 그렇다면 이러한 포스트 횔덜린 시대에 어떻게 '창조와 광기'의 관계를 물을 수 있는가 하는 물음은 매우 중요한 것이 될 것이다. 물론 철학이나 정신분석에 의거하지 않는 '창조와 광기'론은 당연히 앞으로도 쓰일 수 있을 것이다. 그렇다면 '창조와 광기'론은 사변과는 단절되어야 하는 것일까? 나는 그렇게 생각하지 않는다. 오히려 낡은 패러다임이 어떻게 성립하고 어떻게 새로운 패러다임으로 이행했는지를 주시함으로써 현대의 예술이나 광기에 대해 사변하는 것의 가능성을 묻는 것이야말로 중요해질 것이다. 이 책의 후반은 그것을 위한 도움닫기이다.

이 책의 주제에 관하여 생각하기 시작한 것은 2011년쯤으로 기억하므로 벌써 햇수로 8년이나 이 주제에 몰두해온 셈이다. 그 사이

친구나 연구자로부터 많은 조언과 시사를 받았다. 그들의 도움이 없었다면 이런 엄청난 주제를 문외한인 내가 논한다는 것은 도저히 가능하지 않았으리라고 생각한다(오히려 문외한이기 때문에 '결단'이 없었다면 이러한 주제는 다룰 수 없었던 것이 아닌가 하는 생각도 든다). 개별적인 이름을 올리는 것은 삼가겠지만 신세를 진 분들에게 여기에서 감사의 뜻을 표하고 싶다. 또한 이 책은 기존 번역에서 많은 도움을 받았지만 인용 시에는 문맥에 따라 번역문을 수정한 부분이 있다는 것을 밝힌다.

실제의 집필 작업은 2016년 교토대학에 부임하면서 주로 이루어졌다. 첫해에는 매주 다가오는 강의 준비를 하면서 각 장에 대한 대략적인 조사를 하고, 다음 해에 내용을 확고히 했다. 그러나 나의 게으름으로 집필이 지지부진하여 결국에는 2017년 강의를 기반으로 스도 다쿠미須藤巧 씨와 시바야마 히로키柴山浩紀 씨에게 각각 녹취와 구성 작업을 의뢰하여, 그 원고에 가필 수정을 가하고 기존 발표 원고와 일체화하는 작업을 거쳐 원고를 완성했다. 두 사람과 더불어 그 사이에 자료를 제공해주고 지체되는 작업을 언제나 적절하게 격려해준 고단샤의 다가이 모리오互盛央 씨에게 감사의 말씀을 올린다. 또한 이 책은 JSPS과연구비 JP17H04769의 도움을 받은 것이다.

2018년 12월 31일
마스모토 다쿠야

옮긴이의 말

이 책은 마쓰모토 다쿠야가 쓴 『창조와 광기의 역사 ― 플라톤에서 들뢰즈까지』(講談社, 2019)를 우리말로 옮긴 것입니다. 이 책은 플라톤에서 시작하여 아리스토텔레스, 데카르트, 칸트, 헤겔, 횔덜린, 하이데거, 라캉, 푸코, 데리다를 거쳐 들뢰즈에 이르는 서양 사상사를 개설하면서 그들의 '창조'와 '광기'의 관계를 다룹니다. 근대의 시작과 더불어 '마음의 병'으로 고통 받은 사람들이 정신병자나 사회 부적응자로 판정받아 사회로부터 격리되어 부당하게 대우받은 사회상을 살피고 역사, 경제적 상황을 분석하면서 그들이 '정신의학'의 치료의 대상이 된 역사를 기록한 미셸 푸코의 『광기의 역사』와는 달리, 이 책은 서양 사상사의 유명인들을 중심으로 정신분열증(=조현병)이라고, 또는 정상에서 벗어났다고 생각할 수 있는 그들의 행위나 작품을 병적학적 입장에서 다루고 있습니다.

이 책은 지은이의 말대로 '엄청난' 주제인 '창조'와 '광기'의 관계를 서양 사상사를 따라 서술합니다. 또한 이 책은 새로운 장이 시작될 때는 앞 장에서 다룬 내용을 요약 정리하면서 논의를 전개하고, 강의하듯이 친절하게 설명하고 있기 때문에 지은이의 논지를 파악하는 데는 큰 어려움이 없으리라고 생각합니다. 따라서 우리 옮긴이는 책의 내용을 요약 정리하기보다는 지은이에 대한 소개와 우리의 감상을 전하는 것으로 옮긴이의 말을 대신하고자 합니다.

우리는 '창조'를 긍정적이며 생산적인 것으로 환영하고 '광기'를 부정적이며 비생산적인 것으로 피하려는 경향이 있습니다. 하지만 어떤 행위가 창조인지 광기인지를 구분하는 기준이 미리 정해져 있지 않고 '사후적'으로 규정되는 한 그 분별이나 기원이 그리 자명하지 않다는 사실도 자연스럽게 알 수 있습니다. 일반적으로 창조란 인간의 행위에 대해서 인간에 의하여 의미가 부여되는 것으로, 광기는 인간이 따라야 할 것에서 벗어난 일탈 행위로 규정됩니다. 사실 우리 인간은 우리를 둘러싸고 있는 사물의 영향으로 우리의 행위의 의미가 규정되는 '타자성'으로부터 자유롭지 못합니다. 하지만 우리는 대부분 이를 명확하게 의식하지 못하고 일상생활을 해나가고 있으며, 그것이 오히려 현실적인 것이라고 생각하며 살아가고 있습니다.

고대 이후로 창조를 플라톤이 말한 신의 인스퍼레이션에 의한 '신적 광기'로, 아리스토텔레스가 말한 음주와 같은 일탈을 '인간적 광기'로 논의하게 되었습니다. 칸트에 이르러 광기는 '이성'으로부터 분리되었지만 그의 이성은 광기를 억압하는 것과 다름없었습니다. 헤겔은 이를 극복하고 광기를 활동의 원동력으로 삼을 수 있다는 점을 횔덜린을 통해 규명하고자 하였습니다. 근대 이후로 야스퍼스가 이러한 '창조와 광기의 관계' — '조현병 중심주의'와 '비극주의적 패러다임' — 를 정신병리를 통해 규정함으로써 고전적인 창조와 광기의 관계는 종식되었다고 볼 수 있습니다. 이러한 관점은 창조가 광기를 가져온 것인지 혹은 광기로 인하여 창조에 이른 것인지를 확정하려는 시도였다고 할 수 있습니다. 지은이는 야스퍼스의 정신병론에서 보이는 창조와 광기에 대한 정신의학적 규명을 바탕으로 고전적 논점을 역전시키고, 일탈의 의미를 강조하여 '광기'를 인간을 이해하는 방식의 귀중한 조건으로 보면서 그것을 병적학적으로 규명하고 있습니다. 즉 횔덜린의 사례를 가지고 하이데거, 라캉, 데리다에 이어 들뢰즈의 논의를 살피고, 들뢰즈가 제시하는 정신병리의 케이스인 자폐증 스펙트럼(ASD)을 다른 유명인들 ─ 루이스 캐럴, 레이몽 루셀, 루이스 울프슨 ─ 의 작품을 다루면서 규명한 것입니다. 들뢰즈는 조현병적 특징에서 좀 더 완화된 형태인 자폐증적 형태를 보이는 현대적 양상의 정신병리에 관심을 가지고 이들이 보여주는 창조를 분석했다고 할 수 있습니다.

이 책을 좀 더 잘 이해하려면 지은이에 대한 소개가 필요할 것입니다. 현재 교토대학 교수로 재직 중인 지은이 마쓰모토는 강의에 전념하면서 정신병리학자의 길을 걷고 있는 연구자입니다. 의과대학 출신 정신과 의사이며 라캉 이론에 정통한 정신분석가이기도 합니다. 여러 책(『사람은 누구나 몽상을 한다』, 『향락 사회론』, 『사례로 알아보는 정신병리학』, 『마음의 병이란 어떤 것일까?』 등)과 정신병리에 관한 논문을 쓰고, 정신병리에 대한 무크 잡지의 편집 주간으로서 번역가, 프랑스 현대사상에 대한 논객으로도 왕성하게 활동함으로써 세간에서 '괴물'로 불리고 있는 지은이는 라캉의 정신분석을 일본에 널리 알리기 위해 노력하는 인물이기도 합니다.

이러한 배경을 고려하면 지은이가 왜 이 책의 1장을 시작하면서 정신분석이란 무엇인지를 규정하고 있는지 이해할 수 있을 것입니다. 지은이는 정신분석을 프로이트가 발명한 "정신장애에 대한 치료법으로 사람들이 평상시에는 의식하지 못하는 '무의식'이라는 마음의 움직임을 해명함으로써 정신장애를 치료하려는 것"으로 규정합니다(19쪽). 또한 지은이가 라캉이 자신의 박사 학위논문에서 다루었던 '에메' 사례(자책 편집증)를 거론하는 대목에서 알 수 있듯이 이 책에서 말하는 광기는 정신병적 병리를 의미합니다. 즉 여기서 광기는 소위 말하는 미친 것이나 사리 판단을 할 수 없는 사람을 의미하는 것이 아니라는 점을 알 수 있습니다. 따라서 이 책에서 말하는 광기는 정상적인 일반인에게 나타나는 일탈적인 행위를 지칭하는 것으로 이해해야 합니다. 1장에서 인용한 "인간존재란 광기 없이는 이해될 수 없을 뿐만이 아니라, 인간이 만약 스스로의 자유의 한계로서의 광기를 자신 안에 떠맡지 않으면 인간존재가 아니게 되어버린다"(36쪽)라는 라캉의 말에 따르면 우리 인간에게 광기는 현실적인 것(=현실계le réel)이 드러나는 하나의 조건이라고 할 수 있습니다.

현실 사회에서 우리는 주로 가정, 학교, 사회라는 울타리와 부모, 선생님, 법의 테두리 안에서 제시하는 것을 따르고, 이에 대한 보상으로 사회나 국가로부터 개인의 행복과 발전을 보장받으며 안정적이고 편안한 생활을 영위해나갑니다. 어찌 보면 이것은 강요당하는 삶의 양식이지만 보통 우리는 이를 의식하지 못하고 하루하루 충실하게 살아가면서 미래를 꿈꾸며, 현재의 고통이나 불편을 감수하는 것을 인내와 미덕으로 삼습니다. 그런데 일탈은 우리를 이러한 궤도에서 이탈시켜 낙오자로 만들며 안정된 생활을 붕괴시킵니다. 19세기 이후의 근대 정신의학은 이렇게 규범에서 벗어난 일탈을 '광기'라고 규정하면서 바로잡아야 하는 '비정상'으로 보고 이를 정상으로 되돌릴 수 있다고 생각한 것입니다. 주지하다시피 정신분석의 창시자인 프로이트는 히스테리 연구와 신경증의 사례연구로 정신분석 이론을 구축하였습니다. 이에 반해 라캉은 처음부터 신경증보다는 정신병을 분석의 대상으로 삼았습니다. '에메' 사례가 이를 상징적으로 보여줍니다. 물론 프로이트도 정신병에 관심이 있었지만 그것에 대한 연구는 상대적으로 빈약했습니다. 이러한 배경을 고려하면 이 책에서 말하는 광기는 단순히 미친 것이 아니라 내가 하고 싶은 것(=욕망)을 제한하는 현실적인 규범이나 금지 체계에 대한 무의식적인 '저항'이라고 보아야 할 것입니다. 다시 강조하면 광기는 나를 둘러싸고 규정하는 보이지 않는 체계에 대한 '무의식적인' 저항인 것입니다. 횔덜린이 은인이었던 실러라는 대시인에게 드러내 보인 저항의 행위 ― 지은이는 이를 '이상과 현실(실현 불가능한 이상과 이에 따르는 우울한 현실)'로 설명합니다 ― 는 광기로 여겨졌고 횔덜린은 최초의 조현병 환자로 규정되었습니다. 지은이는 라캉의 이론을 적용하여 이를 '아버지의 이름'의 '배제'나 '분리'로, '타자성'에서 벗어나려는 무의식적인 몸부림으로 분석하고, 이러한 저항의 과정에서 이루어지는 창조가 그의 작품을 만들어냈다고 보고 있습니다. 즉 조현병에 대한 병적학적 해석에서는 부모와 사회 같은 타자성에 저항하여 내가 나의 길을 갈 수 있도록 해주는 것, 현실에 대한 저항으로서 자신의 욕망을 표현하여 자기 세계를 갖는 것(자신의 욕망을 따르는 것)이 광기인 셈입니다.

이러한 광기에 대한 해석에 이어서 지은이가 주목하는 것이 들뢰즈의 '광기론'입니다. 여기서는 라캉과는 다른 관점이 제시됩니다. 주지하다시피 들뢰즈는 라캉의 정신분석 이론에 이의를 제기하여 '안티 오이디푸스'를 주장하였으며, 이를 자신의 책 제목으로도 사용했습니다.

도식화의 위험을 무릅쓰고 제가 이해한 한에서 요점을 정리하자면 다음과 같습니다. 인간의 행동을 지배하는 체계를 무의식이라고 보고 그것이 모습을 드러내면 그 증상이 해소된다는 라캉이나 프로이트의 명제에 반하여 들뢰즈는 무의식에 집중하기보다는 '돈과 효율성(=자유)'이 우리를 지배한다고 보았습니다. 개인을 구속하는 것(부모, 선생님의 가르침이나 사회의 규범)이 무의식이라기보다 개인의 행복(개인의 미래와 자유)이라고 보았던 것입니다. 이러한 관점에서 보면 '돈과 효율성'에서 벗어난 일탈인 광기는 그것들을 방해하는 것이지만, 이를 긍정적으로 보는 일에 내기를 건 사람이 들뢰즈입니다. 한마디로 들뢰즈는 인간의 행위를 규정하는 '오이디푸스콤플렉스'를 받아들이지 않습니다. '정신분열증과 창조의 관계가 사라져버린 시대'에 들뢰즈는 광기의 정신병리를 이전의 '현실에 대한 저항'과는 다르게 '현실의 회피(=무시)'로, 자폐증 스펙트럼으로 규정하면서 유명인의 작품을 분석한 것입니다.

이러한 근본적인 차이점이 라캉과 들뢰즈를 가르고 있습니다. 하지만 상응하는 면도 있습니다. 왜냐하면 라캉의 정신분석의 출발점이었던 '정신병'(주지하다시피 라캉은 세미나를 통해서 프로이트의 기법과 의의를 다루고, 정신분석에서 가장 중요하게 다룬 첫 번째 주제가 '정신병'이며, 세미나 3권은 『정신병』이라는 제목으로 출간됩니다)은 야스퍼스가 집대성한 정신병론에 기초하지만 시대와 사회의 변화에 따라 정신병의 증상이 과거에 비하여 심각하지 않고 경량화되어가는(병리적으로 보이지 않게 되는) 상황을 라캉 자신이 예견하고 있었고, 요즈음 그것은 라캉의 후계자인 자크알랭 밀레에 의하여 '보통 정신병psychose ordinaire'으로 규정되어 현대인의 특징적 징후로 다루어지고 있기 때문입니다. 이러한 연장선상에서 보면 자폐증의 현실도피는 조현병의 경량화와 무관한 것은 아닐 겁니다. 지은이는 현대를 '조현병과 창조의 관계가 거의 보이지 않게 된 시대'라고 말하고 있으며 들뢰즈가 주목한 것이 바로 이 점이라고 생각합니다. 그리하여 들뢰즈는 '깊이'가 아닌 '표면'에 깃든 광기를 탐구한 것이라고 생각합니다. 정신분석에서 억압된 욕망이 유일한 수단인 환자의 말이나 담론을 통해서 환자의 증상으로 나타나는 것처럼 들뢰즈는 유명인의 작품을 현실도피의 담론으로 분석했습니다. 즉 들뢰즈는 루이스 캐럴의 작품에서 주어진 현실에 대한 '표면'인 언어 사용을 분석하면서 말/담론이 내포한 의미(심층 언어)가 아니라 말 자체의 흐름(표층 언어)을 통해서 현실을 무의식적으로 무시하거나 회피하는 양상을 자폐증적 광기로 분석한 것입니다. 하지만 지은이는 이 책의 마지막에서 들뢰즈가 다룬 작가의 행위는 현실의 도피라기보다 다른 것(즉 '불가능한 것', 라캉이 말하는 현실인 것réel)이었다고 말합니다. 지은이에 의하면 들뢰즈가 보는 자폐증자의 전략은 "(표상) 불가능한 것을 꿈이나 증상이라는 것으로 대리적으로 표상하는 신경증적인 전략과도, 불가능한 것의 심연에 빠져버리는 정신병적인 전략과도 다른 별개의 방식으로 불가능한 것과의 관계를 가능하게"(396쪽) 하는 것이었습니다. 즉 '현실에 대한 저항이나 회피'가 아닌 것이지요. 그리고 이에 대한 대답은 라캉을 통해서 이루어질 것입니다. 간단히 말하면 (문학적) 창조는 현실과의 만남을 전하는 담론에서 언어화의 불가능성으로 나타나며 이것이 각 작가의 특이성을 형성하는 것으로 귀결된다고 할 수 있습니다. 따라서 광기는 현실의 조건이고 창조는 현실에서 피할 수 없는 귀결이며 개인의 특이성을 형성하는 것이라고 할 수 있을 겁니다. 이성의 억압으로 발생한 광기가 진리를 가져다준다는 조현병 중심주의가 힘을 잃고, 현재 약물 치료를 통해 경량화되고 광기의 개선이 이루어지게 된 조현병을 넘어, 자폐증 스펙트럼으로 분석되는 광기와 창조의 관계가 앞으로 어떻게 변화되어갈지 궁금합니다.

번역과 관련해서는 먼저 본문의 인용문 중 한국어판이 있는 경우는 한국어판을 일부 참조하였으나 가능한 한 지은이의 인용 취지를 살리는 쪽으로 옮겼음을 밝힙니다. 또한 이 책은 동서양의 주요한 지적 성과를 지식 대중에게 소개하기 위해 책을 기획하고 번역 연구하는 모임인 '헤르메스'와 함께 옮겼음을 말씀드립니다. 인문 사회 분야의 전문가 선생님들과 함께 작업함으로써 번역상의 여러 오류를 바로잡고 좀더 가독성 있는 책을 만들 수 있게 되었습니다. 마지막으로 좋은 책을 내기 위해 애쓰는 이학사의 강동권 대표님과 편집부의 노력에 감사를 전합니다.

2022년 6월
옮긴이를 대표하여 임창석 씀